L. 1264.
G. 49. d. 20

# COLLECTION
# DES MÉMOIRES

RELATIFS

## A L'HISTOIRE DE FRANCE.

---

*HISTOIRE DES CROISADES PAR ALBERT D'AIX,*
*TOME I.*

PARIS, IMPRIMERIE DE A. BELIN,
rue des Mathurins-Saint-Jacques, n. 14.

# COLLECTION
# DES MÉMOIRES

RELATIFS

## A L'HISTOIRE DE FRANCE,

DEPUIS LA FONDATION DE LA MONARCHIE FRANÇAISE JUSQU'AU 13º SIÈCLE ;

AVEC UNE INTRODUCTION, DES SUPPLÉMENS, DES NOTICES
ET DES NOTES ;

P<small>AR</small> M. GUIZOT,
PROFESSEUR D'HISTOIRE MODERNE A L'ACADÉMIE DE PARIS.

A PARIS,
CHEZ J.-L.-J. BRIÈRE, LIBRAIRE,
RUE SAINT-ANDRÉ-DES-ARTS, Nº 68.

1824.

# HISTOIRE
### DES
# FAITS ET GESTES
### DANS LES RÉGIONS D'OUTRE-MER,

DEPUIS L'ANNÉE 1095 JUSQU'A L'ANNÉE 1120 DE JÉSUS-CHRIST;

## Par ALBERT D'AIX.

# NOTICE

## SUR ALBERT D'AIX.

Nul historien ne nous a conservé, sur la première croisade, autant de détails qu'Albert ou Albéric, chanoine et gardien, selon l'opinion commune, de l'église cathédrale d'Aix en Provence, ou, selon d'autres, d'Aix-la-Chapelle, ce qui me paraît plus probable. Aucun renseignement ne nous reste sur son propre compte ; on ignore même l'époque de sa naissance et de sa mort ; il est certain seulement qu'il vivait encore en 1120, puisque c'est à cette année que s'arrête son ouvrage. Il n'avait point fait partie de l'expédition, et ne visita jamais la Terre Sainte ; mais plein d'enthousiasme, comme l'Europe entière, pour l'entreprise et les exploits des Croisés, il en recueillit avec soin toutes les relations, s'entretint avec une foule de pélerins revenus de Jérusalem, et a reproduit leurs aventures et leurs sentimens, sinon en bon langage, du moins avec une complaisance minutieuse, et la vivacité d'une imagination fortement émue. Guillaume de Tyr assitait à la ruine du royaume de Jérusalem ;

ce spectacle, les hautes fonctions qu'il avait remplies l'éclairaient sur les causes des malheurs des Francs; il voyait et jugeait leur histoire dans son ensemble, et c'est avec les lumières de l'expérience qu'il a raconté leurs premiers triomphes. Albert au contraire peint les événemens de la première croisade en homme qui ne sait et ne prévoit aucun revers, livré tout entier aux impressions de l'admiration, de la confiance et de la joie. Sa narration en est plus naïve et quelquefois plus animée; on y retrouve les idées et les émotions des Croisés eux-mêmes dans tout l'élan de leur ferveur. Aucune intention générale, aucune trace de recherches savantes ou de composition littéraire ne s'y laisse entrevoir; il partage les préventions, les haines, l'ignorance des Croisés, et ne veut que célébrer leur gloire, qui est la gloire de son siècle et de sa foi.

Ce caractère donne à son ouvrage un intérêt et un charme particulier; les erreurs historiques et géographiques y abondent, et l'art de composer ou d'écrire ne s'y rencontre point. Mais la narration en est détaillée, vivante; les descriptions des marches, des batailles, des aventures sont quelquefois brillantes et poétiques; l'écrivain s'émeut et peint, rarement avec talent, toujours avec vérité. On croirait entendre les conversations des pélerins de retour, racontant à leurs amis ce qu'ils ont vu, fait ou souffert, et communiquant à leurs auditeurs, sans y prendre aucune peine, les impressions qu'ils ont reçues et qu'ils se plaisent eux-mêmes à retrouver.

L'histoire d'Albert d'Aix fut publiée pour la première fois en 1584, à Helmstædt, par Reiner Reineck, in-4°., sous le titre de *Chronicon hierosolymitanum*. Bongars l'a réimprimée dans ses *Gesta Dei per Francos*[1], et c'est sur cette édition qu'a été faite notre traduction. Les noms d'hommes et de lieux y sont souvent tout autrement écrits que dans Guillaume de Tyr; la même diversité se rencontre dans tous les historiens des croisades, et est peu étonnante dans un temps où le même homme écrivait quelquefois son propre nom de plusieurs façons différentes. Nous avons presque toujours laissé subsister ces noms dans le texte, tels que les donne l'écrivain, en prenant soin d'indiquer en note les noms véritables, et ceux par lesquels Guillaume de Tyr a désigné les mêmes personnes ou les mêmes lieux.

F. G.

[1] Tom. I, pag. 184-381.

# HISTOIRE DES CROISADES.

## LIVRE PREMIER.

Ici commence le premier livre de l'histoire de l'expédition à Jérusalem, dans laquelle sont racontés les hauts faits du très-illustre duc Godefroi, dont le zèle et les travaux délivrèrent la Cité sainte des mains des infidèles et la restituèrent aux fils de la sainte Église.

Pendant long-temps et jusqu'à ce jour ces événemens inouïs et dignes de la plus grande admiration m'ont inspiré un desir ardent de me réunir à ces expéditions et d'aller faire mes prières dans ces lieux. Mais comme des obstacles divers se sont constamment opposés à l'accomplissement de mes projets, j'ai résolu du moins, dans mon audace téméraire, de confier à la mémoire des hommes quelques-unes des choses qui me sont connues par les rapports et les révélations des personnes qui ont assisté aux événemens, afin de ne pas demeurer tout-à-fait oisif et de m'associer en quelque sorte à ce voyage, sinon en personne, du moins en esprit et en intention. C'est pourquoi j'entreprends, selon la mesure de mes faibles moyens, d'écrire d'une main novice et peu exercée l'histoire des travaux et des misères, de la foi inébranlable et du bon concert des vaillans princes et de tous les autres hommes qui se liguèrent pour l'amour du Christ. Je dirai comment ils abandonnèrent leur patrie, leurs parens, leurs femmes, leurs fils et leurs filles, leurs villes, leurs châteaux, leurs champs, leurs royaumes et toutes les douceurs de ce monde, laissant le certain pour l'incertain, et recherchant l'exil au nom de Jésus-Christ; comment ils se mirent en route pour Jérusalem, marchant en grand nombre et formant des armées considérables; comment, vainqueurs dans leurs audacieuses attaques, ils mirent à mort des milliers de Turcs et des légions de Sarrasins; comment ils ouvrirent et aplanirent l'accès du sépulcre sacré de Notre-Seigneur Jésus-Christ, et comment ils firent entièrement cesser le paiement des redevances et des tributs qu'on exigeait des pélerins qui desiraient visiter ces lieux.

Un prêtre, nommé Pierre, d'abord ermite, né dans la ville d'Amiens, située à l'occident, dans le royaume des Francs, se servit le premier de tous les moyens de persuasion qu'il eut en son pouvoir pour encourager à cette entreprise; et devenu prédicateur dans le Berri, province de ce royaume, il fit entendre de tous côtés ses exhortations et ses discours. Répondant à ses avertissemens et à ses invitations assidument renouvelées, les évêques, les abbés, les clercs et les moines, et, après eux, les laïques les plus nobles, les princes de divers royaumes, tout le peuple, tant les hommes chastes que les incestueux, les adultères, les homicides, les voleurs, les parjures, les brigands, enfin toute la race d'hommes qui faisaient profession de la foi chrétienne, et les femmes même, tous conduits par un sentiment de pénitence, accoururent avec joie pour entreprendre ce voyage. Je vais dire maintenant à quelle occasion et dans quelles intentions l'ermite Pierre devint le prédicateur de cette entreprise et son premier chef.

Ce prêtre était allé à Jérusalem quelques années auparavant pour y faire ses prières. Il vit, ô douleur ! dans l'oratoire du sépulcre du Seigneur, des choses illicites et abominables qui le remplirent de tristesse et le firent frémir d'horreur, et il en appela aux jugemens du Seigneur lui-même pour la punition de ces offenses. Enfin, indigné de ces œuvres de scélératesse, il alla trouver le patriarche de la sainte église de Jérusalem, et lui demanda comment il souffrait que les Gentils et les impies osassent souiller les lieux saints et enlever les offrandes des fidèles; que l'Église fût transformée en un lieu de prostitution; que les Chrétiens fussent soufflétés, les saints pèlerins dépouillés injustement et accablés de toutes sortes de vexations. En entendant ces paroles, le patriarche, vénérable prêtre du sépulcre du Seigneur, lui répondit avec piété et avec foi : « O le plus fidèle des Chrétiens !
« pourquoi blâmes-tu, pourquoi tourmentes-tu à ce
« sujet notre cœur paternel, alors que nos forces et
« notre puissance sont telles que celles de la petite
« fourmi, comparées à celles de nos fiers adversaires ?
« Nos vies sont incessamment rachetées par des tributs,
« ou livrées à des supplices qui donnent la mort. Nous
« nous attendons même à voir s'accroître de jour en
« jour nos périls, si les Chrétiens ne nous apportent les

« secours que nous espérons obtenir par l'effet de ta
« mission. » Pierre lui répondit alors : « Vénérable
« père, nous avons bien reconnu, nous comprenons
« et nous voyons maintenant combien est faible la po-
« pulation chrétienne qui habite ici avec vous, et
« combien sont grandes les persécutions que vous
« avez à subir de la part des Gentils. C'est pourquoi,
« afin d'obtenir la grâce de Dieu, votre délivrance et
« la purification des lieux saints, j'irai, sous la con-
« duite du Seigneur, s'il daigne m'accorder un heu-
« reux retour, requérir d'abord et principalement le
« seigneur apostolique, ensuite tous les plus grands
« rois des Chrétiens, les ducs, les comtes et ceux
« qui possèdent les principautés; je leur ferai con-
« naître à tous votre misérable servitude et tous les
« maux que vous supportez; il est temps enfin que
« toutes ces choses leur soient annoncées. »

Cependant les ténèbres ayant enveloppé le ciel de
tous côtés, Pierre retourna au saint sépulcre pour prier,
et, fatigué de ses veilles et de ses oraisons, il y fut
surpris par le sommeil. La majesté du Seigneur Jésus-
Christ lui apparut alors en songe, et daigna s'adresser
en ces termes à l'homme mortel et fragile : « Pierre,
« fils très-chéri des Chrétiens, lève-toi, va voir notre
« patriarche, et reçois de lui, en témoignage de notre
« union, des lettres revêtues du sceau de la sainte
« croix : tu iras, le plus promptement possible, dans
« la terre de tes pères; tu dévoileras les fausses accu-
« sations et tous les affronts qui pèsent sur notre peu-
« ple et sur les lieux saints; tu animeras les cœurs des
« fidèles à purger les lieux saints de Jérusalem, et à
« y rétablir les saints offices. Maintenant les portes du

« paradis seront ouvertes aux appelés et aux élus, à
« travers des périls et des tentations de tout genre. »

Après cette révélation admirable et digne du Seigneur, la vision disparut et Pierre se réveilla. Au premier crépuscule du jour, il quitta le seuil du temple, alla trouver le patriarche, lui raconta en détail l'apparition du Seigneur, et lui demanda, en témoignage de sa mission divine, des lettres revêtues du sceau de la sainte croix. Le patriarche ne refusa point de les lui donner, et les prépara en lui rendant des actions de grâces. Ayant pris congé, Pierre, empressé d'exécuter sa mission, retourna vers les lieux de sa naissance. Après avoir traversé la mer dans une grande anxiété, il vint débarquer dans la ville de Bari, et, rendu à la terre, il partit sans retard pour Rome. Ayant trouvé l'apostolique, il lui fit son rapport sur la mission qu'il avait reçue directement de Dieu et du patriarche au sujet des impuretés des Gentils et des insultes faites aux lieux saints et aux pèlerins. Le seigneur apostolique, après avoir écouté ce rapport avec attention et bonne volonté, promit qu'il obéirait en tout point aux ordres et aux volontés des saints. C'est pourquoi, plein de sollicitude, il se rendit dans la ville de Verceil; et ayant traversé les Alpes, il convoqua une assemblée de toute la France occidentale et prescrivit de se réunir en concile au Puy, cité de Sainte-Marie, puis il se rendit à Clermont en Auvergne. Informés de la mission divine, et ayant reçu des avertissemens apostoliques, les évêques de toute la France, les ducs et les comtes, les grands princes de tout ordre et de tout rang, consentirent à entreprendre à leurs frais une expédition vers le sépulcre même du Seigneur.

Ainsi se forma dans ce très-vaste royaume une sainte conspiration pour ce voyage. Les hommes les plus puissans se donnèrent la main et se liguèrent tous ensemble. Cette alliance fut confirmée par un grand tremblement de terre, qui n'annonçait autre chose que le départ des légions de divers royaumes, savoir, du royaume de France, de la terre de Lorraine, du pays des Teutons, des Anglais et des Danois.

(1095) L'an mil quatre-vingt-quinze de l'Incarnation du Seigneur, et le huitième jour du mois de mars, dans la quarante-troisième année du règne du roi Henri IV, troisième empereur des Romains (du même nom), depuis treize ans, Urbain second (antérieurement Odoard), occupant le siége apostolique, Gautier, surnommé *Sans-Avoir*, chevalier illustre, suivi d'un grand nombre de Français marchant à pied, et n'ayant avec lui que huit chevaliers, cédant aux exhortations de Pierre l'Ermite, entra le premier dans le royaume de Hongrie pour diriger ses pas vers Jérusalem. Le seigneur Coloman, roi très-chrétien des Hongrois, instruit de ses résolutions courageuses et des motifs de son entreprise, l'accueillit avec bonté, lui accorda la faculté de passer en paix sur toutes les terres de son royaume et d'y faire des achats. Il marcha en effet sans faire aucun dégât et sans aucun accident jusqu'à Belgrade, ville de Bulgarie, ayant passé à Malaville [1], ville située sur les confins du royaume de Hongrie. Là il traversa en bateau et en parfaite tranquillité le fleuve de Méroé [2]; mais seize de ses hommes s'étaient arrêtés dans ce même lieu de Malaville pour y

---

[1] Semlin.
[2] La Morawa.

acheter des armes à l'insu de Gautier, qui déjà se trouvait de l'autre côté du fleuve. Quelques Hongrois, d'un esprit pervers, voyant Gautier et son armée déjà éloignés, leur enlevèrent leurs armes, leurs vêtemens, leur or et leur argent, et les laissèrent aller ensuite nus et entièrement dépouillés. Désespérés, privés de leurs armes et de leurs effets, ceux-ci pressèrent leur marche et arrivèrent bientôt à Belgrade, où Gautier et son armée avaient dressé leurs tentes en dehors des murailles pour se reposer, et ils racontèrent en détail le malheur qu'ils avaient éprouvé. Gautier, qui ne voulait point retourner sur ses pas pour se venger, supporta cet événement avec fermeté d'ame. La nuit même que ses compagnons de voyage le rejoignirent dénués de tout, il demanda au prince des Bulgares et au magistrat de la ville la faculté d'acheter des vivres pour lui et les siens; mais ceux-ci les prenant pour des vagabonds et des gens trompeurs, leur firent interdire les marchés. Gautier et les gens de sa suite, blessés de ces refus, se mirent à enlever les bœufs et les moutons qui erraient çà et là, cherchant leur pâture dans la campagne; et comme ils voulurent les emmener, il s'éleva bientôt de sérieuses querelles entre les pélerins et les Bulgares qui voulaient se faire rendre leurs bestiaux; on s'échauffa des deux côtés, et l'on en vint aux armes. Tandis que les Bulgares devenaient de plus en plus nombreux, au point qu'ils se trouvèrent enfin cent quarante mille, quelques hommes de l'armée des pélerins s'étant séparés du reste de l'expédition, furent trouvés par les premiers dans un certain oratoire où ils s'étaient réfugiés. Les Bulgares, ainsi renforcés en même temps que Gautier perdait du monde et fuyait avec tout le reste des siens, attaquèrent cet oratoire, et brûlèrent soixante hommes de ceux qui s'y étaient réfugiés; les autres ne s'échappèrent qu'avec peine du même lieu en cherchant à défendre leur vie, et la plupart d'entre eux furent dangereusement blessés. Après ce malheureux événement, qui lui fit perdre un grand nombre des siens, Gautier, laissant les autres dispersés de tous côtés, demeura pendant huit jours caché et fugitif dans les forêts de la Bulgarie, et arriva enfin auprès d'une ville très-riche, nommée Nissa, située au milieu du royaume des Bulgares. Là ayant trouvé le duc et prince de ce pays, il lui porta plainte des affronts et des dommages qu'il avait soufferts. Le prince, dans sa clémence, lui rendit justice sur tous les points, et lui donna généreusement, comme gage de réconciliation, des armes et de l'argent. Il le fit en outre accompagner en paix à travers toutes les villes de la Bulgarie, Sternitz, Phinopolis, Andrinople, et lui accorda la permission d'acheter jusqu'à ce qu'il fût arrivé avec toute sa suite dans la ville impériale de Constantinople, capitale de tout le royaume des Grecs. Lorsqu'il y fut parvenu, Gautier demanda humblement et avec les plus vives instances au seigneur empereur la permission de demeurer en paix dans son royaume, et la faculté d'acheter les vivres dont il aurait besoin, jusqu'au moment où Pierre l'Ermite, sur les exhortations duquel il avait entrepris ce voyage, viendrait le rejoindre, afin qu'alors réunissant les milliers d'hommes qu'ils conduisaient, ils pussent passer ensemble le bras de mer de Saint-George, et se trouver ainsi mieux en mesure de résister aux Turcs et à toutes les forces des Gentils. En effet, le seigneur empereur, nommé Alexis, répondit avec bonté à ces demandes et consentit à tout.

Peu de temps après le départ de Gautier, Pierre se mit en marche pour Jérusalem, suivi d'une armée innombrable comme le sable de la mer, qui s'était réunie à lui de divers royaumes, et se composait de Français, de Souabes, de Bavarois, de Lorrains. Dirigeant sa marche vers le royaume de Hongrie, il dressa ses tentes devant les portes de Ciperon avec toute l'armée qu'il traînait à sa suite. De là il envoya des députés au souverain de ce royaume pour lui demander la permission d'y entrer et de le traverser avec tous ses compagnons de voyage. Il en obtint l'autorisation, sous la condition que l'armée ne ferait aucun dégât sur les terres du roi, et qu'elle suivrait paisiblement sa route en achetant les choses dont elle aurait besoin, sans querelle et à prix débattu. Pierre se réjouit beaucoup de ces témoignages de la bienveillance du roi envers lui-même et tous les siens; il traversa tranquillement le royaume de Hongrie, donnant et recevant toutes les choses nécessaires en bon poids et bonne mesure, selon la justice, et il marcha ainsi avec toute sa suite et sans aucun obstacle jusqu'à Malaville. Comme il approchait du territoire de cette ville, la renommée lui apprit, ainsi qu'à tous les siens, que le comte de ce pays, nommé Guz, l'un des primats du roi de Hongrie, séduit par son avidité, avait rassemblé un corps de chevaliers armés et arrêté les plus funestes résolutions avec le duc Nicétas, prince des Bulgares et gouverneur de la ville de Belgrade, afin que celui-ci, à la tête de ses vaillans satellites, combattît et massacrât ceux qui avaient précédé Pierre l'Ermite, tandis que lui-même attaquerait et poursuivrait, avec ses chevaliers, ceux qu'il trouverait sur les derrières ; en sorte que cette nombreuse armée pût être entièrement dépouillée, et perdît ainsi ses chevaux, son or, son argent et tous ses vêtemens, que devaient se partager les vainqueurs. En apprenant ces nouvelles, Pierre ne voulut pas croire que les Hongrois et les Bulgares, qui étaient chrétiens, osassent commettre de si grands crimes ; mais lorsqu'il fut arrivé à Malaville, il vit, et ses compagnons virent aussi suspendues encore aux murailles de la ville les armes et les dépouilles des seize hommes de la troupe de Gautier que les Hongrois avaient surpris tandis qu'ils étaient demeurés en arrière, et dépouillés sans remords. En apprenant l'affront fait à ses frères, en reconnaissant leurs armes et leurs dépouilles, Pierre excite ses compagnons à la vengeance. Aussitôt ceux-ci font résonner les cors bruyans, les bannières sont dressées, ils volent à l'attaque des murailles, lancent des grêles de flèches contre ceux qui occupent les remparts et les accablent sans relâche d'une si grande quantité de traits, que les Hongrois, hors d'état de résister à l'impétuosité des Français qui les assiègent, abandonnent les remparts, osant à peine croire qu'il leur soit possible de faire face, dans l'intérieur même de la ville, aux forces qui les attaquent. Alors un certain Godefroi, surnommé Burel, né dans la ville d'Étampes, chef et porte-enseigne d'une troupe de deux cents hommes de pied, et qui était lui-même à pied, homme plein de force, voyant les ennemis quitter les remparts en fuyant, saisit une échelle qu'il trouve là par hasard et s'élance aussitôt sur la muraille. Renaud de Bréis, illustre chevalier, la tête couverte d'un casque et revêtu d'une cuirasse, monte après Godefroi sur le rempart, et, dans le même temps, tous les cavaliers et les gens de pied font les plus grands efforts pour entrer dans la place. Se voyant serrés de près et en grand danger, les Hongrois se réunissent au nombre de sept mille hommes pour se défendre; et, sortant par une autre porte de la ville qui fait face à l'orient, ils se rendent et s'arrêtent sur le sommet d'un rocher escarpé, au pied duquel coule le Danube, et qui forme une position inaccessible de ce côté. La plupart d'entre eux cependant n'ayant pu se sauver assez vite, à cause des étroites dimensions de la porte, succombèrent sous le glaive auprès même de cette porte ; d'autres, qui espéraient se sauver en parvenant sur le sommet de la montagne, furent mis à mort par les pélerins qui les poursuivaient ; d'autres encore, précipités de ces hauteurs, se noyèrent dans les eaux du Danube ; mais un plus grand nombre se sauva en traversant le fleuve en bateau. On tua environ quatre mille Hongrois dans cette affaire ; les pélerins perdirent cent hommes seulement, non compris les blessés. Après avoir obtenu cette victoire, Pierre et tous les siens demeurèrent pendant cinq jours à Malaville, à cause de la grande quantité de provisions qu'ils y trouvèrent, en grains, en troupeaux de gros et menu bétail et en boissons ; ils prirent aussi un nombre infini de chevaux.

Cette victoire des pélerins, ce massacre des Hongrois, furent annoncés au duc Nicétas par les nombreux cadavres que le fer avait mutilés et couverts

d'horribles blessures, et que le courant du Danube transporta à Belgrade où le fleuve poursuit son cours, après avoir fait un circuit à un mille de Malaville. Le duc convoqua tous les siens et tint conseil avec eux ; mais, frappé de terreur, il se refusa à attendre Pierre dans Belgrade et fit ses dispositions pour se retirer à Nissa, dans l'espoir de pouvoir mieux s'y défendre contre les forces des Français, Romains et Teutons, parce que cette ville était entourée de murailles très-solides. Il emporta avec lui tous les trésors qui étaient dans Belgrade. Il fit partir ses concitoyens et les envoya dans les forêts, sur les montagnes et dans les lieux inhabités avec tous leurs troupeaux, pour se donner le temps d'appeler l'empereur de Constantinople à son secours et se mettre en mesure de résister aux compagnons d'armes de l'Ermite, et de venger les Hongrois, par suite du traité d'amitié et d'alliance qui l'unissait avec Guz, comte et prince de Malaville. Six jours après, Pierre reçut un exprès qui lui était envoyé en toute hâte par des Français étrangers, et habitant dans le pays ; il lui apportait l'avis des dangers qui le menaçaient, et lui dit : « Le roi de Hongrie a
« rassemblé toute l'armée de son royaume ; il va des-
« cendre vers vous pour venger les siens, et il est
« certain qu'aucun d'entre vous ne doit échapper à
« ses armes, car le roi, tous les parens et les amis de
« ceux qui ont été tués sont remplis de douleur et
« gémissent de tant de massacres ; c'est pourquoi hâ-
« tez-vous de traverser le fleuve de Méroé et pour-
« suivez rapidement votre marche. » En apprenant la colère du roi et la réunion de cette grande armée, Pierre et ses compagnons quittèrent aussitôt Malaville,

emportant de riches dépouilles, emmenant avec eux
les troupeaux et tous les chevaux, et ils firent leurs
dispositions pour franchir la Méroé. Mais ils ne trouvèrent sur toute la rive du fleuve que cent cinquante
bateaux, nombre bien insuffisant pour soustraire
promptement une si grande multitude de pélerins au
danger dont ils étaient menacés par l'arrivée du roi
à la tête de toutes ses forces. Aussi un grand nombre
d'entre eux n'ayant pas de bateaux à leur disposition,
firent tous leurs efforts pour passer le fleuve en réunissant des planches de bois et en faisant des claies en
osier. Tandis qu'ils flottaient ainsi sur le fleuve, ne
pouvant gouverner leurs embarcations et se séparant
souvent de leurs compagnons, les Pincenaires, habitans de la Bulgarie, en tuaient un grand nombre à
coups de flèches. Pierre, voyant les siens se noyer,
ordonna aux Bavarois, aux Allemands et aux autres
Teutons, en leur rappelant leurs sermens d'obéissance, de porter secours aux Français leurs frères.
Ils montèrent aussitôt sur sept bateaux, submergèrent
sept petits bateaux remplis de Pincenaires qui furent
noyés, et dont sept seulement furent pris vivans; ils
les conduisirent devant Pierre et les mirent à mort
d'après son ordre. Ayant ainsi vengé les siens et traversé la Méroé, Pierre entra dans les vastes et immenses forêts de la Bulgarie, traînant à sa suite des
chariots remplis de vivres, de toutes sortes d'approvisionnemens et des dépouilles enlevées à Belgrade.
Après avoir demeuré sept jours de suite au milieu de
ces grandes forêts, il arriva enfin avec les siens devant
la ville de Nissa, défendue par de fortes murailles;
les pélerins passèrent un certain fleuve sur un pont de

pierre qui se trouvait en avant de la ville; ils allèrent occuper un immense pré couvert d'une délicieuse verdure, et dressèrent leurs tentes sur les bords du fleuve.

Les légions de pélerins ainsi établies, Pierre, dans sa prévoyance et de l'avis des principaux de ses compagnons, envoya une députation au duc Nicétas, prince des Bulgares, qui se trouvait alors dans cette ville, pour lui demander la faculté d'acheter des vivres. Le duc l'accorda avec bonté, sous la condition cependant qu'on lui donnerait des otages, de peur que cette immense multitude ne se portât à des insultes ou à des violences, comme elle avait fait à Belgrade. Gautier, fils de Galeran, du château de Breteuil situé près de Beauvais, et Godefroi Burel d'Étampes, furent livrés en otage au duc. Ils partirent, le duc les reçut; les pélerins eurent la faculté d'acheter toutes sortes de choses, et ceux qui n'avaient pas de quoi acheter recevaient d'abondantes aumônes des habitans de la ville. Cette nuit donc fut parfaitement tranquille, et le prince rendit fidèlement à Pierre les otages qu'il en avait reçus. Cent hommes Allemands qui, la veille au soir, avaient eu une légère contestation avec un Bulgare au sujet d'un marché d'achat et de vente, étant demeurés un peu en arrière des pélerins que Pierre conduisait, mirent le feu à sept moulins situés sur le bord de la rivière et en dessous du pont, et les réduisirent en cendres; ils brûlèrent en outre quelques maisons placées hors de la ville, en nouveau témoignage de leur fureur. Les citoyens, voyant leurs bâtimens livrés aux flammes, allèrent, d'un commun accord, trouver leur duc Nicétas, déclarant que Pierre et tous ceux qui le suivaient n'étaient que de faux Chrétiens, des voleurs et non des hommes de paix, puisqu'après avoir tué à Belgrade les Pincenaires du duc, et, à Malaville, un si grand nombre de Hongrois, ils avaient encore osé incendier des bâtimens, oubliant la reconnaissance qu'ils auraient dû avoir pour les bienfaits dont on les comblait.

Le duc, en entendant les plaintes des siens et en apprenant l'affront qu'ils avaient reçu, donna l'ordre que tous eussent à prendre les armes, aussi bien que la cavalerie qu'il avait assemblée à Nissa, lorsqu'il sut l'attaque et la prise de Malaville, afin de se mettre sans retard à la poursuite des pélerins, et de leur rendre tous les maux qu'ils avaient faits. Après avoir entendu les paroles du duc de Bulgarie, les Comans, un grand nombre de Hongrois et les Pincenaires qui s'étaient réunis pour la défense de la ville, à condition de recevoir une solde, saisirent leurs arcs de corne et d'os, se couvrirent de leurs cuirasses; et, dressant leurs bannières sur leurs lances, ils se mirent à la poursuite de Pierre qui marchait en toute sécurité avec son armée. Les traînards, ceux qui se trouvaient sur les derrières furent tués et transpercés sans aucun ménagement; on arrêta les chars et les chariots qui s'avançaient lentement; les femmes, les jeunes filles, les jeunes garçons furent emmenés : exilés et captifs encore aujourd'hui sur les terres de la Bulgarie, ils se virent enlevés avec tous leurs bagages et les troupeaux qui les suivaient. Au milieu de ce désordre et du massacre inattendu des pélerins, un certain Lambert, poussant rapidement son cheval, alla rejoindre Pierre qui ignorait entièrement tout ce qui se passait; il le lui raconta en détail, et lui dit que tous ces maux, toutes ces douleurs, provenaient des Allemands qui avaient incendié les moulins. Pierre, marchant un mille en avant, n'avait reçu aucun autre avis; troublé en entendant ce récit, il convoqua aussitôt les hommes les plus sages et les plus raisonnables de l'armée, et leur dit :

« Nous sommes menacés d'un affreux malheur, à
« la suite des fureurs insensées des Teutons. Un grand
« nombre des nôtres, et ces Allemands eux-mêmes
« sont tombés sous les flèches et sous le glaive des sa-
« tellites du duc Nicétas, en punition d'un incendie
« que j'ignorais tout-à-fait. Ceux-ci ont retenu tous
« nos chariots, nos richesses et nos troupeaux. Il me
« semble qu'il n'y a rien de mieux à faire que de re-
« tourner auprès du duc et de conclure la paix avec
« lui, puisque les nôtres se sont conduits injustement
« à son égard, au moment où ses concitoyens nous
« avaient fourni en toute tranquillité les choses dont
« nous avions besoin. » A ces paroles et sur cette déclaration de Pierre toute l'armée retourna vers la ville de Nissa et dressa de nouveau ses tentes dans le pré où elle avait campé, afin que Pierre allât présenter ses excuses et celles de tous ses compagnons qui avaient marché en avant, et qu'après avoir apaisé le duc il obtînt la restitution de ses prisonniers et de ses chariots. Mais tandis qu'il s'occupait, avec les hommes les plus sages, à assurer l'accomplissement de ses projets et se préparait à proposer ses excuses dans un langage mesuré, mille jeunes gens insensés, remplis d'une excessive légèreté et d'obstination, race in-

domptable et effrénée, allèrent, sans cause ni motif, au-delà du pont de pierre, livrer imprudemment assaut aux murailles et à la porte de la ville. Mille autres jeunes gens, aussi étourdis, s'élançant à travers les gués et le pont, se portèrent au secours des premiers, en prononçant dans leur fureur de terribles vociférations, et refusant d'écouter la voix de Pierre, leur chef, qui leur défendait en vain de s'avancer, et qui voulait, de même que tous les hommes sensés, travailler à rétablir la paix. Au moment de cette scission, toute l'armée demeura avec Pierre, à l'exception de ces deux mille hommes, et aucun des autres ne fit le moindre mouvement pour aller porter secours à ces derniers. Les Bulgares, voyant cette division dans le peuple, et reconnaissant qu'il leur serait facile de vaincre les deux mille hommes, sortirent par deux portes, armés de flèches et de lances qui portent de larges blessures, et s'avancèrent en grand nombre; ils accablèrent les pèlerins et les mirent en fuite; vingt d'entre eux s'élancèrent du haut du pont dans les eaux et y furent noyés; d'autres, au nombre de trois cents, prirent la fuite vers l'un des côtés du pont pour aller chercher des gués qu'ils ne connaissaient pas, et les uns périrent par les armes et d'autres dans les eaux. A la fin, ceux qui étaient demeurés avec Pierre sur l'autre rive du fleuve et dans le verger, et qu'il avait empêchés de prendre part à cet acte de folie, voyant leurs compagnons si cruellement maltraités, ne purent résister au désir de voler à leur secours, et, revêtus de leurs casques et de leurs cuirasses, ils volèrent vers le pont, soit que Pierre l'eût permis ou non. Un nouveau combat s'engagea avec acharnement des deux parts ; les flèches, les épées et les lances furent tour à tour employées. Mais comme les Bulgares s'étaient emparés à l'avance du gué et du pont, les pèlerins se trouvèrent dans l'impossibilité de passer et furent enfin forcés de fuir. Pierre, voyant les siens battus et mis en fuite, envoya en députation, au duc Nicétas, un certain Bulgare qui avait résolu de faire le saint voyage de Jérusalem, afin qu'il daignât lui accorder un moment d'entretien, et que l'un et l'autre pussent s'entendre pour conclure la paix au nom du Seigneur ; et cela fut fait.

Ces propositions étant connues du peuple de Pierre, et le tumulte étant apaisé, en attendant que la concorde fût entièrement rétablie, les gens de pied, race rebelle et incorrigible, reprenant et rechargeant les chars et les chariots, se remirent en route. En vain Pierre, Foucher, Renaud le leur défendaient jusqu'à ce que l'on pût savoir si l'entretien sollicité ramènerait la concorde ; ils ne purent détourner ces insensés et ces rebelles de l'exécution de leur entreprise. Les citoyens cependant voyant Pierre et les principaux qui cherchaient à mettre obstacle au départ et à retenir les chars et les chariots, crurent qu'ils s'entendaient avec le peuple pour préparer la fuite. C'est pourquoi, sortant par une porte de la ville avec les chevaliers du duc, ils les poursuivirent en force ; et, sur un espace de deux milles, ils tuèrent beaucoup de monde et firent beaucoup de prisonniers parmi ceux qui marchaient le plus lentement. Le chariot qui portait le coffre de Pierre, rempli d'une quantité prodigieuse d'or et d'argent, fut arrêté ; on prit le coffre, on le porta à Nissa en y ramenant les prisonniers, et on le déposa dans le trésor du duc; le reste des dépouilles fut partagé entre les chevaliers. Les Bulgares tuèrent un grand nombre d'hommes; ils emmenèrent les enfans avec leurs mères, et les femmes mariées ou non mariées dont le nombre est inconnu. Pierre et tous ceux des siens qui purent s'échapper se dispersèrent dans les vastes et sombres forêts, les uns à travers les précipices des montagnes, d'autres à travers les lieux inhabités, tous fuyant en hâte, comme les moutons fuient devant les loups. Enfin Pierre, Renaud de Bréis, Gautier, fils de Galeran de Breteuil, Godefroi Burel et Foucher d'Orléans se réunirent par hasard sur le sommet d'une montagne avec cinq cents hommes seulement, et il sembla d'abord que c'était tout ce qui restait d'une armée de quarante mille hommes. Cependant Pierre, voyant à quel point cette armée se trouvait réduite, et livré à de douloureuses méditations, poussait de profonds soupirs, s'affligeait de voir ses légions détruites, tant de milliers d'hommes perdus, tandis que les Bulgares n'en avaient pas un seul à regretter, et ne pouvait croire que, parmi ces quarante mille hommes dispersés et fugitifs, aucun n'eût survécu à ce désastre. D'après son avis et ses intentions, ceux qui s'étaient arrêtés avec lui sur le sommet de la montagne se mirent à faire des signaux et à sonner de leurs cors, afin que les pélerins dispersés de tous côtés dans les montagnes, les forêts ou les lieux déserts, pussent entendre les cris de Pierre et des siens, et venir se réunir à eux pour continuer leur route. Le jour n'était pas encore terminé, et déjà sept mille hommes, ayant entendu les signaux, étaient venus se rallier. Après qu'ils se furent rassemblés de divers côtés, tous se remirent en marche et arrivèrent dans une certaine ville où ils ne trouvèrent ni meubles ni habitans ; ils y établirent leur camp et attendirent encore que d'autres de leurs compagnons vinssent les rejoindre. Mais comme ils ne pouvaient chercher ni trouver aucune espèce de vivres dans ces lieux abandonnés, ils éprouvaient une excessive pénurie ; ils avaient perdu plus de deux mille chars et chariots chargés de grains, d'orge et de viandes bonnes à manger, et ils ne rencontraient absolument personne qui pût leur offrir quelque chose. Ce malheur leur était arrivé dans le mois de juillet, à l'époque où les blés et les autres fruits de la terre sont mûrs dans ce pays et jaunissent pour être moissonnés. Tandis que le peuple était tourmenté par la faim, les hommes les plus avisés imaginèrent de faire rôtir les grains, produit des récoltes qu'ils trouvaient en état de maturité dans les environs de la ville déserte, et de s'en servir pour apaiser les besoins de cette population affamée. Pendant trois jours en effet elle vécut de cette nourriture, jusqu'à ce qu'enfin les fuyards et ceux qui s'étaient dispersés fussent réunis au nombre de trente mille hommes environ, car dix mille hommes avaient été tués.

Cependant les députés du duc arrivèrent auprès du seigneur empereur de Constantinople et lui rapportèrent tous les malheurs qui étaient arrivés aux Bulgares ; ils lui dirent comment l'armée des pélerins avait massacré les Hongrois à Malaville, et comment, arrivés auprès de la ville de Nissa, ils avaient rendu à ses habitans le mal pour le bien, non cependant sans en recevoir ensuite la punition. L'empereur, dès qu'il

eut appris ces faits, envoya des députés à Pierre ; celui-ci avait abandonné la ville déserte, et les députés le trouvèrent arrivé, avec toute sa suite, dans la ville de Sternitz. En vertu des ordres de l'empereur, ils lui adressèrent les paroles suivantes : « Pierre, le sei-
« gneur empereur a reçu des plaintes graves contre
« toi et ton armée, car, dans son propre royaume,
« cette armée a enlevé du butin et semé partout le dé-
« sordre. C'est pourquoi l'empereur lui-même te dé-
« fend de demeurer plus de trois jours dans aucune
« des villes de son royaume, jusqu'à ce que tu sois
« arrivé à la ville de Constantinople. Nous prescri-
« rons, en vertu des ordres de l'empereur, dans toutes
« les villes par lesquelles tu auras à passer, que l'on
« vende tranquillement à toi et aux tiens toutes les
« choses nécessaires, et qu'on ne mette aucun obstacle
« à ta marche puisque tu es Chrétien, et que tes com-
« pagnons sont Chrétiens. L'empereur te remet en
« outre entièrement toutes les fautes que, dans leur
« orgueil et dans leur fureur, tes soldats peuvent avoir
« commises contre le duc Nicétas ; car il sait que déjà
« ils ont chèrement expié ces offenses. »

En recevant ce message de paix de la part du seigneur empereur, Pierre fut extrêmement satisfait, et versant des larmes de joie, il rendit grâces à Dieu qui, après un châtiment bien sévère sans doute, mais bien mérité, lui accordait, à lui et à tous les siens, la faveur de paraître en présence du très-magnifique et très-renommé empereur.

Empressé d'obéir à ses ordres, Pierre quitta la ville de Sternitz et se rendit dans la ville de Phinopolis avec tout son peuple. Là ayant raconté ses malheurs et ses désastres en présence des citoyens grecs rassemblés, il reçut, au nom de Jésus et pour l'amour de Dieu, beaucoup de présens en byzantins, en argent, en chevaux et en mulets, et tous les habitans furent remplis de sentimens de compassion. A la troisième aurore, il repartit plein de joie et d'hilarité, abondamment pourvu de toutes les choses nécessaires, et arriva à Andrinople. Il n'y demeura que deux jours, qu'il passa en dehors de la ville, et il repartit le troisième jour. Un nouveau message de l'empereur était venu l'inviter à hâter sa marche vers Constantinople; car l'empereur brûlait du desir de voir ce même Pierre dont il avait tant entendu parler. Lorsqu'il arriva dans cette ville, son armée reçut l'ordre de camper loin des murailles, et on lui donna entière faculté d'acheter tout ce qui lui serait nécessaire.

Pierre, petit de taille, mais grand de cœur et de parole, suivi seulement de Foucher, fut conduit par les députés en présence de l'empereur, desireux de voir s'il était tel en effet que la renommée le publiait. Se présentant avec assurance devant l'empereur, Pierre le salua au nom du Seigneur Jésus-Christ; il lui raconta en détail comment il avait quitté sa patrie, pour l'amour et par la grâce du Christ lui-même, pour aller visiter son saint sépulcre; il rappela brièvement les traverses qu'il avait déjà essuyées; il annonça que des hommes très-puissans, de très-nobles comtes et ducs marcheraient incessamment sur ses traces, enflammés du plus ardent desir d'entreprendre le voyage de Jérusalem et d'aller aussi visiter le saint sépulcre. L'empereur, après avoir vu Pierre et appris de sa bouche même les vœux de son cœur, lui demanda ce qu'il

voulait, ce qu'il desirait de lui. Pierre lui demanda
de lui faire donner, dans sa bonté, de quoi se nourrir
lui et tous les siens, ajoutant qu'il avait perdu des richesses innombrables par l'imprudence et la rébellion
des hommes de sa suite. Ayant entendu cette humble
prière, et touché de compassion, l'empereur ordonna de lui faire compter deux cents byzantins d'or,
et de distribuer à son armée un boisseau de pièces de
monnaie que l'on appelle *tartarons*. Après cette en-
trevue, Pierre se retira du palais de l'empereur qui
parla de lui avec bonté ; mais il ne demeura que cinq
jours dans les champs voisins de Constantinople. Gautier *Sans-Avoir* dressa ses tentes dans le même lieu, et
dès ce moment ils se réunirent et mirent en commun
leurs provisions, leurs armes et toutes les choses
dont ils avaient besoin. Les cinq jours écoulés, ils
replièrent leurs tentes, et traversant le bras de mer
de Saint-George sur des navires que l'empereur leur
fit fournir, ils descendirent sur le territoire de Cappadoce et arrivèrent, à travers les montagnes, à la
ville de Nicomédie où ils passèrent la nuit. De là ils
allèrent dresser leur camp auprès du port que l'on
appelle Civitot. Des marchands venaient sans cesse
conduisant des navires chargés de vivres, de grains,
de vin, d'huile, d'orge et de fromages, et ils vendaient
toutes ces denrées aux pèlerins en toute équité et
bonne mesure. Tandis qu'ils jouissaient de cette abondance de toutes les choses nécessaires à la vie, uniquement occupés de réparer leurs forces épuisées, des
députés de l'empereur très-chrétien vinrent porter à
Pierre et à son armée la défense de diriger leur marche
vers les montagnes de la ville de Nicée, dans la crainte

des piéges et des incursions des Turcs, et jusqu'à ce qu'ils eussent réuni de plus grandes forces par l'adjonction des Chrétiens qui devaient arriver. Pierre, ainsi que tout le peuple chrétien, accueillirent avec empressement le message et les conseils de l'empereur, et ils passèrent deux mois de suite en festins continuels, vivant en paix et en joie, et dormant en pleine sécurité à l'abri des attaques de tout ennemi.

Au bout de deux mois cependant, devenus mauvais sujets et désordonnés à force d'oisiveté et d'abondante nourriture, n'écoutant plus la voix de Pierre, et agissant même contre sa volonté, les pélerins se rendirent, à travers les montagnes, sur le territoire de la ville de Nicée et du royaume de Soliman, chef des Turcs; ils enlevèrent le gros et le menu bétail, les bœufs, les moutons, les boucs qui appartenaient à des Grecs serviteurs des Turcs, et les ramenèrent auprès de leurs compagnons. En les voyant agir ainsi, Pierre conçut une grande tristesse, sachant bien qu'une telle conduite ne demeurerait pas impunie; il les avertit même très-souvent de suivre les conseils de l'empereur et de renoncer à de pareilles prises; mais ce fut en vain qu'il parla à ce peuple insensé et rebelle. Comme leurs entreprises avaient bien réussi, ils ne redoutaient point encore d'être arrêtés dans leurs déprédations; et des jeunes gens, pleins de courage et de légèreté, s'avisèrent alors de prendre avec eux quelques bandes armées et d'aller, sous les yeux des Turcs, enlever du butin dans les prairies et au milieu des pâturages situés sous les murs même de la ville de Nicée, pour le ramener ensuite au camp. Ils se réunirent donc au nombre de sept mille hommes de pied et de trois cents cavaliers seulement bien cuirassés, et, dressant leurs bannières, partant en grand tumulte, ils allèrent enlever sept cents bœufs et beaucoup de menu bétail dans les prairies de Nicée; puis revenant vers les tentes de Pierre, ils firent un bon et grand festin, et vendirent beaucoup de bétail aux Grecs et aux matelots sujets de l'empereur. Les Teutons, voyant que ces entreprises avaient fort bien réussi aux Français et aux Romains, et qu'ils étaient revenus maintes fois sans rencontrer aucun obstacle et ramenant beaucoup de butin, enflammés d'une semblable avidité, formèrent un corps de trois mille hommes de pied et de deux cents cavaliers seulement, et marchant avec des bannières rouges et couleur de pourpre, ils suivirent les sentiers pratiqués dans les mêmes montagnes, et arrivèrent auprès d'un château appartenant à Soliman, homme magnifique, duc et prince des Turcs, situé vers le point où se terminent les montagnes et la forêt, à trois milles de distance de la ville de Nicée. Ils attaquèrent le château de toute la force de leurs armes et en poussant des cris de guerre, si bien qu'ils s'en emparèrent et passèrent au fil de l'épée tous les habitans, excepté cependant les Chrétiens Grecs qui furent épargnés; mais tous les autres hommes qu'ils trouvèrent dans le fort furent tués ou chassés. Après avoir pris possession du château et s'être débarrassés de ses habitans, ils se réjouirent dans la grande abondance de vivres qu'ils y trouvèrent. Enivrés de leur victoire, ils résolurent d'un commun accord de demeurer dans ce lieu, d'où il leur serait facile d'occuper le territoire et la principauté de Soliman, d'y enlever de tous côtés du butin et des vivres, et de travailler ainsi à affaiblir Soliman en attendant que l'armée des grands princes que l'on attendait se rapprochât davantage.

Soliman cependant, duc et prince des Turcs, informé de l'arrivée des Chrétiens et des déprédations qu'ils exerçaient, rassembla quinze mille hommes des siens dans toute la Romanie et dans le royaume du Khorasan, hommes très-habiles à faire la guerre avec leurs arcs de corne et d'os, et excellens archers. Deux jours après la victoire des Teutons, il revint à Nicée, arrivant des pays lointains et conduisant sa nombreuse armée. Sa douleur et sa colère s'accrurent encore lorsqu'il apprit que les Allemands venaient d'envahir son château, après avoir tué ou chassé tous ceux qui y étaient. Le troisième jour, au lever du soleil, Soliman partit avec toute sa suite et se rendit vers le fort que les Teutons avaient occupé. Ses porte-drapeaux l'attaquèrent vigoureusement avec un grand nombre d'archers, lancèrent leurs flèches sur les Teutons qui résistaient bravement du haut de leurs remparts; mais enfin ne pouvant se défendre plus longtemps, et forcés d'abandonner les murailles pour éviter les flèches qui tombaient sur eux comme la grêle, tourmentés et dénués de ressources, ils cherchèrent dans l'intérieur du fort à se mettre à l'abri des traits qui les accablaient. Les Turcs, voyant les Allemands éloignés des murailles, firent leurs dispositions pour les escalader. Mais ces derniers, renfermés en dedans et inquiets pour leur vie, opposaient leurs lances à tous ceux qui voulaient se présenter; d'autres leur résistaient de front avec leurs glaives et leurs haches à deux tranchans, en sorte que les Turcs n'osaient pousser plus avant. Lorsqu'ils eurent reconnu que leurs flèches, quoique lancées en nombre infini, ne pouvaient détourner les Allemands de leur nouveau mode de défense, les Turcs transportèrent toutes sortes de bois devant la porte du château; ils y mirent le feu, la porte fut brûlée ainsi que plusieurs des édifices intérieurs, et enfin cet incendie se répandant de tous côtés, quelques-uns des assiégés furent brûlés et les autres sautèrent du haut des murailles pour se sauver. Mais les Turcs qui étaient en dehors s'élancèrent sur les fuyards et les firent périr par le glaive; ils prirent et emmenèrent captifs environ deux cents jeunes gens, beaux de corps et de visage : tout le reste périt par le glaive ou à coups de flèches.

Après avoir pris cette terrible vengeance, Soliman repartit avec les siens et les Allemands ses prisonniers, et la nouvelle de ce cruel massacre arriva bientôt au camp de Pierre. La mort de leurs compagnons excita chez les pèlerins un vif sentiment de douleur, et tous les cœurs furent frappés de consternation. Affligés de ces malheurs, ils délibéraient souvent entre eux s'ils se lèveraient pour aller sans retard venger leurs frères, ou s'ils attendraient le retour de Pierre. En effet, quelques jours auparavant Pierre s'était rendu à Constantinople auprès de l'empereur pour demander, en faveur de son armée, une diminution sur le prix des objets de première nécessité. Tandis que les pèlerins tenaient conseil entre eux, Gautier *Sans-Avoir* refusa absolument de marcher à la vengeance avant que l'événement fût mieux connu, et jusqu'à l'arrivée de Pierre dont les avis devaient être suivis en toutes choses. Cette réponse de Gautier calma le peuple pendant huit jours, et l'on attendit le retour de Pierre ; mais il lui fut impossible d'obtenir de l'empereur la permission de revenir. Le huitième jour des chevaliers turcs, hommes illustres dans l'art de la guerre, sortirent de Nicée au nombre de cent, et parcoururent tout le pays et les villes situées dans les montagnes, afin de recueillir des détails exacts sur le butin et les prises que les Français avaient enlevés. On dit que ce même jour ils tranchèrent la tête à un grand nombre de pélerins qu'ils trouvèrent errans çà et là, en divers lieux, par bandes de dix, de quinze hommes ou même plus. Le bruit s'étant répandu dans le camp de Pierre que les Turcs étaient dans le voisinage et qu'ils avaient tranché la tête à des pélerins dispersés dans la campagne, ceux du camp ne purent croire d'abord que les Turcs se fussent autant éloignés de Nicée. Quelques-uns cependant firent la proposition d'aller à leur poursuite et de chercher à les rejoindre dans les environs.

Dès que la vérité fut mieux connue, le peuple se mit en grand mouvement ; tous les hommes de pied allèrent trouver Renaud de Bréis, Gautier *Sans-Avoir,* Gautier de Breteuil et Foucher d'Orléans, qui étaient les principaux chefs de l'armée de Pierre, et leur demandèrent d'aller venger leurs frères et de réprimer l'audace des Turcs. Mais ceux-ci refusèrent absolument de marcher jusqu'à ce que Pierre fût arrivé et eût donné son avis. Godefroi Burel, commandant en chef des hommes de pied, ayant entendu ces réponses, déclara que ces illustres chevaliers étaient beaucoup trop timides à la guerre, et se répandit fréquemment en reproches amers contre les hommes qui empêchaient leurs compagnons de venger sur les Turcs le sang de leurs frères. Les chefs des légions ne pouvant supporter plus long-temps les injures et les reproches de Godefroi et de ses partisans, et remplis de colère et d'indignation, déclarèrent qu'ils étaient prêts à braver les forces et les embûches des Turcs, dussent-ils perdre la vie dans les combats. Aussitôt et dès le commencement du quatrième jour, tous les chevaliers et les gens de pied réunis dans le camp reçurent l'ordre de s'armer; les cors firent retentir le signal de la guerre, et tous les pélerins se rassemblèrent. On ne laissa dans le camp que ceux qui n'avaient pas d'armes, les infirmes et les femmes qui se trouvaient en nombre incalculable. Les hommes armés s'étant réunis formèrent une armée de vingt-cinq mille hommes de pied et cinq cents chevaliers cuirassés; ils se mirent en route pour Nicée, afin d'aller harceler le duc Soliman et ses Turcs, et de les engager dans un combat pour venger leurs frères morts. S'étant divisés et organisés en six corps, dont chacun eut sa bannière, ils s'avancèrent par la droite et par la gauche. Après s'être éloignés de trois milles du port et de la station de Civitot (Pierre étant toujours absent et ignorant tout ce qui se passait), ils entrèrent dans la forêt et dans les montagnes, remplis d'orgueil, poussant de terribles vociférations et dans le plus violent tumulte; dans le même temps Soliman était aussi entré dans la même forêt par le côté opposé, suivi de ses troupes innombrables et venant de la ville de Nicée pour aller à l'improviste assaillir les Français dans leur camp, les surprendre et les faire tous périr par le glaive. En entendant les cris et tout le bruit que faisaient les Chrétiens,

Soliman fut d'abord étonné, ne sachant d'où pouvait provenir une si grande agitation, car il ignorait entièrement les projets des pèlerins. Dès qu'il eut reconnu cependant que c'étaient eux qui s'avançaient, il dit aux siens : « Voici; les Francs vers lesquels nous mar-
« chons sont là. Vous pouvez être assurés qu'ils vien-
« nent pour se battre contre nous. Sortons au plus tôt
« de cette forêt et des montagnes pour nous porter
« dans la vaste plaine où nous pourrons nous battre
« avec eux en toute liberté, en sorte qu'ils ne trouvent
« nulle part de refuge. » A ces paroles les Turcs, empressés d'obéir, s'éloignèrent dans le plus grand silence des montagnes et des bois.

Cependant les Français, ignorant l'arrivée de Soliman, sortirent aussi des forêts et des montagnes en continuant à crier et à vociférer, quand tout à coup ils virent dans la plaine l'armée de Soliman qui les attendait pour combattre. Aussitôt s'encourageant les uns les autres au nom du Seigneur, ils envoyèrent d'abord en avant deux corps formés de cinq cents chevaliers. Soliman, en voyant s'avancer ces deux corps, lâcha les rênes à son cheval; les siens en firent autant, et tous s'élancèrent poussant des cris inconnus aux chevaliers catholiques et vraiment intolérables, dont ceux-ci furent tout étonnés et comme frappés de stupeur. Puis les Turcs faisant pleuvoir une grêle de flèches et se précipitant sur les deux corps, les accablèrent, les dispersèrent et les séparèrent de l'armée qui marchait à leur suite. En entendant le cliquetis des armes et les vociférations des Turcs qui poursuivaient leurs frères avec tant de cruauté, ceux des pèlerins qui formaient l'arrière-garde de l'armée, et qui n'étaient pas encore sortis de la forêt, se réunirent en un seul corps dans l'étroit sentier par lequel ils arrivaient pour défendre ce passage et fermer l'accès des montagnes : les deux premiers corps que les Turcs avaient séparés du reste de l'armée en s'élançant sur eux, ne pouvant retourner vers la forêt et les montagnes, dirigèrent leurs pas du côté de Nicée. Puis revenant tout à coup et poussant des cris terribles, ils se jetèrent de nouveau au milieu des Turcs; et s'encourageant les uns les autres, tant chevaliers que gens de pied, ils tuèrent en un moment deux cents chevaliers turcs. Voyant alors que les chevaliers avaient pris l'avantage sur eux dans le combat, les Turcs s'attachèrent à blesser leurs chevaux à coups de flèches, et ceux qui les montaient, vigoureux athlètes du Christ, se trouvaient ainsi mis à pied.

Gautier *Sans-Avoir* succomba percé de sept flèches qui traversèrent sa cuirasse et pénétrèrent jusqu'à son cœur. Renaud de Bréis et Foulcher de Chartres, hommes très-renommés dans leur pays, trouvèrent le même martyre sous les coups des ennemis; mais ils ne tombèrent point sans avoir fait éprouver aux Turcs de grandes pertes. Gautier de Breteuil, fils de Galeran, et Godefroi Burel, commandant en chef des gens de pied, parvinrent à s'enfuir à travers les buissons et les taillis, et rejoignirent toute l'armée dans l'étroit sentier où elle était réunie sans avoir combattu. Aussitôt qu'ils apprirent leur fuite et les malheurs qui venaient d'arriver, tous les pèlerins se mirent aussi à se sauver, se dirigeant en hâte vers Civitot, par le même chemin qu'ils avaient suivi en arrivant et se défendant à peine de leurs ennemis. Ceux-ci, tout joyeux de cette heureuse victoire, tuèrent les misérables pélerins et les poursuivirent, ne cessant de les massacrer, pendant une marche de trois milles et jusqu'au lieu où étaient dressées les tentes de Pierre. En entrant dans le camp, les Turcs firent périr par le glaive les faibles et les malades, les clercs, les moines, les femmes âgées, les enfans à la mamelle, n'ayant aucun égard pour l'âge, réservant seulement les jeunes filles et les religieuses dont les traits et la beauté parurent faire impression sur leurs yeux ; ils emmenèrent aussi les jeunes garçons encore imberbes et qui avaient de beaux visages; ils transportèrent également à Nicée l'argent et les vêtemens, et s'emparèrent des chevaux, des mulets, de tous les objets précieux et des tentes même.

Il y a sur le rivage de la mer et non loin de Civitot, une forteresse antique et abandonnée, vers laquelle trois mille pélerins se retirèrent dans l'espoir de pouvoir s'y défendre. Mais n'y ayant trouvé ni portes ni barricades, privés de secours et en même temps fort inquiets, ils entassèrent leurs boucliers, firent rouler d'énormes blocs de pierre à l'entrée du château et se défendirent vigoureusement avec des lances, des arcs en bois et des pierres qu'ils lançaient à la main. Les Turcs, ne pouvant parvenir à détruire ceux qui s'étaient ainsi renfermés, enveloppèrent de tous côtés le fort qui n'avait point de toiture, et se mirent à lancer des flèches en l'air, afin qu'en retombant verticalement elles pussent frapper les assiégés et tuer ces malheureux, et que les autres, effrayés par cet exemple, fussent contraints de se rendre. On dit qu'en effet un grand nombre de Chrétiens furent blessés et tués de cette manière; mais comme ils redoutaient des supplices plus cruels de la part de ces impies, ni les armes ni la violence ne purent les déterminer à sortir de leur retraite.

Le soleil était parvenu à la moitié de la journée lorsque les pèlerins entrèrent dans cette citadelle et y furent attaqués par les Turcs. Mais comme les premiers résistaient avec courage pour défendre leur vie, aucune invention des ennemis ni les ombres même de la nuit ne purent les forcer à abandonner leur position; enfin un Grec fidèle et catholique partit en exprès pendant la nuit, s'embarqua, traversa la mer et alla raconter à Pierre, qu'il trouva dans la ville royale, les périls auxquels étaient exposés ses compagnons et la destruction de tout le reste de l'armée. Instruit de ces malheurs et le cœur rempli de tristesse, Pierre alla supplier humblement l'empereur de venir au secours, pour l'amour du Christ, de ce misérable petit nombre de pèlerins, reste de tant de milliers d'hommes, et de ne pas souffrir qu'ils périssent dans la désolation et les tourmens sous les coups de ces bourreaux. L'empereur fut touché de compassion en entendant le récit de Pierre et en apprenant que ses compagnons étaient assiégés; il fit venir les Turcopoles et toutes les troupes de diverses nations qui étaient dans ses États; il leur ordonna de passer le bras de mer en toute hâte, d'aller secourir les Chrétiens fugitifs et assiégés, et de forcer les Turcs à abandonner le siége. Ceux-ci, en effet, ayant eu connaissance de l'édit de l'empereur, se retirèrent de la forteresse au milieu de la nuit, emmenant avec eux leurs prisonniers et chargés de dépouilles, et les chevaliers pélerins qui y étaient renfermés se trouvèrent ainsi délivrés des impies.

Il n'y avait pas long-temps que Pierre avait quitté les pays de l'Occident, lorsqu'un prêtre, nommé Gottschalk, né Teuton et habitant des bords du Rhin, échauffé par les discours de l'Ermite, et brûlant du desir d'entreprendre aussi le voyage de Jérusalem, entraîna, par ses paroles, un grand nombre d'hommes de diverses nations à suivre les mêmes voies. Il rassembla plus de quinze mille individus dans la Lorraine, la France orientale, la Bavière, le pays des Allemands, tant dans la classe des chevaliers que dans celle des gens de pied; et tous ayant ramassé une immense quantité d'argent et toutes les choses nécessaires au voyage, se mirent en route et suivirent, dit-on, leur marche paisiblement jusque dans le royaume de Hongrie. Arrivés à la porte de Mersebourg et de la citadelle, et se présentant sous la protection du roi Coloman, ils y furent accueillis avec honneur. On leur accorda même la permission d'acheter toutes les choses nécessaires à la vie; et, en vertu des ordres du roi, on conclut un traité avec eux pour prévenir tout mouvement désordonné dans une si grande armée. Ils y demeurèrent pendant quelques jours et commencèrent à vagabonder. Les Bavarois et les Souabes, hommes impétueux, et d'autres insensés encore, se livrèrent sans mesure aux excès de la boisson et en vinrent bientôt à enfreindre les conditions du traité; d'abord ils enlevèrent aux Hongrois du vin, des grains et les autres choses dont ils avaient besoin; puis ils allèrent prendre dans les champs des bœufs et des moutons pour les tuer; ils tuèrent aussi ceux qui voulurent leur résister ou reprendre sur eux leurs bestiaux, et ils commirent encore beaucoup d'autres crimes que je ne saurais rapporter en détail, se conduisant en gens grossiers, insensés, indisciplinés et indomptables. Des hommes qui ont assisté à ces événemens rapportent qu'ils se saisirent d'un jeune Hongrois et l'empalèrent sur la place publique. On se plaignit de ce fait et de toutes les autres offenses des pélerins, et ces plaintes parvinrent aux oreilles du roi et de ses princes.

Le roi, irrité de toutes ces infamies, dont le récit jeta le trouble dans sa maison, prescrivit à ses satellites de s'armer, fit un appel à toute la Hongrie pour aller venger ce crime abominable et tous les autres méfaits des étrangers, et voulut que l'on n'épargnât aucun des pélerins, puisqu'ils avaient commis une action si horrible. Les hommes de l'armée de Gottschalk, instruits des ordres cruels donnés par le roi pour les faire périr, firent retentir dans toutes les campagnes le signal de la guerre, et se rassemblèrent dans les champs de Belgrade, auprès de l'oratoire de Saint-Martin. Aussitôt toutes les forces de la Hongrie furent sur pied pour aller disperser le peuple qui s'était réuni. Mais les Teutons, inquiets et forcés de défendre leurs vies, se disposèrent à résister vigoureusement avec leurs glaives, leurs lances et leurs flèches; en sorte que les Hongrois n'osèrent les attaquer. Lorsqu'ils les virent aussi déterminés et qu'ils eurent reconnu l'impossibilité de les combattre sans s'exposer à des pertes incalculables, ils eurent recours à la ruse et leur adressèrent ces douces paroles :
« Notre seigneur roi a reçu des plaintes sur les offenses
« que vous avez commises dans son royaume ; mais il

« pense que vous n'en êtes pas tous coupables, d'au-
« tant plus qu'il y a parmi vous beaucoup de gens
« sensés et qui ne sont pas moins affligés de cette vio-
« lation du traité que le roi lui-même et les siens. Si
« donc vous voulez donner satisfaction au seigneur
« roi et apaiser les princes de la terre, il faut et il est
« nécessaire que vous livriez toutes vos armes entre
« les mains du seigneur roi, et que vous vous mon-
« triez, selon notre avis, disposés à la paix. Quand
« vous vous serez mis ainsi à la discrétion du roi avec
« tout l'argent que vous avez, vous calmerez sa colère
« et vous trouverez grâce devant ses yeux. Mais si
« vous vous conduisez autrement, pas un seul d'entre
« vous ne pourra vivre devant sa face et devant les
« siens, parce que vous avez fait dans son royaume
« des choses trop honteuses et trop offensantes. »
Gottschalk et tous les hommes sensés se confièrent de
bonne foi à ceux qui leur tenaient ce langage, attendu
que les Hongrois professaient le christianisme, et ils
conseillèrent à leurs compagnons, en pleine assemblée, de donner satisfaction au roi conformément à
ces propositions, et de rendre leurs armes, afin de
rétablir la paix et l'union avec les gens du pays. Tous
en effet suivirent ce conseil, et tous livrèrent entre
les mains du délégué du roi leurs cuirasses, leurs casques, toutes leurs armes, tout l'argent destiné à pourvoir à leur subsistance jusqu'à Jérusalem, certains
qu'ils obtiendraient par là les témoignages de la compassion et de l'humanité du roi. Les ministres et les
chevaliers de ce prince transportèrent toutes les armes
dans les appartemens intérieurs du palais, et déposèrent dans le trésor royal l'argent et tous les objets de

prix que cette nombreuse armée leur avait abandonnés. Après avoir ainsi mis toutes les armes à couvert, ils se montrèrent menteurs dans les promesses qu'ils avaient faites pour garantir au peuple la clémence du roi ; et, s'élançant avec cruauté sur ces pèlerins désarmés et dépouillés, ils les attaquèrent et les mirent à mort de la manière la plus barbare, à tel point que, selon les rapports affirmés véritables par le petit nombre de ceux qui échappèrent avec peine à la mort, après avoir assisté au carnage, toute la plaine de Belgrade était entièrement couverte de sang et des cadavres de tous ceux qui furent tués, et qu'il n'y en eut que bien peu qui purent se soustraire à ce martyre.

Au commencement de l'été et dans la même année où Pierre et Gottschalk s'étaient mis en route avec leurs armées, des bandes innombrables de Chrétiens partirent de divers royaumes et de divers pays, savoir, des royaumes de France, d'Angleterre, de la Flandre, de la Lorraine. Brûlés du feu de l'amour divin, et portant le signe de la croix, ces pèlerins débouchaient par bandes de tous côtés, portant avec eux toutes sortes de provisions, d'effets, d'armes dont ils avaient besoin pour accomplir leur voyage à Jérusalem. Ces gens, sortant en foule de tous les royaumes et de toutes les villes, se réunissaient ensuite en corps, mais ils ne s'abstenaient point des réunions illicites et des plaisirs de la chair ; ils se livraient sans relâche à tous les excès de la table, se divertissaient sans cesse avec les femmes et les jeunes filles qui sortaient aussi de chez elles pour se livrer aux mêmes folies, et s'adonnaient témérairement à toutes les vanités, sous le prétexte du voyage qu'ils allaient entreprendre.

Je ne sais si ce fut par l'effet d'un jugement de Dieu ou par une erreur de leur esprit qu'ils se levèrent avec cruauté contre le peuple des Juifs dispersés dans chacune de ces villes, et qu'ils les massacrèrent de la manière la plus inhumaine, principalement dans le royaume de Lorraine, disant que c'était là le commencement de leur expédition et de leurs services contre les ennemis de la foi chrétienne. Ce massacre des Juifs commença d'abord dans la ville de Cologne ; les citoyens tombèrent à l'improviste sur ceux qui y habitaient en nombre assez modique ; ils les blessèrent et les mutilèrent presque tous d'une manière terrible, renversèrent leurs maisons et leurs synagogues et se partagèrent ensuite beaucoup d'argent. Effrayés de ces cruautés, deux cents Juifs environ prirent la fuite dans le silence de la nuit et passèrent en bateau à Nuitz. Mais ayant été rencontrés par des pélerins et des Croisés, aucun d'eux n'échappa ; ils furent pareillement massacrés et dépouillés de tout ce qu'ils portaient.

Aussitôt après, les pélerins se remirent en route, comme ils en avaient fait vœu, et arrivèrent à Mayence formant une immense multitude. Le comte Emicon, homme très-noble et très-puissant de ce pays, était dans cette ville avec une forte bande de Teutons, et attendait l'arrivée des pélerins qui venaient déboucher de divers côtés sur la route royale. Les Juifs qui habitaient à Mayence ayant appris le massacre de leurs frères, et comptant ne pouvoir échapper à tous les arrivans, se réfugièrent, dans l'espoir de se sauver, auprès de l'évêque Rothard, et déposèrent sous sa garde et confièrent à sa bonne foi leurs immenses trésors, se flattant que sa protection leur serait infiniment utile, attendu qu'il était évêque de la ville. Le pontife cacha soigneusement tout l'argent que les Juifs lui remirent; il les reçut sur une terrasse très-spacieuse pour les dérober à la vue du comte Émicon et de ceux qui le suivaient, afin de les conserver sains et saufs dans son habitation, le plus sûr asile qu'ils pussent trouver en ce moment. Mais Émicon et tous ceux de sa bande ayant tenu conseil, allèrent, au lever du soleil, attaquer à coups de flèches et de lances les Juifs enfermés dans ce lieu élevé et découvert. Ayant brisé les serrures et enfoncé les portes, ils les atteignirent et en tuèrent sept cents qui cherchèrent vainement à se défendre contre des forces trop supérieures ; les femmes furent également massacrées, et les jeunes enfans, quel que fût leur sexe, furent aussi passés au fil de l'épée. Les Juifs voyant les Chrétiens s'armer en ennemis contre eux et leurs enfans, sans aucun respect pour la faiblesse de l'âge, s'armèrent de leur côté contre eux-mêmes, contre leurs co-religionnaires, contre leurs enfans, leurs femmes, leurs mères et leurs sœurs, et se massacrèrent entre eux. Chose horrible à dire ! les mères saisissaient le fer, coupaient la gorge aux enfans qu'elles allaitaient, et transperçaient également leurs autres enfans, aimant mieux se détruire de leurs propres mains que de succomber sous les coups des incirconcis.

Il n'échappa qu'un petit nombre de Juifs à ce cruel massacre, et quelques-uns reçurent le baptême, bien plus par crainte de la mort que par amour pour la foi chrétienne. Chargés de leurs riches dépouilles, le comte Émicon, Clairambault de Vandeuil, Thomas et tout cet innombrable ramas d'hommes et de femmes poursuivirent leur voyage pour Jérusalem, dirigeant leurs pas vers le royaume de Hongrie, où l'on était en usage de ne point refuser aux pélerins la faculté de passer sur la route royale. Cependant lorsqu'ils arrivèrent auprès de la citadelle du roi, appelée Mersebourg, entourée de marais formés par les fleuves du Danube et de la Leytha, ils trouvèrent le pont et la porte fermés en vertu des ordres du roi de Hongrie, car tous les Hongrois étaient saisis d'une grande terreur depuis qu'ils avaient massacré les compagnons des pélerins, et les cadavres de ceux-ci répandaient encore une odeur infecte lorsque cette nouvelle armée arriva dans le pays. Elle était plus forte que les précédentes, et se composait de deux cent mille individus, chevaliers ou gens de pied ; mais il y avait tout au plus trois mille hommes à cheval. Trouvant donc la porte fermée, et ne pouvant en aucune manière pénétrer dans le royaume, ils dressèrent leur camp dans la plaine et envoyèrent des députés au roi pour lui demander la paix ; mais ils ne furent écoutés ni dans cette demande ni dans leurs promesses. Emicon, Clairambault, Thomas, hommes illustrés par leurs faits d'armes, tinrent alors conseil avec les plus sages, et résolurent de dévaster les terres du roi situées dans le voisinage, et de ne pas se retirer de leur position avant d'avoir établi un pont sur le marais et sur la Leytha, pour avoir un moyen quelconque de s'approcher des murailles de la citadelle, de les percer d'outre en outre et de s'ouvrir ainsi un passage de vive force. Ils demeurèrent long-temps devant la forteresse depuis le milieu du mois de juillet, construisant leur pont et attaquant souvent les assiégés ; mais ceux qui défendaient la place résistaient vigoureusement, lançaient des traits de tous côtés, et, des deux parts, l'on tuait beaucoup de monde. Quelquefois de vaillans hommes d'armes sortaient de la citadelle et repoussaient bravement les Francs au-delà du fleuve et du pont ; d'autres fois les Francs avaient l'avantage et faisaient rentrer les Hongrois dans le fort, après les avoir accablés et chargés de blessures. Un certain jour, vers la neuvième heure, Thomas, Clairambault et Guillaume allèrent, avec trois cents chevaliers, revêtus de leurs cuirasses et de leurs casques, et habiles à manier un cheval, se placer en embuscade au lieu où les Hongrois descendaient fort souvent en bateau pour protéger leur territoire, voulant attendre du hasard une occasion favorable de leur livrer combat, ou d'enlever le gros bétail qu'ils trouveraient dans les champs. Tandis qu'ils descendaient le long du fleuve dans cette espérance, ils rencontrèrent sept cents chevaliers du roi de Hongrie, montés sur des chevaux de bataille et bien armés, qui allaient faire une reconnaissance sur l'armée des Chrétiens. Voyant qu'il leur était impossible d'éviter les Francs, ils s'élancèrent au milieu de leurs escadrons et leur livrèrent combat ; mais bientôt vaincus et couverts de blessures, ils furent repoussés ; et, prenant la fuite vers les lieux qui leur étaient connus, tristes et affligés, ils repassèrent le fleuve en bateau et rentrèrent sur leur territoire. Dans ce combat, Guillaume ayant attaqué le commandant en chef de l'armée hongroise, parent du roi en ligne collatérale, homme illustre et qui portait de beaux cheveux blancs, il lui trancha la tête. Cette victoire répandit la joie dans toute l'armée des pélerins ; on passa toute la nuit en fête et l'on ramena au camp beaucoup de prisonniers hongrois.

A la suite d'un grand nombre de combats du même genre qui amenaient tous les jours, pendant un long espace de temps, des pertes considérables, l'armée commençait à se fatiguer, et le défaut de vivres contribuait encore à l'affaiblir, lorsqu'au jour fixé de nombreux hommes d'armes passèrent le pont qui était enfin achevé, les uns en se battant, les autres allant à travers les marais pour attaquer vigoureusement la forteresse de Mersebourg. Ayant appliqué les machines contre les murailles, ils firent deux percées sur deux points différens, serrant de près les Hongrois et travaillant de manière à avoir pratiqué des ouvertures sur presque tous les points, si les assiégés tenaient jusqu'au lendemain. Le roi Coloman et les gens de sa suite montèrent promptement à cheval, tout prêts à s'enfuir vers le royaume de Russie s'ils voyaient cette masse énorme de Francs faire irruption sur leur territoire après s'être emparés de la forteresse. Dans cette intention, ils avaient fait réparer les ponts qui tombaient en ruines à force de vétusté, afin de pouvoir franchir plus aisément les marais et les fleuves qui les séparaient de la terre de Russie, si la nécessité les forçait de s'y retirer. Mais au moment où tout semblait réussir aux Chrétiens, et lorsque déjà ils avaient fait une grande brèche aux murailles, je ne sais quel accident ou quel malheur répandit dans toute leur armée une terreur si grande que tous prirent également la fuite, se dispersant de tous côtés comme les moutons fuient devant les loups qui les poursuivent, cherchant en tous lieux un refuge et oubliant leurs compagnons. Les Hongrois, voyant ces champions si redoutables disparaître subitement, et s'enfuir en toute hâte, sortirent en foule avec le roi, se mirent sans retard à la poursuite des fuyards, en massacrèrent un grand nombre, firent beaucoup de prisonniers et ne cessèrent de les chasser devant eux durant la plus grande partie de la nuit. Ils firent un tel carnage des gens de pied de l'un et l'autre sexe que les eaux du Danube et de la Leytha en furent ensanglantées. Un nombre immense de ces malheureux, espérant échapper ainsi à la mort qui les menaçait de près, se jetèrent avec un courage aveugle dans les eaux du Danube, et furent étouffés par la violence des courans. Chose étonnante! il se noya une si grande quantité de ces fuyards qu'on fut pendant quelque temps sans voir même les eaux de ce vaste fleuve cachées sous les milliers de cadavres qu'elles entraînaient. Emicon, Thomas, Clairambault, Guillaume et un petit nombre d'autres, dont les chevaux étaient encore en état de courir, se sauvèrent sains et saufs; quelques autres aussi se cachèrent dans les joncs des marais ou dans les broussailles, ou parvinrent à s'échapper à la faveur des ténèbres de la nuit. Emicon et quelques-uns des siens reprirent la route par laquelle ils étaient venus et s'en retournèrent chez eux; Thomas, Clairambault et plusieurs des leurs s'enfuirent du côté de la Carinthie et de l'Italie. Sans doute la main du Seigneur s'étendit sur les pèlerins parce qu'ils avaient péché sous ses yeux, se livrant sans mesure à toutes les souillures de la chair, et parce qu'ils avaient inhumainement massacré les Juifs, peuple exilé et ennemi du Christ, beaucoup plus par avidité de leur argent que comme instrumens de la justice de Dieu, car le Seigneur est un juge équitable, et n'ordonne point de faire entrer qui que ce soit, malgré lui et par force, sous le joug de la foi catholique.

On vit encore un autre crime détestable au milieu de cette immense réunion de gens insensés et d'une folle légèreté, crime odieux sans aucun doute au Seigneur, et que les fidèles n'oseront même croire. Ces hommes avaient une oie et une chèvre qu'ils disaient également animées d'un souffle divin, et ils avaient pris ces animaux pour guides de leur voyage à Jérusalem ; ils allaient jusqu'à leur porter respect ; et, semblables eux-mêmes à des bêtes, ils adoptaient ces erreurs avec pleine tranquillité d'esprit. Que les cœurs fidèles se gardent de croire que le Seigneur Jésus veuille que le sépulcre où reposa son corps très-saint soit visité par des bêtes brutes et dépourvues de sens, et que ces bêtes servent de guides aux ames chrétiennes, que lui-même a daigné racheter au prix de son sang pour les arracher aux souillures des idoles, car en montant aux cieux lui-même a institué pour guides et pour directeurs de son peuple les très-saints évêques et abbés qui sont dignes de Dieu, et non des animaux brutes et privés de raison ! Mais est-il étonnant que, dans les temps modernes, des abominations de ce genre et des crimes si honteux se trouvent encore au milieu de tant de milliers d'hommes, dans quelques sociétés sur lesquelles le Seigneur en a fait retomber la punition, lorsqu'aux temps de Moïse, de Josué et des autres serviteurs de de Dieu, l'iniquité se trouva aussi au milieu des justes, et fut frappée et purifiée par la verge de celui qui est, dans sa majesté, le Seigneur des vengeances?

# LIVRE SECOND.

Après le départ de Pierre l'Ermite, après la mort de Gautier *Sans-Avoir*, brave chevalier, et la destruction de son armée, après le cruel massacre survenu un peu plus tard dans l'expédition du prêtre Gottschalk et la mort même de ce chef, après les malheurs du comte d'Allemagne Emicon et des autres hommes forts et princes de la terre de France, tels que Dreux de Nesle et Clairambault de Vandeuil, dont l'armée fut si cruellement détruite dans le royaume de Hongrie, devant les portes de Mersebourg, Godefroi, duc de Lorraine, homme très-noble, et son frère utérin Baudouin, Garnier de Gray, parent du même duc, ainsi que Baudouin du Bourg, Renaud, comte de Toul, et Pierre son frère, Dudon de Conti, Henri de Hache et son frère Godefroi, très-vaillans chevaliers et princes très-illustres étant partis cette même année et au milieu du mois d'août pour se rendre directement à Jérusalem, arrivèrent sur le territoire d'Autriche, auprès de la ville de Tollenbourg, où le fleuve de la Leytha marque la fin du royaume de la Gaule, et ils y demeurèrent pendant trois semaines du mois de septembre pour chercher à connaître les motifs des événemens qui avaient amené, peu de temps auparavant, la destruction de l'armée des pélerins; car les princes et les chefs de cette armée avaient entièrement renoncé à suivre leur projet et de se rendre à Jérusalem, et déjà même, dans leur désespoir, étaient venus à la rencontre des nouveaux arrivans.

Après avoir recueilli toutes sortes de mauvais bruits, après avoir examiné à diverses reprises quelle serait la manière la plus sûre et la plus sage de rechercher les motifs des cruautés des Hongrois envers leurs frères Chrétiens, tous jugèrent convenable de ne prendre que Godefroi de Hache, parmi les plus renommés capitaines de leur expédition, pour le charger de recueillir des informations sur ce détestable homicide, parce que celui-ci était connu du roi Coloman, ayant été long-temps avant cette entreprise envoyé en députation par le duc Godefroi auprès du même roi des Hongrois. On lui donna cependant pour compagnons douze hommes choisis dans la maison même du duc, savoir, Baudry, Stabellon et d'autres dont les noms ne sont pas connus, et ils furent chargés d'exposer dans les termes suivans l'objet de la mission que leur donnaient ces princes illustres :

« Au roi des Hongrois Coloman, Godefroi, duc de
« Lorraine, et les autres premiers seigneurs de la
« Gaule, salut et tout bien en Christ !

« Nos seigneurs et nos princes s'étonnent qu'étant
« attaché à la foi chrétienne vous ayez fait subir un si
« cruel martyre à l'armée du Dieu vivant, que vous lui
« ayez défendu de passer sur votre territoire et dans
« votre royaume, et que vous l'ayez chargée de tant
« de calomnies. C'est pourquoi, frappés maintenant
« de crainte et d'incertitude, ils ont résolu de s'ar-

« rêter à Tollenbourg jusqu'à ce qu'ils apprennent de
« la bouche du roi pourquoi un si grand crime a été
« commis par des Chrétiens se faisant persécuteurs
« d'autres Chrétiens. » Le roi répondit, en présence
de toute l'assemblée des siens : « Nous ne sommes
« point les persécuteurs des Chrétiens ; mais tout ce
« que nous avons montré de cruauté, tout ce que nous
« avons fait pour la ruine de ces gens, nous y avons
« été poussés par la plus dure nécessité. Nous avons
« donné toutes sortes de choses à votre première
« armée, celle qu'avait rassemblée Pierre l'Ermite ;
« nous lui avions accordé la faculté d'acheter en toute
« équité de poids et de mesure, et de traverser
« paisiblement le territoire de la Hongrie ; mais les
« gens de cette armée nous ont rendu le mal pour le
« bien : non seulement ils ont emporté de notre pays
« de l'or et de l'argent, et emmené avec eux des che-
« vaux, des mulets et des bestiaux, mais encore ils
« ont renversé les villes et les châteaux ; ils ont mis à
« mort quatre mille hommes des nôtres ; ils leur ont
« enlevé leurs effets et leurs vêtemens. Après les in-
« nombrables offenses que nous ont faites si injustement
« les compagnons de Pierre, l'armée de Gottschalk,
« qui les a suivis de près, a assiégé notre château
« de Mersebourg, le boulevard de notre royaume,
« voulant, dans son orgueil impuissant, arriver jus-
« qu'à nous pour nous punir et nous exterminer ; elle
« vient d'être détruite naguère et vous l'avez rencon-
« trée fuyant en déroute ; mais ce n'est qu'avec peine
« et par le secours de Dieu que nous avons réussi à
« nous défendre. » Après cette réponse, le roi ordonna
de traiter honorablement les députés du duc, de les

loger dans son palais, qui était au pays appelé Pannonie; et, pendant huit jours consécutifs, on leur fournit en abondance, de la table même du roi, toutes les choses nécessaires. Après ces huit jours, le roi ayant pris l'avis de ses principaux seigneurs au sujet du message du duc, renvoya les députés avec des députés de sa maison, afin qu'ils portassent la réponse suivante au duc et aux premiers chefs de l'armée :

« Le roi Coloman au duc Godefroi et à tous les Chré-
« tiens, salut et amour sans dissimulation !

« Nous avons appris que tu es un homme puis-
« sant et prince sur ton territoire, et que tu as
« été trouvé constamment fidèle par tous ceux qui
« t'ont connu. Aussi t'ayant toujours aimé pour ta
« bonne réputation, j'ai desiré maintenant de te voir
« et de te connaître. J'ai donc décidé que tu aies à te
« rendre auprès de nous au château de Ciperon, sans
« redouter aucun danger, et nous arrêtant sur les
« deux rives du marais, nous aurons ensemble des
« conférences sur toutes les choses que tu nous de-
« mandes et au sujet desquelles tu nous crois cou-
« pable. »

Après avoir reçu ce message du roi, le duc, quittant l'assemblée générale, prit avec lui trois cents chevaliers seulement, d'après l'avis des plus grands seigneurs, et partit pour se rendre auprès du roi au lieu indiqué. Des deux côtés les escortes furent laissées en arrière ; le duc ne prit avec lui que Garnier de Gray, homme très-noble et son proche parent, Renaud de Toul et Pierre son frère ; il monta sur le pont élevé au-dessus du marais ; et, y ayant trouvé le roi, il le salua avec affabilité et l'embrassa en toute humilité. Ensuite ils eurent entre eux divers entretiens pour rétablir la concorde et réconcilier les Chrétiens, et ils en vinrent à un tel point de bonne intelligence et d'amour, que le duc, se confiant en la bonne foi du roi, ne prit avec lui que douze de ses trois cents chevaliers et descendit avec eux et avec le roi en Pannonie, sur le territoire de Hongrie ; il laissa son frère Baudouin à Tollenbourg, le chargeant de gouverner son peuple et d'en prendre soin, et renvoya le surplus de ses trois cents chevaliers. Le duc étant donc entré en Pannonie, fut accueilli très-honorablement par le roi lui-même et ses principaux seigneurs ; on lui fit fournir avec bonté et en abondance, de la maison et de la table même du roi, toutes les choses nécessaires et dignes d'un homme si illustre. Ensuite le roi eut pendant huit jours plusieurs assemblées de ses seigneurs, qui accouraient pour voir un prince aussi renommé ; et il chercha avec eux par quel moyen et sur quel gage de foi, pour la sûreté de son royaume et des biens de tous les siens, il lui serait possible d'y introduire une armée si nombreuse et si bien équipée. Enfin on s'arrêta à un avis, et l'on déclara au duc que, s'il ne donnait pour otages des hommes illustres et les premiers de son armée, on ne pourrait accorder de passage ni à lui ni aux siens, de peur qu'à la première occasion le roi ne fût exposé à se voir enlever son territoire et son royaume par cette innombrable multitude d'étrangers. En recevant ce message, le duc acquiesça en tout point aux volontés du roi, et ne refusa pas de livrer des otages, sous la condition cependant que les armées de pélerins, tant celle qui était présente que celles qui arriveraient à l'avenir, passeraient sur son territoire sans aucun obstacle, et y pourraient acheter paisiblement toutes les choses nécessaires à la vie. Le roi conclut aussitôt un traité avec le duc, et tous les princes de son royaume s'engagèrent de même, par serment, à ne faire à l'avenir aucun tort aux pélerins qui passeraient. Ces conventions ayant été acceptées et arrêtées de part et d'autre en toute sincérité, le roi demanda, d'après l'avis des siens, qu'on lui donnât en otage Baudouin, frère du duc lui-même, avec sa femme et tous les gens de sa maison. Le duc promit de le faire sans aucune objection; et, après huit jours d'attente, il expédia un message pour donner ordre de faire avancer toute l'armée vers le château de Ciperon, et de dresser les tentes sur les bords du fleuve et auprès du marais.

En recevant ces nouvelles de la part du duc, l'armée se livra à des transports de joie, et ceux qui naguère étaient inquiets de la longue absence du duc, craignant qu'il n'eût été traîtreusement attiré et mis à mort, se réjouirent infiniment et se ranimèrent comme s'ils se fussent éveillés d'un sommeil accablant. Conformément aux ordres qu'ils recevaient, ils se rendirent auprès du fleuve et du marais. Lorsque les tentes furent dressées, le duc revenant du royaume de Hongrie, et rendu aux siens, leur raconta les soins que le roi avait pris de lui, les honneurs qu'il avait reçus, le traité qu'il avait conclu avec le roi et ses princes, et leur dit que le roi lui avait demandé pour otages son frère Baudouin, ainsi que sa femme et les gens de sa maison, jusqu'à ce que le peuple eût traversé le royaume en silence et en paix;

condition sans laquelle il ne leur serait point permis de s'avancer. Bientôt après il invita son frère Baudouin à se rendre en otage pour le peuple, ainsi qu'il avait été convenu. Baudouin ayant d'abord résisté vivement, et refusant de se livrer, le duc, un peu troublé, finit par déclarer que son frère demeurerait chargé du soin de l'armée de Dieu, et que lui-même n'hésiterait point à aller se remettre en otage pour ses frères. Alors Baudouin renonça à toutes ses indécisions et consentit à devenir otage et à se laisser transporter en exil pour le salut de ses frères.

Cet illustre prince étant donc allé se rendre, et le roi étant rentré avec lui en Pannonie, toute l'armée, d'après les ordres et l'autorisation du roi, passa le pont établi sur le marais et alla dresser son camp sur les bords de la Leytha. Lorsque les tentes furent plantées et tous les pélerins bien établis, le duc chargea des hérauts d'aller dans toutes les maisons et dans toutes les tentes proclamer que chacun eût à s'abstenir, sous peine de mort, de toucher à aucune chose, d'enlever aucun objet de vive force dans le royaume de Hongrie, de se livrer à aucun mouvement séditieux, et qu'au contraire l'on eût soin de tout acheter à un juste prix. De son côté, le roi fit également publier dans toute l'étendue du royaume que l'on pourvût à ce que l'armée trouvât en abondance tout ce dont elle pouvait avoir besoin en pain, vin, grains et orge, en bestiaux des champs et en volatiles des airs ; il fut en outre prescrit aux Hongrois de ne point écraser l'armée en demandant des prix immodérés, mais plutôt de faire quelque diminution sur tous les objets mis en vente. Ainsi le duc et le peuple s'avançaient de jour en jour en silence et en paix à travers le royaume de Hongrie, trouvant partout juste mesure et bon prix, et ils arrivèrent auprès du fleuve de la Drave. Là ayant réuni beaucoup de bois et tressé des claies d'osier, ils traversèrent le fleuve : le roi s'avançait aussi marchant sur la gauche avec une nombreuse escorte de cavalerie, et conduisant à sa suite Baudouin et les autres otages jusqu'à ce qu'on fût arrivé au lieu appelé Francheville. Les pélerins y demeurèrent trois jours, achetant à prix d'argent toutes les denrées dont ils avaient besoin; puis ils descendirent vers Malaville et passèrent cinq nuits sur les bords de la Save. Le duc et les autres princes de l'armée apprirent alors qu'une nombreuse troupe de l'empereur de Constantinople était venue en ce lieu pour s'opposer à l'entrée des pélerins dans le royaume de Bulgarie. Ils résolurent aussitôt d'envoyer en avant et de l'autre côté du fleuve une partie de leurs gens bien armés afin de contenir les ennemis, chevaliers de l'empereur, tandis que le peuple traverserait la rivière. On ne trouva sur ses bords que trois bâtimens sur lesquels mille chevaliers cuirassés passèrent vers l'autre rive pour en prendre possession. Le reste de l'armée, après avoir tressé des claies d'osier et rassemblé des bois, passa sur le bord opposé.

A peine le peuple y était-il parvenu, ainsi que son chef, que voilà le roi qui arrive avec toute son honorable escorte, avec Baudouin, le frère du duc, sa femme et tous les otages, et qui les remet tous entre les mains du duc. Puis ayant donné au duc et à son frère des témoignages de son extrême affection, en leur offrant de nombreux présens et en leur laissant le baiser de paix, il rentra dans son royaume. Le duc et toute son armée, transportés de l'autre côté du fleuve, passèrent la nuit chez les Bulgares, dans la ville de Belgrade, que Pierre et les gens de sa suite avaient, peu de temps auparavant, ravagée et incendiée. Le lendemain matin ils partirent de cette ville et entrèrent dans les forêts immenses et inconnues de la Bulgarie. Des députés de l'empereur vinrent alors se présenter à eux, leur portant un message conçu en ces termes :

« Alexis, empereur de Constantinople et du royaume « des Grecs, au duc Godefroi et à ceux qui le suivent, « parfait amour !

« Je te demande, duc très-chrétien, de ne pas souf- « frir que les tiens ravagent et dévastent mon royaume « et mon territoire sur lequel tu es entré. Reçois la « permission d'acheter, et qu'ainsi les tiens trouvent « en abondance, dans notre empire, toutes les choses « qui sont à vendre et à acheter. » En recevant ce message de l'empereur, le duc promit d'obtempérer en tout point aux ordres qui lui étaient adressés. En conséquence il fit publier partout que l'on eût à s'abstenir de rien enlever de vive force, si ce n'est les fourrages pour les chevaux. Marchant ainsi paisiblement, conformément aux désirs de l'empereur, les pélerins arrivèrent à Nissa, l'une de ses forteresses. Ils y trouvèrent une étonnante abondance de vivres en grains et en orge, du vin et de l'huile en quantité; on offrit aussi beaucoup de gibier au duc de la part de l'empereur, et tous les autres eurent pleine liberté de vendre et d'acheter. Ils s'y reposèrent pendant quatre jours au milieu des richesses et de la joie. De là le duc se rendit avec son armée à Sternitz[1], et n'y trouva pas

[1] Ou Strazin, la Stralicie de Guillaume de Tyr.

moins de sujet de satisfaction et de beaux présens de l'empereur. En étant parti au bout de quelques jours, il descendit vers la belle ville de Philippopolis et y demeura pendant huit jours, comblé de même des dons de l'empereur et trouvant avec profusion toutes les choses nécessaires. Ce fut là qu'il reçut la nouvelle que l'empereur retenait en prison et dans les fers Hugues-le-Grand, frère du roi de France, Dreux et Clairambault.

Aussitôt le duc adressa un message à l'empereur pour lui demander de rendre à la liberté les princes de son pays qu'il retenait captifs, sans quoi lui-même ne pourrait lui conserver son amitié et sa fidélité. Baudouin, comte de Hainaut, et Henri de Hache, informés du message que le duc expédiait à l'empereur, partirent au point du jour et à l'insu du duc pour Constantinople, afin d'arriver eux-mêmes avant les députés et de recevoir de l'empereur des présens plus considérables. Le duc, lorsqu'il en fut instruit, éprouva une vive colère; il dissimula cependant et se rendit à Andrinople; il y fit dresser ses tentes et y passa la nuit, après avoir traversé un certain fleuve en poussant les chevaux à la nage. Les habitans lui fermèrent ensuite, ainsi qu'à tous les siens, le passage d'un pont établi sur ce fleuve au milieu même de la ville. Ils partirent de là et se rendirent à Sélybrie, où ils dressèrent leurs tentes au milieu de belles et agréables prairies. Les députés du duc auprès de l'empereur revinrent alors et rapportèrent que l'empereur n'avait point rendu les princes captifs. Alors le duc et ses compagnons, transportés de colère, ne voulurent plus demeurer fidèles au traité de paix; et en vertu des ordres du duc, tout le territoire fut livré à discrétion aux pélerins et aux chevaliers étrangers; ils demeurèrent dans ce pays pendant huit jours et le dévastèrent.

L'empereur, apprenant qu'on avait ravagé toute cette contrée, envoya au duc Rodolphe Péel de Laon et Roger, fils de Dagobert, hommes très-éloquens, du pays et de la race des Français, pour demander que l'armée s'abstînt du pillage et de la dévastation, et promettre que les prisonniers qu'on demandait seraient rendus sans délai. Le duc, ayant tenu conseil avec les autres princes, acquiesça à la requête de l'empereur; et, levant son camp, interdisant tout pillage, il se rendit à Constantinople même avec toute l'armée des pélerins. Là ayant dressé leurs tentes, ils s'y établirent, formant une multitude innombrable et bien pourvus de cuirasses et de toutes sortes d'armes de guerre. Bientôt Hugues, Dreux, Guillaume Charpentier et Clairambault, relâchés par l'empereur, vinrent se présenter devant le duc, extrêmement joyeux de son arrivée et de la nombreuse suite qu'il avait avec lui, et ils s'élancèrent avec empressement dans les bras du duc et des autres princes. Les députés de l'empereur se présentèrent également devant le duc, et lui demandèrent de venir dans le palais, avec quelques-uns des principaux seigneurs de son armée, pour entendre les paroles du souverain, tandis que toute la multitude demeurerait en dehors des murailles de la ville. A peine le duc avait-il reçu ce message, que quelques étrangers, originaires du pays des Français, vinrent dans son camp l'inviter fortement à se méfier des artifices, des vêtemens empoisonnés et des paroles trompeuses de l'empereur lui-même ; à ne point aller vers lui, malgré la douceur de ses paroles, et à demeurer en dehors des murs où il pourrait recevoir en toute sécurité ce qui lui serait offert. Ainsi prévenu par ces étrangers, et bien instruit de la perfidie des Grecs, le duc refusa d'aller auprès de l'empereur. Celui-ci, animé d'une violente indignation contre lui et toute son armée, ne voulut point leur accorder la faculté de vendre et d'acheter. Baudouin, frère du duc, voyant la colère de l'empereur, et le peuple dans le besoin et l'impossibilité de se procurer les choses nécessaires, convint avec son frère et les plus illustres de l'armée d'aller de nouveau dans le pays et sur le territoire des Grecs enlever du butin et ramasser des vivres jusqu'à ce que l'empereur, réduit par ces malheurs, leur rendît la libre faculté de commercer; et l'empereur, sachant que son royaume était encore une fois livré au pillage et à toutes sortes de maux, leur rendit en effet la permission de vendre et d'acheter.

C'était le jour de la Nativité du Seigneur. En ce temps solennel, en ces jours de paix et de joie, les pèlerins pensèrent que ce serait une bonne œuvre, digne de louanges et agréable à Dieu, de ramener partout la bonne harmonie entre l'empereur et le duc et ses puissantes armées. Ayant donc rétabli la paix, ils s'abstinrent de tout pillage et de toute insulte. Pendant ces quatre jours de sanctification, ils demeurèrent en plein repos et en parfaite joie devant les murs de Constantinople.

Après ce terme, le duc reçut un message de l'empereur qui l'invitait, avec de vives instances, à quitter son camp et à venir avec son armée s'établir dans les palais situés sur le rivage du détroit pour éviter les rigueurs de la neige et de l'hiver que les pluies annonçaient déjà, et afin que les tentes du camp ne fussent pas trempées et ensuite entièrement détruites par l'humidité. Le duc et les principaux de l'armée se rendirent enfin aux volontés de l'empereur; on replia les tentes, et ils allèrent, avec toute l'armée des Chrétiens, se loger dans les palais et dans les maisons garnies de tours qui se prolongent sur le rivage et sur un espace de trente milles de longueur. Depuis ce jour, ils trouvèrent et purent acheter, en vertu des ordres de l'empereur, des vivres en abondance aussi bien que toutes les choses dont ils avaient besoin. Peu de temps après, un nouveau message fut apporté au duc, de la part de l'empereur, pour l'engager à se rendre auprès de lui et à venir prendre connaissance de ses intentions. Mais le duc, prévenu par des étrangers, habitans de la ville, des artifices de ce souverain, refusa absolument de se rendre auprès de lui, et lui envoya pour députés des hommes illustres, Conon, comte de Montaigu, Baudouin du Bourg et Godefroi de Hache, qui furent chargés de présenter ses excuses et de parler en ces termes : « Godefroi, « duc, à l'empereur, fidélité et soumission! J'irais « volontiers et selon vos desirs auprès de vous; j'ad- « mirerais les pompes et les richesses de votre pa- « lais; mais j'ai été effrayé par les mauvais bruits qui « sont parvenus à mes oreilles sur votre compte. « J'ignore si c'est par jalousie ou par haine que de pa- « reils bruits ont été inventés et répandus. » L'empereur, ayant entendu ces paroles, s'excusa fort longuement et sur tous les points, disant qu'il ne fallait point que le duc ou quelqu'un de ses compagnons redoutât de sa part la moindre tromperie; qu'il voulait le protéger et l'honorer, lui et les siens, comme son fils et ses amis. Les députés du duc étant revenus auprès de lui, rapportèrent favorablement et très-fidèlement toutes les promesses qu'ils avaient reçues de la bouche même de l'empereur; mais le duc, se méfiant toujours de ses discours emmiellés, persista à refuser toute conférence, et quinze jours se passèrent dans cet échange réciproque de messagers.

Convaincu de la fermeté du duc, et voyant qu'il lui serait impossible de l'attirer auprès de lui, l'empereur en prit de nouveau de l'humeur, et lui retira la faculté d'acheter de l'orge et du poisson, et ensuite du pain, pour le contraindre ainsi à ne pas résister plus longtemps à sa demande. Mais comme il ne put parvenir, même par ces moyens, à ébranler le courage du duc, un jour, sur l'instigation de l'empereur, cinq cents Turcopoles arrivèrent sur des navires dans le détroit armés d'arcs et de flèches, tirèrent sur les chevaliers du duc qui s'étaient levés le plus tôt, tuèrent les uns, blessèrent les autres, et les repoussèrent ainsi loin du rivage, afin qu'ils ne pussent, comme de coutume, venir acheter des vivres. Cette mauvaise nouvelle fut apportée au duc dans son palais. Aussitôt il donna l'ordre de faire retentir les cors, d'armer tout le peuple, de retourner devant les murs même de Constantinople et d'y dresser de nouveau les tentes. A cet ordre, les cors donnèrent le signal; tous les pèlerins coururent aux armes et détruisirent les tours et les palais dans lesquels ils avaient logé, incendiant

les uns, renversant les autres, perte irréparable pour
la ville de Constantinople. Tandis que la nouvelle de
cet horrible incendie et de tout ce désastre parvenait
promptement au palais, le duc fut frappé de la crainte
qu'en voyant les flammes des bâtimens, et en entendant le mouvement extraordinaire de l'armée, l'empereur ne donnât sur-le-champ l'ordre de faire occuper en force, par ses chevaliers et ses archers, le
pont sur lequel les pèlerins avaient passé en sortant
de la ville pour se rendre dans les palais où ils résidaient. Aussitôt il envoya son frère Baudouin, avec
cinq cents chevaliers cuirassés, prendre possession
de ce pont pour prévenir l'empereur et empêcher tout
acte de violence qui fermerait le passage aux pèlerins
et ne leur permettrait plus de retourner sur leurs pas.
Baudouin était à peine arrivé au milieu du pont quand
tout à coup des Turcopoles, chevaliers de l'empereur,
montés sur des bâtimens, assaillirent les pèlerins à
coups de flèches, les lancèrent de droite et de gauche,
et attaquèrent avec vigueur tous ceux qui passaient.
Baudouin, n'ayant aucun moyen de leur résister du
haut du pont, s'occupa uniquement du soin d'échapper le plus vite possible à leurs traits; il franchit le
pont, s'établit promptement de l'autre côté sur le rivage, gardant l'entrée du pont et observant en même
temps les murailles de la ville souveraine jusqu'à ce
que toute l'armée eût pu défiler par ce passage. Le
duc, pendant ce temps, veillait aussi sur les derrières
avec les siens. Cependant une troupe nombreuse de
Turcopoles et des chevaliers de tout rang sortirent
des portes, armés de flèches et de divers autres instrumens de guerre, pour attaquer Baudouin et toute

la race chrétienne qui marchait sur ses pas. Mais Baudouin demeura immobile et sans se laisser entamer par aucune attaque au lieu où il avait pris position, et y tint depuis le matin jusqu'au soir, que tout le peuple ayant passé le pont et s'étant transporté en face des murailles de la ville, y dressa son camp. Alors Baudouin s'élança vigoureusement, avec ses cinq cents chevaliers, sur ces mêmes Turcopoles qui étaient sortis des portes et ne cessaient de harceler les pèlerins; des deux côtés on combattit bravement et l'on perdit beaucoup de monde; les Français eurent surtout beaucoup de chevaux percés par les flèches de leurs adversaires. Enfin Baudouin conserva l'avantage; ayant accablé les chevaliers de l'empereur, il les força à fuir vers les portes, et, puissant vainqueur, il demeura maître du champ de bataille. Cependant les Turcopoles et les autres chevaliers, indignés de leur défaite et de leur fuite, sortirent de nouveau et en plus grand nombre pour attaquer et harceler l'armée; mais enfin le duc arriva, et comme il était nuit, il rétablit la paix en invitant son frère à rentrer dans son camp avec tous les siens et à s'abstenir, pendant la nuit, de tout combat. L'empereur, de son côté, craignant que la guerre ne s'échauffât de plus en plus, et que les ombres de la nuit ne fussent fatales à ses chevaliers, leur ordonna pareillement de se tenir en repos, et se réjouit que le duc eût également rappelé ses combattans.

Le lendemain, au point du jour, le peuple se leva en vertu des ordres du duc, alla parcourir le territoire et le royaume de l'empereur et le ravagea horriblement pendant six jours consécutifs, afin de rabaisser du moins l'orgueil de l'empereur et de tous les siens. Ce dernier, lorsqu'il en fut instruit, parut enfin triste et affligé de la désolation de ses États. Il prit aussitôt son parti et envoya une députation au duc pour faire cesser le pillage et l'incendie et lui offrir satisfaction en tout point. Les députés parlèrent en ces termes : « Que toute inimitié cesse entre nous et vous; « que le duc vienne vers moi, qu'il reçoive sans hé- « siter, en gage de ma foi, des otages qui lui garanti- « ront qu'il viendra et s'en retournera sain et sauf, et « qu'il soit assuré que je ferai rendre à lui et aux siens « tous les honneurs qui seront en mon pouvoir. » Le duc y consentit avec bonté, pourvu qu'on lui donnât des otages tels qu'il pût y trouver une garantie suffisante de sa sûreté et de sa vie, et promit qu'il n'hésiterait point à se rendre auprès de l'empereur pour s'entretenir avec lui de vive voix. A peine les députés étaient-ils partis avec cette réponse, que d'autres députés arrivèrent auprès du duc, venant le saluer de la part de Boémond, et lui parlant en ces termes : « Boémond, prince très-riche de Sicile et de Calabre, « te prie de ne point te réconcilier avec l'empereur, « de te retirer vers les villes de Bulgarie, Andrinople « et Philippopolis, et d'y passer la saison de l'hiver, cer- « tain qu'au commencement du mois de mars, le même « Boémond marchera à ton secours avec toutes ses « troupes pour attaquer cet empereur et envahir son « royaume. » Après avoir reçu ce message, le duc différa d'y répondre jusqu'au lendemain matin, et alors il répondit, de l'avis des siens : « Qu'il n'avait point « quitté son pays et ses parens pour chercher des pro- « fits ni pour détruire les Chrétiens; qu'il avait en-

« trepris, au nom du Christ, le voyage de Jérusalem ;
« qu'il voulait accomplir ce projet et l'exécuter avec
« le consentement de l'empereur, s'il pouvait parvenir
« à recouvrer et à conserver ses bonnes grâces et sa
« bienveillance. » Les députés de Boémond, instruits
par cette réponse des intentions du duc, et traités par
lui avec bonté, repartirent pour la Pouille et rapportèrent à Boémond les paroles qu'ils avaient recueillies
de la bouche même du duc.

Cependant l'empereur, informé du message de Boémond et des propositions qu'il contenait, sollicita
plus vivement le duc et ses amis pour rétablir la concorde, et lui offrit, s'il voulait se calmer, traverser
paisiblement ses États et se présenter devant lui pour
entrer en conférence, de lui livrer en otage son fils
très-chéri, nommé Jean, et de lui donner tout ce dont
il aurait besoin, ainsi que la faculté d'acheter pour
lui et pour tous les siens. Le duc, sachant que ces
promesses de l'empereur étaient sincères et positives,
et ayant pris l'avis des siens, éloigna son camp des
murailles de la ville, et passa de nouveau le pont
pour aller loger sur le détroit, dans les édifices en
pierre, invitant en même temps tout le peuple à demeurer en paix et à acheter toutes choses sans trouble
ni mouvement séditieux. Le lendemain, au point du
jour, il manda devant lui Conon, comte de Montaigu,
et Baudouin du Bourg, hommes très-nobles et très-habiles à manier la parole, et les envoya en toute confiance pour aller recevoir, comme otage, le fils de
l'empereur qui leur fut remis. Lorsqu'ils l'eurent ramené et livré au pouvoir du duc, qui le confia à la
garde de ses fidèles, ce dernier s'embarqua, sans le

moindre retard, sur le bras de mer et se fit transporter à Constantinople. Ayant pris avec lui des hommes illustres, Garnier de Gray, Pierre de \*\*\*\*\*[1], et d'autres princes, il se rendit courageusement à la cour de l'empereur et se présenta devant lui face à face, afin de l'entendre parler et de lui répondre de vive voix sur tout ce qu'il demanderait et sur les interpellations qu'il pourrait lui adresser. Baudouin n'entra point dans le palais de l'empereur et demeura sur le rivage avec la multitude.

En voyant le magnifique et honorable duc, ainsi que tous les siens, dans tout l'éclat et la parure de leurs précieux vêtemens de pourpre et d'or, recouverts d'hermine blanche comme la neige, de martre, de petit-gris et de diverses autres fourrures, telles que les portent surtout les princes de la Gaule, l'empereur admira vivement leur pompe et leur splendeur. D'abord il admit le duc avec bonté à recevoir le baiser de paix; ensuite et sans aucun retard il accorda aussi le même honneur à tous les grands de sa suite et à ses parens. Assis, selon son usage, sur son trône, le puissant empereur ne se leva point pour donner le baiser au duc non plus qu'à aucun autre; mais le duc, fléchissant les genoux, s'inclina, et les siens après lui s'inclinèrent également pour recevoir le baiser du très-glorieux et très-puissant empereur. Après qu'il les eut embrassés chacun dans l'ordre prescrit, ce prince parla au duc en ces termes : « J'ai appris de toi « que tu es chevalier et prince très-puissant dans tes « terres, et de plus; homme très-sage et d'une parfaite « fidélité. C'est pourquoi je t'adopte comme fils et je

---

[1] Le nom manque dans le manuscrit; c'est probablement Pierre de Toul.

« remets en ta puissance tout ce que je possède, afin
« que mon empire et mon territoire puissent être dé-
« livrés et préservés par toi de la présence de cette
« multitude rassemblée et de celle qui viendra par la
« suite. » Apaisé et gagné par ces paroles de paix et
de bonté, le duc ne se borna pas à se reconnaître
pour fils de l'empereur, conformément à l'usage de ce
pays; mais, lui donnant la main, il se déclara son
vassal, et tous les premiers seigneurs, présens à cette
cérémonie, et ceux qui vinrent plus tard, en firent
autant. Aussitôt on apporta de la trésorerie de l'empereur quelques présens d'une valeur inappréciable
pour le duc et tous ceux qui l'avaient suivi, objets
de divers genres, en or, en argent et en pourpre;
on leur donna aussi des mulets et des chevaux,
et toutes sortes d'autres effets des plus précieux.
L'empereur et le duc ainsi réunis par le lien indissoluble d'une fidélité et d'une amitié parfaites, depuis l'époque de l'Incarnation du Seigneur, où cette
paix fut conclue, jusqu'à peu de jours avant la Pentecôte, toutes les semaines quatre hommes, chargés de
byzantins d'or et de dix boisseaux de monnaie de
tartarons, sortaient de la maison de l'empereur et allaient les porter au duc pour fournir à l'entretien des
chevaliers. Chose singulière! tout ce que le duc distribuait ainsi aux chevaliers de la part de l'empereur
retournait sur-le-champ au trésor de ce dernier en
échange des vivres qu'ils achetaient; et non seulement
cet argent y retournait, mais celui que toute l'armée
avait apporté de tous les pays de la terre y rentrait
également. Et ce n'était point étonnant, car dans tout
le royaume, nul, excepté l'empereur, ne pouvait

vendre de denrées, telles que le vin et l'huile, le froment et l'orge, et toutes sortes de provisions de bouche; c'est ce qui fait que le trésor de ce souverain est toujours abondamment pourvu d'argent et ne peut être épuisé par aucune prodigalité.

La paix et la bonne harmonie ayant été rétablies entre l'empereur et le duc aux conditions que j'ai dites, ce dernier retourna à ses logemens situés sur le détroit, et renvoya dès ce moment et avec honneur le fils de l'empereur qu'il avait reçu comme otage, assuré désormais de sa bonne foi et de son amitié. Le lendemain, le duc fit proclamer dans toute l'armée qu'à l'avenir l'on eût à rendre paix et honneur à l'empereur et à tous les siens, et à observer la justice dans tous les marchés d'achat et de vente. L'empereur fit également publier dans tout son royaume que l'on eût à s'abstenir, sous peine de mort, de toute fraude ou offense envers un homme de l'armée, prescrivant que toutes choses fussent vendues aux pèlerins à bon poids et bonne mesure, et même que les prix fussent un peu diminués. Après cela et vers le commencement du carême, l'empereur fit inviter le duc à se rendre auprès de lui, et le supplia, avec les plus vives instances, au nom de l'amitié et de la foi jurée, de s'embarquer et de dresser ses tentes sur le territoire de Cappadoce, parce que le peuple, toujours incorrigible, ne cessait de détruire les édifices de son empire. Le duc y consentit avec bonté; et, ayant traversé le détroit, il passa sur l'autre rive, dans les prés de Cappadoce, et tout le peuple ayant dressé son camp y fixa sa résidence. Depuis ce moment et dans la suite on commença à vendre toutes choses assez cher aux pèlerins, et cependant l'empereur continuait à envoyer les mêmes présens au duc, car il le craignait beaucoup. Le duc, voyant la peine qu'éprouvait son armée à acheter les objets de première nécessité, et ne pouvant supporter les clameurs qu'il entendait, s'embarquait souvent pour se rendre auprès de l'empereur et lui porter plainte de la cherté des vivres ; et l'empereur, paraissant l'ignorer, et voulant cependant l'empêcher, accordait de nouveau une diminution générale aux pèlerins.

Tandis que ces choses se passaient entre l'empereur et le duc, et trois semaines s'étant déjà écoulées depuis la sainte Pâque, Boémond, conduisant dix mille hommes de cavalerie et de plus grandes forces en gens de pied, et descendant par Salone et Durazzo et par les autres villes du royaume des Bulgares, arriva, avec sa nombreuse armée, sous les murs de Constantinople. Le duc, sur la demande de l'empereur, alla à sa rencontre avec vingt des principaux chefs de son armée, pour l'engager à venir en toute confiance se présenter devant l'empereur avant de déposer les armes ou de dresser ses tentes. Après qu'ils se furent salués réciproquement, le duc s'entretint long-temps avec Boémond et chercha, par ses caresses, à le déterminer à se rendre à la cour de l'empereur pour entendre ses paroles ; mais Boémond s'y refusa absolument, disant qu'il redoutait trop l'empereur, le connaissant pour un homme rusé et plein d'artifice. Enfin vaincu par les promesses et l'insistance du duc, il se rendit en toute confiance au palais, reçut le baiser de paix et fut accueilli honorablement et avec une grande bienveillance. A la suite de plusieurs conférences qu'ils eurent ensemble, Boémond devint l'homme de l'empereur, et s'engagea par serment et en donnant sa foi à ne se rien approprier dans le royaume sans le consentement et le bon plaisir de l'empereur. Aussitôt on apporta à Boémond des présens en or et en argent, tels que Godefroi en avait reçus, d'une richesse admirable et inconnue, et des vases précieux par le travail et par la matière, et d'une valeur qu'il serait impossible d'apprécier.

Tandis que ce traité d'union se concluait entre l'empereur et Boémond, Tancrède, fils de la sœur de ce dernier, passait le détroit avec toute son escorte et toute l'armée de Boémond, à l'insu de son oncle, du duc et de l'empereur, pour ne pas devenir sujet de celui-ci. Lorsqu'il fut informé de cette démarche orgueilleuse, l'empereur éprouva un vif ressentiment de ce que Tancrède avait évité même de le voir; il dissimula cependant, combla Boémond et le duc de témoignages d'amitié, d'honneurs et de riches présens, et les renvoya ensuite à leur armée.

Peu de temps après, Robert de Flandre arriva avec une immense suite. Ayant appris la bonne intelligence qui unissait Boémond et le duc avec l'empereur, il conclut aussi son traité et devint l'homme de l'empereur; en sorte qu'il fut jugé digne, comme les deux premiers, de recevoir de riches présens. Quelques jours plus tard, l'empereur l'ayant comblé de témoignages de bonté, il passa le détroit et alla dans les prairies de la Cappadoce réunir ses armes et ses troupes à celles des princes chrétiens ses alliés.

Peu après qu'ils se furent rassemblés en un seul corps, ces princes illustres, ayant attendu depuis assez long-temps pour entreprendre leur expédition, résolurent, d'un commun accord, de poursuivre l'accomplissement de leurs vœux, et de diriger leur marche vers la ville de Nicée, qu'une forte armée turque avait occupée en l'enlevant injustement à l'empereur. Le jour même qu'ils levèrent leur camp, ils arrivèrent à Rufinel. Ils reçurent alors un message de Raimond, comte de Saint-Gilles, qui leur annonçait qu'il était entré dans la ville de Constantinople, qu'il avait conclu un traité avec l'empereur, et les suppliait instamment de vouloir bien l'attendre lui et l'évêque du Puy, nommé Adhémar [1]. Mais les princes résolurent de ne point attendre et de ne pas demeurer plus long-temps où ils se trouvaient, mais de s'avancer lentement, de telle sorte que le comte pût les suivre de près, sans même trop hâter sa marche, après qu'il aurait terminé ses affaires avec l'empereur. Pierre l'Ermite, qui les avait attendus en ce même lieu de Rufinel, se réunit aussi à eux avec les faibles débris de sa malheureuse expédition. Les députés du comte Raimond retournèrent à Constantinople après avoir reçu la réponse du duc. Celui-ci, Boémond et Robert de Flandre, tous chargés et comblés des riches présens de l'empereur, poursuivirent leur marche. Raimond s'étant rendu agréable et cher à l'empereur, demeura quinze jours à Constantinople; il reçut de ce prince beaucoup de dons précieux, fut traité par lui avec honneur, lui engagea sa foi par serment et devint son homme.

Dans le même temps, Robert, comte de Normandie,

---

[1] Albert d'Aix l'appelle constamment *Heymerus, Reymier*.

Étienne de Blois et Eustache, frère du duc Godefroi, arrivèrent également à Constantinople avec une suite nombreuse de chevaliers et de gens de pied ; ils conclurent un traité d'amitié avec l'empereur, devinrent ses hommes sous la foi du serment, et furent honorés par lui de beaux présens.

Cependant le duc et ceux qui marchaient avec lui arrivèrent devant la ville de Nicée, et le duc fut le premier à dresser ses tentes devant la grande porte et à entreprendre le siége de cette place. Les princes qui le suivaient, après avoir passé le bras de mer de Saint-George, ne prirent que quelques momens de repos sur le territoire de Cappadoce ; ils hâtèrent leur marche et allèrent aussi établir leur camp autour de la ville de Nicée, garnie de remparts, de murailles et de tours qui semblaient devoir la rendre imprenable.

Cette ville antique et très-fortifiée était alors soumise au pouvoir de Soliman, l'un des princes des Turcs, homme d'une grande noblesse, mais idolâtre. Instruit de l'arrivée et des projets des Chrétiens, il remplit la ville d'hommes vigoureux et bien armés, y fit transporter des vivres de tous côtés et en grande abondance, et fit aussi garnir toutes les portes de fermetures très-solides. Lorsque les princes, montés sur leurs chevaux rapides, se furent rassemblés devant Nicée et autour de ses murailles, les uns se plaisaient à faire courir leurs chevaux et admiraient les tours, les forts remparts et les doubles murailles. Mais la vue de ces fortifications ne pouvait leur inspirer aucun sentiment de crainte ; remplis de courage et accoutumés à la guerre, ils livraient des assauts à la place et l'attaquaient avec ardeur; d'autres, demeurant à pied et armés de leurs arcs, ne cessaient de harceler les assiégés en leur lançant des flèches; plusieurs d'entre eux reçurent aussi de graves blessures, frappés par les traits de ceux qui occupaient les remparts, lorsque dans leur imprudence et leur aveugle impétuosité ils osaient s'avancer en faisant beaucoup de bruit pour tenter de combattre auprès des murailles.

Les princes de l'armée, voyant que le peuple périssait sans fruit et sans résultat pour la guerre, et que ce n'était pas ainsi qu'on pouvait porter préjudice aux hommes renfermés dans la place, jugèrent qu'il n'y avait rien de mieux à faire que d'investir la ville de toutes parts et de la bloquer, ainsi que ceux qui la défendaient. En conséquence, Godefroi, duc de Lorraine, prince et seigneur du château de Bouillon, occupa la première place avec tous ses Lorrains qui l'avaient suivi. Boémond, prince de Sicile et de Calabre, né Normand, homme d'un grand cœur et d'un esprit admirable, chevalier rempli de valeur, habile en tout ce qui concernait la guerre, et possédant de grandes richesses, se plaça à côté de Godefroi. Tancrède, illustre jeune homme, s'établit avec ses compagnons auprès de Boémond son oncle. Tatin, homme qui avait le nez coupé, de la maison de l'empereur de Constantinople, confident de ses secrets, et guide de l'armée chrétienne, parce qu'il connaissait bien tout le pays et commandait un corps auxiliaire composé de chevaliers de l'empereur, bloquait la ville sur le point qui lui fut assigné. Robert, comte de Flandre, qui n'était inférieur à aucun autre pour le maniement des armes, les richesses et la force, et le comte Robert, prince de Normandie, très-vaillant fils du roi des Anglais, et très-riche en armes et en approvisionnemens de guerre, furent placés à la suite des précédens. Garnier de Gray, chevalier irréprochable dans l'art de la guerre, Eustache, frère du duc Godefroi, et Baudouin, son autre frère, homme très-illustre et invincible dans les combats, se rangèrent aussi dans la position qui leur fut assignée. Baudouin de Mons, comte et prince du Hainaut, homme très-illustre à la guerre, Thomas de Feii, Français et chevalier rempli d'ardeur, Baudouin du Bourg, Dreux de Nesle, Gérard de Cherisi, Anselme de Ribourgemont, Hugues, comte de Saint-Paul, Engelram, fils du même Hugues, et chevalier illustre, Gui de Porsène, qui débutait dans les armes et était dans tout l'éclat de sa force, Baudouin de Gand, un autre Baudouin, homme d'une grande réputation à la guerre, et surnommé le comte Calderin, et Guillaume de Forez, illustre par son grand courage et par sa force dans les combats, tous hommes très-vigoureux, s'établirent dans les postes qui leur furent confiés pour observer cette place, contre laquelle les forces humaines semblaient presque insuffisantes.

L'évêque du Puy, nommé Adhémar, homme rempli de bonté, était suivi d'une troupe nombreuse et bien équipée qui augmentait les forces des assiégeans. Étienne, comte de Blois, le chef et l'ame des conseils dans toute l'armée, occupait un des côtés de la place avec une multitude considérable. Hugues, surnommé le Grand, frère du roi de France et très-illustre allié, s'établit aussi en son rang pour veiller de près sur la ville. Robert, fils de Gérard, Raimond Pelet, Bonvanquier de Gap, Milon, surnommé Lover, chevalier très-renommé, Étienne d'Albemarle, fils d'Eudes, comte de Champagne, Gautier de Dromedart et son fils chéri Bernard, agréable dans toute sa personne comme dans sa conduite, Gérard de Gorne, Gothard, fils de Godefroi, et très-illustre jeune homme, Raoul qui possédait de grandes richesses, le seigneur Alain, surnommé Fergant, et Conan, tous deux princes bretons, Renaud de la ville de Beauvais, Galon de Calmont, et Guillaume de Montpellier, homme sans peur, dressèrent leurs tentes auprès de tous ceux que j'ai déjà nommés. Gaston de Béarn, Gérard de Roussillon, Gilbert de Trévoux, l'un des princes de la Bourgogne, Olivier de Joux, chevalier audacieux et intrépide dans les combats, Achard de Montmerle, aux cheveux blancs, Raimbault, comte de la ville d'Orange, qui ne le cédait à personne en vaillance, Louis de Mongons, admirable dans les exploits de la guerre, fils de Diric de Monthiliart, Dudon de Conti, aux cheveux roux, très-instruit dans l'art militaire, Gozelon et son frère Lambert, celui-ci très-habile à la guerre, ainsi que son père Conon de Montaigu, homme très-illustre, campèrent à la suite des précédens. Pierre de Stenay, Renaud de Toul, Gautier de Vervins, Arnoul de Tyr, Jean de Nimègue et Herebrand de Bouillon, étaient réunis à tous les autres, et tous ensemble se montraient infatigables pour les travaux et investissaient la ville de toutes parts. Il est superflu de dire que tant d'illustres capitaines avaient à leur suite beaucoup de chefs inférieurs, de serviteurs et de servantes, mariées ou non mariées, d'hommes et de femmes des deux ordres. Tous avaient pour supérieurs, qui veillaient à les discipliner et à animer leur courage, les évêques, les abbés, les moines, les chanoines et les prêtres. Ainsi la ville, assiégée par toutes ces troupes, était entièrement enveloppée, à l'exception cependant d'un point que l'on avait laissé vacant, en le tenant en réserve pour le comte Raimond. Cette nombreuse armée ne laissait entrer par aucune porte ni vivres ni aucune des choses nécessaires à la vie. Mais il y avait, sur l'un des côtés des murailles, un lac d'une largeur et d'une longueur étonnantes, profond comme la mer, propre à la navigation, par où les hommes de Soliman, et Soliman lui-même, avaient coutume d'entrer très-souvent dans la ville pour y porter tout ce dont on avait besoin, et en sortaient de la même manière. Raimond, comte du territoire de Saint-Gilles, appelé aussi la Provence, n'avait point encore amené ses forces et prêté ses secours aux pélerins. Il demeurait encore avec ses troupes auprès de l'empereur de Constantinople, avec lequel il avait conclu un traité, et qui le comblait de présens magnifiques qui accroissaient chaque jour ses richesses.

Soliman, lorsqu'il apprit la réunion de tant d'hommes de guerre, sortit de la forteresse de Nicée pour aller chercher les secours des Turcs et de tous les infidèles. Il y travailla avec ardeur beaucoup de jours de suite, et jusqu'à ce qu'il eût rassemblé dans toute la Romanie une force de cinquante mille combattans, tous cavaliers et couverts de fer. Après qu'il les eut réunis et animés par ses exhortations, la renommée

lui apporta la nouvelle que l'armée chrétienne avait
mis le siége devant la ville de Nicée, et que cette armée
était forte de plus de quatre cent mille hommes.
Étonné de ces bruits, Soliman, dirigeant sa marche
vers Nicée, conduisit les troupes qu'il venait de lever
à travers les montagnes, espérant trouver peut-être
l'occasion de reconnaître, du haut des rochers, si l'armée
était en effet aussi forte qu'on le lui avait annoncé,
et de quel côté il lui serait plus avantageux de l'attaquer.
Enfin, et de l'avis des siens, le quatrième jour
après l'investissement de la ville, Soliman fit partir
deux hommes déguisés en Chrétiens pour aller, comme
des pélerins, examiner les forces et savoir la conduite
de l'armée chrétienne ; ces hommes étaient chargés
aussi de porter aux gardiens de la citadelle et aux défenseurs
de la ville de Nicée un message conçu en ces
termes : « Sachez que le prince et seigneur de notre
« cité, Soliman, nous envoie vers vous afin que vous
« mettiez vos plus fermes espérances en sa protection.
« N'ayez aucune crainte de ceux qui sont campés au-
« tour de vous : fatigués de leur long voyage, venus
« ici en exil, ils seront, avant peu de jours, comptés
« parmi les insensés et frappés de la punition et du
« martyre qu'ont déjà subis les bataillons de Pierre.
« Soliman se dispose à venir bientôt à votre secours
« avec une suite considérable et d'innombrables mil-
« liers de combattans. » Chargés de cette lettre de
Soliman, les deux hommes suivirent des chemins
détournés qui leur étaient connus, et se dirigèrent
vers le côté par où la ville ne pouvait être assiégée,
pour essayer, s'il leur était possible, de s'embarquer
secrètement, de se rendre ainsi auprès des défenseurs

de la place, et de leur faire connaître les choses que Soliman leur avait prescrit de dire, savoir, qu'ayant rassemblé une armée, il attaquerait bientôt les pélerins, et qu'en même temps toutes les forces des Turcs eussent à faire une sortie, afin que tous pussent se réunir pour anéantir le peuple du Seigneur. Mais le Seigneur voulut que les postes chrétiens, dispersés de tous côtés pour veiller sur tous les points et sur tous les sentiers, et prévenir le succès de toute fraude ou de toute entreprise violente de la part des adversaires, vinssent à arrêter les deux hommes que Soliman avait envoyés; ils furent pris et retenus captifs; l'un d'eux fut tué dans le premier mouvement, et l'autre conduit en présence des princes chrétiens.

En le menaçant du supplice, le duc Godefroi, Boémond et les autres princes forcèrent enfin cet homme à leur déclarer toute la vérité sur l'objet de sa mission. Redoutant les menaces de tant de princes distingués, et voyant sa vie exposée aux plus grands dangers, d'une voix lamentable, l'air humble et le visage inondé de larmes, il supplia instamment qu'on lui laissât la vie, et, tremblant de tous ses membres, il promit de découvrir la vérité toute entière, et de dire des choses qui seraient utiles et très-importantes pour tout le peuple. Il confessa donc qu'il était envoyé par Soliman; que celui-ci se trouvait dans les montagnes avec des forces innombrables, et qu'il était si près qu'on pouvait croire que le lendemain, vers la troisième heure, il s'avancerait pour le combat; ce rapport, ajouta-t-il, servirait aux Chrétiens à se mettre à l'abri de ses ruses et de ses attaques imprévues. Il demanda à être gardé jusqu'à l'heure qu'il annonçait, en sorte que l'arrivée de Soliman pût démontrer la sincérité de ses dépositions, ajoutant que, s'il en imposait, il ne demandait point qu'on lui fît grâce de la vie, et qu'il consentait à avoir la tête tranchée. En même temps il demandait, avec les plus vives et les plus humbles instances, à recevoir le baptême, à être admis à faire profession de Chrétien, afin de pouvoir communiquer en frère avec les Chrétiens ; mais cette demande était en lui un effet de la peur bien plus que de quelque goût pour la foi catholique. Les principaux de l'armée furent touchés de ses lamentations et de ses nombreuses protestations de christianisme ; on lui donna la vie, mais en le faisant soigneusement garder, ainsi qu'il l'avait demandé. Dès ce moment, l'armée chrétienne ne cessa de veiller nuit et jour; on prépara les armes, on fit toutes les dispositions jusqu'à l'heure où, selon les promesses du prisonnier, les troupes de Soliman devaient descendre des montagnes en forces innombrables et se répandre comme un torrent. Le duc Godefroi, Boémond, Robert de Flandre et tous les autres chefs qui étaient présens expédièrent, cette même nuit, plusieurs messagers au comte Raimond, pour l'engager à hâter sa marche s'il voulait combattre les Turcs et porter secours à ses alliés, car ils savaient que l'empereur l'avait renvoyé depuis peu, après l'avoir comblé d'honneurs et de richesses. Ayant reçu les exprès de ces illustres princes, et instruit de l'arrivée inopinée de Soliman, Raimond ne mit plus aucun retard dans sa marche et la continua toute la nuit. Vers la première heure du jour, et lorsque déjà le soleil remplissait le monde, il arriva avec l'évêque du Puy et une armée où l'on voyait des bannières et des ornemens de diverses couleurs, composée d'une immense et ardente multitude d'hommes de pied et de chevaliers couverts de leurs cuirasses et de leurs casques.

A peine avait-on dressé les tentes du comte Raimond, que Soliman, vers la troisième heure du jour, descendit du haut des montagnes, suivi de toute son armée qui marchait en plusieurs corps et par plusieurs chemins, nombreuse comme le sable de la mer, et composée d'hommes forts et très-exercés à la guerre, bien armés de cuirasses, de casques, de boucliers dorés, et portant une grande quantité de très-beaux étendards. Le premier corps, qui prit les devants pour se porter dans la vallée de Nicée, était composé de dix mille archers portant des arcs de corne, arme très-solide et dont les coups sont redoutables, et tous montés sur des chevaux fort agiles et très-exercés à la guerre. Soliman et les siens voulurent d'abord tenter de faire une irruption vers la porte de la ville dont le comte Raimond était chargé de garder l'avenue et de tenter l'attaque. Mais le comte Baudouin, frère du duc, et Baudouin Calderin, résistèrent, avec toutes leurs forces, à ceux qui venaient les assaillir, et les repoussèrent vigoureusement. Au milieu des horreurs de ce cruel combat, l'évêque cherchait à fortifier le peuple en lui disant : « O race consacrée « à Dieu, vous avez tout quitté pour l'amour de Dieu, « richesses, champs, vignes et châteaux; maintenant « la vie éternelle sera bientôt acquise à quiconque « sera couronné du martyre dans cette bataille. Atta-

« quez donc sans hésitation ces ennemis du Dieu
« vivant; Dieu aidant, vous obtiendrez aujourd'hui
« la victoire. » A ces mots, Pagan de Garlande, porte-
mets du roi de France, Gui de Porsène, Tancrède et
Roger de Barneville, Robert de Flandre et Robert,
prince de Normandie, empressés de porter secours à
leurs frères en Christ, s'élancèrent au milieu des
rangs, portant des coups aussi prompts que la foudre,
et courant de tous côtés de toute la rapidité de leurs
chevaux. En même temps le duc Godefroi et Boémond
lâchèrent aussi leurs chevaux en leur rendant la main
et volant dans les rangs des ennemis; ils transperçaient les uns, renversaient les autres par terre et encourageaient sans cesse leurs compagnons par des
discours qui les animaient au carnage de leurs adversaires. On entendait, dans cette sanglante mêlée, un
horrible fracas de lances et le cliquetis des glaives et
des casques, et ces illustres guerriers et tous leurs
compagnons firent essuyer aux Turcs des pertes considérables. Enfin le peuple catholique ayant remporté
la victoire par la grâce de Dieu, Soliman et les siens
prirent la fuite vers les montagnes, et n'osèrent plus,
dès ce moment, livrer bataille au peuple de Dieu tant
que dura le siége de Nicée. Depuis ce jour aussi les
fidèles du Christ se montrèrent remplis de clémence
pour leur prisonnier, messager de Soliman, parce
qu'ils l'avaient trouvé fidèle et sincère dans ses promesses, et il fut bien traité et aimé par les gens de
la maison des princes les plus considérables. Les Chrétiens coupèrent les têtes des morts et des blessés et
les attachèrent aux courroies de leurs selles pour les
porter dans leur camp en témoignage de leur victoire;

puis ils retournèrent avec joie vers ceux de l'expédition qui étaient demeurés dans leurs tentes autour de la ville pour s'opposer aux sorties des assiégés. Lorsque le premier tumulte du combat fut calmé dans les environs de la place, les Chrétiens lancèrent sur les remparts un grand nombre de têtes de Turcs, afin d'effrayer les défenseurs de la citadelle et les gardiens des murailles. Ils choisirent en outre mille autres têtes de Turcs qui furent renfermées dans des sacs, déposées sur des chariots, transportées jusqu'au port appelé Civitot, et de là embarquées pour être envoyées à l'empereur de Constantinople.

L'empereur, en voyant un si grand nombre de têtes de ses ennemis et des chevaliers de Soliman, dont l'injuste violence lui avait traîtreusement enlevé la ville de Nicée, se réjouit extrêmement de ce triomphe des fidèles, et résolut de leur donner de grandes récompenses pour prix de leurs travaux guerriers. Aussitôt il envoya, sur des chars traînés par des mulets et des chevaux, beaucoup d'argent, des vêtemens de pourpre de diverses espèces et beaucoup d'autres objets utiles dont il voulut gratifier tous les puissans de l'armée; il leur alloua en même temps une immense quantité de vivres, et la faculté la plus absolue de vendre et d'acheter dans toute l'étendue de son empire. Les matelots et les marchands, empressés à exécuter les ordres de l'empereur, chargeaient à l'envi leurs navires de toutes sortes de denrées, de grains, de viandes, de vin, d'huile et d'orge, et s'embarquaient pour aller jeter l'ancre devant le port de Civitot, où les fidèles, accourant en foule, trouvaient à acheter des provisions de toute espèce pour réparer leurs forces, épuisées par les jeûnes précédens. Remplis de joie en voyant cette extrême abondance de vivres, ils convinrent entre eux et protestèrent qu'ils ne se retireraient point sans avoir soumis la ville et l'avoir rétablie sous l'autorité de l'empereur; car ils s'étaient engagés par serment à ne rien garder pour eux-mêmes dans les États de l'empereur, ni villes ni châteaux, sans qu'il y consentît formellement, ou qu'il leur en fît présent.

Cependant le prisonnier dont j'ai déjà parlé, apprenant la victoire des nôtres, et voyant l'horrible massacre des Turcs, craignit de nouveau pour sa vie, et médita sur les moyens de se soustraire au joug des Chrétiens. Un jour donc ayant trouvé une excellente occasion, par suite de la négligence de ses gardes, il se sauva d'un pied léger, vola vers les fossés qui entourent les murailles de la ville, et, de là, se mit à appeler sans relâche les Turcs qui occupaient les remparts, et à qui la cessation des combats laissait quelque repos, les suppliant avec instance de venir à son secours. En effet, on lança aussitôt, du haut des murailles, une corde à cet homme trompeur et fugitif [1].......... Il se suspendit à la corde en la saisissant fortement de ses deux mains, et fut ainsi soulevé jusqu'en haut, au milieu des cris des assiégés et des assiégeans. Nul Chrétien cependant n'osa le poursuivre et tenter de le reprendre, à cause de la grande quantité de traits que les Turcs ne cessaient de lancer.

Fermement résolus à persévérer dans leur entreprise et à poursuivre la ruine de la place, les Chrétiens étaient déjà depuis sept semaines devant les

[1] Il manque ici quelques mots dans le manuscrit.

murailles. Parmi les princes, les uns dirigeaient les machines à lancer des pierres pour battre en brèche les remparts et les tours, et d'autres faisaient fabriquer des béliers en fer, employaient toutes sortes d'autres machines et livraient de fréquens assauts. Baudouin Calderin ne cessait d'attaquer les murailles ; et tandis qu'il se portait trop avant dans son imprudente audace, frappé d'un coup de pierre qui lui brisa la tête, il expira aussitôt. Baudouin de Gand, emporté par son ardeur dans un assaut, et voulant s'avancer témérairement vers les murs, eut aussi la tête percée d'une flèche et trouva la mort en combattant. Plus tard, l'armée ayant livré un nouvel assaut, à la suite d'un conseil et d'une décision des princes, le comte de Forez et un autre chevalier de l'île de Flandre, nommé Gui, s'abandonnant avec violence à leur bouillante ardeur, et ne cessant de harceler les ennemis, périrent également percés de flèches. Gui de Porsène, illustre chevalier, tomba malade et mourut aussi. Tout le peuple catholique pleura ces guerriers qui étaient considérés comme forts dans le conseil, et chefs dans les affaires les plus importantes. Ces hommes très-nobles furent ensevelis avec honneur et avec les cérémonies de la religion par les soins des évêques et des abbés, qui distribuèrent ensuite d'abondantes aumônes aux pauvres et aux mendians pour le salut de leur ame.

Un jour, et tandis que la plupart des princes faisaient dresser contre les murailles de la ville des machines de diverses espèces, dont les unes étaient employées utilement, et dont d'autres n'obtenaient aucun résultat, Henri de Hache et le comte Herman, l'un des plus grands seigneurs de l'Allemagne, firent construire, à leurs propres frais et en poutres de chêne, une machine appelée *renard*. Ils l'entourèrent ensuite d'une forte contexture, afin qu'elle pût résister aux efforts des armes turques et être à l'abri de toutes sortes de traits, et qu'ainsi les hommes qui s'y enfermeraient pussent en toute sûreté entreprendre de percer les murailles. Lorsque la construction de la machine et toutes les ligatures furent parfaitement terminées, vingt chevaliers des deux princes s'établirent dans l'intérieur, tous bien cuirassés. Elle fut ensuite poussée vers les murailles non sans de grands efforts et sans le concours d'un grand nombre d'hommes; mais comme elle ne put être amenée sur un terrain uni, ni dirigée en droite ligne et par un mouvement régulier, les poutres, les planches et toutes les ligatures cédèrent en un instant et écrasèrent dans leur chute les hommes qui s'y étaient enfermés. Herman et Henri, fort affligés et déplorant la malheureuse fin de leurs chevaliers, les firent ensevelir avec honneur, et eurent en même temps sujet de se féliciter de n'avoir pas été aussi victimes de cet accident imprévu.

Un autre jour et pendant qu'un grand nombre de Chrétiens continuaient à livrer fréquemment d'inutiles assauts, le comte Raimond fit tous ses efforts pour ébranler une tour à l'aide de deux machines employées à lancer des pierres, et que l'on appelle vulgairement *mangonneaux*. Mais quelque force que l'on mît à diriger les coups, il fut impossible de fendre ou de détacher une seule des pierres de cet antique édifice, garni d'un ciment presque indissoluble, jusqu'à ce que l'on eût enfin rassemblé plusieurs instrumens du même genre, avec lesquels on parvint cependant, à force d'attaques réitérées, à pratiquer quelques fentes dans les murs et à en faire tomber quelques pierres et un peu de ciment. A cette vue l'armée du Dieu vivant se réunissant en force et franchissant le fossé à l'aide d'une tortue faite en osier, s'élança audacieusement vers la muraille, et les Chrétiens redoublèrent d'efforts pour percer la tour qui s'élevait au-dessus du rempart avec des pioches recourbées en crochet; mais les Turcs avaient entassé des pierres dans l'intérieur de la tour, afin que cette masse solide opposât plus de résistance, et que, si le mur extérieur venait à être détruit par les Français, ils trouvassent un nouvel obstacle dans cet amas d'une immense quantité de pierres. Le peuple du Dieu vivant, enflammé de plus en plus par la colère, et animé par la mort de ses frères, frappa de tous côtés sur la tour avec ses crochets ferrés et mordans, jusqu'à ce qu'il eût pratiqué dans la muraille une ouverture telle qu'il sembla d'abord que deux hommes pourraient entreprendre d'y pénétrer en même temps pour renverser le tas de pierres formé dans l'intérieur, les enlever une à une, et ouvrir ainsi un large chemin vers les ennemis; mais ils ne purent réussir dans ce dessein.

Une nuit, à la suite de cette affaire et après de nouvelles pertes, tandis que le peuple qui investissait la ville était extrêmement vexé et rentrait de temps en temps dans le camp, on reconnut que les Turcs sortaient très-souvent de la place en s'embarquant sur le lac, qu'ils avaient des auxiliaires qui leur apportaient secrètement des armes et tout ce dont ils avaient besoin, et que des marchands arrivaient aussi fréquemment et leur livraient par ce passage toutes sortes de denrées. Dès ce moment, les princes voyant bien que tous les assauts qu'ils livraient et toutes les fatigues qu'ils essuyaient demeureraient sans résultat, tinrent plusieurs conseils pour examiner ce qu'ils avaient à faire, et comment il leur serait possible de fermer l'accès du lac et d'enlever aux assiégés la faculté d'entrer et de sortir par cette voie. Enfin après plusieurs discussions, ils reconnurent que, s'ils ne gardaient ce vaste lac avec des forces navales, ils ne pourraient jamais contenir les ennemis ni empêcher la ville de renouveler ses approvisionnemens. En conséquence, les grands et les petits ayant été convoqués, on résolut, d'un commun accord, d'envoyer au port de Civitot des troupes nombreuses de gens de pied et de chevaliers pour faire transporter par terre, de la mer jusqu'au lac de Nicée, des navires qu'on avait demandés au seigneur empereur et qu'il avait donnés, en les faisant traîner comme du bois, attachés à des cordes de chanvre et à l'aide de courroies en cuir fixées sur les épaules des hommes et des chevaux. En effet, pendant le silence de la nuit et sur un trajet de sept milies de longueur, ils traînèrent, de cette manière, des navires très-lourds et assez grands pour que chacun pût porter cent hommes. Au lever du soleil, ils arrivèrent au lieu de leur destination et déposèrent les navires sur le rivage et de là sur les eaux. Les princes de l'armée, se levant aussitôt, accoururent de tous côtés vers le lac, heureux de voir les navires arrivés sans accident, et d'apprendre que leurs hommes étaient revenus sains et saufs, et sans avoir été troublés par aucune rencontre ennemie.

Dès qu'on eut pris possession de ces navires, on les remplit de braves chevaliers français qui furent chargés de fermer désormais tout passage aux Turcs, et de ne pas souffrir qu'on leur fît parvenir aucune des choses dont ils pouvaient avoir besoin. L'un de ces navires était monté par les Turcopoles de l'empereur, excellens archers, et qui avaient ordinairement une grande supériorité dans les combats de mer. Les Turcs et tous ceux qui veillaient à la défense de la citadelle, apprenant qu'il y avait beaucoup de mouvement du côté du lac, et que les princes s'étaient rassemblés de grand matin, accoururent en foule sur les remparts situés de ce même côté, et s'étonnèrent beaucoup à la vue de ces navires nouvellement arrivés, qu'ils eussent pris sans aucun doute pour les leurs, si, dans le même temps, ils n'eussent vu ceux-ci sur le rivage opposé et tout près de leurs murailles attachés par des chaînes et des cadenas en fer. Le lac se trouvant ainsi investi par une flotte, et les chevaliers qui montaient les navires étant revêtus de leurs cuirasses et armés de leurs lances, de leurs arcs et de leurs flèches, le comte Raimond, les hommes de sa suite et une bonne partie de l'armée recommencèrent à attaquer la tour dont j'ai déjà parlé, livrant de nouveaux assauts, lançant des pierres, ne ménageant rien pour attaquer les Turcs avec vigueur, et poussant des vociférations tandis que leur bélier ferré frappait sans relâche les murailles. Les Turcs, voyant qu'elles commençaient à être ébranlées, et que les pioches ferrées faisaient des trous dans la tour, firent couler du haut des remparts de la graisse, de l'huile, de la poix enveloppées d'étoupes et de torches enflammées ; ils brûlèrent entièrement par ce moyen la machine qui faisait mouvoir le bélier et toutes les claies en osier, et, en même temps, les uns armés de leurs arcs de corne lançaient des flèches qui tuaient beaucoup d'hommes, tandis que d'autres s'occupaient sur les remparts à briser des quartiers de roche qui écrasaient dans leur chute ceux qui travaillaient en dessous et près de la tour. Au milieu des efforts qu'ils faisaient ainsi pour se défendre, un de leurs chevaliers, entre autres, doué d'un courage ardent et farouche, ne cessait de manier son arc et de faire voler des flèches. Chose étonnante! au moment où il reçut lui-même une flèche qui semblait devoir le tuer, il jeta son bouclier au loin, et, exposant sa poitrine découverte à tous les traits, il se mit à lancer des deux mains d'énormes quartiers de roc sur la foule du peuple assiégeant. Quoique percé de vingt flèches encore attachées à son corps, au dire de ceux qui assistèrent à cet événement, il continuait encore à lancer des pierres et à frapper de mort des Français, et faisait de plus en plus un grand ravage parmi les assaillans. Le duc Godefroi, voyant que cet homme cruel et féroce exerçait constamment ses fureurs sans succomber sous les nombreuses flèches dont il était couvert, et faisait périr sous ses traits un grand nombre de fidèles, saisit une arbalète, et, se postant derrière les boucliers de deux de ses compagnons, il perça le Turc en le frappant au cœur; et, l'ayant tué, il mit ainsi un terme à l'horrible carnage que celui-ci ne cessait de faire. Enfin, vers le coucher du soleil, le peuple chrétien, fatigué, renonça aux travaux terribles de cette attaque, et les Turcs, inquiets de la trouée qu'on avait faite dans la tour, profitèrent du silence de la nuit pour y porter de nouveau des tas de pierres, afin que, le lendemain, on ne pût y aborder facilement.

Le lendemain, lorsque le soleil eut reparu, le peuple de Dieu s'arma de nouveau avec ardeur pour aller recommencer l'assaut et agrandir la brèche faite à la tour; mais, lorsqu'ils virent qu'on avait de nouveau transporté des pierres et fermé cette ouverture, les Chrétiens, se souvenant de leurs dangers et des tourmens qu'ils avaient éprouvés la veille, sentirent leur courage se ralentir, et chacun d'eux interpellait son voisin de marcher le premier. Enfin un illustre chevalier, sortant des tentes de Robert, comte de Normandie, couvert de son casque, de sa cuirasse et de son bouclier, franchit le fossé, s'avance sans crainte vers les murailles et vers la tour, et fait tous ses efforts pour renverser les monceaux de pierres qui bouchent la brèche, et dégager le passage tout récemment fermé. Mais bientôt les quartiers de roc et les traits qui pleuvaient sur lui comme la grêle le forcèrent de renoncer à son entreprise. Se voyant dénué de tout secours, et empêché de poursuivre son travail par les pierres énormes dont on l'accablait, le brave chevalier chercha à se coller contre la muraille pour échapper du moins aux traits que les Turcs lançaient sur lui sans interruption. Mais ce moyen même fut insuffisant pour sa défense : des milliers de pierres ayant brisé le bouclier qui lui servait à défendre sa tête, il fut précipité au pied de la muraille, tout fracassé; et, revêtu encore de son casque et de sa cuirasse, il périt sous les yeux de tous les fidèles, sans qu'aucun d'eux allât à son secours. Alors les Turcs, le voyant immobile et mort enfin, firent descendre du haut de cette détestable tour une chaîne garnie de crochets pointus et mordans, fabriqués avec beaucoup d'art et semblables à des hameçons, et, ayant accroché le cadavre du chevalier par l'anneau de sa cuirasse, ils le soulevèrent et le retirèrent de là sur le rempart; puis, ayant attaché le corps de ce malheureux par un nœud coulant, ils le suspendirent avec une corde en dehors de la muraille, pour insulter encore plus aux Chrétiens par cet acte d'inhumanité. Outragés et tristes, tous en effet pleurèrent leur frère mort d'une manière si cruelle, et si horriblement maltraité. Enfin, après avoir long-temps répété leurs insultes, les Turcs jetèrent le cadavre tout nu hors des murailles; les pèlerins l'accueillirent avec honneur, et les prêtres l'ensevelirent, de même que les autres fidèles morts sur la même place, en faisant à leur intention des distributions d'aumônes.

La mort de tant d'hommes forts, les pertes nombreuses qu'essuyait l'armée chrétienne dans les assauts qu'elle livrait tous les jours devant la place, troublaient infiniment le duc Godefroi, Boémond et tous les princes. Tandis que tous les efforts des machines et des catapultes, et les attaques impétueuses des troupes ne pouvaient parvenir à faire la moindre brèche aux murailles, et que l'armée perdait ainsi en vaines tentatives et ses peines et ses guerriers, un homme né Lombard, maître ès-arts et constructeur de grandes machines, voyant les misères et les pertes des Chrétiens, se présenta spontanément devant les princes, et leur rendit le courage par des promesses et des paroles de consolation : « Je vois que toutes

« vos machines travaillent en vain, que la mort qui
« plane sans cesse autour des murailles réduit vos
« forces tous les jours, et que ceux qui survivent
« sont exposés encore à de grands périls. Les Turcs,
« pleins de confiance et de sécurité, les repoussent
« loin de leurs tours et de leurs murailles; ils écrasent
« les vôtres sous leurs flèches ou sous des quartiers
« de roc, au moment où ils ne s'y attendent pas et
« sont hors d'état de se défendre; enfin ce mur, que
« les anciens ont fondé et construit avec tant d'ha-
« bileté, résiste à l'action du fer ou de toute autre
« force. Aussi, comme j'ai vu que tout votre cou-
« rage se consumerait en vaines entreprises, j'ai ré-
« solu de me présenter devant votre majesté, afin de
« pouvoir, avec l'aide de Dieu, si vous vous rendez
« à mes avis, et si j'obtiens de vous le prix de mes tra-
« vaux, contraindre cette tour, qui vous semble forte
« et invincible, à s'abaisser jusqu'à terre, sans que
« vos compagnons d'armes éprouvent aucune perte
« ou soient exposés à aucun danger, et pour que
« vous puissiez ainsi vous ouvrir un chemin vers vos
« ennemis et ceux qui vous résistent. Je demande
« seulement que vous m'assistiez, en me fournissant
« à frais communs tous les objets nécessaires pour
« l'exercice de mon art. » Après avoir entendu les
paroles de cet homme, on lui promit avec beaucoup
de bienveillance de lui donner, pour prix de ses travaux, quinze livres de monnaie de Cartane[1], et, remplis de joie et d'espérance dans le succès de cette
entreprise, les princes s'engagèrent en outre à lui
fournir sans retard tout ce qu'il demanderait pour

---

[1] On ignore quelle monnaie est par là désignée.

l'exécution de ses travaux. Après avoir réglé cette convention, le maître ès-arts fit toutes ses dispositions; il assembla des cloisons de revêtement, construites sur un plan incliné, et fit coudre ensemble des claies tressées en osier avec un art merveilleux, afin que lui-même et les hommes qui travailleraient avec lui pussent se trouver parfaitement à l'abri des traits que les Turcs lançaient du haut des remparts.

Lorsque la machine qui devait les garantir de toute atteinte fut complétement terminée, des Chrétiens, armés de leurs cuirasses et de leurs casques, se rassemblèrent tout autour. La poussant avec force, ils lui firent d'abord franchir le fossé, et l'établirent ensuite contre la muraille, en dépit de tous les efforts que firent les Turcs pour s'y opposer. Alors ils laissèrent le maître ès-arts avec tous ses ouvriers enfermés dans la machine et en parfaite sûreté, et rentrèrent de nouveau dans le camp sans avoir éprouvé beaucoup de mal. Les Turcs, voyant bien que ce nouvel instrument de guerre pourrait porter un grand préjudice à leur ville, y jetèrent des torches enflammées et enduites de poix et de graisse, et firent rouler du haut de leurs murailles des blocs de pierres, pour trouver quelque moyen de détruire les couvertures extérieures et de détourner de leurs travaux ceux qui y étoient enfermés. Mais tous leurs efforts étaient infructueux, parce que ni les pierres ni les matières enflammées ne s'arrêtaient sur ces couvertures disposées en plan incliné. Le maître ès-arts, plein de confiance et caché dans sa machine avec les ouvriers qu'on lui avait adjoints, travaillait au pied de la tour avec des pioches en fer et très-pointues, et ne cessa de creuser la terre qu'après avoir rempli le creux pratiqué sous les fondations, de poutres, de planches et de beaucoup d'énormes pièces de bois, afin que les murailles ne vinssent pas à s'écrouler subitement à mesure qu'on enlevait la terre, sur ceux qui y travaillaient encore. Lorsqu'on eut fait une très-grande excavation en longueur et en largeur, sur la demande du maître ès-arts, tous les hommes de l'armée, grands et petits, apportèrent des sarmens, de la paille, des tuiles, des roseaux secs, des étoupes, et d'autres combustibles, qui furent entassés entre les poutres, les planches et les troncs d'arbres, de manière que tous les vides fussent entièrement comblés; puis le maître ès-arts y ayant mis le feu, la flamme, animée par une large ouverture extérieure, se glissant et circulant en tous sens, s'étendit de plus en plus, et finit par réduire en cendres les poutres, les planches et tous les bois que l'on avait rassemblés. Lorsque tout fut brûlé et qu'il n'y eut plus, pour soutenir la tour antique, ni la terre ni les tas de bois qui l'avaient remplacée, la partie supérieure s'affaissa en un instant, vers le milieu de la nuit, et fit un tel fracas dans sa chute, que tous ceux qui se réveillèrent dans le sommeil crurent entendre le roulement du tonnerre. Cependant, et quoique ce poids énorme fût tombé d'une manière subite, les pierres et les cimens ne cédèrent pas entièrement, et la tour ne fut point brisée en mille pièces; sur plusieurs points seulement les murailles, ébranlées par la secousse, se fendirent et présentèrent des ouvertures par où il était possible de passer, non cependant sans quelque difficulté. Vivement effrayée de la chute de cet édifice, la noble épouse de Soliman, ne se croyant plus en sûreté dans la ville, se fit transporter par les siens, au milieu de la nuit, et s'embarqua sur le lac, afin d'échapper aux Chrétiens. Mais les chevaliers chargés de la défense des passages, s'étant aperçus de son départ, firent avancer les navires nouvellement établis sur les eaux, s'emparèrent de cette dame, et la remirent entre les mains des princes, ainsi que ses deux jeunes fils.

Les Turcs cependant et les défenseurs de la citadelle, frappés de stupeur en voyant tomber la tour et enlever l'épouse de Soliman, désespérés de l'occupation du lac par les Chrétiens, désolés des pertes considérables qu'ils éprouvaient et qui réduisaient beaucoup leurs forces, fatigués de la longueur du siége, et reconnaissant l'impossibilité de prendre la fuite, tinrent conseil pour délibérer sur les moyens de pourvoir à leur salut, demandèrent à être épargnés par l'armée chrétienne, et promirent de remettre les clefs de la ville entre les mains de l'empereur de Constantinople, auquel cette place était soumise en vertu de titres héréditaires, avant l'époque où Soliman s'en était emparé injustement et de vive force. Tatin, au nez coupé, serviteur de la maison impériale, se rendant aux vœux des chefs de l'armée turque, recevant leurs soumissions de fidélité, et s'engageant, de son côté, envers eux, intercéda en leur faveur auprès des princes chrétiens, et obtint qu'ils sortiraient sains et saufs de la ville pour aller faire leurs soumissions à l'empereur, avec la noble épouse de Soliman que l'on avait prise récemment ainsi que ses deux fils, et que les princes français retenaient encore en captivité. Le tumulte de la guerre ainsi apaisé, tandis qu'on négociait encore de part et d'autre pour la reddition de la place, et que déjà les Turcs restituaient les prisonniers chrétiens, une femme, religieuse du couvent de Sainte-Marie, situé auprès des greniers de l'église de Trèves, fut remise, ainsi que les autres, aux chefs de l'armée chrétienne. Elle déclara avoir été emmenée en captivité lors de la dispersion des troupes de Pierre, et se plaignit d'avoir été peu de temps après, contrainte à contracter un commerce honteux et abominable avec un Turc et quelques autres hommes. Tandis qu'elle se répandait en lamentations sur les insultes qu'elle avait reçues, et parlait ainsi en présence de tous les Chrétiens, elle reconnut, parmi les illustres chevaliers du Christ, Henri de Hache. L'interpellant aussitôt par son nom, d'une voix humble et remplie de larmes, elle lui demande de venir à son secours et de l'aider à réparer ses malheurs. Il la reconnut en effet sur-le-champ, et, touché de compassion, il fit tous ses efforts en sa faveur auprès du duc Godefroi, et obtint pour elle que le seigneur Adhémar, vénérable évêque, donnât son avis sur la pénitence qu'elle aurait à subir en expiation de son inceste. Enfin le clergé ayant été consulté, on lui fit remise du péché de ce commerce illicite avec un Turc, et on lui allégea sa pénitence, puisqu'elle n'avait subi que par force et contre sa volonté les indignes traitemens de ces hommes impies et scélérats. Peu après cependant, et dès la nuit suivante, un messager du même Turc qui l'avait outragée et enlevée aux autres, vint auprès d'elle l'inviter, par de douces paroles et de belles promesses, à reprendre cette union illicite et criminelle. La beauté incomparable de cette femme avait enflammé le Turc ; il ne pouvait supporter son absence et lui faisait offrir toutes les récompenses que son esprit avait pu imaginer pour la déterminer à retourner auprès de cet indigne mari. Il lui promettait en effet de se faire Chrétien en peu de temps, s'il lui arrivait de sortir de captivité et d'échapper aux fers de l'empereur. Enfin la malheureuse, si auparavant elle n'avait péché qu'en cédant à la violence, entraînée cette fois par les flatteries et par de vaines espérances, retourna auprès de son impie époux et rentra dans ce commerce adultère à l'insu de toute l'armée et en trouvant le moyen de s'échapper par artifice. On sut ensuite, par divers rapports, qu'en se rendant ainsi auprès du Turc, et s'associant à son exil, elle n'avait fait que céder à l'emportement de sa passion.

Après que le tumulte de la guerre fut apaisé, et que les provinces chrétiennes eurent été rendues et les Turcs admis à faire leur soumission à l'empereur, l'armée du Dieu vivant employa un jour entier dans son camp à se livrer à tous les transports de la joie, puisque toutes choses lui avaient réussi au gré de ses espérances.

Le lendemain, dès le point du jour, le peuple entier se mit en mouvement, et prenant avec lui tout ce dont il avait besoin, continua sa marche à travers la Romanie sans redouter aucune calamité pour l'avenir. Les pèlerins s'étant avancés pendant deux jours en un seul corps au milieu des gorges des montagnes et par des chemins fort étroits, résolurent alors de faire une division dans leur nombreuse armée, afin d'avoir plus d'espace et de liberté pour dresser leur camp et de trouver ainsi plus facilement les vivres pour eux-mêmes et les fourrages pour leurs chevaux. S'étant donc rassemblés entre deux montagnes élevées, ils passèrent d'abord un fleuve sur un pont, et là Boémond et la foule de ceux qui le suivaient se séparèrent du duc Godefroi. Boémond fut accompagné par quelques-uns des plus illustres chefs, Robert, comte de Normandie, Étienne, prince du Blaisois, et tous ensemble suivirent la route sur la droite [1], se dirigeant de manière à n'être jamais à plus d'un mille de distance de leurs compagnons d'armes. Le duc et tous ceux qui marchaient avec lui, ainsi que l'évêque du Puy et le comte Raimond, s'avançaient en même temps sur la droite. A la suite de cette séparation, Boémond et toute son armée arrivèrent, vers la neuvième heure, dans la vallée Dogorganhi [2], que les modernes appellent *Ozelli*, et tous les pélerins se répandirent aussitôt dans les prairies et sur les bords des ruisseaux pour dresser leur camp, prendre leur repas et satisfaire à tous leurs besoins.

Mais à peine Boémond et les hommes les plus forts étaient-ils descendus de cheval, que l'on vit arriver avec impétuosité, et suivi d'une nombreuse multitude, Soliman qui, depuis le moment où il avait pris la fuite loin des murs de Nicée, était allé recruter des forces auxiliaires à Antioche, à Tarse, à Alep et dans les autres villes de la Romanie, parmi les Turcs dispersés çà et là dans le pays. Aussitôt et sans se donner un seul moment de repos Soliman attaqua l'armée chrétienne, et ses troupes se répandirent dans tout le camp, massacrant tout ce qu'elles rencontraient: les

---

[1] Il y a ici erreur; ce doit être sur la gauche. *Voy.* Guillaume de Tyr, liv. III, pag. 150.

[2] Vallée de Gorgone.

uns étaient frappés de flèches, d'autres périssaient par le glaive; d'autres encore étaient faits prisonniers par ces cruels ennemis : le peuple, poussant de grands cris, était de toutes parts saisi de terreur; les femmes mariées et non mariées périssaient aussi bien que les hommes et les jeunes enfans. Robert de Paris, voulant porter secours aux malheureux, fut frappé d'une flèche légère et expira aussitôt. Boémond et les autres chefs, étonnés de cette scène subite de carnage, remontent sur leurs chevaux, saisissent en hâte leurs cuirasses et le reste de leurs armes, se réunissent en un seul corps, et, se défendant avec vigueur, quoiqu'attaqués à l'improviste, soutiennent long-temps le combat contre leurs ennemis. Guillaume, frère de Tancrède, jeune homme d'une grande beauté, rempli d'audace, et qui débutait dans la carrière des armes, résistait avec courage et frappait souvent les Turcs de sa lance, lorsque, sous les yeux même de Boémond, une flèche vint le renverser. Tancrède se défendit aussi vaillamment et eut beaucoup de peine à sauver sa vie, laissant derrière lui la bannière qu'il avait attachée à sa lance, et le corps de son frère mort. Les Turcs, guidés par leur prince Soliman, et prenant de plus en plus l'avantage, s'élancèrent avec vigueur dans le camp, frappant de leurs arcs de corne et de leurs flèches, et tuant les gens de pied, les pèlerins, les jeunes filles, les femmes, les jeunes enfans et les vieillards, sans montrer aucun égard pour la faiblesse de l'âge. Effrayées de tant de cruautés, et redoutant une mort si terrible, les jeunes filles, même les plus nobles, s'empressaient de revêtir leurs plus beaux vêtemens, et se présentaient ainsi devant les Turcs, afin qu'apaisés et enflammés à la vue de leur beauté, ils apprissent à avoir compassion de leurs captives.

Tandis que le troupeau des fidèles était ainsi désolé, que Boémond lui-même, attaqué à l'improviste, ainsi que tous les siens, commençait à résister avec moins d'ardeur, et que déjà quatre mille hommes environ de l'armée chrétienne étaient tombés sous les bras de l'ennemi, un messager, monté sur un cheval rapide, volait à travers les précipices des montagnes et arrivait triste et hors d'haleine au camp du duc. Godefroi, sorti de sa tente en ce moment, s'était porté à quelque distance pour voir ses compagnons d'armes; aussitôt qu'il aperçut de loin le messager courant de toutes ses forces et le visage pâle et défait, il lui demanda quel motif lui faisait ainsi hâter sa marche, afin de pouvoir lui-même en rendre compte aux autres chefs. Porteur de fâcheuses et importantes nouvelles, le messager lui dit : « Nos princes et Boé-
« mond lui-même soutiennent en ce moment les fati-
« gues d'un rude combat; le peuple qui les suit a déjà
« subi une sentence de mort, et cette sentence tom-
« bera également sur tous nos princes, si vous ne
« vous hâtez de voler à leur secours. Les Turcs ont
« fait une irruption sur notre camp; descendus par la
« vallée dite d'Ozelli ou vallée terrible, vers la val-
« lée Dogorganhi, ils ne cessent de massacrer les pé-
« lerins; ils ont tué Robert de Paris et lui ont coupé
« la tête; Guillaume, beau jeune homme, fils de la
« sœur de Boémond, a été frappé, digne de nos re-
« grets. C'est pourquoi tous les alliés vous invitent à
« leur porter secours; qu'aucun retard, aucun motif

« de délai ne vous retiennent ou ne ralentissent votre
« marche. »

En apprenant le malheur de ses frères et l'audace des Turcs, le duc ordonna de faire résonner les cors de tous côtés, d'avertir tous ses compagnons, de prendre les armes, de dresser les bannières et de voler au secours des pélerins sans se donner un seul moment de repos. Aussitôt et comme s'ils eussent été appelés au plus délicieux festin, les Chrétiens se hâtent de prendre leurs armes, de revêtir leurs cuirasses, de ceindre leurs glaives, de brider et de seller leurs chevaux, de saisir leurs boucliers, et soixante mille cavaliers sortent du camp suivis de la foule des gens de pied. Déjà brillait le jour le plus éclatant; le soleil rayonnait du plus vif éclat; sa splendeur se reproduisait sur les boucliers dorés et sur les armures de fer; les étendards, les bannières de pourpre, brillantes de pierreries et attachées sur les lances, flottaient en flamboyant; les chevaux rapides étaient pressés par l'éperon; nul n'attendait son frère ou son compagnon, chacun hâtait sa marche, autant qu'il lui était possible, pour voler au secours et à la vengeance des Chrétiens. Tout à coup reconnaissant les nôtres qui arrivaient en toute hâte au secours de leurs frères, animés de toute l'ardeur de la guerre, en forces si considérables, couverts de leurs vêtemens de fer, et portant déployées dans les airs les bannières, brillant signal des combats, les Turcs prirent la fuite; et, frappés de terreur, renonçant dès lors au carnage, les uns se sauvaient à travers champs, d'autres se jetaient dans des chemins qui leur étaient connus. Mais Soliman, conduisant la plus forte colonne, se retira sur le sommet de la montagne, et, s'y arrêtant, fit ses dispositions pour se présenter de nouveau devant les Chrétiens et leur résister en face.

Le duc Godefroi qui, monté sur un cheval agile, était arrivé le premier avec cinquante de ses compagnons, rallia bientôt le peuple qui marchait sur ses traces, et s'avança, sans hésiter, vers les hauteurs de la montagne pour en venir aux mains avec les Turcs qu'il voyait sur la sommité rassemblés et immobiles, se disposant, de leur côté, à la résistance. Enfin, ayant réuni tous les siens, il s'élance vers les ennemis toujours immobiles, dirige contre eux toutes ses lances, et, d'une voix mâle, exhorte ses compagnons à les aborder avec intrépidité. Les Turcs cependant et leur chef Soliman, voyant que le duc Godefroi et tous les siens persistent courageusement à vouloir livrer combat, lâchent les rênes à leurs chevaux et fuient rapidement loin des sommités de la montagne. Godefroi les poursuivit à une distance de six milles, frappant les uns du glaive, retenant aussi quelques prisonniers, enlevant du butin et de riches dépouilles, et arrachant de leurs mains les jeunes filles, les jeunes gens, et tout ce qu'ils avaient espéré emporter ou emmener avec eux. Gérard de Chérisi, monté sur un beau cheval, et poursuivant aussi les ennemis, vit un Turc encore arrêté sur la cime de la montagne et se confiant audacieusement en ses forces; couvert de son bouclier et armé de sa lance, il s'avança vigoureusement sur lui; mais le Turc, tirant une flèche qui traversa le bouclier, perça Gérard entre le foie et le poumon, et, le laissant tombé par terre et mourant, il emmena ensuite son cheval. Baudouin, comte de

Hainaut, qui distribuait avec générosité d'abondantes aumônes, et Robert de Flandre, renversaient les Turcs dans leur fuite; et, volant de tous côtés, ils encourageaient sans relâche leurs compagnons à frapper, à tuer sans cesse, afin que nul d'entre eux ne parût se ralentir dans sa poursuite ou renoncer au carnage. Baudouin du Bourg, Thomas de Ferii, Renaud de Beauvais, Galon de Calmon, Gothard, fils de Godefroi, Gaston de Béarn et Rodolphe, travaillaient tous avec une égale ardeur et ne cessaient, en braves chevaliers, de poursuivre et de faire périr des Turcs sous leurs coups. Les flancs des chevaux battaient fortement, et la fumée qui en sortait s'élevait au milieu des rangs en forme de nuage. De temps en temps les Turcs, reprenant courage et se confiant en leur multitude, opposaient une résistance vigoureuse et lançaient dans les airs des flèches qui retombaient en une grêle épaisse. Mais aussitôt que cette grêle d'orage était passée, les fidèles, tenant toujours en main les traits dont ils frappaient les ennemis, les attaquaient de nouveau, portaient la mort dans leurs rangs, et les forçaient enfin, vaincus et hors d'état de se défendre, à fuir à travers les précipices des montagnes et à s'engager dans des sentiers connus d'eux seuls.

Les Chrétiens victorieux s'emparèrent de tout ce que les Turcs avaient traîné à leur suite; pour prix de leur expédition, ils prirent des grains, beaucoup de vin, des buffles, des bœufs, des béliers, des chameaux, des ânes, des mulets, des chevaux, et, en outre, de l'or précieux, une quantité infinie d'argent, et des pavillons ornés de décorations et d'ouvrages admirables. Pleins de joie de l'heureux succès de ce combat, Boémond et tous les autres princes que j'ai déjà nommés, et qui étaient les chefs et les colonnes de l'armée, se réunirent en bonne intelligence, et, ayant tenu conseil, ils résolurent dès ce jour et à l'unanimité de rassembler leurs denrées et toutes les choses dont ils avaient besoin et de mettre tout en commun; ce qui fut fait, ainsi qu'ils en étaient convenus. Dans ce tumulte de la guerre, et pendant que les Turcs continuaient à fuir, quelques chevaliers chrétiens périrent frappés de flèches; les Turcs perdirent, dit-on, trois mille hommes. A la suite de ce cruel combat, les chevaliers du Christ se reposèrent pendant trois jours sur les bords d'un fleuve et auprès des joncs, soignant leurs corps fatigués et se nourrissant des vivres que les Turcs morts avaient laissés en abondance. Les évêques, les prêtres, les moines qui étaient présens rendirent à la terre les corps des morts et recommandèrent les ames des fidèles au Seigneur Jésus-Christ, en récitant des prières et chantant des psaumes. Soliman, vaincu et s'échappant avec peine, franchit les montagnes de la Romanie, ne pouvant plus fonder ses espérances sur la ville de Nicée, pleurant amèrement sa femme, ses fils et tous ceux des siens qu'il avait auparavant perdus dans la plaine de Nicée, frappés à mort par les Français, de même que ceux qu'il avait laissés plus récemment dans la vallée de Gorgone prisonniers ou morts dans le combat.

# LIVRE TROISIÈME.

Le quatrième jour après la retraite des ennemis, et dès le premier crépuscule du matin, les Français, les Lorrains, les Allemands, les Bavarois, les Flamands et tout le peuple teutonique levèrent leur camp, et, emportant avec eux toutes les choses dont ils avaient besoin, ainsi que les dépouilles des Turcs, ils allèrent s'établir sur le sommet des *Montagnes noires*, et y passèrent la nuit. Le lendemain matin, les Normands, les Bourguignons, les Bretons, les Allemands, les Bavarois, les Teutons, enfin toute l'armée, descendirent dans la vallée dite de Malabyumas, et y demeurèrent plusieurs jours, tant à cause de l'aspérité des lieux et des difficultés que présentaient d'étroits défilés, entourés de rochers, que par suite de leur innombrable multitude et des chaleurs excessives du mois d'août. Un certain jour de sabbat du même mois, l'eau vint à manquer encore plus que de coutume, en sorte que ce même jour environ cinq cents personnes de l'un et l'autre sexe, au dire de ceux qui y étaient présens, succombèrent au tourment de la soif. Des chevaux, des ânes, des chameaux, des mulets, des bœufs et beaucoup d'autres animaux périrent aussi de la même manière.

Nous avons appris, non-seulement par ouï-dire,

mais encore par des relations très-véridiques de personnes qui elles-mêmes avaient eu part à ces tribulations, que les hommes et les femmes éprouvèrent, dans cette triste occurrence, des souffrances dont l'esprit frissonne d'horreur, dont le récit seul doit épouvanter et saisir le cœur d'un sentiment d'effroi. Un grand nombre de femmes grosses, ayant la bouche et les entrailles desséchées, et les veines de tout le corps épuisées par l'ardeur insupportable des rayons du soleil et de la plage brûlante, accouchaient devant tout le monde et abandonnaient ensuite leurs enfans sur la même place. D'autres malheureuses, demeurant à côté de ceux qu'elles avaient mis au monde, se roulaient sur la voie publique, oubliant toute pudeur et ne pouvant résister à la fureur qu'excitaient les tourmens qui les dévoraient. Ces accouchemens n'étaient plus déterminés d'après l'ordre des mois ou le moment assigné par la nature ; l'ardeur du soleil, la lassitude du voyage, les tourmens d'une soif prolongée, le trop grand éloignement des eaux provoquaient des enfantemens prématurés, et l'on trouvait sur la voie publique des enfans morts et d'autres conservant à peine le souffle. Les hommes, succombant à l'excès de la sueur, la bouche béante, cherchaient à aspirer l'air le plus léger, pour soulager les tourmens de la soif, et ne pouvaient y parvenir. Aussi, comme je l'ai dit, en périt-il un grand nombre dans cette seule journée. Les faucons et les autres oiseaux de proie apprivoisés, et qui faisaient la joie des grands seigneurs et des nobles, mouraient de soif et de chaleur entre les mains de ceux qui les portaient, et les chiens habiles dans l'art de la chasse succombaient de même auprès de leurs maîtres. Tandis que tous étaient travaillés de ce terrible mal, on trouva les eaux d'un fleuve que l'on cherchait, que l'on desirait si vivement. Tous s'empressèrent de s'y rendre, et, au milieu de cette foule qui s'élançait en même temps, chacun cherchait à devancer tous les autres ; nul ne montrait aucune modération dans cette nouvelle occurrence, et un grand nombre d'hommes et d'animaux tombèrent malades et périrent enfin pour avoir bu avec excès.

Lorsqu'ils furent sortis de ces défilés couverts de rochers, les pélerins, se trouvant en trop grande masse, résolurent d'un commun accord de diviser l'armée en plusieurs bandes. Tancrède et Baudouin, frère du duc Godefroi, se séparant d'abord avec tous les hommes de leur suite, traversèrent les vallées d'Ozelli. Tancrède, marchant en avant avec les siens, descendit vers les deux villes voisines d'Héraclée et Iconium, où habitaient des Chrétiens, vivant sous le joug des Turcs sujets de Soliman. Baudouin, s'avançant avec les siens à travers les sentiers détournés des montagnes, se trouva bientôt exposé à une affreuse disette de vivres, et les chevaux, privés de fourrage, pouvaient à peine suivre la marche et encore moins porter leurs cavaliers. Le duc Godefroi, Boémond, Robert, Raimond suivaient de loin la route royale, et se dirigeant vers Antiochette, située à côté d'Héraclée, ils résolurent de s'y arrêter vers la neuvième heure du jour. Le soir étant venu, le duc Godefroi et les principaux chefs dressèrent leurs tentes vers la montagne, dans une position agréable, au milieu des prairies, se plaisant à admirer ce beau et riche pays, où l'on trouve de superbes chasses, exercice chéri de la noblesse. Là, s'étant établis, et ayant déposé leurs armes et toutes leurs dépouilles, voyant devant eux une forêt remplie de gibier, prenant leurs arcs et leurs carquois, et ceignant leurs glaives, ils entrèrent dans les bois voisins de la montagne, pour chercher, à l'aide de chiens habiles, à poursuivre, à percer quelque pièce de gibier.

Tandis qu'ils s'enfonçaient ainsi dans l'épaisseur des bois, chacun suivant des sentiers divers pour se poster en embuscade, le duc Godefroi aperçut un ours énorme, et dont le corps présentait un horrible aspect. Il venait d'attaquer un pauvre pèlerin qui ramassait des sarmens, et le poursuivait pour le dévorer, autour d'un arbre où le malheureux cherchait un abri, de même qu'il avait coutume de poursuivre les bergers du pays, ou tous ceux qui entraient dans la forêt, selon les rapports que ceux-ci en firent ensuite. Le duc, habitué et toujours prêt à porter secours aux Chrétiens ses frères dans leurs adversités, tire soudain son glaive, et, avertissant son cheval par un vigoureux coup d'éperon, il vole vers le pauvre homme pour l'arracher, dans sa détresse, aux dents et aux griffes de l'animal dévorant, et, poussant de grands cris à travers les épaisses broussailles, il se présente tout à coup en face de ce cruel ennemi. L'ours, en voyant le cheval et son cavalier se diriger rapidement vers lui, plein de confiance dans sa férocité et dans la force déchirante de ses griffes, ne tarde pas à marcher à la rencontre du duc, ouvre la gueule comme pour le mettre en pièces, se dresse tout entier pour

résister, ou plutôt pour attaquer, pousse en avant
ses griffes aiguës pour mieux déchirer, prend soin
de défendre sa tête et ses bras des coups du glaive qui
le menace, et échappe souvent au duc qui veut le
frapper; en même temps ses horribles grognemens
ébranlent la forêt et les montagnes, et tous ceux qui
les entendent ne peuvent assez s'en étonner. Le duc,
en voyant l'animal rusé et méchant résister avec une
audacieuse férocité, plein d'émotion et vivement indigné, retourne la pointe de son glaive, s'avance témérairement vers la bête, et, poussé par une aveugle
colère, il cherche à le percer de part en part. Malheureusement l'animal évite encore le glaive, enfonce
aussitôt ses griffes aiguës dans la tunique du duc, le
serre dans ses bras, le renverse de son cheval, et, le
jetant par terre, se dispose à le déchirer avec ses dents.
Dans cette extrémité pleine d'angoisse, le duc, se
souvenant de ses nombreux exploits et de tous les
périls auxquels jusqu'à ce jour il a noblement échappé,
rempli de douleur en se voyant maintenant sur le
point d'être étouffé et de subir une mort honteuse
sous la dent d'une bête féroce, rassemble toutes ses
forces et se relève à l'instant sur ses pieds. Au moment où il était tombé de cheval à l'improviste, en
luttant avec le furieux animal, son glaive s'était embarrassé entre ses jambes; il le saisit promptement
pour égorger l'ours, et, tandis qu'il le tient encore
par la poignée, il se fait à lui-même une large inci-
sion dans le gras de jambe et dans les nerfs qui s'y
rattachent. Son sang coulait en abondance et lui enlevait peu à peu ses forces; cependant il ne cédait
point à l'animal et demeurait toujours debout, se

défendant avec acharnement; enfin un de ses compagnons d'armes, nommé Husechin, ayant entendu les cris perçans du pauvre homme qui avait été arraché à la mort, et les horribles grognemens de l'ours qui retentissaient dans la forêt, arriva de toute la vitesse de son cheval pour porter secours au duc; et, tirant son glaive, attaquant de nouveau avec le duc le monstre affreux, il le perça dans le sein et lui brisa les côtes. La bête féroce succomba enfin, et alors le duc, sentant pour la première fois la douleur de sa blessure, et affaibli par une perte de sang considérable, pâlit et tomba presque en défaillance. Bientôt toute l'armée fut troublée par cette triste nouvelle. Tous accoururent en hâte vers le lieu d'où l'on transportait blessé le vigoureux athlète, le chef des conseils, le guide des pélerins. Les princes de l'armée, le déposant sur un brancard, le conduisirent aussitôt au camp, pénétrés de douleur, au milieu des pleurs des hommes et des hurlemens des femmes. Les plus habiles médecins furent appelés pour travailler à sa guérison; le corps de la bête fut partagé entre les princes, et tous s'accordaient à dire qu'ils n'en avaient jamais vu aucune d'une telle grosseur.

Tandis que le duc ne pouvait encore marcher, à raison de ses blessures, et que l'armée ne s'avançait qu'avec plus de lenteur, Tancrède, qui avait pris les devants, suivait la route royale, se dirigeant vers la côte de la mer, et laissant derrière lui Baudouin, frère du duc. Il arriva, après avoir franchi les rochers et traversé la vallée de Butrente, vers la porte appelée de Judas, et descendit par là vers la ville nommée Tarse, et plus vulgairement Tursolt, que les Turcs, délégués de Soliman, avaient soumise et occupaient, ainsi que les tours. Un Arménien, qui avait connu Tancrède, en faisant auparavant quelque séjour auprès de lui, lui promit d'engager les habitans de cette ville, écrasés sous le joug pesant des Turcs, à lui livrer leur ville avec prudence et à l'insu de ceux-ci, s'ils pouvaient trouver une occasion favorable. Mais comme les citoyens, intimidés par la présence et la surveillance des Turcs, ne s'empressaient pas d'acquiescer aux invitations de l'Arménien, Tancrède se porta en avant, ravagea les côtes de la mer voisine de cette ville, fit beaucoup de butin afin de pouvoir entreprendre le siége, et revint dresser ses tentes autour des murailles. De là, ne cessant de faire entendre des menaces contre les Turcs qui occupaient les remparts et les tours, il leur annonçait l'arrivée de Boémond et de la forte armée qui marchait à sa suite, et leur disait que, s'ils ne sortaient et n'ouvraient leurs portes, cette armée qui suivait ses traces ne cesserait de les attaquer qu'après s'être emparée de leur ville et de tous ses habitans, comme elle s'était emparée de Nicée, tandis qu'au contraire, s'ils se soumettaient à ses volontés et ouvraient leurs portes, non-seulement ils trouveraient grâce aux yeux de Boémond, et lui devraient de nouveau la vie, mais qu'en outre il leur donnerait beaucoup de présens et les jugerait dignes de commander dans cette ville et dans d'autres forteresses.

Adoucis par ces paroles et par des promesses peut-être trop magnifiques, les Turcs promirent à Tancrède de lui livrer la ville, sous la condition qu'ils n'auraient aucun péril, aucune violence à redouter de la part d'aucune autre troupe qui pourrait survenir après lui, jusqu'à ce que la ville et sa citadelle eussent été remises au pouvoir de Boémond. Tancrède, loin de se refuser à ces offres, conclut avec eux un traité par lequel il fut convenu que sa propre bannière serait arborée par les Turcs sur le point le plus élevé de la citadelle, comme un signal qui annoncerait à Boémond, au moment de son arrivée, que Tancrède avait pris possession de la ville, et qui servirait à la préserver de tout acte d'hostilité.

Baudouin, frère du duc Godefroi, Pierre de Stenay, Renaud, comte de Toul, homme d'une grande adresse, et Baudouin du Bourg, jeune homme illustre, tous unis par l'amitié, ayant suivi un autre chemin, demeurèrent pendant trois jours séparés de l'armée, errant sur les montagnes, dans des lieux déserts et entièrement inconnus pour eux, affligés en outre d'un manque presque absolu de vivres et de toutes les choses nécessaires; ils furent enfin conduits par le hasard sur le sommet d'une montagne, après s'être égarés dans des chemins détournés. De ce point élevé ils aperçurent les tentes de Tancrède établies au milieu de la plaine devant les murs de Tarse, et ils furent saisis d'une extrême frayeur, croyant que c'étaient des Turcs. De son côté Tancrède ressentit d'assez vives craintes en voyant de loin des hommes se présenter sur les hauteurs de la montagne, et crut, à son tour, voir en eux des Turcs qui se hâtaient de venir au secours de leurs compagnons assiégés. Cependant les premiers étant descendus, tremblans pour leurs jours et à demi morts de faim, Tancrède, en chevalier intrépide, avertit ses compagnons d'armes qu'il s'agissait en ce moment de défendre leur propre vie. Les Turcs, réunis au nombre de cinq cents environ, sur les remparts et dans les tours de la place, pour regarder dans la plaine et travailler à leur défense, ayant vu arriver Baudouin et tous ceux qui le suivaient, les prirent également pour des amis, et se répandirent en reproches et en menaces contre Tancrède, disant : « Voici une troupe « d'auxiliaires qui accourt vers nous ; nous ne serons « point, comme tu l'avais cru, livrés entre tes mains, « c'est toi au contraire et les tiens qui devez au- « jourd'hui même succomber sous nos forces. C'est « pourquoi regarde-toi comme déchu du traité que « nous avions vainement conclu avec toi. Si nous t'a- « vons laissé demeurer dans ton camp, ce n'est que « parce que nous avions l'espoir d'être secourus par « ces troupes que tu vois s'avancer pour mieux assurer « ta ruine et celle des tiens. » Tancrède, jeune homme d'un courage inébranlable, fit peu de cas des menaces des Turcs, et répondit à leurs reproches par ces paroles : « Si ce sont là vos chevaliers ou vos princes, par le « nom de Dieu nous ne les redoutons pas, et ne crai- « gnons pas de marcher vers eux ; que si la grâce « de Dieu nous aide à les vaincre, vos jactances et « votre orgueil ne resteront pas impunis. Si nos pé- « chés s'opposent à ce que nous puissions leur ré- « sister, vous ne serez pas pour cela mieux délivrés « des mains de Boémond et de l'armée qui marche « avec lui. » A ces mots, Tancrède, rassemblant tous ceux qui avaient suivi ses pas, couverts de leurs bril- lantes armes, de leurs cuirasses et de leurs casques, et montés sur des chevaux rapides, s'avance à la rencontre de Baudouin. Du haut de leurs murailles les Turcs font résonner fortement les clairons et les cors retentissans, dans l'intention d'effrayer Tancrède. Mais bientôt les étendards chrétiens ayant été reconnus des deux côtés, et chacun ne voyant devant lui que des frères et des compatriotes, tous répandent des larmes de joie, et se félicitent d'avoir été par la grâce de Dieu délivrés des périls qui les menaçaient. Aussitôt les deux corps de troupes se réunissent, et, d'un commun accord, dressent leurs tentes devant les murailles de la ville; les bœufs et les moutons, butin que les Chrétiens avaient ramassé dans les montagnes du pays, sont immolés, préparés et mis sur le feu: la faim qu'ils enduraient depuis long-temps leur apprit à les manger cuits sans sel, et tous également furent obligés de se passer de pain. La ville était fortifiée de tous côtés; elle comptait beaucoup d'habitans, et se trouvait située dans une plaine fertile, arrosée de jolis ruisseaux et couverte de belles prairies: les pélerins admirèrent la force de ses murailles, qui semblaient invincibles à tous les hommes, si Dieu ne favorisait leur entreprise.

Le lendemain, au point du jour, Baudouin et ceux qui l'avaient suivi, s'étant levés et se dirigeant vers les murs de la place, aperçurent la bannière bien connue de Tancrède, flottant sur la tour la plus élevée de la citadelle, par suite du traité qu'il avait conclu avec les Turcs. Aussitôt, remplis d'une indignation excessive et enflammés de colère, ils se répandirent en paroles dures et injurieuses contre Tancrède et les siens, témoignant leur dédain pour la jactance et les prétentions de Tancrède et de Boémond, et les comparant à la boue et à l'ordure. Ces discours et d'autres semblables auraient amené un combat, si des hommes sages n'avaient ouvert l'avis d'envoyer une députation des deux partis auprès des citoyens arméniens, afin de savoir d'eux-mêmes à la domination duquel ils aimaient mieux se soumettre, et lequel serait favorisé par eux. Tous répondirent aussitôt qu'ils préféraient se confier à Tancrède plutôt qu'à un autre prince, et ils disaient cela non par dévouement de cœur, mais par l'effet de la crainte que leur inspirait l'annonce d'une invasion prochaine de Boémond : et cela n'était pas étonnant, car, long-temps avant cette expédition, Boémond s'était fait un brillant renom de guerrier en Grèce, en Romanie, en Syrie, tandis que le nom du duc Godefroi commençait à peine à briller de quelque éclat.

En apprenant cette réponse, le bouillant Baudouin se livra à tout l'emportement de la colère contre Tancrède, et adressa, en sa présence, aux Turcs et aux habitans de la ville, ces paroles terribles, qui leur furent rendues par des interprètes : « Ne croyez
« point que Boémond et ce Tancrède que vous res-
« pectez et que vous redoutez soient les hommes les
« plus considérables et les plus puissans de l'armée chré-
« tienne, et qu'ils puissent être comparés à mon frère
« Godefroi, duc et prince des chevaliers de toute
« la Gaule, ni à aucun de sa famille. En effet, mon
« frère le duc, prince d'un grand royaume et de l'au-
« guste empereur des Romains, en vertu des droits
« héréditaires acquis à ses nobles ancêtres, est ho-
« noré par toute l'armée : les grands aussi bien que
« les petits ne cessent d'obtempérer en toutes choses

« à sa voix et à ses conseils, car il a été élu et reconnu
« par tous comme chef et seigneur. Sachez que vous
« et tout ce qui vous appartient, de même que votre
« ville, serez détruits et consumés par le fer et le feu,
« d'après les ordres du duc, sans que Boémond et ce
« Tancrède combattent pour vous et se portent pour
« vos défenseurs. Ce Tancrède même, pour lequel
« vous vous déclarez, n'échappera point aujour-
« d'hui à notre bras, à moins que vous ne renver-
« siez du haut de votre tour cette bannière qu'il a
« fait arborer pour nous outrager et dans l'intérêt
« de sa gloire, et que vous ne nous fassiez ouvrir
« les portes de votre ville. Si vous satisfaites à nos
« désirs, en rejetant cette bannière et en nous ren-
« dant la place, nous vous éleverons au-dessus de
« tous ceux qui résident dans ce pays, vous serez
« comblés de gloire en présence de mon seigneur et
« frère le duc, et honorés de présens dignes de vous. »
Entraînés par ces bonnes espérances et cédant à ces
douces paroles, les Turcs et les citoyens conclurent,
à l'insu de Tancrède, un traité d'amitié avec Baudouin ; aussitôt après, la bannière de Tancrède fut
enlevée du haut de la tour et jetée honteusement
loin des murailles, dans un lieu marécageux, et
celle de Baudouin fut arborée sans retard à la même
place.

Tancrède, en voyant paraître l'étendard de Baudouin et disparaître le sien, éprouva une grande tristesse, et la supporta cependant avec patience. Jugeant qu'à la suite de ce changement des querelles
étaient sur le point de s'élever entre ses hommes et
ceux de Baudouin, reconnaissant l'infériorité de sa

troupe en forces et en armes, et ne voulant pas demeurer plus long-temps dans cet état de discorde, il se rendit vers une ville voisine, nommée Adana[1], bien fortifiée et riche ; et, trouvant les portes fermées, il ne put obtenir la permission d'y entrer. La ville était occupée par un nommé Guelfe, originaire du royaume de Bourgogne, illustre chevalier, qui, après avoir vaincu et chassé les Turcs, s'était emparé de la place, dans laquelle il trouva de l'or, de l'argent, des vêtemens précieux, des comestibles, des bœufs, du vin, de l'huile, du grain, de l'orge et toutes les choses nécessaires. Guelfe s'était porté en avant de l'armée avec un détachement. Tancrède, trouvant les portes fermées et apprenant que la ville était occupée par un chef chrétien, envoya des députés porteurs de sa parole, et fit demander instamment d'être admis à entrer, pour recevoir l'hospitalité et acheter à de justes conditions les vivres dont il aurait besoin. Guelfe, ayant accueilli ses propositions, ordonna d'ouvrir les portes, d'introduire le chef ainsi que ses compagnons d'armes, et de leur fournir tout ce qui leur serait nécessaire.

Après le départ de Tancrède, Baudouin adressa aux Turcs de nouvelles instances, et leur promit de leur faire accorder par le duc des honneurs et d'immenses récompenses, de les élever en autorité non-seulement dans cette ville, mais encore dans plusieurs autres, s'ils voulaient lui ouvrir leurs portes et le laisser entrer lui et les siens, après qu'il leur aurait engagé sa foi en leur présentant la main droite. Les Turcs et

---

[1] Albert d'Aix l'appelle *Azara* ; c'est Adène ou Ædenæ, dans la petite Arménie.

les Arméniens, voyant Tancrède parti, et Baudouin seul en possession de la puissance, acceptèrent ces propositions, et, les sermens ayant été prêtés et reçus des deux côtés, ils firent ouvrir les portes et reçurent Baudouin avec tous les siens; mais en même temps ils déclarèrent qu'ils voulaient garder un poste dans toutes les tours fortifiées, jusqu'à l'arrivée du duc Godefroi et de son armée, pour pouvoir traiter alors, conformément aux promesses de Baudouin, tant au sujet des présens et de la bienveillance du duc, que sur ce qui concernait la reddition de la place et les autres points à régler, soit qu'ils voulussent eux-mêmes adopter la foi chrétienne, soit qu'ils préférassent persister dans les rites des Gentils. Ils ne remirent donc à Baudouin que deux tours principales, afin qu'il pût s'y établir et y demeurer en sécurité et avec toute confiance; le reste de son armée fut logé çà et là dans les maisons et dans les divers quartiers de la ville. Lorsque les pélerins et leur chef Baudouin furent entrés dans la ville et eurent commencé à goûter quelque repos, le lendemain même de leur arrivée et vers le soir, trois cents pélerins, qui faisaient partie de la maison et du peuple de Boémond, détachés du reste de l'armée et suivant les traces de Tancrède, arrivèrent, couverts de leurs armes et de leurs casques, devant les murs de la ville. D'après les ordres de Baudouin et l'avis de ses principaux seigneurs, les portes leur furent fermées. Fatigués d'une longue marche, ayant épuisé toutes leurs provisions, les pélerins demandèrent instamment l'hospitalité et la permission d'acheter ce dont ils auraient besoin. Les gens du peuple de la suite de Baudouin se joignirent aussi à eux pour le supplier en leur faveur, puisque ceux qui venaient d'arriver étaient des frères, attachés comme eux à la foi chrétienne. Mais Baudouin refusa absolument de se rendre à leurs vœux, parce que ces pélerins marchaient au secours de Tancrède, et en outre parce que lui-même s'était engagé, dans son traité avec les Turcs et les Arméniens, à n'admettre dans la ville aucune autre troupe que la sienne avant l'arrivée du duc Godefroi.

Les pélerins de l'escorte de Baudouin, voyant que les nouveaux arrivans ne pouvaient à aucun prix obtenir la permission d'entrer, les prirent en pitié, car ils étaient presque exposés à périr de faim, et résolurent de leur jeter en dehors des portes, et de leur faire parvenir avec des cordes, du pain et de la viande, afin qu'ils pussent se nourrir. Après que ceux-ci eurent réparé leurs forces et se furent livrés, accablés de fatigue et dans le silence de la nuit, au plus profond sommeil, les Turcs, qui demeuraient toujours dans les tours sous la foi de leur traité, désespérant de leur salut et n'osant se fier entièrement à Baudouin et à ses compagnons en Christ, tinrent entre eux un conseil secret, et, se réunissant au nombre de trois cents, emportant avec eux tous leurs trésors et tous leurs effets, ils traversèrent, à un gué connu d'eux seuls, le fleuve qui coule au milieu de la ville, sortirent en silence, tandis que Baudouin et tous les siens dormaient profondément, ne laissant derrière eux, dans les points fortifiés, que deux cents hommes de leur race et de leur faible troupe, afin de n'éveiller aucun soupçon parmi les Chrétiens. Dès qu'ils furent sortis ils attaquèrent à l'improviste les pélerins qui s'étaient établis dans la prairie située en face de la ville, et cherchaient dans le sommeil un délassement à leurs fatigues, et, coupant la tête aux uns, massacrant les autres, perçant d'autres encore de leurs flèches, ils ne laissèrent en vie aucun ou du moins presque aucun de ceux qui étaient arrivés la veille.

Lorsque le jour eut reparu, les Chrétiens enfermés dans la place se réveillèrent, et, s'étant rendus vers les murailles pour voir si leurs frères étaient encore dans la prairie, ils les virent tous massacrés par les armes des Turcs, et leur sang inondant encore la plaine. Ainsi fut découverte la perfidie et l'iniquité des Turcs. Aussitôt le peuple catholique se répand en tumulte dans toute la ville; tous courent aux armes pour venger leurs frères assassinés traîtreusement. Ils se hâtent de briser les portes des tours, d'exterminer tous ceux qu'ils y trouvent, et leurs clameurs et les trompettes retentissantes excitent de plus en plus leur fureur. Rempli d'étonnement en entendant les cris violens et l'agitation de ce peuple irrité, Baudouin sort de sa tour, s'élance à cheval et parcourt rapidement la ville, invitant les hommes d'armes à mettre un terme au combat, à rentrer chacun dans son logement, afin de ne point violer les conditions du traité consenti des deux côtés, jusqu'à ce qu'enfin lui-même ait appris les détails du massacre des Chrétiens. Mais le tumulte allait toujours croissant, le peuple était irrité de la mort des pèlerins, et, dans ses acclamations bruyantes, accusait Baudouin d'en être l'auteur, comme ayant pris une fatale résolution; enfin il se réunit tant et tant de monde contre lui, et on lui lançait une si grande quantité de flèches, qu'il se vit forcé de rentrer dans la tour et d'y chercher un asile pour sauver ses jours en danger. Bientôt rentrant en lui-même, et renonçant à son excessive dureté, il donna satisfaction au peuple en s'excusant et en déclarant qu'il n'avait aucune connaissance de la cruauté des Turcs, et qu'il n'avait repoussé de la ville le peuple du Dieu vivant, que parce qu'il s'était engagé envers les Turcs et les Arméniens, sous la foi du serment, à n'admettre que ses hommes jusqu'à l'arrivée du duc. Après avoir ainsi présenté ses excuses et s'être réconcilié avec son peuple, Baudouin attaqua dans toutes les tours ceux des Turcs qui y étaient encore, reste de cette faible troupe, et les siens les attaquèrent aussi, et vengèrent le meurtre de leurs frères, en tranchant la tête à deux cents d'entre eux environ. Plusieurs femmes illustres de la ville accusèrent aussi ces mêmes Turcs, et montrèrent les oreilles et les narines qu'ils leur avaient coupées, parce qu'elles n'avaient pas voulu consentir à se prostituer à eux. Cette infamie et cette horrible déposition enflammèrent encore plus le peuple de Jésus-Christ contre les Turcs, et excitèrent un plus grand carnage.

Peu de jours après, les hommes de Baudouin s'étant dispersés sur les murailles, virent de loin, et à trois milles environ en mer, un grand nombre de vaisseaux de formes diverses : leurs mâts, d'une hauteur étonnante et recouverts de l'or le plus pur, resplendissaient frappés par les rayons du soleil. Les hommes qui montaient ces navires descendirent sur le rivage de la mer, et partagèrent entre eux de riches dépouilles qu'ils avaient accumulées depuis longtemps, c'est-à-dire depuis environ huit années. En les voyant, les pèlerins crurent d'abord que c'étaient des troupes ennemies appelées par ceux qui s'étaient enfuis pendant la nuit, après avoir massacré les Chrétiens. Courant aussitôt aux armes, et se rendant en foule vers le rivage, les uns à cheval, d'autres à pied, ils leur demandèrent d'une voix ferme et assurée pourquoi ils arrivaient en ces lieux, et à quelle nation ils appartenaient. Les étrangers répondirent qu'ils étaient des chevaliers chrétiens, venant de la Flandre, d'Anvers, de la Frise et d'autres parties de la France, et que pendant huit ans, et jusqu'à ce jour, ils avaient exercé la piraterie. Ils demandèrent ensuite aux pèlerins par quels motifs eux-mêmes avaient quitté l'empire des Romains et le pays des Teutons, pour venir dans un si lointain exil, au milieu de tant de nations barbares. Ceux-ci leur racontèrent alors l'objet de leur pèlerinage, et déclarèrent qu'ils allaient à Jérusalem adorer le Seigneur. Après qu'ils se furent ainsi reconnus les uns les autres, par leur langage et leurs discours, ils s'engagèrent réciproquement, en se donnant la main, à faire tous ensemble le voyage de Jérusalem. Il y avait dans cette armée navale un nommé Guinemer, chef et guide de tous ses compagnons d'armes. Il était originaire de la terre de Boulogne, et attaché à la maison du comte Eustache, prince magnifique de ce territoire. S'étant ainsi liés les uns envers les autres par des promesses de fidélité, les arrivans, quittant leurs navires, emportèrent tout leur riche butin et leurs bagages, et montèrent avec Baudouin vers la ville de Tarse, où ils demeurèrent quelques jours, jouissant de tous les biens de la terre, se livrant à la joie et faisant d'abondans festins. Ensuite, et après avoir tenu conseil, on laissa pour la garde et la défense de la ville trois cents hommes de l'armée navale, et Baudouin en désigna en outre deux cents parmi les siens, pour le même service. Ces dispositions faites, Baudouin partit de Tarse avec les siens et les étrangers, et tous, réunissant leurs armes, s'avancèrent le long de la route royale, marchant au son des trompettes et des cors.

Pendant ce temps, Tancrède, quittant la ville d'Adana, et Guelfe qui y commandait, descendit vers Mamistra, ville occupée et fortifiée par les Turcs : elle voulut tenter de lui résister, mais il l'attaqua vigoureusement avec ses chevaliers, renversa promptement les murailles, enleva les portes et les barres de fer, et rabattit l'orgueil des Turcs qui se pavanaient dans leur insolence, en faisant un grand carnage parmi eux. Ayant ainsi expulsé ses ennemis, Tancrède confia à ses hommes la garde des tours, et ayant trouvé des vivres, des vêtemens, de l'or et de l'argent en grande quantité, il les distribua entre ses compagnons d'armes, et s'arrêta là pendant quelques jours. Tandis qu'il y était en parfaite sécurité, s'occupant avec sollicitude du soin de garder la place, Baudouin, frère du duc, s'avançant par la route avec ses troupes et ses alliés, arriva sur le territoire de cette même ville, et lui-même, ainsi que ses partisans et les premiers chefs de son armée, dressèrent leurs tentes dans une prairie bien verte et complantée d'arbres, située non loin de la ville. En voyant toutes ces dispositions, un nommé Richard, prince de Salerne, en Italie, né Normand et proche parent de Tancrède, en prit beaucoup d'humeur, et chercha à irriter

Tancrède par des paroles pleines d'amertume, disant:
« Ah Tancrède! aujourd'hui même tu es devenu le
« plus vil de tous les hommes. Vois devant toi Bau-
« douin, dont l'injustice et la jalousie t'ont fait perdre
« la ville de Tarse. Ah! si maintenant il y avait quel-
« que courage en toi, déjà tu aurais appelé tous les
« tiens, et tu ferais retomber sur sa tête les outrages
« que tu as reçus. » En entendant ces paroles, Tancrède frémit dans son cœur; et demandant aussitôt
ses armes et ses chevaliers, il envoya d'abord en avant
tous ses archers pour harceler ses ennemis dans leurs
tentes, leur ordonnant aussi de s'attacher à blesser
les chevaux errant çà et là au milieu des pâturages.
Lui-même s'élança bientôt à la tête de cinq cents
chevaliers dans le camp de Baudouin et de ses satellites, pour faire une vengeance éclatante des affronts
dont il avait à se plaindre.

Aussitôt Baudouin, frère du duc, Baudouin du
Bourg, Guillebert de Montclar et tous ceux qui les
suivaient, se voyant attaqués à l'improviste, et reconnaissant Tancrède et ses gens, se couvrent de leur
fer, dressent leurs bannières, appellent leurs compagnons d'armes d'une voie mâle, marchent sur Tancrède en poussant de grands cris, au son des trompettes et des cors, et bientôt des deux côtés s'engage
un combat furieux et une lutte pleine de danger. Mais
la troupe de Tancrède, inférieure en nombre et en
forces, ne pouvant soutenir long-temps un engage-
ment trop inégal, tourne le dos et s'échappe avec
peine du combat, fuyant avec Tancrède lui-même
vers la citadelle de la ville, à travers un pont fort
étroit. Richard, prince de Salerne, et proche parent

de Tancrède, et Robert de Hanse, chevaliers illustres, s'étant trop attardés, furent faits prisonniers dans cet étroit passage : un grand nombre des chevaliers et des hommes de pied de la troupe de Tancrède furent tués ou blessés. Parmi les autres, le seul Guillebert de Montclar ayant poursuivi trop vivement ses ennemis, et se trouvant enveloppé par eux, fut arrêté sur le pont et emmené prisonnier; Baudouin et les siens, le croyant mort, déplorèrent amèrement sa perte.

Le lendemain, au retour du jour, on s'affligea beaucoup dans les deux camps de l'absence des hommes nobles faits prisonniers; les chefs reconnaissant qu'ils avaient tous deux péché en violant l'alliance qui les unissait pour le saint pélerinage de Jérusalem, conclurent la paix, d'après l'avis de leurs principaux seigneurs, et se restituèrent réciproquement leurs prisonniers. Cet arrangement conclu, et toutes les dépouilles ainsi que les captifs ayant été rendus, Baudouin se détacha avec ses sept cents chevaliers, sur la proposition d'un chevalier arménien, nommé Pancrace, entra dans le territoire d'Arménie, et alla mettre le siége devant la citadelle dite Turbessel, remarquable par ses fortifications aussi belles que solides. Les habitans de cette place, Arméniens et professant la foi chrétienne, s'étant entendus secrètement avec le prince Baudouin, chassèrent les Turcs qui commandaient dans la citadelle et la lui livrèrent, aimant mieux servir sous un chef chrétien que de demeurer sous le joug des Gentils. Après avoir pris possession de la ville et de la citadelle, Baudouin y laissa des hommes de sa troupe, et alla ensuite assiéger et prendre de la même manière la place de Ravenel, qui pouvait braver toutes les forces humaines. On dit que les Turcs, effrayés par la reddition de Turbessel, sortirent de Ravenel et prirent la fuite. Baudouin occupa encore plusieurs autres villes et châteaux-forts situés dans le même pays, profitant de la terreur que répandait son armée, en dirigeant sa marche vers Antioche : les Turcs qui depuis longtemps avaient pris possession de ces villes veillaient à leur défense, et maintenant frappés d'effroi, ils les abandonnaient et se sauvaient pendant la nuit. Après s'être emparé de Ravenel, Baudouin en confia la garde à l'arménien Pancrace, homme inconstant et extrêmement perfide, qui s'était échappé des fers de l'empereur des Grecs, et que Baudouin avait retenu auprès de lui à Nicée, parce qu'on lui avait dit qu'il était habile à la guerre et d'un esprit très-fécond, et qu'il connaissait parfaitement l'Arménie, la Syrie et le pays des Grecs. Pancrace, homme perfide et rempli d'astuce, et bien connu de tous les Turcs, jugeant qu'il lui serait possible, en disposant du fort remis entre ses mains, de s'emparer de tout le territoire de Ravenel, n'y fit entrer aucun des hommes de la suite de Baudouin, et y établit son fils, illustre jeune homme. Lui-même cependant, continuant à demeurer et à marcher avec Baudouin, dissimula et n'annonça point ses projets artificieux.

Enfin, quelques princes Arméniens, informés de l'habileté et des succès de Baudouin, conclurent avec lui des traités. L'un d'eux se nommait Fer, et était auparavant gouverneur de Turbessel ; l'autre se nommait Nicusus, et possédait non loin de Turbessel des châteaux et de vastes forteresses. Tous deux ayant appris les perfidies que Pancrace méditait, de concert avec les Turcs, et le connaissant pour un homme dangereux et incapable de frein, annoncèrent à Baudouin que, s'il persistait à laisser la forteresse de Ravenel entre les mains d'un tel homme, chargé de crimes et déjà parjure envers l'empereur, il pourrait bien se faire que lui-même perdît bientôt le territoire qu'il avait conquis. Baudouin en recevant ces rapports de ces hommes fidèles, et qui partageaient sa croyance, se souvenant aussi des artifices de Pancrace, dont il avait fait plusieurs fois l'épreuve, lui redemanda le fort confié à sa garde, et Pancrace refusa obstinément de le remettre entre les mains ou sous la garde des Français. Enfin après avoir plusieurs fois renouvelé sa demande, Baudouin indigné, le voyant un jour devant lui persister encore dans ses refus, donna l'ordre de le retenir, de le charger de fers et de l'accabler de tourmens, jusqu'à ce qu'il se déterminât de force ou de gré à faire cette restitution. Mais les tourmens qu'on lui fit endurer, le danger même de perdre la vie ne purent lui arracher un consentement. Fatigué des maux qu'il lui faisait souffrir infructueusement, Baudouin ordonna enfin de lui arracher les membres un à un, s'il ne s'empressait de donner satisfaction. La crainte d'un supplice aussi atroce le détermina enfin à remettre entre les mains de Fer des lettres adressées à son fils, par lesquelles il lui prescrivait de restituer la forteresse à Baudouin sans le moindre retard, pour prix de sa vie et de la conservation de ses membres. Il en fut fait ainsi, Pancrace fut dégagé de ses fers, et quitta dès ce moment Baudouin. Celui-ci confia la garde du fort qu'on lui rendit à la fidélité de ses Français ; il partit alors de Turbessel, autrement appelé Bersabée, s'empara de tout le pays environnant et le soumit à son autorité.

Quelques jours après, tandis que la renommée de Baudouin s'étendait de tous côtés, et portait chez tous les ennemis le bruit de ses exploits, le duc de la ville de Roha, autrement nommée Edesse, située dans la Mésopotamie, envoya à Baudouin l'évêque de cette ville avec douze des principaux habitans qui formaient un conseil par lequel toutes les affaires du pays étaient dirigées, le faisant inviter à se rendre dans cette ville avec les chevaliers français, à venir défendre son territoire des invasions des Turcs qui l'infestaient sans cesse, et à partager l'autorité et la puissance du duc, aussi bien que les revenus et les tributs dont il jouissait. Baudouin, après avoir pris conseil, acquiesça à cette proposition, et partit avec cinq cents chevaliers seulement, laissant tout le reste de ses forces à Turbessel, à Ravenel et dans beaucoup d'autres lieux qu'il avait soumis à son pouvoir, après en avoir expulsé les Turcs. Tandis qu'il arrivait à marches forcées vers l'Euphrate, et se disposait à franchir ce grand fleuve, les Turcs, et d'autres ennemis rassemblés de tous côtés sur les avis et l'instigation de Pancrace, à qui Baudouin avait rendu la liberté, s'avancèrent au nombre de vingt mille hommes environ pour s'opposer à ce passage. Après avoir reconnu leur force et leur nombreuse cavalerie, Baudouin, ne pouvant prétendre à vaincre tant de milliers d'ennemis, rebroussa chemin et retourna à Turbessel. Les Turcs s'étant alors dispersés, et étant rentrés dans leurs places de sûreté, Baudouin se remit de nouveau en route avec deux cents chevaliers, et partit pour Roha sous la conduite de quelques fidèles : il fit son voyage sans rencontrer ni obstacle ni ennemis, et passa l'Euphrate fort heureusement.

Aussitôt que la nouvelle de la prochaine arrivée de ce prince très-renommé et très-illustre se fut répandue dans la ville, les sénateurs et tous ceux qui en furent informés en éprouvèrent une très-grande joie : les grands comme les petits se réunirent pour aller à sa rencontre avec des trompettes et des instrumens de musique de toutes sortes, et ils l'introduisirent dans la ville au milieu des réjouissances et en lui rendant beaucoup d'honneurs, ainsi qu'il convenait de le faire pour un si grand homme. A la suite de cette belle et glorieuse réception, et lorsqu'il eut été accueilli et établi dans l'intérieur de la ville, de même que tous les siens, le duc qui l'avait appelé auprès de lui, d'après l'avis de ses douze sénateurs, pour mieux résister aux ennemis de la cité, indigné des éloges et des honneurs que le peuple et les sénateurs lui avaient prodigués, ne tarda pas à éprouver dans le fond du cœur une violente jalousie, et ne voulut point absolument que Baudouin commandât dans la ville et dans le pays, ni devînt son égal pour la jouissance des revenus et des tributs. Cependant il déclara en même temps qu'il lui donnerait de l'or, de l'argent, de la pourpre, des mulets, des chevaux et des armes en abondance, s'il voulait le protéger lui-même, ainsi que les habitans et le pays, contre les piéges secrets et les attaques des Turcs, et se porter comme auxiliaire dans les lieux qui lui seraient désignés. Mais Baudouin refusa positivement tous les présens du duc à des conditions aussi humiliantes, et se borna à lui demander de le faire reconduire en toute sûreté, afin qu'il pût retourner sain et sauf auprès de son frère le duc Godefroi, sans courir aucun danger ni sans avoir à redouter aucun injuste artifice. Les douze illustres sénateurs, les premiers habitans de la ville, et tout le reste du peuple, instruits que ni l'or ni l'argent, ni les plus précieux présens ne pouvaient déterminer Baudouin à demeurer, allèrent trouver le duc et le supplièrent avec les plus vives instances de ne pas repousser cet homme si noble, de ne pas permettre qu'un si vaillant défenseur se retirât, mais plutôt de l'associer à son autorité et au gouvernement de la ville, afin que, sous sa protection et avec l'aide de son bras puissant, la cité et son territoire pussent toujours être bien défendus, et que Baudouin ne fût point déçu dans les promesses qu'on lui avait faites.

Le duc, voyant la fermeté et l'extrême bienveillance que les douze sénateurs et tous leurs concitoyens témoignaient en faveur de Baudouin, se rendit, malgré lui, à leur demande, et l'adopta pour fils, selon l'usage établi dans le pays et chez cette nation, le pressant sur sa poitrine nue, lui passant sa propre chemise sur la peau, lui engageant sa foi et recevant les mêmes sermens. Lorsque ces relations de paternité et d'adoption filiale eurent été ainsi établies, le duc, un certain jour, invita Baudouin, en sa qualité de fils, à convoquer tous ses chevaliers, sous la condition qu'ils recevraient une solde, à prendre aussi avec lui les citoyens de Roha et à se rendre vers la forteresse de Samosate, située auprès de de l'Euphrate, pour en expulser Balduk, prince des Turcs, qui avait injustement attaqué et occupé ce fort, placé auparavant sous la dépendance de la ville de Roha. Balduk accablait les habitans de cette place de maux insupportables : à force de menaces, il s'était fait livrer et retenait en otage un grand nombre des fils des principaux citoyens, pour garantie du paiement du recouvrement des impôts et d'un tribut en byzantins que les habitans s'étaient engagés à lui fournir pour racheter leurs vignes et leurs récoltes. Baudouin ne repoussa point cette première demande du duc et des principaux citoyens ; il prit avec lui ses deux cents compagnons d'armes et tous les hommes de pied et les chevaliers qu'il put trouver dans la ville, et alla attaquer le château de Samosate, se confiant à la bravoure de ses hommes pour faire du mal aux ennemis. Mais Balduk et les siens marchèrent à sa rencontre au son des trompettes, et firent pleuvoir sur les arrivans une grêle de flèches qui réprimèrent leur premier élan. Un grand nombre de ces Arméniens efféminés, qui combattaient lâchement et sans précaution, furent frappés, et Baudouin ne perdit, par les flèches de l'ennemi, que six de ses braves et vaillans chevaliers. Ils furent ensevelis selon le rit chrétien, et leur mort excita les lamentations et les regrets de tous les habitans de la ville. Baudouin, voyant qu'il lui serait impossible de s'emparer de la citadelle de Samosate, occupée par des Turcs vaillans dans les combats et infatigables, laissa ses hommes, revêtus de leurs cuirasses et de leurs casques et munis de leurs chevaux, dans le bâtiment de Saint-Jean, situé non loin de la citadelle, afin qu'ils pussent opposer une résistance continuelle aux Turcs et les harceler sans relâche, et lui-même retourna à Roha accompagné seulement de douze Français.

Peu de jours après, le sénat et tous les citoyens, prenant en considération la sagesse et la fermeté que montrait Baudouin pour résister aux entreprises des Turcs, et persuadés que leur ville et leurs fortifications seraient défendues avec sûreté tant qu'elles demeureraient entre ses mains, firent venir des montagnes Constantin, homme très-puissant, pour tenir conseil avec lui, et résolurent ensuite de faire périr leur duc, afin d'élever Baudouin à sa place et de le reconnaître pour leur chef et leur seigneur. Ce duc était avec eux en opposition constante; il n'avait cessé de les accabler de maux, et leur avait enlevé à tous des quantités inouïes d'or et d'argent. Si quelqu'un tentait de résister, le duc ne se bornait pas à exciter contre lui l'animosité des Turcs, l'exposant ainsi aux plus grands dangers, mais en outre il poussait ceux-ci à incendier ses vignes et ses récoltes et à lui enlever ses troupeaux. A la suite de cette détermination, un jour tous les habitans de la ville, grands et petits, coururent aux armes, et, s'étant armés et cuirassés, ils allèrent trouver Baudouin pour lui demander de concourir avec eux à la mort du duc, lui déclarant en même temps qu'ils avaient résolu, d'un commun accord, de le reconnaître lui-même en sa place pour leur chef et leur seigneur. Mais Baudouin refusa absolument de s'associer à un tel crime, puisque le duc l'avait adopté pour fils, puisque lui-même d'ailleurs n'en avait reçu aucun mal et ne pouvait trouver aucun

motif de consentir ou de participer à sa ruine. « Ce
« serait de ma part, leur dit-il, un crime inexcusable
« devant Dieu, que celui qui me ferait, sans aucune
« raison, porter les mains sur cet homme que j'ai re-
« connu pour père et à qui j'ai engagé ma foi. Je vous
« prie donc de ne pas permettre que je sois souillé
« par son sang et sa mort, et que mon nom soit ainsi
« avili parmi les noms des princes de l'armée chré-
« tienne. Je vous demande en outre la faculté d'aller
« m'entretenir avec lui en tête à tête, dans cette tour
« où il a habité jusqu'à présent depuis qu'il a été élevé
« par vos bienfaits. » On lui accorda aussitôt ce qu'il
desirait; et alors montant à la tour, Baudouin parla
au duc en ces termes : « Tous les citoyens et les chefs
« de cette ville ont conspiré contre vos jours, et dans
« leur fureur impétueuse, ils accourent vers cette
« tour munis de toutes sortes d'armes. Je le vois
« avec peine et m'en afflige; mais je n'ai rien négligé
« pour que vous pussiez trouver quelque moyen de
« vous sauver, ou de prévenir votre ruine en aban-
« donnant tout ce qui vous appartient. » A peine le
duc avait-il entendu ces paroles, que tout à coup la
multitude se répandit en foule dans les environs de la
tour pour s'en emparer, et que les assaillans entreprirent d'ébranler les murailles et les portes en
les attaquant sans relâche à coups de flèches et avec
des mangonneaux. Le duc, réduit aux abois, ouvrit
devant Baudouin ses immenses trésors, consistant en
pourpre, en vases d'or et d'argent et en une grande
quantité de byzantins, le suppliant de les accepter
pour prix de son intervention auprès des citoyens, et
de leur demander pour lui la vie et la permission de

sortir de la tour et de s'en aller après s'être dépouillé de tout. Baudouin, se rendant à ses prières, et touché de compassion en voyant sa situation désespérée, alla adresser aux chefs de la ville des exhortations pressantes, et les invita instamment à ménager le duc, à ne point lui donner la mort, et à ne pas refuser de partager entre eux les immenses trésors qu'il lui avait fait voir. Mais les sénateurs et tous les citoyens ne voulurent écouter ni les paroles ni les promesses de Baudouin; et s'écriant d'une voix unanime qu'aucune proposition d'échange, aucun sacrifice de ses trésors ne pouvaient sauver sa vie ni le faire échapper sain et sauf, ils lui reprochaient en même temps toutes les offenses ou les maux dont ils avaient souffert, soit de sa part, soit de la part des Turcs d'après ses instigations. Alors le duc, désespérant de sauver sa vie, et voyant l'inutilité de ses prières et de son offre d'abandonner ses plus précieuses richesses, renvoya Baudouin de la tour et en sortit lui-même en se laissant glisser du haut d'une fenêtre à l'aide d'une petite corde; mais aussitôt il fut percé de mille flèches et jeté au milieu de la place publique; puis on lui coupa la tête et on la porta au bout d'une lance dans toutes les rues de la ville, exposée aux insultes de tout le monde.

Le lendemain Baudouin, quoiqu'il s'y refusât vivement et voulût s'y opposer, fut reconnu duc et prince de la ville; les citoyens lui confièrent la garde de cette tour inexpugnable et de tous les trésors du duc qu'ils y trouvèrent enfermés, et s'engagèrent par serment à devenir ses sujets et ses fidèles. Balduk, ayant appris son élévation, fut frappé d'une grande terreur, et craignit qu'il ne vînt à la tête de ses Français, hommes belliqueux, l'attaquer de nouveau dans son fort de Samosate et le lui enlever. Il envoya donc une députation à Baudouin pour lui offrir de lui vendre sa citadelle au prix de dix mille byzantins, de le servir désormais et de combattre pour lui moyennant une solde. Mais Baudouin ne fit nulle attention à ces propositions, parce que Balduk avait injustement enlevé aux Chrétiens cette forteresse qui, peu de temps auparavant, appartenait à la ville de Roha. Balduk, voyant l'inflexible fermeté du duc Baudouin à son égard, déclara qu'il mettrait le feu à la citadelle, qu'il ferait trancher la tête aux nombreux otages des citoyens et des chefs qu'il avait toujours en son pouvoir, et qu'il ne cesserait ni jour ni nuit de dresser des embûches à Baudouin. Enfin, après un assez long intervalle de temps, Baudouin, ayant pris l'avis des siens, donna à Balduk un talent d'or et d'argent, des vêtemens précieux en pourpre, des chevaux et des mulets d'une valeur considérable, et racheta ainsi la forteresse de Samosate des mains de son ennemi. Depuis ce jour et dans la suite Balduk devint le sujet de Baudouin et fut admis dans sa maison en qualité de domestique, et parmi les Français qui y étaient au même titre. Baudouin, ayant pris possession de la citadelle, en remit la garde à ses fidèles et rendit les otages qu'il y trouva à tous les chefs et aux citoyens. Ensuite, et comme les Gentils et les Chrétiens ne peuvent jamais se bien entendre et sont toujours en méfiance les uns des autres, Baudouin demanda à Balduk de lui livrer sa femme et ses fils pour gage de sa fidélité. Celui-ci y consentit volontiers; mais de jour en jour il inventa de nouveaux prétextes pour retarder l'accomplissement de ses promesses.

Le duc Baudouin étant ainsi élevé en dignité, et le bruit de ses exploits se répandant de tous côtés, Balak, prince lui-même, et qui avait envahi la citadelle de la ville de Sororgia, envoya à Baudouin une députation pour l'inviter à rassembler son armée, à se rendre vers cette ville située à quelque distance de sa citadelle et des montagnes, et qui résistait encore à ses efforts, et pour lui offrir de remettre cette citadelle entre ses mains aussitôt après qu'il aurait soumis ses habitans et pris possession de la ville. Ceux qui l'occupaient étaient des Sarrasins; ils résistaient opiniâtrément et refusaient de lui payer tribut. Baudouin, se confiant à ses promesses, conclut un traité avec lui et fit tous ses préparatifs pour aller attaquer la place et l'assiéger jusqu'à ce que les citoyens vaincus eussent consenti à devenir tributaires. Mais les habitans, ayant appris, par l'intermédiaire de Balak, que Baudouin se disposait à marcher contre eux dans sa colère, firent venir Balduk en lui promettant une solde, et attirèrent encore beaucoup d'autres chevaliers turcs en leur assurant des récompenses considérables, espérant pouvoir, avec leur secours, défendre et conserver leurs murailles. Balduk, chevalier et l'un des princes turcs, séduit à l'avance par son avidité, se rendit avec les siens dans la ville, espérant pouvoir encore y commander. Baudouin en fut informé et fit ses dispositions pour aller commencer le siége de Sororgia le jour qu'il fixa à l'avance, et se mettre en route avec des mangonneaux et tous les instrumens de guerre qui peuvent servir à l'assaut d'une ville. Cependant les citoyens et les chevaliers Sarrasins, instruits de ses formidables préparatifs et saisis de terreur, lui envoyèrent des députés pour l'inviter à se rendre en ami auprès d'eux, à prendre possession de la place sans opposition, et promirent qu'ils ne refuseraient point de lui laisser percevoir tous les ans les revenus. Baudouin accéda à leurs prières, et désigna le jour où ces conventions devaient être arrêtées tranquillement et selon les propositions qui venaient d'être faites. Balduk voyant que les citoyens, frappés de crainte, n'osaient résister à un si grand prince, sortit de Sororgia avec les siens, se rendit aussitôt à Roha auprès de Baudouin lui-même, et, feignant de lui être demeuré fidèle, il lui parla en ces termes : « Ne crois point, comme il pourrait arriver, que « je sois entré dans la ville de Sororgia pour porter « secours aux habitans contre toi : j'y suis allé, au « contraire, pour chercher quelque moyen de les dé- « tourner de leur rebellion et les engager à devenir « tes sujets et tes tributaires. » Baudouin, prenant ces paroles en patience, admit les excuses de Balduk et lui permit de continuer à demeurer auprès de lui; mais, dès ce moment, il cessa de compter sur sa fidélité. Aussitôt après la ville fut remise entre ses mains; les habitans devinrent ses tributaires; Balak lui livra aussi la citadelle, située dans les montagnes à quelque distance au-dessus de la ville, et les hommes de Baudouin en prirent possession. Après s'être ainsi emparé de la ville de Sororgia et de sa forteresse, Baudouin confia la garde et la défense des murailles à Foucher de Chartres, chevalier très-habile à la guerre, et retourna à Roha comblé de gloire.

Tancrède qui, après s'être séparé de Baudouin, était demeuré à Mamistra sur les bords de la mer, renforcé par les troupes de l'expédition navale que Baudouin avait amenée à sa suite, alla assiéger et prendre le *château des Jeunes Filles*, vulgairement appelé *château de Batesses*. Il prit de la même manière et détruisit le *château des Bergers*, et ensuite le *château des Adolescens*, autrement appelé *château de Bakeler;* tous ces forts étaient situés dans les montagnes, et Tancrède les attaqua avec un corps de vaillans chevaliers. Il renversa les portes et les murailles d'Alexandrette, s'empara de la ville, et passa au fil de l'épée tous les Turcs qu'il y trouva. Il prit ou incendia tous les châteaux et les forts, qui jusqu'alors n'avaient fait que nuire aux pélerins, et fit périr ou emmena prisonniers tous les Gentils qui les occupaient. Ceux des ennemis qui, après avoir soumis les Chrétiens, s'étaient répandus dans les montagnes, et avaient injustement enlevé aux fidèles les forts et les lieux qu'ils habitaient, ayant appris les exploits de Tancrède, prenaient la fuite, ou lui envoyaient de riches présens en chevaux et en mulets, en or et en argent, ou allaient se réunir à lui en témoignage d'amitié, afin de l'apaiser et de jouir en paix de ce qu'ils possédaient. Tancrède ne refusait aucune des choses qui lui étaient offertes ; il les recevait et les mettait en réserve en homme sage et prévoyant, se souvenant des maux qu'il avait déjà soufferts, et redoutant de plus grandes privations pour l'avenir.

Cependant la grande armée poursuivait sa marche avec tous ses bagages, s'avançant en droite ligne à travers la Romanie, au milieu des montagnes escarpées et des vallées profondes : le duc Godefroi, Boémond, le comte Raimond, Robert de Flandre, Adhémar, évêque du Puy, et Robert de Normandie dirigaient la marche, et se concertaient dans tout ce qu'il y avait à faire. Étant arrivés avec toutes leurs forces auprès de la ville appelée Marésie, pour y passer la nuit, ils firent dresser leurs tentes en face des murailles, dans une verte plaine, ne faisant aucune violence aux habitans de la ville, tous chrétiens, mais recevant d'eux et achetant en paix les vivres dont ils avaient besoin. Les Turcs, informés de l'arrivée de tant d'illustres princes, avaient abandonné la citadelle de cette place, qu'ils accablaient depuis longues années d'une injuste oppression et de tributs onéreux. Ce fut dans cette ville de Marésie que la femme de Baudouin (personne d'une grande noblesse, qu'il avait épousée en Angleterre), laissée par son mari sous la protection du duc Godefroi, épuisée par une longue maladie, termina enfin sa vie : elle se nommait Gutuère, et fut ensevelie avec les honneurs de l'Église catholique. Adelrard de Guizan, qui était aussi malade, mourut également dans le même lieu, et fut honorablement enseveli : c'était un chevalier irréprochable, également utile à la guerre pour le conseil et pour l'action; il était de la maison du duc Godefroi, et était toujours instruit de ses secrets avant tous les autres.

Les princes étant sortis des montagnes et du territoire de Marésie avec toutes les légions qui les suivaient, apprirent par les rapports de quelques chrétiens de Syrie, qui se portèrent à leur rencontre, qu'ils étaient peu éloignés de la ville d'Artasie, abondamment pourvue de toutes les choses nécessaires à la vie, mais occupée par les Turcs. Aussitôt qu'ils en furent instruits, Robert de Flandre prenant avec lui des hommes très-sages, savoir, Roger des Rosiers et Goscelon, fils de Conon, comte de Montaigu, et mille chevaliers cuirassés, se détacha avec eux de l'armée et se rendit vers Artasie, ville forte, garnie de murailles, de remparts et d'une citadelle défendue par des tours, et dont les habitans arméniens et chrétiens étaient écrasés sous le joug des Turcs qui y résidaient. Lorsque les Chrétiens s'approchèrent vers les murailles, portant leurs belles bannières de diverses couleurs entièrement déployées, et couverts eux-mêmes de leurs casques de bronze, resplendissans de dorures, la nouvelle de leur arrivée répandit l'agitation dans tout le pays. Les Turcs renfermés dans l'intérieur d'Artasie et dans la citadelle pour la défendre et repousser les aggressions, effrayés d'abord de cette subite apparition des Français, renforcèrent aussitôt les portes de la place avec des chaînes et des cadenas en fer. Mais les citoyens Arméniens, que ces mêmes Turcs tenaient depuis long-temps dans une dure servitude, et qui habitaient dans la même enceinte, se souvenant alors des insultes qu'ils supportaient depuis long-temps, de leurs femmes et de leurs filles enlevées, de mille autres crimes commis contre eux par les Turcs, et des tributs que ceux-ci leur extorquaient dans leur injustice, et se confiant maintenant dans la présence et le secours des Chrétiens, attaquèrent à leur tour les Turcs, les firent périr sous le glaive, et leur coupant la tête, ils jetèrent ensuite leurs cadavres du haut des fenêtres ou des remparts. Puis ils ouvrirent leurs portes à leurs frères chrétiens, après leur avoir rendu l'entrée de la ville sûre et facile en massacrant les Gentils, et en se débarrassant des corps morts. Ils firent alors aux fidèles un accueil plein de bonté et d'amour, les aidant avec empressement à se défaire de leurs armes et de leurs bagages, prenant plaisir à leur offrir toutes sortes d'alimens et de boissons agréables, et donnant du fourrage en abondance à leurs mulets et à leurs chevaux.

Du point où est située cette ville jusqu'à Antioche, on compte une distance de dix milles. La renommée au pied rapide porta promptement dans cette dernière ville la nouvelle du massacre des Turcs, et ceux de cette ville et de tous les environs se rassemblèrent au nombre de vingt mille hommes, et dirigèrent aussitôt leur marche vers Artasie. Parmi ces milliers de Turcs, trente des plus rusés et des plus agiles, montés sur des chevaux aussi rapides que le vent, se portèrent en avant, laissant derrière eux un corps entier placé en embuscade, et n'ayant eux-mêmes que leurs arcs de corne ou d'os, pour essayer de harceler les Français, et de les attirer en dehors de la citadelle. Ceux-ci en effet, ignorant entièrement les artifices de leurs ennemis, et le piége qui leur était tendu, munis de leurs armes et couverts de leurs cuirasses, s'avancèrent dans la plaine, les uns à cheval, d'autres à pied, pour se battre contre les arrivans. Mais ils ne purent obtenir aucun succès dans cette entreprise. Les Turcs placés en embuscade sortirent en multitude, et coupant le chemin par la transverse, se portèrent en avant, afin que les Français ne pussent retourner ni se réfugier du côté de la place, et se trouvassent ainsi perdus sans ressource. A cette vue Robert de Flandre, Roger et les autres principaux chefs de l'armée, appelant d'une voix forte leurs compagnons d'armes, et les ralliant en une seule troupe, s'élancèrent à l'improviste et avec impétuosité dans les rangs des Turcs, et rendant les rênes à leurs chevaux, volant à travers la plaine, ils assaillirent les ennemis en dressant leurs lances contre eux. Tous attaquèrent à la fois avec la plus grande vigueur, jusqu'à ce que leurs frères fussent parvenus à s'échapper, et à se réfugier entre les portes et les remparts. Les Turcs les poursuivirent d'une grêle de flèches, et cherchèrent même à entrer après eux dans les portes; mais ils furent repoussés à l'entrée même par une troupe peu nombreuse, mais remplie de valeur, et ne purent passer plus avant. Cependant au milieu de cette pluie de flèches beaucoup de guerriers, tant chevaliers que fantassins, furent frappés de divers côtés, et il y eut aussi des mulets et des chevaux blessés. Les Turcs voyant qu'ils n'avaient point réussi, mais toujours pleins de confiance en leurs forces, mirent le siége devant la ville d'Artasie. Cependant les fidèles enfermés dans la citadelle qu'ils avaient trouvée garnie de murailles fortes et imprenables, et bien approvisionnée en vivres, y demeurèrent en repos et en parfaite sûreté. Goscelon, fils du comte Conon, atteint d'une grave maladie, mourut quelques jours après dans ce même fort, et ses frères chrétiens lui rendirent les honneurs de la sépulture selon le rit catholique.

Pendant ce temps, la grande armée chrétienne poursuivait sa marche à peu de distance, toujours suivie par des espions qui s'y introduisaient secrètement, et allaient ensuite avec le même secret, lorsqu'ils trouvaient une occasion favorable, rendre compte aux Turcs de ce qu'ils avaient appris sur la marche et les projets des légions catholiques. Ces espions informés que la nouvelle du siége d'Artasie par les Turcs était parvenue au prince Godefroi, à Boémond et à tous les autres chrétiens, et qu'ils avaient résolu de marcher au secours de leurs frères, se rendirent en toute hâte au camp des Turcs, et leur annoncèrent que les Romains, les Français et les Teutons étaient sur le point d'arriver, et qu'il leur serait impossible à eux-mêmes de résister à tant de forces et d'échapper à leurs attaques, s'ils n'abandonnaient promptement le siége de la ville, pour chercher à se mettre en sûreté. Mais les Turcs, quoique prévenus par ces porteurs de mauvaises nouvelles, se confiant à tant de milliers d'hommes qu'ils avaient avec eux, ne cessèrent pendant la journée entière d'attaquer la place et de livrer de fréquens assauts; cependant tous leurs travaux furent infructueux, et les Français leur résistèrent avec vigueur du haut de la citadelle et des remparts.

La nuit venue et la terre couverte de ténèbres, les Turcs tinrent plusieurs conseils et se déterminèrent enfin à tout préparer pour se retirer, vers le point du jour, sur le pont du fleuve Fer [1], afin de pouvoir ensuite rentrer en sûreté dans Antioche, ville garnie de tours et de fortifications inexpugnables, de peur que l'armée chrétienne n'allât avant eux prendre possession de ce pont et du passage du fleuve, et ne les exposât ainsi aux plus grands dangers. Tandis que les Turcs

[1] L'Oronte; Albert d'Aix l'appelle *le Ferne*.

faisaient leur mouvement de retraite sur Antioche, la grande armée catholique arrivait le même soir sur le territoire d'Artasie; elle y dressa ses tentes et y passa la nuit joyeusement. Là et par suite d'une résolution des principaux chefs, on choisit quinze cents hommes d'armes qui furent dirigés vers Artasie pour porter secours à ceux de leurs frères enfermés dans la citadelle, afin qu'aidés de ce renfort ceux-ci pussent se remettre en route, suivre leur marche en toute sûreté et venir se réunir à l'armée sans avoir à craindre les attaques des ennemis. La ville d'Artasie ayant été confiée alors à la garde des fidèles Chrétiens, les nôtres vinrent rejoindre l'armée sans rencontrer aucun obstacle. Tancrède revint aussi d'Alexandrette et des côtes de la mer; tous ceux qui s'étaient portés en avant et dispersés de tous côtés pour aller prendre possession du pays et s'emparer des châteaux et des villes se réunirent également à l'armée, à l'exception de Baudouin, frère du duc Godefroi, qui, s'étant dirigé vers le midi, et étant entré sur le territoire de l'Arménie pour en expulser les Turcs, avait pris successivement et soumis Turbessel, Ravenel et plusieurs autres places. Baudouin marchait de triomphe en triomphe et augmentait de jour en jour ses forces et sa puissance; d'après l'avis des douze chefs de la ville, il s'unit en mariage légitime et avec beaucoup de magnificence à une femme de grande noblesse, née Arménienne, fille d'un prince arménien nommé Taphnus, frère de Constantin, lequel possédait dans les montagnes plusieurs châteaux et places fortes, et institua Baudouin héritier de tous ses biens. Il s'engagea en outre à lui donner soixante mille byzantins, afin qu'il pût payer une solde régulière à ses chevaliers et défendre ainsi son territoire contre les incursions des Turcs. Il promit en effet cette somme, mais il ne donna que sept mille byzantins, et, pour le surplus, il remit d'un jour à l'autre l'exécution de ses engagemens. Après que les noces de Baudouin eurent été célébrées avec une grande pompe, il fut arrêté, du consentement général et de l'avis des principaux habitans de la ville et du pays, que Taphnus, homme déjà avancé en âge et de fort bon conseil, s'entendrait avec son gendre pour toutes les affaires du pays et de la ville, et qu'ils se rendraient réciproquement honneur : ce qui fut fait ainsi qu'on l'avait résolu.

Dès que les Chrétiens se furent réunis en un seul corps d'armée, ils ne se séparèrent plus, à cause de la grande quantité de Turcs qui fuyaient des montagnes et de toute la Romanie, et se rendaient à Antioche pour concourir à la défense de cette ville, incomparable pour la solidité de ses murailles, et qu'on regardait comme imprenable. Aussitôt l'évêque du Puy, Adhémar, adressant la parole au peuple et offrant à tous ses exhortations paternelles, les instruisit de ce qu'il y avait à faire dans ces circonstances pressantes, et leur apprit les devoirs qui leur étaient imposés en s'approchant de cette ville d'Antioche dont la réputation s'étendait au loin : « O frères et fils très-
« chéris ! leur dit-il ; maintenant que nous nous voyons
« si près de cette ville d'Antioche, sachez qu'elle est
« solidement défendue par de fortes murailles que le
« fer ni les pierres ne sauraient détruire, qui sont
« liées par un ciment inconnu et indissoluble, et cons-
« truites avec des pierres d'énormes dimensions. Nous

« avons appris, de manière à n'en pouvoir douter, que
« tous les ennemis du nom Chrétien, Turcs, Sarra-
« sins, Arabes, fuyant de devant notre face des mon-
« tagnes de la Romanie et de tous les autres côtés, se
« sont réunis dans cette ville. Nous devons donc nous
« tenir extrêmement sur nos gardes, ne pas nous sé-
« parer les uns des autres, ne pas nous porter en avant
« trop témérairement, et nous avons en conséquence
« très-sagement résolu de marcher dès demain d'un
« commun accord et avec toutes nos forces jusque
« vers le pont du Fer. »

Le peuple entier approuva les paroles du vénérable prélat, et le lendemain, au lever du soleil, les Chrétiens, marchant avec ceux de leurs compagnons qui étaient arrivés d'Artasic avec Tancrède et Guelfe, et avec tous les Français accourus des côtes de la mer, conduisant à leur suite leurs chevaux, leurs ânes et tous les chariots qui portaient les bagages et les provisions en vivres, s'avancèrent bien armés en un seul corps jusque vers le pont du fleuve Fer, autrement nommé Farfar[1], laissant derrière eux les âpres montagnes et les vallons de la dangereuse Romanie. Ce même jour, Robert, comte de Normandie, avait été élu pour marcher en avant de l'armée avec ses chevaliers, ainsi qu'il est d'usage dans toute expédition de guerre, afin qu'il pût, s'il venait à découvrir quelque corps ennemi caché en embuscade, faire prévenir les chefs et princes de l'armée catholique, et les inviter à disposer au plus tôt les corps de ceux qui portaient des armes et des cuirasses. Parmi les milliers d'hommes qui l'accompagnaient, Roger de Barneville et Evrard

[1] C'est une erreur; voir Guillaume de Tyr, tom. 1, pag. 194.

du Puiset, chevaliers admirables en toute affaire de guerre, marchaient en avant portant les étendards, et conduisirent la cavalerie sans s'arrêter jusqu'à ce qu'elle fût arrivée auprès du pont dont j'ai déjà parlé. Ce pont, ouvrage antique et construit avec un art merveilleux, se dessine en forme d'arc; le lit qu'il enferme est entièrement rempli par les eaux du fleuve de Damas [1], le Farfar, vulgairement nommé le Fer, qui coule avec une extrême rapidité. Les têtes du pont sont garnies de deux tours en fer, très-solides, très-propres à la résistance, et qui étaient constamment occupées par des Turcs. La cavalerie fut suivie d'un corps de deux mille fantassins, hommes vigoureux qui, à leur arrivée, s'arrêtèrent aussi devant le pont et ne purent réussir à passer. Les Turcs, enfermés au nombre de cent dans les tours, faisaient pleuvoir une grêle de flèches sur ceux qui voulaient tenter de forcer le pont; ils accablaient les chevaux de blessures, et leurs traits rapides perçaient un grand nombre de chevaliers, même à travers les cuirasses dont ils étaient recouverts.

Tandis qu'un combat opiniâtre s'était ainsi engagé entre ceux qui voulaient forcer le passage et ceux qui, en s'y opposant, continuaient à se maintenir avec avantage, sept cents Turcs, que l'on avait appelés d'Antioche, voyant avec quelle fermeté leurs compagnons persistaient à défendre les abords du pont, et s'animant de plus en plus au combat, poussèrent leurs chevaux agiles et volèrent pour aller s'emparer des gués, afin qu'aucun Chrétien ne pût tenter le passage. Cependant les Chrétiens, chevaliers et hommes

[1] Voir la note précédente.

de pied, voyant que les Turcs cuirassés accouraient en bandes sur la rive opposée pour résister à leurs efforts, se répandirent aussi de leur côté sur la rive qu'ils occupaient : des deux côtés on s'attaqua à coups de flèches avec beaucoup de vigueur; un long combat s'engagea, et un grand nombre d'hommes et de chevaux tombèrent, sur l'une et l'autre rive, percés de traits et mourans. Tandis que les Turcs, plus habiles au maniement de la flèche, maintenaient leur supériorité et prenaient de plus en plus leurs avantages, l'armée des fidèles, bien pourvue d'armes et de chevaux, s'avançait de tous côtés pour porter secours à ceux de leurs compagnons qui s'étaient jetés en avant. Cependant les Turcs n'abandonnaient point les bords du fleuve, aimant mieux mourir que de se retirer, et faisant sans relâche de courageux efforts pour repousser à coups de flèches tous ceux qui voulaient tenter le passage.

L'évêque du Puy, informé du commencement du combat, s'était porté en avant de la grande armée, et, voyant que les Chrétiens n'étaient pas exempts de quelque sentiment de crainte, et que les blessures que recevaient leurs chevaux et leurs compagnons ne laissaient pas de les troubler, il renouvelait sans cesse ses exhortations et encourageait le peuple du Dieu vivant à la défense, en lui disant : « Ne re-
« doutez point le choc de vos adversaires ; tenez
« vigoureusement; levez-vous contre ces chiens dé-
« vorans, car c'est aujourd'hui même que Dieu com-
« battra pour vous. » A ces paroles, à ces avertissemens de l'illustre pontife, les Chrétiens, faisant une tortue avec leurs boucliers, la tête couverte de leurs

casques, le corps revêtu de leurs cuirasses, s'avancent vigoureusement sur le pont, repoussent les ennemis et les mettent en fuite. Les uns, voyant l'armée entière réunie pour leur porter secours et pleins de confiance, entrent dans le fleuve et le traversent à la nage avec leurs chevaux; d'autres, quoiqu'à pied, ayant trouvé des gués favorables, et enflammés du désir de combattre, s'empressent de passer sur l'autre rive; et malgré les traits des archers et des frondeurs, s'élancent sur les Turcs dans leur aveugle impétuosité, les chassent des positions qu'ils occupent, et s'arrêtent enfin à pied sur l'autre côté du fleuve. Gui, portemets du roi de France, monté sur son cheval, poursuit les Turcs la lance en avant; Renaud de Beauvais, chevalier intrépide qui débute dans la carrière, méprisant les flèches de l'ennemi, se jette dans les rangs armé de sa lance et de son glaive, et fait un horrible carnage; les troupes de fidèles et d'infidèles se confondent dans cette violente mêlée, tous s'animent à l'envi; au milieu des fatigues et des sueurs de la guerre tous renversent et massacrent ce qui se présente à eux. Boémond, Godefroi, Raimond, Robert, Roger, sont à la tête de divers corps, portant chacun de belles bannières de couleurs variées; enfin les Turcs, emportés par leurs chevaux rapides, prennent la fuite et retournent à Antioche, pressant leur marche à travers les coteaux et les montagnes, et suivant les chemins qui leur sont connus. Les Chrétiens, vainqueurs, renoncèrent bientôt à la poursuite et au carnage de leurs ennemis, et ne voulurent pas les suivre plus long-temps dans leur fuite pour ne pas trop se rapprocher des murs d'Antioche, dans laquelle toutes les forces des Gentils se trouvaient réunies. Ils passèrent donc la nuit auprès du fleuve du Fer, rassemblant de tous côtés des dépouilles et du butin, et délivrant de captivité un grand nombre d'hommes de l'armée de Pierre, que les Turcs avaient disséminés dans tout le pays d'Antioche. Lorsque Darsian[1], prince et chef de la ville d'Antioche, apprit ces mauvaises nouvelles et le désastre des siens, le visage abattu, le cœur rempli de crainte, il éprouva une vive douleur et chercha dans son esprit ce qu'il aurait à faire s'il lui arrivait, ce qui était arrivé naguère à Soliman, qui avait perdu la ville de Nicée. Aussitôt arrêtant avec activité ses résolutions, il s'occupa exclusivement du soin de faire transporter des vivres, de rassembler des armes et des alliés, et de garnir les portes et les murailles de fidèles défenseurs.

Le lendemain le duc Godefroi, Boémond, et tous les capitaines de l'armée chrétienne se levèrent au point du jour, et s'étant armés et revêtus de leurs cuirasses et de leurs casques, ils ordonnèrent que tous eussent à se remettre en marche pour se rapprocher de la ville d'Antioche, avec tous les approvisionnemens nécessaires, toutes sortes de gros bétail et des chariots chargés de vivres, pour fournir aux besoins d'une si grande armée. Lorsque tout fut rassemblé et disposé pour le voyage, le prélat, rempli de prévoyance, parla en ces termes : « Hommes, « frères, fils très-chéris, écoutez avec soin les paroles « que je vous apporte, et ne craignez pas de me prê- « ter toute votre attention. La ville d'Antioche est

---

[1] Appelé Accien par Guillaume de Tyr. *Voyez* ce dernier, liv. IV, tom. 1, pag. 202.

« tout près de nous, nous n'en sommes séparés que
« par une distance de quatre milles. Cette ville admi-
« rable, ouvrage tel que nous n'en avons jamais vu,
« fut construite par le roi Antiochus avec des pierres
« énormes, et est garnie de tours : on en compte jus-
« qu'à trois cent soixante. Nous savons qu'elle est
« gouvernée par un prince très-vigoureux, Samsa-
« don, fils du roi Darsian ; et nous avons appris qu'il
« y a en outre quatre princes aussi nobles et aussi
« puissans que s'ils étaient rois, qui se sont réunis
« d'après les ordres de Darsian, et que la crainte de
« notre arrivée a rassemblés et armés avec une nom-
« breuse troupe des leurs. Ils se nomment Adorson,
« Copatrix, Rosseléon et Carcornut, et l'on rapporte
« que Darsian est le roi, le chef et le seigneur d'eux
« tous. Parmi les trente villes, qui s'étendent au
« loin et de tous côtés aux environs d'Antioche,
« qui appartiennent à celle-ci, et sont toutes tri-
« butaires du roi Darsian, ces quatre chefs tiennent
« en bénéfice les quatre villes les plus riches, à titre
« de don et par la faveur de Darsian, et chacun d'eux
« possède, avec chacune de ces villes, cent châteaux-
« forts. C'est pour ces motifs qu'invités par Darsian
« lui-même, roi de la Syrie et de toute l'Arménie,
« ils se sont réunis avec de grandes forces pour nous
« résister et défendre la ville, capitale et maîtresse
« de toutes ces villes et de ces royaumes. Il est donc
« bien nécessaire que nous n'avancions qu'avec pru-
« dence et en bon ordre. Vous savez que nous avons
« combattu hier fort tard : nous sommes fatigués et
« les forces de nos chevaux sont épuisées. Que le duc
« Godefroi, Boémond, Renaud de Toul, Pierre de

« Stenay, Évrard du Puiset, Tancrède, Garnier de
« Gray, Henri de Hache, marchent en avant pour di-
« riger l'armée, après avoir formé leurs corps : que
« Robert de Flandre, Robert, comte de Normandie,
« Etienne de Blois, le comte Raimond, Tatin de la
« maison de l'empereur de Constantinople, Adam,
« fils de Michel, et Roger de Barneville, si nos con-
« seils sont agréés, conduisent et protègent sur les
« derrières les autres corps de chevaliers et de gens
« de pied. »

Tous s'étant rangés dans l'ordre indiqué par le prélat et par les hommes habiles, ils se dirigèrent d'un commun accord en suivant la route royale, vers les murailles effrayantes de la ville d'Antioche, couverts de leurs boucliers resplendissans, dorés, verts, rouges et de diverses autres couleurs, déployant leurs bannières d'or et de pourpre, enrichies d'un beau travail, montés sur des chevaux excellens pour la guerre, revêtus de leurs cuirasses et de leurs casques éclatans, et ils allèrent, avec toutes leurs forces, dresser leurs tentes vers le lieu appelé Altalon. Ils coupèrent dans les vergers, avec la hache et la cognée, les arbres de diverses espèces qu'ils y trouvèrent, et leurs pavillons occupèrent bientôt tout le terrain qu'ils avaient nettoyé. Après s'être ainsi établis, ils se livrèrent à l'envi au soin de prendre leur repas, faisant résonner au loin des milliers de cors, cherchant de tous côtés du butin et des fourrages pour leurs chevaux, et poussant des cris qu'on eût pu entendre, à ce qu'on rapporte, presque à un mille de distance. Et cela n'est pas étonnant, puisque cette immense armée était forte, sans aucun doute, et au dire de tout le monde, de six cent mille hommes propres au combat, sans compter les femmes et les enfans qui la suivaient, et qui formaient encore plusieurs milliers de personnes. Ce même jour, et tandis que les Chrétiens arrivaient pour mettre le siége devant la place, il se fit un tel silence dans la ville qu'on n'y entendit aucun bruit, aucun mouvement, et l'on eût pu croire qu'elle était entièrement dépourvue de défenseurs; tandis qu'au contraire toutes les tours et les citadelles se trouvaient remplies d'armes et de guerriers.

Le quatrième jour de la semaine avait paru, lorsque les Chrétiens entrèrent sur le territoire d'Antioche, et mirent le siége devant ses murailles. Ce même jour, Tancrède fut le premier à s'établir auprès d'Altalon : Roger de Barneville se plaça à ses côtés, ainsi qu'Adam, fils de Michel, avec tous ceux qui le suivaient, pour empêcher que de ce côté l'on ne pût apporter aux Turcs aucune des choses dont ils avaient besoin. Boémond occupa avec une troupe d'hommes vaillans l'emplacement situé vers la porte qui fait face au pays de Perse, où vient finir la chaîne des montagnes, et ayant fortifié cette position, il y demeura en toute sûreté. Tatin de la maison de l'empereur, toujours prêt à prendre la fuite, dressa ses tentes un peu plus loin de la ville, dans le champ appelé Combre. En avant de Tatin, Baudouin, comte de Hainaut, s'établit avec sa troupe. Robert, comte de Normandie, et Robert de Flandre se rangèrent à la suite avec tous leurs chevaliers. Étienne de Blois prit également position à côté de ces princes, prolongeant ainsi l'investissement des murailles. Hugues-le-Grand, frère de Philippe, roi de France, dressa aussi ses tentes, entouré de ses compagnons d'armes.

La ville d'Antioche renferme, à ce qu'on dit, un espace de deux milles en longueur et d'un mille et demi en largeur. Elle est arrosée par le fleuve Fer dont j'ai déjà parlé, qui coule le long de ses murailles et au pied de ses tours. Ces murailles et ces tours se prolongent jusqu'au sommet de la montagne, laquelle est dominée par la principale citadelle qui commande ainsi sur la ville et sur toutes les tours. Dans l'enceinte de cette citadelle s'élèvent quatre tours inexpugnables, qui l'entourent et lui servent de défense ; et ces tours étaient occupées et constamment gardées par les quatre princes que j'ai déjà nommés, serviteurs du roi Darsian.

Pour attaquer par un autre point cette ville d'une si vaste étendue, le prélat, chef de l'expédition, s'établit lui-même auprès de la porte, dite de Warfaru par les modernes, et qui passe pour imprenable; le comte Raimond, son compagnon de voyage, dressa ses tentes sur le même emplacement avec ses Provençaux, ses Gascons et tous ceux qui l'avaient suivi. Au-delà, et sur le point où dans la suite on construisit un pont de bateaux, le duc Godefroi prit position sur les bords du fleuve, et auprès d'une autre porte de la ville, avec ses milliers de Lorrains, de Saxons, d'Allemands et de Bavarois armés de leurs glaives terribles. Renaud de Toul et Pierre de Stenay, qui tous deux avaient laissé Baudouin, le frère du duc, à Mamistra pour venir rejoindre l'armée; Conon de Montaigu, Henri de Hache et son frère Godefroi, chevaliers toujours redoutables à leurs ennemis, se placèrent également auprès du duc pour interdire aux Turcs l'entrée et la sortie de la place. Cette position était la plus dangereuse, et celle où il y avait le plus de travaux à supporter.

Au dessus du fleuve qui, après avoir baigné les murailles d'Antioche, prolonge son cours jusqu'à la mer, et au sortir même de la ville, s'élève un pont en pierre, ouvrage antique, mais dégarni de tours. Toutes les troupes ayant pris leur position, les abords de ce pont ne purent être occupés, et demeurèrent libres. Les Turcs sortaient donc fréquemment par là, et, s'avançant en forces, ils rentraient ensuite, rapportant sous les yeux de toute l'armée chrétienne les choses dont ils avaient besoin; ils allaient aussi très-souvent, par ce même pont, attaquer les serviteurs de Jésus-Christ, lorsqu'ils se répandaient dans le pays et dans les montagnes pour chercher des vivres et des fourrages, et, dès qu'ils les savaient ainsi dispersés, ils allaient les massacrer. Vers la porte de Warfaru, où le prélat Adhémar et le comte Raimond s'étaient placés en observation, il y a un autre pont également funeste, ouvrage très-antique, qui se prolonge sur un marais assez bourbeux et très-profond, formé par les eaux d'une source toujours coulante, située tout près de la ville et en dehors des murailles. De temps en temps, de jour et de nuit, les Turcs sortaient aussi par ce pont, et tandis que les Chrétiens étaient sans méfiance, ils lançaient des flèches sur eux; quelquefois ils les attaquaient avec le glaive, et leur tuaient quelques hommes, puis ils rentraient promptement par le même pont, et se mettaient en sûreté à l'abri de leurs remparts. L'évêque et tous les chefs, irrités des maux qui leur venaient de ce côté, tinrent conseil, et résolurent de travailler à la destruction du pont : au jour convenu, ils sortirent du camp armés de marteaux de fer, de hoyaux et de haches ; mais leurs efforts demeurèrent infructueux, tant le pont avait été construit par les anciens avec un ciment indissoluble. Voyant que les marteaux ne pouvaient servir leurs vœux, les princes résolurent de construire une machine en bois, doublée d'osier ; et, après l'avoir rattachée par des ligatures en fer, ils la recouvrirent avec des cuirs de cheval, de bœuf et de chameau, afin que les Turcs ne pussent y mettre le feu en y jetant de la poix ou du soufre. Lorsque cette machine fut parfaitement terminée, des hommes d'armes la dirigèrent jusqu'au milieu du pont, vers la porte de Warfaru, et le comte Raimond fut chargé de veiller à sa défense.

Les Turcs, lorsqu'ils virent cette nouvelle construction, accoururent sur les murailles, et firent pleuvoir sur les Français une grêle de flèches, afin de les rejeter en dehors du pont et loin de leur machine. De leur côté les Chrétiens, opposant une vigoureuse résistance, attaquèrent leurs ennemis sur leurs remparts, en leur lançant des flèches, et se servant aussi de leurs arbalètes, jusqu'au moment où un trait, lancé par eux, alla percer au cœur le fils d'un émir. Remplis d'indignation, et s'abandonnant à toute leur fureur en voyant mourir ce jeune homme, et les fidèles les repoussant vivement, les Turcs réunirent toutes leurs forces en un seul corps, et ouvrant aussitôt la porte de la ville, marchèrent vigoureusement sur la machine, attaquèrent sans délai et repoussèrent ceux qui la défendaient ; puis, apportant des torches de poix et du soufre, ils y mirent le feu et la réduisirent en cendres. Ceux qui avaient été chargés de la protéger, se trouvant exposés aux plus grands dangers, furent contraints, à leur grand regret, de prendre la fuite, et eurent même beaucoup de peine à s'échapper. Les chevaliers et les princes pélerins n'ayant pu réussir par ce moyen, firent, dès le lendemain, dresser devant le pont trois mangonneaux, appelés par les Français *Barbicales*, pour attaquer à coups de pierre la porte, la tour de Warfaru et les murailles environnantes, et pour essayer de briser en mille morceaux le mur extérieur qui formait le rempart ; mais ils ne parvinrent pas davantage à renverser cette porte ; et, comme ils ne pouvaient obtenir aucun succès de ce genre d'attaque, un autre jour, après avoir tenu conseil, ils firent transporter à force de bras, et en y employant mille hommes d'armes, des arbres si immenses qu'on avait peine à les remuer, et des blocs de pierre d'un poids et d'une dimension énormes ; on les roula le long du pont et jusqu'à la porte de Warfaru, afin d'empêcher les Turcs de sortir et de faire du mal.

Jusque-là l'armée chrétienne s'était trouvée exposée, par chacun des deux ponts, aux incursions et aux ravages des ennemis : dès ce moment, la porte et le pont de Warfaru ayant été encombrés et obstrués par les arbres et les rochers qu'on y avait entassés, les Turcs firent leurs sorties, et passèrent plus souvent le fleuve Fer par l'autre pont situé, comme je l'ai dit, vers un autre quartier, et dont les abords n'avaient pu être occupés à cause de l'immense étendue de la ville : ils venaient par là pour tendre des embûches aux fidèles. Ceux-ci résolurent alors de construire un pont de bateaux, et de le fixer avec de fortes cordes, pour se faire un chemin qui les conduisît en toute liberté au port de Siméon l'ermite ; car, jusqu'alors, ils ne pouvaient communiquer d'une rive à l'autre qu'avec beaucoup de lenteur, et en passant un à un, ce qui les forçait d'attendre indéfiniment. Ils firent donc construire un pont en bois, afin que les Français pussent passer promptement de l'autre côté du fleuve, marcher à la rencontre des Turcs, et les repousser aussitôt lorsque ceux-ci sortiraient par le pont de pierre pour surprendre à l'improviste ceux des Chrétiens qui reviendraient du port, rapportant des provisions de bouche. Ce pont de bateaux, qui était recouvert de claies en osier rattachées avec des cordes, fut établi à un demi-mille de distance du pont de pierre.

Lorsque les bateaux eurent été rassemblés, et que le pont fut entièrement terminé, trois cents Chrétiens, chevaliers et gens de pied, sortirent un jour du camp, et passèrent le fleuve, allant chercher des fourrages pour les chevaux et des vivres : les Turcs, les ayant vus du haut de leurs murailles, se rallièrent aussitôt, et prenant leurs armes et leurs carquois, et montant à cheval, ils sortirent par le pont de pierre, se portèrent à l'improviste sur les derrières des Chrétiens qui allaient au fourrage, tuèrent un grand nombre d'entre eux, et, après leur avoir coupé la tête, se mirent à la poursuite de ceux qui avaient pu fuir, et les chassèrent devant eux jusque vers le nouveau pont, heureux d'échapper enfin à de si cruels ennemis. Ceux qui ne purent passer sur le pont, où tous se précipitaient en même temps, cherchèrent les gués pour éviter la rencontre des Turcs, et, s'étant jetés dans l'eau, ils furent tous étouffés par le courant.

Lorsque les principaux chefs de l'armée furent instruits de cet affreux désastre, cinq mille hommes environ prirent les armes; la plupart d'entre eux, revêtus de leurs cuirasses, et montant à cheval, s'élancèrent rapidement hors de leurs tentes pour repousser de téméraires ennemis. Henri, fils de Frédélon de Hache, renommé pour ses exploits à la guerre, et brûlant du désir d'attaquer l'ennemi, se jeta dans le fleuve avec son cheval, et le traversa à la nage quoique chargé de sa cuirasse, de son casque et de son bouclier, ne voulant pas se soumettre à attendre trop long-temps pour passer sur le pont de bateaux. Au moment où il entrait si témérairement dans le fleuve avec son cheval, les eaux, très-profondes en cet endroit, lui couvrirent entièrement la tête; mais, protégé par le Dieu pour l'amour duquel il bravait un si grand péril, il arriva sur l'autre rive sain et sauf, et toujours à cheval, avec ceux qui passaient à sa suite; et, s'acharnant contre les Turcs, incapable d'un sentiment de crainte, il entraîna ses compagnons, tant chevaliers que fantassins, à les poursuivre jusque vers l'autre pont. Cependant, parmi les Turcs, les uns s'étaient arrêtés dans leur course, les autres ne parvenaient qu'avec peine à s'échapper: ils poussèrent alors de grands cris pour appeler à leur secours ceux de leurs com-

compagnons qui étaient rassemblés auprès de la porte et du pont de Farfar; et ceux-ci, sortant aussitôt, rendant les rênes à leurs chevaux, et les lançant sur ceux qui arrivaient à la poursuite des leurs, forcèrent les Français à prendre à leur tour la fuite, et les poussèrent devant eux jusque vers le pont de bateaux. Dans ce mouvement subit de conversion, et tandis que les Chrétiens, assaillis de nouveau par les ennemis, fuyaient rapidement vers leur pont, beaucoup de fantassins périrent percés par les flèches des Turcs. La plupart, voyant la mort derrière eux, et n'espérant se sauver qu'à travers les eaux, se jetèrent dans le fleuve profond; mais un grand nombre d'entre eux furent étouffés par les courans; d'autres, trop pressés sur le pont au milieu de tous les fuyards, tombèrent dans l'eau avec leurs chevaux, et revêtus encore de leurs casques et de leurs cuirasses, et ne reparurent plus.

Comme les Turcs faisaient souvent des sorties du côté du pont, ainsi que d'une autre porte, par laquelle la ville fut plus tard livrée aux Chrétiens, et qui, située sur la hauteur du côté des montagnes, leur donnait ainsi les moyens d'attaquer avec avantage, les princes de l'armée chrétienne tinrent conseil, et résolurent de charger Tancrède d'occuper cette position, et de repousser les Turcs, lorsqu'ils tenteraient de sortir par l'une ou l'autre de ces deux portes; ils arrêtèrent en même temps que l'armée donnerait à Tancrède quarante marcs d'argent par mois pour ce service. Un jour qu'il occupait sa position au milieu des montagnes, auprès des aires des Turcs, au-delà du fleuve Farfar, et dans un lieu où ce fleuve coule presque à un demi-mille de distance de la ville; Tancrède, ayant vu les ennemis passer la rivière à gué, ainsi qu'ils le faisaient fréquemment, les attaqua avec vigueur, leur livra combat, et prenant sur eux l'avantage, il tua quatre Turcs avec son glaive, et força les autres à repasser le fleuve, et à fuir jusque vers les pâturages où leur gros bétail était rassemblé. Après les avoir ainsi chassés devant lui, Tancrède emmena plusieurs pièces de bétail et un chameau, et rentra vainqueur dans les nouveaux retranchemens qu'il avait élevés.

Tandis que ces deux portes, l'une située vers la montagne et l'autre vers le pont de pierre, étaient ainsi soigneusement observées par Tancrède, l'armée chrétienne jouissait de quelque repos et avait un peu plus de sécurité. Pendant ce temps, quelques-uns des pélerins employaient leur loisir et passaient leur temps à jouer aux dés. Un certain jour, le fils du comte Conrad de Lutzelbourg, nommé Adelbéron, clerc et archidiacre de l'église de Metz, jeune homme très-noble, issu de sang royal, et proche parent de l'empereur des Romains Henri III, s'amusait à jouer aux dés avec une dame de très-grande naissance et fort belle, dans un verger rempli d'arbres à fruits et d'une herbe très-touffue, près d'une forêt située à côté de celle des portes de la ville où le duc Godefroi avait pris position avec les Teutons, et poursuivait le siége de la place. Tandis que les Chrétiens étaient, comme je viens de le dire, livrés au loisir et au divertissement du jeu, les Turcs, toujours occupés à leur tendre des embûches et à chercher les moyens de les détruire, sortirent en silence par la même porte, et allant avec précaution se cacher au milieu des herbes élevées, et dans les touffes des arbres, ils en sortirent tout-à-coup en poussant des cris, s'élancèrent sur l'archidiacre et la dame avec laquelle il jouait, au moment où ils ne s'y attendaient nullement, et les frappant de leurs flèches, ils dispersèrent en outre, et blessèrent de la même manière ceux de leurs compagnons qui s'étaient rassemblés autour d'eux, comme juges du jeu, et à qui la peur fit bientôt oublier les dés. Les Turcs coupèrent la tête à l'archidiacre, et l'emportant avec eux, ils rentrèrent aussitôt dans la ville par la même porte : la dame fut emmenée vivante et sans avoir reçu ni coups ni blessures ; mais pendant toute la nuit les Turcs, sans la moindre apparence d'humanité, lui firent subir tous les excès de leur brutale débauche. Enfin, après avoir abusé de sa personne de la manière la plus cruelle et la plus abominable, ils la conduisirent sur les murailles et la condamnèrent à périr ; puis, plaçant sa tête sur l'une de leurs machines, ils la lancèrent par dessus les remparts avec celle de l'archidiacre, au milieu de la plaine. Les Chrétiens ayant trouvé ces deux têtes les apportèrent au duc Godefroi, qui, reconnaissant celle de l'archidiacre, ordonna d'ouvrir la fosse où son corps avait été déjà enseveli et d'y déposer la tête, afin de réunir dans un même sépulcre les membres qui avaient appartenu à un homme d'un si grande noblesse.

Un autre jour les Turcs, tout joyeux du succès de leurs artifices, et espérant surprendre encore les Chrétiens de la même manière, sortirent de la ville et s'avançant en silence à travers les joncs et les roseaux fragiles d'un lieu marécageux, ils attaquèrent avec

leur férocité et leurs clameurs accoutumées quelques
Chrétiens qui se trouvaient dans le verger dont j'ai
déjà parlé ; mais des chevaliers étant survenus les repoussèrent et les mirent en fuite. Aucun d'entre eux
ne fut dans cette rencontre frappé ou blessé par les
Turcs, si ce n'est Arnoul de Tyr, chevalier rempli
d'ardeur et même de prudence, mais qui cette fois
accourut sans précaution, en entendant les cris des
pélerins, et entra dans le verger sans s'être recouvert de fer et armé de son bouclier. Une flèche
aveugle et légère lancée au hasard par un Turc le
frappa et le tua sur place. Le duc et ses compagnons d'armes, indignés de voir les Turcs sans cesse
occupés à tendre des embûches aux Chrétiens qui occupaient le verger, et ayant même réussi déjà à faire
périr dans leurs attaques inopinées plusieurs hommes
illustres, résolurent de rassembler des hommes de
leur armée, et de les munir de haches et d'instrumens
en fer, pour extirper les arbres jusque dans leurs racines et abattre les herbes, les joncs et les roseaux,
afin que désormais aucun détachement ennemi ne
pût se cacher dans le même lieu et leur causer de
nouvelles pertes. Les Turcs voyant leurs artifices
déjoués du côté de cette porte, et que le peuple
du Dieu vivant se tenait sur ses gardes, recommencèrent à faire des sorties par la porte de Fer, et
cherchèrent à surprendre et à détruire ceux des pélerins qui passaient le pont de bateaux, et allaient
ramasser du bois, et chercher des herbes et du fourrage pour les chevaux : aussitôt que du haut de la
montagne ils voyaient quelques chrétiens errans de
côté et d'autre pour se procurer les choses dont ils

avaient besoin, les Turcs se mettaient à leur poursuite, et les faisaient périr par le glaive ou à coups de flèches.

Le matin, à midi, le soir, tous les jours, on voyait recommencer ces attaques par surprise, ces incursions, ces scènes de carnage; et l'on entendait sans cesse dans le camp chrétien de nouvelles lamentations au sujet de nouvelles pertes. Tancrède ne pouvait suffire à s'opposer si souvent à des entreprises si réitérées, et sur lesquelles on portait des jugemens fort divers; souvent il n'était pas même informé des sorties que faisaient les Turcs du côté du pont. Le comte Hugues de Saint-Pol, du royaume de France, fut touché de compassion en voyant succomber tous les jours tant de fidèles, ses serviteurs ou serviteurs d'autres hommes puissans, lorsqu'ils allaient chercher les choses qui leur étaient nécessaires. En conséquence, adressant une exhortation paternelle à son fils Engelram, nouveau chevalier rempli d'adresse pour le maniement des armes, il l'engagea à rassembler les gens de sa maison, qui seraient animés d'autant d'ardeur et de bonne volonté que lui-même, à l'effet de défendre ou de venger les pauvres chrétiens, ses frères, des attaques et des violences des Turcs, et de repousser ceux-ci toutes les fois qu'ils se mettraient à leur poursuite. Ces ordres ayant été exécutés, et un corps de volontaires s'étant réuni, le père lui-même, quoique chargé d'années, fut le premier à demander ses armes; et montant à cheval, passant le pont de bateaux à la faveur de la nuit, il alla avec son fils chéri et les compagnons qu'il s'était associés se cacher au pied des montagnes, dans le fond d'une vallée, et le lendemain matin il plaça un chrétien, homme de pied, au milieu de la plaine, afin qu'il demeurât bien exposé aux regards des Turcs. Ceux-ci en effet retrouvant toute leur cruauté et leur ardeur de carnage, sortirent de la ville par le pont du Fer, et allèrent d'abord, selon leur usage, se poster sur le sommet d'une montagne, du haut de laquelle on voit se développer toute la plaine, qui se prolonge entre les montagnes sur un espace de deux milles environ. Ayant vu le pélerin qui errait tout seul dans cette plaine, et ramassait des sarmens, ils lancèrent vivement leurs chevaux pour voler sur lui, et le mettre à mort; et poussant de grands cris pour l'effrayer, et le chassant devant eux vers les montagnes et les bois, ils dépassèrent le lieu où les Chrétiens s'étaient cachés en embuscade. Le pélerin cependant s'étant enfui dans la montagne, les quatre Turcs qui l'avaient poursuivi revinrent sur leurs pas, pleins de confiance et espérant passer sans obstacle auprès du poste que les Chrétiens avaient occupé. Mais le comte Hugues et les siens sortirent aussitôt de la vallée, s'élancèrent sur les Turcs de toute la rapidité de leurs chevaux, renversèrent deux d'entre eux, qu'ils laissèrent morts sur place; et s'étant emparés de leurs armes et de leurs chevaux, ils firent prisonniers les deux autres, les chargèrent de chaînes et leur conservèrent la vie pour les emmener avec eux au camp. Les pélerins, nobles et roturiers, accoururent de toutes parts pour voir les deux Turcs captifs : tous rendaient gloire à Dieu de cet heureux événement, et comblaient d'éloges le comte Hugues de Saint-Pol, et son fils Engelram, qui par leur habileté et leur audace guerrière avaient pris ou détruit des ennemis si dangereux.

Cependant les chefs des Turcs et tous les hommes de leur armée, informés du malheur de leurs compagnons, en ressentirent une douleur qui irrita leur colère, et tinrent conseil pour chercher les moyens de les venger promptement, en faisant aux Chrétiens plus de maux qu'eux-mêmes n'en avaient souffert. Quelques hommes des plus audacieux et des plus cruels furent choisis, parmi des milliers de Turcs, pour aller harceler les Chrétiens jusqu'auprès de leur pont de bateaux, et vingt d'entre eux se portèrent en avant sur des chevaux aussi rapides que le vent. Ils commencèrent par faire plusieurs incursions sur les bords du fleuve, auprès du pont, lançant des flèches et cherchant ainsi à attirer vers eux toute l'armée chrétienne, afin que leurs compagnons pussent ensuite sortir à la hâte de la ville et se répandre dans la plaine, selon leur usage, pour faire subir un cruel martyre à quelques-uns des Chrétiens. Ceux-ci cependant, qui avaient si souvent éprouvé les artifices de leurs ennemis, se gardèrent de les poursuivre trop témérairement, et retinrent le peuple. Toutefois, pour ne pas paraître en quelque sorte vaincus et fatigués de la guerre, ils envoyèrent à la rencontre des Turcs Engelram, fils de Hugues de Saint-Pol, et quelques-uns de ses compagnons d'armes, afin que faisant manœuvrer leurs chevaux en tout sens, selon leur coutume, ils entreprissent à leur tour de tromper leurs perfides ennemis. Aussitôt les chevaliers traversèrent le pont, et, dirigeant leurs chevaux de divers côtés, les uns brandissaient leurs lances pour frapper les Turcs, et ceux-ci lançaient des flèches dans les airs pour percer leurs ennemis. A la suite de beaucoup de courses et de manœuvres, l'honneur et la victoire demeurèrent enfin à Engelram, grâce à la protection de Dieu. Il atteignit en courant un Turc que sa férocité rendait remarquable parmi tous les autres, et en présence de son père et de tous les Chrétiens qui s'étaient rassemblés sur la rive opposée pour voir l'issue du combat, il le renversa de cheval et le transperça de sa lance. Les autres Turcs, frappés de la chute et du malheur de leur compagnon, prirent la fuite; Engelram les poursuivit vivement avec ceux qu'il avait guidés au combat, mais il eut soin de ne pas se trop éloigner du pont, pour éviter les embuscades des Turcs, habitués à sortir très-souvent de la ville, dans l'intention de repousser de semblables attaques. Ayant alors accueilli son fils et ses compagnons d'armes, tous sains et saufs, le vieux Hugues sentit son cœur paternel se remplir d'une vive joie, et le jeune homme couvert de gloire fut accablé, ainsi que ceux qui l'avaient aidé à remporter ce triomphe, des témoignages de bienveillance et des applaudissemens de tous les Chrétiens, tant grands que petits.

Au milieu de ces exercices sans cesse renouvelés, et de ces fréquentes excursions, et peu de temps après ce dernier événement, le peuple de Dieu commença à manquer de vivres et de provisions, car une si grande armée avait à peu près épuisé toutes les ressources des villes et des contrées environnantes. La famine augmentait de jour en jour; l'armée entière, et principalement le petit peuple, succombaient à leur indigence : leurs misérables lamentations et les maux qu'ils éprouvaient déterminèrent enfin le très-pieux prélat et tous les princes, chefs de l'expédition, à chercher tous les moyens possibles de soulager le peuple dans sa misère. Comme ils ne trouvaient dans le pays même aucun moyen d'y parvenir, tous jugèrent convenable d'envoyer Boémond, Tancrède et Robert de Flandre sur le territoire des Sarrasins, pays très-riche et demeuré intact jusqu'alors, et de leur donner une forte escorte de chevaliers et de gens de pied, afin qu'ils allassent ramasser du butin et toutes les provisions nécessaires pour mettre un terme à la disette et relever le peuple chrétien de sa profonde détresse. Tancrède, après avoir fait son service de surveillance, avait quitté les montagnes et s'était rallié à l'armée. Comme il avait été décrété, dès le principe, que nul grand ou petit n'aurait le droit de s'opposer à tout ce qui serait commandé au nom de l'armée, Boémond, Robert et Tancrède lui-même prirent avec eux quinze mille hommes de pied et deux mille chevaliers d'élite, tous bien armés ; au bout de trois jours ils entrèrent sur le territoire des Gentils, ramassèrent beaucoup de butin et une quantité inouïe de gros et de menu bétail de toute espèce, et les ramenant avec eux, ils marchèrent d'abord pendant deux jours, sans rencontrer aucun obstacle. Le troisième jour vers le soir, la troupe étant fatiguée d'une longue route, et courbant sous le poids des riches dépouilles qu'elle traînait à sa suite, les Chrétiens résolurent de se reposer dans une plaine, située auprès des montagnes.

Cependant la nouvelle de cette expédition s'étant

répandue dans tout le pays, les principaux chefs des Gentils rassemblèrent de toutes parts et dans toutes leurs montagnes tant de milliers d'hommes, qu'il serait impossible de le dire et de le croire, afin de se mettre à la poursuite de Boémond, de Robert et du peuple chrétien qu'ils conduisaient, et de leur enlever tout leur butin. Boémond cependant ignorait entièrement tous ces préparatifs, et ne redoutait aucun malheur : il dormait en parfaite sécurité de même que Robert, lorsqu'au premier point du jour ils se trouvèrent assiégés par des milliers d'ennemis, et se virent, à leur grand étonnement, entourés comme par une épaisse forêt qui se serait élevée de toutes parts et à l'improviste. Tous furent frappés de stupeur et tremblèrent pour leurs jours : Boémond convoqua tous les chevaliers, les rassembla autour de lui en un seul corps, et tous reconnurent l'impossibilité de combattre et de résister à tant de milliers d'assaillans. Alors formant une tortue avec leurs boucliers et serrant leurs rangs, ils cherchèrent un moyen de fuir et de s'ouvrir un passage par le point où leurs ennemis paraissaient les plus faibles et les moins nombreux. Bientôt tirant leurs glaives et lâchant les rênes à leurs chevaux, tous les chevaliers s'élancèrent en même temps au milieu des ennemis qu'ils avaient devant eux, et uniquement occupés à se sauver, ils se dirigèrent en hâte vers les montagnes, laissant en arrière les hommes de pied livrés à la désolation et au milieu du butin et des dépouilles qu'ils avaient enlevés. Tandis qu'ils s'échappaient ainsi à travers les précipices des montagnes et par des chemins presque impraticables, non sans laisser en route un grand nombre d'hommes qui furent tués ou retenus prisonniers, les Turcs enveloppèrent les malheureux gens de pied, tuèrent beaucoup d'entre eux en les frappant du glaive ou à coups de flèches, firent également beaucoup de prisonniers, qu'ils dépouillèrent de leurs armes, et reprirent tout le butin qu'on leur avait enlevé à eux-mêmes ou à leurs compatriotes.

Désespéré de cet affreux désastre, Boémond rejoignit l'armée chrétienne, et ses frères, le visage baigné de larmes et dans un profond abattement. Le peuple entier s'affligea amèrement; les femmes, les jeunes gens, les enfans, les pères, les mères, les frères et les sœurs pleurèrent les amis chéris, les fils, les parens qu'ils avaient perdus. Le lendemain, Robert de Flandre, qui était descendu avec Boémond sur le territoire des Sarrasins, et s'était séparé de lui, bien malgré lui, avec les hommes de sa suite, au moment où Boémond fut battu et obligé de s'enfuir, ayant rassemblé deux cents chevaliers, marcha à la rencontre des Turcs et des Sarrasins dispersés de tous côtés et s'avançant sans crainte, les attaqua vigoureusement, les mit en fuite, remporta sur eux une glorieuse victoire, leur enleva une immense quantité de butin, qu'ils furent obligés d'abandonner pour se sauver, et rentra ensuite dans le camp d'Antioche, où son arrivée apporta quelque soulagement au malheureux peuple chrétien, que la défaite de Boémond avait jeté dans le désespoir. Mais il ne se passa pas beaucoup de temps sans que le butin que Robert avait ramené au camp fût entièrement épuisé; nul n'osait plus, depuis le désastre des compagnons de Boémond, se hasarder à s'éloigner de l'armée pour aller chercher des provisions ; la disette augmentait de jour en jour, il mourait une quantité innombrable de pélerins, surtout dans le petit peuple, et l'armée s'affaiblissait sensiblement. Et certes il n'y avait rien d'étonnant : un seul petit pain qu'on pouvait acheter auparavant pour un denier de monnaie courante, était alors vendu deux sous à ceux qui en avaient besoin : on vendait un bœuf deux marcs, lorsque peu de temps avant on avait pu l'acheter pour dix sous : un petit agneau était évalué à cinq sous. Le peuple du Dieu vivant se trouvant ainsi réduit à la plus grande détresse, un grand nombre de Chrétiens s'en allaient errans dans tout le pays d'Antioche pour y chercher des vivres, s'associant par bandes de deux ou trois cents pour résister aux embuscades des Turcs, et pour partager entre eux, par portions égales, toutes les choses qu'ils pouvaient trouver ou enlever. Instruits de la misère des pélerins, de la destruction récente du corps que Boémond avait conduit, et sachant en outre que les Chrétiens ne cessaient d'errer dans le pays, les Turcs enfermés dans la ville sortaient immédiatement après eux par la porte située du côté de la montagne, vers le point qui n'avait pu être investi et qui se trouvait à une grande distance de l'autre porte devant laquelle Boémond était placé en observation : ils descendaient à travers les précipices et les rochers, poursuivant les fidèles du Christ dispersés de tous côtés, et en faisaient un horrible carnage.

De jour en jour la disette croissait et atteignait un plus grand nombre de nobles et de gens du peuple. Un jour, entre autres, un homme nommé Louis, archidiacre de l'église de Toul, réduit à la mendicité, n'ayant plus d'argent, et poussé par la faim, quitta l'armée avec beaucoup de clercs et de laïques au nombre de trois cents, et tous se retirèrent dans un lieu renommé pour l'abondance de ses ressources, situé dans les montagnes, à trois milles d'Antioche, espérant pouvoir y demeurer en sécurité, et se nourrir du butin qu'ils enleveraient. Mais les Turcs, informés de leur départ par les rapports des espions qui habitaient constamment au milieu du peuple chrétien sous de fausses apparences de fraternité, se réunirent au nombre de soixante chevaliers bien armés, sortirent secrètement de la ville par la porte dont j'ai déjà parlé, et suivant, à travers les montagnes, des sentiers connus d'eux seuls, ils marchèrent sur les traces des Chrétiens vers le lieu où ceux-ci s'étaient rendus dans l'espoir d'y trouver des vivres. Poussant des cris affreux, ils les attaquèrent aussitôt en lançant sur eux des flèches qui les perçaient à la tête, dans les flancs ou dans les entrailles, les déchirant et les dispersant comme les loups dispersent les moutons. L'archidiacre fit de vains efforts pour se sauver à travers les montagnes; un Turc, monté sur un cheval agile, le poursuivit, le perça d'une flèche rapide, et, tirant son épée, il lui fit une large blessure dans le cou, entre les deux épaules : en un instant la terre fut inondée d'un ruisseau de sang, et l'archidiacre rendit l'ame. Dès que les chefs de l'armée chrétienne furent informés de ce cruel événement, ils en éprouvèrent une profonde douleur, et s'indignèrent que les Turcs fissent tous les jours tant de carnage à l'aide de cette porte qui demeurait libre. La mort du très-noble archidiacre, et les lamentations non interrompues de tous ceux qui perdaient leurs amis, animaient incessamment la douleur publique.

Au milieu de ces calamités nombreuses et réitérées, la nouvelle d'une autre catastrophe se répandit parmi les légions des fidèles. Après la chute et la prise de la ville de Nicée, Suénon, fils du roi des Suédois, jeune homme très-noble et très-beau de sa personne, était demeuré quelques jours auprès de l'empereur de Constantinople, qui l'avait accueilli avec bonté et comblé de faveurs. Lorsqu'il fut instruit de la victoire des Chrétiens, il entreprit en toute sécurité de traverser la Romanie, conduisant à sa suite quinze cents hommes belliqueux, qu'il destinait à servir d'auxiliaires aux Chrétiens pour le siége d'Antioche. Soliman qui, après avoir été vaincu, s'était retiré dans les montagnes pour échapper aux Français, l'attaqua dans la Romanie, entre les villes de Finimine et de Ferna [1], tandis qu'il reposait en sécurité couché au milieu d'une forêt de roseaux. Suénon périt sous une grêle de flèches, et tous les gens de sa suite subirent le même martyre par les mains de ces impies bouchers. Il n'est point étonnant que tous eussent ainsi succombé aux forces supérieures des Turcs ; quelques indignes Chrétiens, nés Grecs, découvrirent traîtreusement leur retraite, et Soliman ayant aussitôt rassemblé un corps de troupes dans les montagnes, les Danois se trouvèrent enveloppés à l'improviste. Toutefois Suénon, le fils du roi, se défendit long-temps avec ses armes, son glaive renversa beaucoup de Turcs, et ses compagnons suivirent son

---

[1] Guillaume de Tyr l'appelle Thermes. Voy. *ibid.* liv. IV, t. 1, p. 225.

exemple ; enfin fatigués, dépouillés de leurs armes, ne pouvant résister plus long-temps à l'innombrable multitude de leurs ennemis, et accablés de flèches, ils succombèrent tous. Il y avait en outre, dans cette expédition des Danois, une dame nommée Florine, fille du duc de Bourgogne, d'abord mariée au seigneur de Philippes, et devenue malheureusement veuve ; elle avait suivi cette petite armée dans l'espoir de pouvoir, après le triomphe des fidèles, s'unir avec ce roi si grand et si illustre ; mais ces espérances furent détruites par la cruauté des Turcs. Montée sur un mulet, et fuyant vers les montagnes, Florine fut percée de six flèches : quoique blessée, elle ne tomba point de son mulet, et conserva l'espoir de s'échapper jusqu'à ce qu'enfin, vaincue par la fatigue de sa course, elle subit la sentence de mort de même que le fils du roi. Les Turcs, chevaliers de Soliman, joyeux de cette victoire et du carnage de tant de Chrétiens, se rendirent en toute hâte vers un lac formé par des sources d'eau chaude, dont la fumée s'élève tout près de la ville de Finimine : ils y trouvèrent de misérables pèlerins fiévreux qui y étaient venus chercher quelque soulagement à leurs maux ; percés de flèches par les Turcs, ces pèlerins rougirent les eaux de leur sang : d'autres, qui avaient caché leur tête sous les ondes, furent frappés dans cette position, et périrent misérablement étouffés.

Les chefs de l'armée chrétienne désolés des embuscades que les Turcs leur tendaient si fréquemment, des sorties qu'ils faisaient sans cesse par la porte de la ville dont j'ai déjà parlé, et de tous les malheurs qui en étaient la suite, de plus en plus enflammés de colère, résolurent d'élever du moins quelque obstacle auprès de cette porte, que l'aspérité des montagnes et l'inégalité d'un sol couvert de rochers ne leur permettaient pas d'assiéger; pour y parvenir, ils arrêtèrent de construire une redoute sur le plateau d'un rocher situé au pied de la montagne, et de la construire de la manière la plus solide, avec des retranchemens et des murailles en pierre, car les bois manquaient complétement. Chacun des chefs de l'armée faisait le service de garde de cette redoute pendant un temps déterminé; du haut des rochers, et à l'abri de ses retranchemens, il voyait les Turcs sortir de la place par la porte, et suivre les sentiers tracés dans les montagnes et dans les vallées, et tout aussitôt les Chrétiens descendaient dans la plaine pour les poursuivre, et prévenaient ainsi le massacre de leurs frères. Ces travaux de défense terminés, un jour que le comte Raimond y était de service à son tour, il plaça ses chevaliers en embuscade dans un lieu bien caché : deux cents chevaliers turcs environ, bien armés et cuirassés, sortirent comme à l'ordinaire dès le point du jour, et, suivant les sinuosités de la montagne, vinrent subitement attaquer la redoute et ceux qui la défendaient, afin de renverser les murailles qui faisaient un nouvel obstacle à leurs sorties et à leurs tentatives contre les Chrétiens. Tandis qu'ils s'épuisaient en vains efforts devant les nouveaux ouvrages, les hommes placés en embuscade par le comte Raimond sortirent de leur retraite, et, poussant rapidement leurs chevaux, accoururent au secours de ceux de leurs frères qui se trouvaient enfermés dans la redoute. Les Turcs remplis de frayeur, et se disposant tout aussitôt à rentrer dans la place par la même porte, furent vivement poursuivis ; un seul d'entre eux cependant, jeune homme issu d'une noble famille, demeura prisonnier entre les mains des Chrétiens ; les autres s'échappèrent en fuyant. Après avoir chassé leurs ennemis et fait un prisonnier, les chevaliers du comte Raimond rentrèrent dans le camp et se réunirent à l'armée, joyeux de leur victoire. Les Turcs, au contraire, retournèrent auprès des leurs pleins de tristesse, et demeurèrent en repos pendant quelques jours, n'osant plus, dès ce moment, poursuivre aussi témérairement ceux des pélerins qui s'en allaient errans dans la plaine.

Le lendemain de cet événement, les princes chrétiens ayant appris que leur prisonnier appartenait à une noble famille de Turcs, dont les neveux étaient profondément affligés de sa captivité, firent paraître ce jeune homme sous les yeux de ses parens, à qui le roi Darsian avait confié la défense de l'une des tours de la place, afin d'essayer si un sentiment de piété ne pourrait les porter à racheter le prisonnier, en livrant aux Chrétiens la tour qu'ils étaient chargés de garder, et en les introduisant secrètement dans cette position. Les Turcs refusèrent formellement de la livrer ; mais ils offrirent une somme énorme pour racheter la vie de leur parent, et de leur côté les Chrétiens rejetèrent toute proposition qui n'aurait pas pour objet la ville et le point fortifié qu'occupaient les Turcs, sachant bien que le jeune homme prisonnier tenait à des personnes élevées en dignité. Les parens en effet ne tardèrent pas à s'attendrir, et eurent des conférences secrètes avec les Chrétiens ; mais Samsadon[1], fils du roi Darsian, fut bientôt informé que les parens du prisonnier et les Chrétiens étaient sur le point de s'accorder pour le rachat de ce jeune homme, et que, si l'on n'y prenait garde, la sûreté de la ville pourrait bien être compromise à la suite de cette négociation. Le roi Darsian et son fils Samsadon voulant prévenir cet événement, tinrent conseil avec leurs principaux chefs, et le roi donna l'ordre de chasser, de la tour confiée à leur garde, tous les parens, les frères et les serviteurs du jeune prisonnier, afin qu'ils ne pussent la livrer aux Chrétiens pour parvenir à sauver leur parent. Ils furent en effet chassés dès que leurs projets eurent été découverts : alors les Chrétiens perdant tout espoir de prendre possession de la tour, pour avoir conduit leur négociation beaucoup trop ouvertement, firent subir toutes sortes de tourmens au jeune prisonnier, et après l'avoir accablé de mauvais traitemens pendant près d'un mois, ils traînèrent enfin le malheureux sous les murailles de la ville, l'exposèrent au regard des Turcs, respirant à peine, à la suite de toutes les tortures qu'il avait endurées, et ils lui tranchèrent la tête : ce dernier supplice lui fut infligé principalement à la suite de l'accusation que portèrent contre lui des Chrétiens grecs, qui déclarèrent que ce jeune homme avait fait périr de ses propres mains plus de mille chrétiens.

La nouvelle redoute élevée par les pèlerins, et le supplice qu'ils infligèrent à leur prisonnier leur assurèrent un peu plus de repos. Alors les princes chrétiens considérant les malheurs qui avaient affligé Boé-

[1] Guillaume de Tyr l'appelle Samsadol.

mond et ses compagnons d'armes, les souffrances et l'affreuse mortalité que la disette avait attirées sur le peuple, reconnurent que tant de maux ne pouvaient provenir que de la multitude de leurs péchés. En conséquence ils tinrent conseil avec les évêques, et tous les membres du clergé qui étaient présens, et résolurent de bannir de l'armée toute injustice et toute souillure; il fut ordonné *que désormais nul n'entreprît de trahir son frère chrétien par de faux poids ou de fausses mesures, à prix d'or ou à prix d'argent, ou bien encore dans l'échange ou la négociation de toute autre denrée; que nul n'osât commettre un larcin; que nul ne se souillât du crime de fornication ou d'adultère;* on déclara en outre, *que celui qui méconnaîtrait ces injonctions serait saisi et puni sévèrement, afin que le peuple de Dieu pût se laver de toute iniquité et de toute impureté.* Un grand nombre d'individus ayant violé les dispositions de ce décret, les juges qu'on avait établis les punirent sévèrement : les uns furent chargés de chaînes, d'autres battus de verges, d'autres subirent la tonsure ou la marque d'un fer rouge, afin que de tels exemples servissent à corriger et à réprimer les désordres des pèlerins. Un homme et une femme surpris en adultère furent dépouillés tout nus en présence de toute l'armée ; on leur attacha les mains derrière le dos, des exécuteurs de la justice les frappèrent de verges, et les forcèrent à parcourir tous les rangs de l'armée, afin que la vue des plaies horribles dont ils étaient couverts servît à détourner tous les autres d'un crime aussi abominable.

Tandis qu'on exerçait ces actes de justice sur le

peuple de Dieu, avec l'assentiment de tous les princes de l'armée, dans le dessein d'apaiser la colère du Seigneur, le duc Godefroi était enfin guéri de sa blessure et en pleine convalescence. L'armée l'envoya alors sur le territoire des Sarrasins et des Turcs, pour chercher à reprendre le butin et les dépouilles que Boémond battu et fuyant avait été contraint d'abandonner, et dans l'espoir qu'il rapporterait au sein de l'armée la joie qu'elle avait perdue, à la suite de tant de privations et de souffrances : cet espoir ne fut pas complétement déçu ; cependant le duc ne put ramasser beaucoup de butin. Depuis le moment où Boémond était entré sur leur territoire, et y avait enlevé des dépouilles, les Sarrasins et les Turcs se tenaient mieux sur leurs gardes, et avaient soin de cacher leur gros bétail, tous leurs effets et leur argent dans les montagnes, et dans des lieux inaccessibles. Le comte Raimond et d'autres princes furent également envoyés à la découverte, par suite d'un décret de l'armée ; mais ils ne purent non plus enlever que peu de butin, parce que les Sarrasins prirent la fuite avec leur gros et leur menu bétail, et emportèrent avec eux dans les montagnes ou dans les terres plus éloignées tout ce qui leur appartenait.

Tandis que le siége d'Antioche se prolongeait indéfiniment, et que le peuple de Dieu était affligé des maux les plus graves, écrasé de fatigues et de veilles, accablé par la famine, les maladies pestilentielles et les fréquentes incursions des Turcs, l'Émir roi de Babylone, qui avant l'expédition des Chrétiens avait eu de graves altercations avec les Turcs, et entretenait contre eux une vive haine, ayant appris

les projets des Chrétiens par un certain abbé qui lui avait été expédié, envoya à l'armée du Dieu vivant quinze députés chargés de lui proposer la paix, et un traité d'alliance avec ses Etats. Ces députés, habiles à parler diverses langues, étaient porteurs d'un message conçu en ces termes : « L'Émir roi de Babylone,
« tout joyeux de votre arrivée et de vos succès, envoie
« le salut aux plus grands princes et aux plus humbles
« des Chrétiens ;

« Les Turcs, nation étrangère, ennemie de moi et
« de mon royaume, ont à diverses reprises envahi
« notre territoire et retenu la ville de Jérusalem, qui
« est soumise à notre domination. Cependant et avant
« votre arrivée nous avons recouvré cette ville, avec
« nos propres forces, et nous en avons expulsé les
« Turcs. Maintenant que nous concluons un traité d'a-
« mitié avec vous, nous rendrons à la race des Chré-
« tiens la ville sainte, la tour de David et la mon-
« tagne de Sion. Nous entrerons en discussion avec
« vous au sujet de la profession de la loi chrétienne,
« et après cette discussion, si cette foi nous convient,
« nous sommes tout disposé à l'adopter. Que si nous
« voulons persister dans la loi et dans les cérémonies
« des Gentils, le traité que nous aurons conclu ré-
« ciproquement ne sera point rompu pour ce motif.
« Nous vous demandons et vous prions de ne point
« vous retirer de devant la ville d'Antioche, avant
« qu'elle ait été restituée entre vos mains, puisqu'elle
« fut injustement enlevée à l'empereur des Grecs et
« aux Chrétiens. «

Guinemer, qui avait quitté Baudouin et Tancrède à Mamistra pour se porter vers les côtes de la mer, s'embarqua de nouveau et se rendit devant Laodicée, avec une armée navale bien équipée; l'ayant investie par mer et attaquée, il s'en rendit maître par la force des armes; mais il n'envoya aucun secours, et ne fit part d'aucun des biens qu'il avait conquis aux Chrétiens ses frères, qui pendant ce temps étaient occupés au siége d'Antioche. Tandis qu'il possédait en toute sécurité la ville de Laodicée, et se livrait à un doux repos avec ses compagnons d'armes et ses associés, jouissant des revenus du territoire et de ceux de la ville, les Turcopoles et les chevaliers de l'empereur des Grecs les surprirent par artifice, et leur enlevèrent la citadelle de la place. Guinemer lui-même fut pris et jeté en prison, et le duc Godefroi, ainsi que les autres princes qui étaient avec lui à Antioche ignorèrent d'abord tous ces événemens.

Cependant les Turcs assiégés dans Antioche ne tardèrent pas à chercher des secours au dehors, et à appeler des amis à leur aide; ils rassemblèrent dans les montagnes et dans les pays limitrophes de nombreuses troupes de Turcs, et trente mille hommes se trouvèrent bientôt réunis en un seul corps d'armée. Les assiégés avaient résolu secrètement de faire attaquer dès le point du jour le saint peuple de Dieu par ceux qui se trouvaient en dehors de la ville, tandis que ceux qui seraient en dedans feraient aussi une sortie, pour soutenir et pour renforcer cette attaque, afin que les Chrétiens, ainsi écrasés sous les armes et les flèches de leurs ennemis, pussent tous être détruits et passés au fil de l'épée. La nouvelle de ces odieux projets et de ce complot détestable parvint au camp des catholiques, du duc Godefroi, de l'évêque du Puy et de tous les principaux chefs, lorsque les malheurs de la disette, les longues fatigues de la guerre, et d'autres calamités de divers genres avaient déjà réduit l'armée à n'avoir plus qu'un millier de chevaux propres au combat. Au milieu de ces sollicitudes, et dans cette situation difficile, l'évêque ouvrit un avis, disant : « Hommes très-chrétiens, vous « qui êtes l'élite de la France, je ne saurais vous dire « ce qu'il y a de plus utile à faire, si ce n'est que vous « mettiez tout votre espoir dans le nom du Seigneur « Jésus, et que vous alliez attaquer ces ennemis à « l'improviste. Quoique les Gentils arrivent, comme « vous l'avez entendu dire, au nombre de plusieurs « milliers d'hommes, sans avoir supporté aucune fa- « tigue, sans avoir fait de longues et pénibles mar- « ches, depuis qu'ils sont sortis de leur territoire, « quoiqu'ils se soient déjà avancés jusqu'à la ville de « Barich [1], il ne sera pas difficile à la main de Dieu de « se fermer sur tant de milliers d'hommes, et de les « faire détruire par votre troupe peu nombreuse. » A ces paroles du pontife, le duc Godefroi, toujours infatigable à la guerre, répondit en présence des légions par lui rassemblées : « Nous sommes les adora- « teurs du Dieu vivant et du Seigneur Jésus-Christ, « au nom duquel nous combattons. Ils se sont rassem- « blés dans leur force, nous sommes réunis au nom « du Dieu vivant. Pleins de confiance en sa grâce, « n'hésitons point à attaquer ces impies, dénués de « foi ; car, vivans ou morts, nous appartenons au Sei- « gneur. Si nous tenons au salut et à la vie, il faut « que notre résolution ne soit pas publiée, de peur

[1] C'est le *Harenc* de Guillaume de Tyr. Voy. *ibid.* liv. v, t. 1, pag. 237.

« que nos ennemis, remplis de sollicitude et de pré-
« voyance, en apprenant notre prochaine arrivée,
« n'éprouvent une trop grande terreur et ne redou-
« tent de combattre contre nous. »

A la suite de ces exhortations du duc Godefroi, on choisit sept cents chevaliers, bons hommes de guerre, parmi lesquels cependant il n'y avait que quelques principaux chefs qui fussent instruits des projets arrêtés. La plupart des autres avaient perdu leurs chevaux, par suite de diverses catastrophes, et il n'y en avait, comme je l'ai déjà dit, qu'un petit nombre qui fussent en état de servir : les uns montèrent sur des bêtes de somme, d'autres sur des mulets ou des ânes, selon ce qu'ils purent trouver ; ils se mirent en route pendant la nuit silencieuse et traversèrent le pont de bateaux, tandis que les Turcs chargés de la défense de la place ignoraient complétement leurs démarches. Boémond, Tancrède, Robert de Flandre, Robert de Normandie et le duc Godefroi se réunirent tous au lieu indiqué. Roger de Barneville avait été également convoqué et s'y rendit aussi : sans cesse occupé de tendre des piéges aux Turcs, et leur faisant très-souvent beaucoup de mal, Roger était très-connu et en très-grande réputation parmi eux, et il faut ajouter à son éloge qu'il fut très-souvent choisi pour servir de messager entre les Chrétiens et leurs ennemis, lorsqu'il était question de négocier quelque convention au sujet des prisonniers, ou pour tout autre motif. Le pontife chef de l'expédition, toujours prêt à répandre ses saintes exhortations, s'associa aussi à cette entreprise, afin de soutenir le courage des hommes de Dieu. Lorsqu'ils eurent marché toute la nuit et se furent approchés du camp des Turcs, ils envoyèrent en avant un homme d'origine turque, nommé Boémond : il avait appris à connaître la vérité, laquelle est le Christ, et avait reçu la grâce du baptême ; le prince Boémond l'avait présenté sur les fonts sacrés, et lui avait donné son nom. On lui adjoignit Gautier de Drommedard : tous deux s'avançant avec beaucoup de précaution, reconnurent dès le point du jour ce peuple innombrable sortant du milieu des taillis de la forêt, et marchant au secours des habitans d'Antioche. Aussitôt qu'ils eurent vu de loin les ennemis, les deux émissaires se disposèrent à retourner sur leurs pas, et, rendant les rênes à leurs chevaux, ils revinrent auprès des sept cents chevaliers, leur annoncèrent ce qu'ils avaient vu, et dissipèrent en même temps leur effroi en leur adressant des paroles d'encouragement.

Aussitôt qu'il eut entendu les rapports de Gautier et de Boémond, l'illustre pontife invita ses compagnons, qu'un mouvement de crainte et d'anxiété rendait encore un peu incertains, à ne point hésiter de mourir pour l'amour de celui dont ils suivaient les traces sous la bannière de la Sainte Croix et en l'honneur de qui ils avaient déjà quitté leur patrie, leurs parens et tous leurs biens, assurés que celui qui trouverait la mort dans cette journée entrerait en possession du ciel avec le Seigneur Dieu. Fortifiés par ces saintes exhortations, tous les Chrétiens résolurent, d'un commun accord, de mourir plutôt que de fuir honteusement devant leurs ennemis. Aussitôt le comte Raimond, brandissant joyeusement sa lance, et couvrant sa poitrine de son bouclier, le duc Godefroi non moins ardent pour le combat, et les sept cents chevaliers, hommes belliqueux, s'élancent dans les rangs épais de leurs ennemis, dispersent leur multitude, et recevant de Dieu même la palme de la victoire, ils dissipent les Turcs et les mettent en fuite de tous côtés. Dieu, dans sa miséricorde secourable, permit que leurs arcs, amollis par des pluies abondantes, ne pussent leur rendre aucun service : cette circonstance leur fut extrêmement défavorable, et assura en même temps le triomphe des Chrétiens. Vainqueurs, et se voyant en possession d'un succès qui ne leur coûta qu'un petit nombre d'hommes, les Chrétiens descendirent alors de cheval, et coupant les têtes des Turcs qu'ils trouvèrent morts, et les attachant aux pommeaux de leurs selles, ils allèrent comblés de joie se réunir à ceux de leurs compagnons qui attendaient dans le camp d'Antioche l'issue de cette expédition, ramenant en outre mille chevaux en bon état et les riches dépouilles qu'ils avaient enlevées à leurs ennemis. Les députés du roi de Babylone assistèrent aussi à ce combat, et rapportèrent également à l'armée des têtes de Turcs qu'ils avaient attachées sur leurs selles. Cette victoire fut remportée par ce faible corps de Chrétiens la veille d'un commencement de jeûne. Comme les fidèles couverts de gloire venaient se réunir à leurs frères dans les tentes qu'ils avaient laissées sous les murs d'Antioche, les assiégés, qui attendaient encore les secours de ceux qui venaient d'être battus, se tenaient sur leurs murailles et virent de loin s'avancer les aigles victorieuses des fidèles. Croyant qu'elles appartenaient à ceux de leur race qu'ils attendaient toujours, les assiégés coururent aux armes, en poussant des cris et faisant retentir les airs du son de leurs clairons, et sortirent en force des portes de la ville, espérant avec le secours des arrivans pouvoir détruire en un instant toute la légion sacrée. Mais lorsque les Chrétiens se furent approchés davantage, les assiégés ayant vu les têtes des Turcs suspendues à leurs selles, et reconnaissant les dépouilles et les chevaux des vaincus, tout à coup leurs cris s'arrêtèrent, leurs trompettes cessèrent de sonner; ils oublièrent toute leur joie et se retirèrent en toute hâte sous l'abri de leurs remparts. Afin d'ajouter encore à leur douleur, les Chrétiens jetèrent des têtes de Turcs par-delà les murailles de la ville, et deux cents de ces têtes environ furent fixées sur des lances et des pieux, et exposées en dessous des remparts, aux regards de tous ceux qui les occupaient.

Le lendemain, au point du jour, les princes Chrétiens tinrent conseil, et, tout joyeux encore de leur victoire, ils résolurent de prendre position et d'établir une machine auprès du pont qui s'élève sur le fleuve Fer, afin de pouvoir s'opposer aux allées et venues de ceux de la ville qui voudraient en sortir, y apporter des vivres, ou dresser des embûches aux Chrétiens. A la suite de ce conseil, Boémond, prince de Sicile, Evrard du Puiset, Raimond comte de Provence, et Garnier de Gray furent envoyés au port de mer, appelé port de Siméon l'Ermite, avec un grand nombre d'hommes de pied, pour aller acheter des vivres: ils furent en même temps chargés de ramener, pour être employés aux travaux projetés, ceux de leurs compagnons qui séjournaient sur les bords de la mer et veillaient à la défense des navires qui apportaient des provisions. En même temps les pélerins ramenèrent les députés du roi de Babylone, et, après les avoir honorés par des présens magnifiques offerts en toute bonne foi, ils les renvoyèrent par mer. Les Turcs, informés par leurs espions des résolutions et du départ de ces hommes illustres, en ressentirent une vive joie. Ayant pris dans leur armée quatre mille chevaliers d'élite, ils sortirent de la ville par le pont du Fer, et s'avancèrent par des chemins qui leur étaient connus, à la suite des conducteurs des Chrétiens; cette expédition demeura ignorée de la grande armée des assiégeans, et les Turcs allèrent se placer en embuscade dans les montagnes et au milieu des taillis, pour attendre le retour des princes qui s'étaient rendus vers le port. En effet, Boémond et les autres chefs firent partir un grand nombre de leurs compagnons, tant à pied qu'à cheval, et déjà quatre mille pélerins avaient quitté le port et s'avançaient chargés de vivres, lorsque les Turcs sortant de leur retraite et les attaquant à l'improviste, firent pleuvoir sur eux des grêles de flèches, perçant les uns au cœur ou dans les entrailles, et faisant périr les autres par le glaive. Assurés de la victoire, ils ne cessèrent d'exercer leurs fureurs sur les fidèles, soit dans la forêt, soit dans la plaine, qu'après avoir tué cinq cents hommes et avoir enlevé leurs têtes; il y eut en outre un nombre infini de blessés et de prisonniers. Boémond, qui marchait sur les derrières avec le reste de ses illustres compagnons, apprenant l'affreux carnage des Chrétiens, voyant ses frères à demi morts s'enfuir rapidement à travers les précipices des montagnes, ou s'enfoncer dans l'épaisseur des bois, et reconnaissant qu'il lui serait impossible de porter secours aux fuyards et aux vaincus, et que lui-même se trouvait exposé aux plus grands dangers, suspendit aussitôt sa marche et celle des chevaliers qui s'avançaient avec lui, et retournant sur ses pas, il échappa au péril, en se dirigeant vers la côte avec le petit nombre d'hommes qui le suivaient. Dans le même temps, un homme qui se sauva à travers les sinuosités des collines, grâce à la rapidité de son cheval, et parvint à se soustraire aux ennemis, se rendit en toute hâte auprès du duc Godefroi. Celui-ci était sorti du camp par le pont de bateaux, et, sur l'invitation du pontife, il s'était porté dans la plaine, pour forcer les Turcs à rentrer dans la ville et à ramener leur gros bétail : le messager, porteur de fâcheuses nouvelles, lui annonça que Boémond et les autres chefs se trouvaient exposés au plus grand péril et serrés de près par les ennemis, et que déjà les pèlerins qui étaient partis du port avaient été cruellement dispersés et détruits.

A cette nouvelle, le duc envoya aussitôt des exprès dans toutes les tentes des Chrétiens pour leur annoncer cette déplorable catastrophe et les inviter à se tenir prêts à tout événement. Remplis de trouble et d'effroi, les fidèles se précipitent sans retard hors de leurs tentes ; ils recouvrent leurs épaules de leurs vêtemens à écailles de fer ; ils attachent les bannières sur les lances, sellent et brident leurs chevaux en toute hâte et se forment en corps ; ils se disposent à aller occuper rapidement les abords de la ville et du pont par lequel ils espèrent que les ennemis essaieront de rentrer dans la place. Ils traversent sans retard le pont de bateaux ; et, après avoir rejoint le

duc Godefroi dans la plaine au-delà du fleuve, et
échangé avec lui de tristes regards en témoignage de
leurs regrets des malheurs survenus à leurs frères, ils
voient arriver un autre messager qui venait de quitter
les troupes de Boémond, de Raimond, de Garnier et
des autres chefs dispersés et fugitifs dans les montagnes, et qui accourait pour engager le duc et ceux
qui se trouvaient avec lui dans la plaine à rentrer
dans leurs tentes, afin d'éviter l'attaque des Turcs,
dont ils jugeaient les forces plus considérables qu'elles
n'étaient dans la réalité. Mais Godefroi, intrépide et
ne respirant que la vengeance, se refusa formellement
à se retirer et à abandonner sa position pour quelque
motif que ce fût, et déclara avec serment que ce jour-
là même il monterait sur la montagne où l'on avait
dressé une redoute, ou qu'il périrait avec les siens.
Tandis qu'il faisait cette réponse et s'occupait à former les rangs dans sa troupe, les princes Boémond,
Raimond et Garnier vinrent se réunir à eux, sains et
saufs; leur arrivée répandit la joie parmi les Chrétiens,
et tous ensemble se dirigèrent vers le point de la montagne qui est située en avant du pont. D'abord ils envoyèrent dix chevaliers d'élite sur le sommet de cette
montagne pour voir si les Turcs occupaient l'autre
côté de la vallée. Lorsque ces dix chevaliers furent
parvenus sur la hauteur, ils virent de loin toute l'armée turque qui revenait en silence à travers les sentiers pratiqués dans la montagne, après avoir dispersé
et massacré le premier corps des Chrétiens. Aussitôt
vingt chevaliers turcs se détachèrent pour marcher sur
les dix Chrétiens et les chasser de la hauteur qu'ils occupaient. Ceux-ci se retirèrent alors pour ne pas de-

meurer aussi près des ennemis, et les vingt chevaliers turcs les remplacèrent dans la même position. Trente chevaliers chrétiens survinrent alors, et chassant vigoureusement les vingt Turcs, ils les forcèrent à prendre la fuite vers le lieu où leurs alliés s'étaient établis en embuscade. Tandis que ces derniers se sauvaient pour se réunir à leurs amis, soixante chevaliers turcs, hommes vigoureux et très-habiles à manier leurs chevaux, sortirent de leur retraite, repoussèrent les trente chevaliers chrétiens à coups de flèches et s'établirent dans la position. En voyant cet excès d'audace, soixante chevaliers chrétiens s'avancèrent rapidement vers la montagne, marchant à la rencontre des soixante Turcs : pendant ce temps toute l'armée chrétienne continuait à se rapprocher, et les Chrétiens de l'avant-garde forcèrent bientôt les soixante Turcs à abandonner leur position et à fuir rapidement dans la vallée où toutes les forces turques s'étaient rassemblées au pied des montagnes. Alors celles-ci sortirent en masse du lieu de leur retraite, poursuivirent vivement les soixante chevaliers français qui occupaient le sommet de la montagne, les forcèrent de repasser de l'autre côté et de rentrer dans la vallée que l'armée chrétienne, se rapprochant de plus en plus, venait d'occuper avec toutes ses forces.

Les Turcs reconnurent alors qu'ils s'étaient trop avancés, car l'armée chrétienne demeurait immobile; et loin que la vue du péril pût la détourner de son projet, elle se remit à marcher vivement sur les ennemis : ceux-ci cherchèrent vainement à s'enfuir; les Français les poursuivirent avec acharnement; et comme ils s'étaient déjà fort avancés, ils en vinrent bientôt aux mains et assouvirent leur fureur sur les Turcs, en massacrant un grand nombre pour venger ceux de leurs frères qui avaient péri en revenant du port de Siméon. Tandis que les Turcs fuyaient devant les Chrétiens qui les poursuivaient et les tuaient sans aucun ménagement, un grand nombre des assiégés, accourus de tous côtés vers les portes de la ville pour attendre l'arrivée de ceux du dehors, n'ayant pas vu que la fortune venait de se déclarer contre eux, et qu'ils périssaient misérablement, ouvrirent la porte et s'avancèrent dans la plaine munis de leurs armes, afin de se réunir à leurs compagnons et de leur faciliter les moyens de rentrer dans la place. Déjà des deux parts fidèles et infidèles, chevaliers et fantassins étaient mêlés et confondus. Le duc Godefroi, dont la main était fort exercée au maniement des armes, fit tomber un grand nombre de têtes, quoique défendues par leurs casques, suivant les rapports de ceux qui en furent témoins oculaires. Tandis qu'il faisait les plus grands efforts et portait la mort dans les rangs des ennemis, chose incroyable! il frappa du tranchant de son glaive et coupa en deux un Turc revêtu de sa cuirasse et qui n'avait cessé de lancer des flèches sur lui. La partie supérieure de son corps tomba aussitôt sur le sable; la partie inférieure, fortement attachée au cheval par les jambes, fut emportée par l'animal vers les remparts de la ville et ne tomba que sur le milieu du pont. Joyeux de leurs succès, Robert de Flandre, Robert, comte de Normandie, Conon de Montaigu, le comte Raimond et tous les nobles français qui étaient présens lancèrent leurs chevaux sur les ennemis, rompirent les rangs, transpercèrent un grand nombre de Turcs avec la lance ou le glaive, et les contraignirent à se réfugier vers le pont, épuisés de fatigue et à demi morts. Là, comme le pont n'était pas assez large pour contenir tous ceux qui se pressaient à ses abords, beaucoup de Turcs tombaient et étaient engloutis dans les eaux du fleuve. Boémond, qui s'était échappé dans les montagnes à travers des rochers accessibles seulement aux chamois, et qui, grâce à Dieu, était revenu sain et sauf se rallier à ses frères, concourait aussi de tous ses efforts à cette œuvre de sang ; il encourageait et consolait en même temps ses compagnons d'armes, et précipitait les Turcs de dessus le pont en les perçant de la lance ou en les frappant du glaive. Ses hommes de pied, joyeux de leur triomphe, attaquaient aussi avec leurs lances tous ceux qui s'avançaient en foule sur le pont ou sur les rives du fleuve, et faisaient un si grand carnage que les eaux du Fer furent teintes du sang de leurs victimes. Après cet heureux événement, les Chrétiens se rallièrent, poursuivirent les Turcs au-delà même du pont et firent de nouveaux efforts pour entrer avec eux par la porte de la ville ; mais ceux qui étaient en dedans la refermèrent aussitôt et laissèrent leurs compagnons misérablement exposés à la fureur des Chrétiens. Ce combat, si glorieux pour les armes des fidèles, eut lieu un jour du mois de mars : on calcula que les Turcs avaient perdu quinze cents hommes, tant morts sur le champ de bataille que noyés dans le fleuve.

Après avoir vaincu leurs féroces ennemis au nom du Seigneur Jésus-Christ, et les avoir massacrés sans pitié et repoussés jusque sur la porte de la ville, les

Chrétiens, maîtres de la victoire, rentrèrent triomphans dans leurs tentes. Depuis ce jour, les Gentils commencèrent à perdre courage ; on ne les vit plus, comme auparavant, renouveler sans cesse leurs attaques ou se placer en embuscade ; il sembla que leur valeur était abattue : beaucoup d'entre eux même furent saisis de frayeur, à tel point que quelques-uns renoncèrent à leurs alliés, sortirent de la ville au milieu de la nuit et allèrent déclarer leur intention d'embrasser notre foi et de se recommander à la bienveillance des princes chrétiens. Accueillis par ceux-ci et admis dans les rangs des fidèles, ils racontèrent alors tous les maux qu'avaient soufferts leurs compagnons d'armes et les lamentations que ces calamités avaient excitées dans toute la ville. Ils dirent que douze des plus puissans émirs du roi Darsian avaient péri dans la soirée de la grande bataille, et que leur mort avait été, dans toute la ville d'Antioche, un sujet de profonde douleur. Quatre jours après, le duc Godefroi et tous les princes de l'armée de Dieu sortirent du camp en force et allèrent, comme ils l'avaient résolu, faire élever une redoute sur le sommet de la montagne dont j'ai déjà parlé, en face du pont et de la porte du Fer. Cette construction fut faite avec une immense quantité de pierres et une terre visqueuse propre à former du mortier ; on l'entoura ensuite d'un fossé profond, et le comte Raimond fut chargé de la défendre avec cinq cents hommes remplis d'habileté et de courage.

# LIVRE QUATRIÈME.

Le duc Godefroi et le peuple des fidèles avaient remporté la victoire sur les ennemis du Christianisme, et en avaient précipité un grand nombre dans les gouffres du fleuve ; ils avaient élevé une redoute sans rencontrer aucun obstacle, lorsqu'un messager turc se rendit en hâte vers la tour et le palais de Darsian, souverain d'Antioche : ce palais est situé sur la montagne. Le messager rapporta au roi tous les malheurs qu'il venait d'éprouver, et lui annonça qu'il ne tarderait pas à perdre la ville d'Antioche et toute la côte maritime s'il ne pourvoyait, dans sa prompte sollicitude, aux moyens de se défendre. Le roi Darsian, déjà chargé d'années, était demeuré jusqu'alors endormi sur son trône et en pleine sécurité, au milieu du mouvement et des chances diverses de la guerre. En apprenant la construction de la redoute, et l'échec irréparable que les Turcs avaient subi, il éprouva pour la première fois un sentiment d'angoisse, et réunit aussitôt en conseil son fils Samsadon et les principaux chefs, ses sujets. Soliman, expulsé de la ville de Nicée et du pays de Romanie, parut ainsi en présence de Darsian : ce roi le sachant doué d'éloquence, et très-connu dans tous les royaumes

des Gentils, lui demanda, avec les plus vives instances, de se charger de la mission qu'il voulait lui donner, et lui dit : « Toi, le plus proche voisin de
« mon peuple, prends avec toi douze des miens et
« mon fils Samsadon, et pars aussitôt pour le Khora-
« zan, terre et royaume où j'ai pris naissance ; Copa-
« trix et Odorson, deux de nos plus fidèles princes,
« marcheront avec toi dans cette ambassade, pour
« faire connaître mes doléances sur les offenses que
« j'ai reçues. En passant, vous inviterez Brodoan[1], de
« la ville d'Alep, mon frère et mon ami, à s'armer
« pour me secourir ; vous avertirez également Pulait,
« riche en armes et en chevaliers, qu'il ait à me prêter
« son assistance, car il m'a toujours été uni par un
« traité d'alliance : rapportez ensuite au soudan qui
« porte le sceptre du Khorazan, et qui est le chef et
« le prince des Turcs, les maux qui m'affligent : en-
« gagez aussi Corbahan[2], le serviteur intime de ce
« même souverain, à déployer pour moi les richesses
« et toutes les ressources de sa maison. Qu'on appelle
« aussitôt auprès de moi mon secrétaire, afin que
« vous emportiez des lettres de moi, revêtues de
« mon sceau, et que tous accueillent avec plus de
« confiance le récit de mes malheurs : car il y a déjà
« long-temps, et c'est depuis les premiers jours du
« siége de cette ville, que mon fils Buldagis s'est
« rendu dans le Khorazan, pour annoncer à nos frè-
« res et princes l'arrivée du peuple chrétien, et les
« inviter tous à nous porter secours et à marcher
« contre lui. »

[1] Le Rodoan ou Redoan de Guillaume de Tyr.
[2] Kerboghâ ; c'est le Corbogath de Guillaume de Tyr.

Ainsi instruits des volontés et des ordres du roi Darsian, et munis de ses lettres revêtues de son sceau, les députés sortirent du palais et de la ville, et partirent pour la terre de Khorazan. Ils arrivèrent avec beaucoup d'appareil et de pompe dans la grande ville de Samarcande, qui est située dans le royaume du Khorazan, et y trouvèrent le grand prince lui-même, le soudan qui porte le sceptre au-dessus de tous les rois et princes des contrées de l'Orient, ainsi que le prince Corbahan, le second après le roi, tous deux entourés de toute leur gloire. Soliman, comme le plus âgé de la députation et le plus renommé pour son habileté et son éloquence, salua le roi. Après qu'il l'eut salué, et avant qu'il exposât les motifs de son ambassade, les députés, conformément à l'usage des Turcs, lorsqu'ils ont à porter plainte des maux et des offenses qu'ils ont soufferts, ôtèrent leur bonnet de leur tête et le jetèrent par terre, en présence du roi très-grand et très-puissant, et de tous les siens; puis ils se déchirèrent la barbe avec leurs ongles, poussèrent de profonds soupirs et firent entendre de vives lamentations. Le roi du Khorazan, voyant les signes du désespoir des Turcs, leur dit dans son orgueil : « Soli-« man, notre ami et notre frère, rapporte-nous ce « qui vous est arrivé, fais-nous connaître les insultes « que vous avez éprouvées. Il sera impossible de vivre « devant notre face à celui, quel qu'il soit, qui a osé « vous affliger ainsi. » Soliman, joyeux des paroles du roi très-puissant, et se confiant en sa force, exposa les motifs du chagrin amer qui oppressait son cœur, et en fit un récit très-circonstancié; pour ce qu'il ne put dire de vive voix, il s'en rapporta aux

déclarations renfermées dans les lettres qu'il remettait : « Tes secours et tes forces, dit-il, nous avaient
« aidés à conquérir sur le royaume des Grecs la ville
« de Nicée, dont tu connais l'illustration, et la terre
« dite de Romanie : nous les devions à ta générosité
« et à tes bienfaits ; mais il est arrivé du royaume de
« France une race qu'on appelle chrétienne, qui dans
« sa force et avec une nombreuse armée nous a vio-
« lemment enlevé nos possessions ; ils les ont livrées
« ainsi que ma femme et mes deux fils à l'empereur
« de Constantinople ; ils m'ont battu, mis en fuite,
« et bientôt après poursuivi jusque dans la ville d'An-
« tioche, où j'espérais pouvoir demeurer. Là ils ont
« attaqué à main armée non seulement moi et les
« miens, mais encore le roi Darsian, de notre race,
« homme très-noble, ton sujet et ton ami, qui tient
« de ta munificence cette ville et son territoire. Ce
« prince Darsian, ton sujet, plus grand que nous et
« notre cousin, nous a donc envoyés vers toi, afin
« que tu daignes le secourir de toute la puissance qui
« est en tes mains : nous sommes sous le poids de
« l'impérieuse nécessité, plus dure même qu'on ne
« peut le croire : notre peuple et notre armée sont
« détruits ; notre territoire et tout notre pays sont
« perdus pour nous ; notre vie et tous nos biens sont
« maintenant entre tes mains, il ne nous reste plus
« d'espoir qu'en toi seul. »

Le roi du Khorazan accueillit ces paroles et ces
plaintes de Soliman par des éclats de rire extravagans,
et l'écouta fort légèrement : il déclara qu'il ne pouvait
croire qu'aucun peuple du monde eût osé faire tant
de maux aux Turcs, et témoigna, en présence de

toute l'assemblée, son mépris pour Soliman, dont la valeur était jusqu'alors si renommée, et pour les chevaliers dont on avait toujours vanté le courage. Mais Soliman, qui naguères avait éprouvé la force des Chrétiens, ne put écouter avec indifférence les paroles du roi, et, ne pouvant exposer tous les faits de vive voix, il ouvrit les lettres revêtues du sceau de Darsian, dans lesquelles étaient détaillés les noms des royaumes et de tous les princes chrétiens qui étaient venus attaquer les Turcs, avec le dénombrement de leurs forces et de leurs armées. Le roi et tous les princes des Gentils qui étaient avec lui, ayant pris connaissance de ces lettres, et instruits par elles de tout ce qui se rapportait aux Français, tombèrent dans la consternation, et, les yeux baissés vers la terre, ils cessèrent de s'étonner des doléances que leur adressait Soliman. Alors, et sans le moindre délai, le roi envoya des députés dans toute l'étendue de son royaume, et fit ordonner à tous ses princes et ses émirs de se réunir à un jour déterminé, en fixant celui qui parut le plus convenable. Au jour indiqué, tous s'étant rassemblés en vertu des ordres qu'ils avaient reçus, le roi leur fit connaître les paroles et les plaintes de Soliman, ainsi que les offenses des Chrétiens, et leur dit : « Vous tous qui êtes ras-
« semblés, examinez ce qu'il faut faire : car les
« Chrétiens qui sont arrivés feront contre nous, s'ils
« ne sont réprimés, tout ce qu'ils ont fait contre les
« autres villes, contre nos amis et nos frères. »

Corbahan, familier du roi, le premier dans sa cour et le second après lui dans le royaume du Khorazan, homme hautain, plein d'un orgueil sauvage et mépri-

sant les forces des Chrétiens, prit la parole avec arrogance, et dit : « Je m'étonne du langage de Soli-
« man, de Samsadon et de Buldagis, tous deux fils
« du roi Darsian, lorsque je les entends se plaindre
« de l'invasion des Chrétiens, qui ont enlevé au pre-
« mier ses terres et ses villes, et contre lesquels il
« eût été aussi facile de les défendre que si elles eus-
« sent été attaquées par autant de misérables bêtes
« brutes. Jadis j'ai détruit cent mille de ces Chrétiens,
« qui ont tous perdu leur tête auprès de Civitot, au
« lieu où se terminent les montagnes, lorsque je fus
« appelé pour secourir Soliman contre l'empereur des
« Grecs. Je dispersai leur armée, et les repoussai
« loin de la ville de Nicée qu'ils assiégeaient. Plus tard
« mes soldats, envoyés encore au secours de Soliman,
« détruisirent les innombrables bataillons de Pierre
« l'Ermite, et les campagnes de ce pays n'ont pu en-
« core être purgées des cadavres et des ossemens de
« leurs morts. »

En entendant Corbahan proférer ces paroles hautaines et se pavaner dans son orgueil, Soliman, homme d'une grande habileté, lui répondit avec modération :
« O notre frère et notre ami Corbahan, pourquoi
« nous estimes-tu si peu, et nous représentes-tu
« comme dénués de courage? pourquoi dis-tu que
« c'est par ton seul secours que nous avons vaincu
« l'empereur de Constantinople, et détruit les innom-
« brables bataillons de Pierre l'Ermite? Cette armée
« de l'empereur, cette race molle et efféminée des
« Grecs, qui ne se livrent que bien rarement aux
« exercices de la guerre, a pu être facilement vaincue
« par des hommes vigoureux, et anéantie à la suite de

« la victoire. J'ai eu de même occasion de reconnaître
« par le fait que ces bataillons de Pierre l'Ermite n'é-
« taient qu'un ramas d'hommes débiles et de men-
« dians, de femmes faibles, d'hommes de pied tous
« épuisés par la longueur de la route ; ils n'avaient
« avec eux que cinq cents chevaliers, et il ne nous fut
« pas bien difficile de les attaquer d'une course lé-
« gère et de les détruire. Mais ceux-ci, dont les let-
« tres que j'apporte vous ont fait connaître les noms,
« les actions courageuses et l'habileté dans les com-
« bats, et avec lesquels il est difficile de se mesurer,
« sachez qu'ils sont tous des hommes très-forts, rem-
« plis d'une adresse admirable pour manier leurs che-
« vaux, et qui ne se laissent effrayer dans les combats
« ni par l'aspect de la mort, ni par les armes de quel-
« que genre qu'elles soient. Ils portent des vêtemens
« de fer ; leurs boucliers, chargés d'or et de pierre-
« ries, sont peints de diverses couleurs; les casques
« qui ornent leurs têtes brillent d'un éclat plus vif
« que la lumière même du soleil. Ils ont en main
« des lances de frêne, garnies d'un fer tranchant
« et longues comme des perches. Leurs chevaux
« sont habiles à la course et bien dressés à la guerre.
« Leurs bannières, fixées sur leurs lances par des
« nœuds dorés et garnis de franges d'argent, répan-
« dent tout autour d'eux, sur les montagnes, un
« éclat éblouissant. Sachez que leur audace est telle
« que mille de leurs chevaliers, s'ils s'avancent pour
« combattre, n'hésitent pas à attaquer vingt mille des
« nôtres ; et semblables à des lions et à des sangliers,
« s'élancent comme la foudre et portent la mort dans
« tous les rangs. Et moi aussi j'avais méprisé leurs

« forces, j'avais pensé qu'ils ne tiendraient point de-
« vant moi, et, rassemblant toutes mes troupes, je
« m'étais flatté de détruire cette multitude, comme
« peu de temps auparavant j'avais détruit l'armée de
« Pierre l'Ermite. J'espérais pouvoir avec mes soldats
« la repousser loin de la ville de Nicée et délivrer ma
« femme, mes fils, mes chevaliers et mes princes ren-
« fermés dans l'enceinte de cette place. J'allai donc
« leur livrer bataille, mais je m'épuisai en vains ef-
« forts; à peine pus-je leur échapper à travers les dé-
« filés des montagnes, laissant un grand nombre des
« miens morts sur la place. Après avoir vaincu, ne
« pouvant supporter patiemment les pertes qu'ils
« avaient essuyées, ils revinrent vers Nicée, l'assié-
« gèrent de nouveau, avec plus d'ardeur et de sécu-
« rité, forcèrent enfin tous les miens à se rendre, avec
« ma femme et mes fils, et livrèrent ensuite les clefs
« de la ville à l'empereur de Constantinople. Ils ont
« en outre envahi les villes et les châteaux de la Ro-
« manie qui étaient soumis à ma domination, les ont
« restitués au même empereur, et ont occupé un
« grand nombre de nos forteresses. De tout le terri-
« toire, de toutes les villes, de toutes les places fortes
« que j'ai eus en mon pouvoir, il ne me reste plus
« que la citadelle de Foloraque, située sur les bords
« de la mer et sur les confins du royaume de Russie.
« Ces chevaliers chrétiens, qui te semblent si faibles,
« ont pris et possèdent Tursolt [1], Azara [2] et Mamistra,
« villes de la Romanie, ainsi qu'un grand nombre de
« châteaux forts. Ils ont subjugué par le fer et la
« force des armes les villes de l'Arménie, les châteaux

[1] Tarse. [2] Adène.

« de Dandronuch, d'Harenc et de Turbessel, les
« montagnes qu'occupaient Constantin prince d'Ar-
« ménie et Pancrace, et le territoire qui appartenait
« au duc Corrovassil. Ils possèdent également la
« ville de Roha, garnie de remparts et de fortes mu-
« railles, et célèbre par la fertilité de son sol. Un
« prince Baudouin, chef et conducteur du peuple
« chrétien, a pris pour femme la fille d'un prince de
« ce pays : élevé à la place du duc de Roha, mis à
« mort par ses concitoyens, il a rendu tributaires tout
« le territoire de la ville et toute la contrée environ-
« nante, et les Chrétiens ont envahi ainsi tout le pays
« et les royaumes qui s'étendent jusqu'à Mélitène.
« Maintenant, ayant occupé la contrée à droite et à
« gauche, ils assiègent la ville d'Antioche. Ces hom-
« mes supportent d'une manière étonnante les fatigues
« et les exercices violens : ils ne prennent aucun soin
« de leur corps, ne se donnent aucun instant de loi-
« sir et de repos; ils vont de jour en jour cherchant
« partout des adversaires et des ennemis, et, dès qu'ils
« les rencontrent, ils les attaquent et les font tomber
« en ruine. »

Le fier Corbahan, après avoir entendu le récit de Soliman, n'ouvrit la bouche que pour se livrer encore plus à sa jactance et aux transports de son orgueil, et dit : « Si je conserve la vie, il ne se passera pas six
« mois sans que je me sois mesuré moi-même avec ces
« Chrétiens, pour voir s'ils sont aussi forts que tu le
« dis; et, je le jure par mon Dieu, je les détruirai de
« telle sorte que toute leur postérité ne cessera de
« s'en affliger. »

Le roi du Khorazan, après avoir entendu la discussion élevée entre Corbahan et Soliman, fit appeler les savans, les devins, les aruspices de ses dieux, et les interrogea sur le destin de ses armes. Ils lui promirent que tout réussirait au gré de ses vœux, qu'il triompherait des Chrétiens et remporterait sur eux une victoire facile. A la suite de cette réponse, qui le rendait maître du cœur et des conseils du roi, Corbahan expédia de nombreux messagers dans tout le royaume du Khorazan pour ordonner, de la part du magnifique roi, à tous les plus grands et plus nobles seigneurs du pays d'avoir à se hâter pour l'expédition, et de préparer leurs armes, leurs flèches et leurs chariots chargés de vivres. Il ordonna en outre que tous les forgerons qui habitaient dans le pays eussent à fabriquer des chaînes et des fers, pour en charger les pélerins qui seraient faits prisonniers, et les faire conduire ensuite dans les terres des Barbares. Pulait, l'un des plus puissans parmi les Turcs, et qui habitait sur les bords de l'Euphrate, Brodoan de l'illustre ville d'Alep, qui avait sous ses ordres un grand nombre de satellites, furent invités par les députés du roi du Khorazan à marcher pour venger les Turcs et pour faire expier aux Chrétiens tous les maux qu'ils avaient faits à Soliman et à Darsian roi d'Antioche, amis et parens des Turcs; ces députés leur racontèrent les événemens et leur déclarèrent combien on avait un pressant besoin de leur assistance. Une autre députation alla porter les mêmes nouvelles et les mêmes avis au prince de Damas, qui lui-même avait conquis en grande partie la terre de Syrie, et que la fertilité de son pays et sa forte cavalerie rendaient également puissant. Amase du pays de Niz, situé à côté du Khorazan, renommé pour la force de ses chevaliers et pour son courage, et qui dans les combats portait toujours son drapeau dans les premiers rangs et affrontait tous les périls, fut également sollicité par les députés du roi. Nul parmi les Turcs n'était comparable à Amase pour manier une lance, ou décocher une flèche; il les surpassait tous dans son habileté à se servir de son arc. Dans toutes les expéditions il n'avait jamais moins de cent chevaux à sa disposition, tous très-rapides à la course, afin, si l'un d'entre eux était blessé d'une flèche ou périssait de toute autre manière, d'en avoir toujours d'autres pour continuer à combattre et de pouvoir se porter rapidement sur tous les points et faire le plus grand mal à ses ennemis. On invita aussi Boésas, qui appartenait également à la secte des Turcs et n'était point inférieur aux autres pour le maniement des armes et l'éclat de sa suite. Un autre Amase, de la vaste et fertile terre des Kurdes, qui conduisait toujours avec lui un grand nombre d'archers, fut aussi invité, d'après les ordres du roi, à se réunir à l'expédition. Balak de la forteresse d'Amadja et de la ville de Sororgie, Balduk de Samosate, tous deux Turcs remplis d'artifice, mais chevaliers illustrés à la guerre par la force de leurs armes, et Karajeth de Carrhes, ville entourée de beaux remparts et de fortes murailles, reçurent également avis du jour où l'expédition devait se rassembler. Tous ces chefs, et beaucoup d'autres qui exerçaient leur autorité dans divers autres royaumes, avaient été invités à se réunir pour cette expédition, dans le royaume du Khorazan, dès le commencement du siége d'Antioche, et le furent encore après que le roi Darsian eut envoyé

Soliman à la tête d'une seconde députation. Pendant ce temps on avait aussi préparé dans le royaume du Khorazan tout ce qui était nécessaire, et l'on continuait à armer des chevaliers et à faire avec la plus grande ardeur, et sans aucune interruption, toutes les dispositions convenables pour commencer la guerre.

Cependant l'armée chrétienne et tous les princes qui étaient réunis autour des murailles d'Antioche, et travaillaient au siége de cette place, ignoraient entièrement les préparatifs de cette expédition : de jour en jour les vivres devenaient plus rares dans leur camp, les armes et les chevaux se détérioraient et dépérissaient, et la crainte d'une disette absolue tourmentait les fidèles plus encore que tout le reste. La misère publique allait croissant de jour en jour ; un grand nombre d'individus étaient réduits au désespoir en voyant baisser progressivement les provisions les plus nécessaires, lorsque Baudouin, qui avait obtenu le pouvoir dans la ville d'Edesse, autrement nommée Roha, envoya beaucoup de talens d'or et d'argent à son frère le duc Godefroi, à Robert de Flandre, à Robert comte de Normandie, à Raimond et autres princes les plus considérables. Gérard, son serviteur intime, leur apporta ces présens, que Baudouin leur adressa pour les secourir, dès qu'il fut instruit de l'extrême détresse qui affligeait des princes si illustres et si nobles. Il envoya également à son frère et aux autres chefs des chevaux légers à la course, et remarquables par la beauté de leurs formes, tous garnis de selles et de brides élégantes, et il y joignit en outre un envoi d'armes d'une admirable beauté. Quelques jours plus tard, Nichossus, prince d'Arménie et du pays de Turbessel, envoya aussi au duc Godefroi une fort belle tente, enrichie d'un travail merveilleux, afin d'obtenir sa bienveillance et son amitié. Mais Pancrace, ayant disposé une embuscade, fit enlever cette tente aux serviteurs de Nichossus et l'envoya en présent à Boémond. Le duc Godefroi et Robert de Flandre, unis par une étroite amitié et une alliance intime, ayant appris par le message de Nichossus que cette tente leur était adressée, invitèrent Boémond avec douceur à restituer ce qu'il avait reçu injustement, et Boémond refusa formellement d'accéder à leur demande. Les deux princes indignés, et ayant pris conseil des autres princes, lui demandèrent une seconde fois la tente qu'il leur avait enlevée; Boémond déclara de nouveau qu'il ne la rendrait point, et sa réponse hautaine excita la colère des deux princes. Ils convoquèrent aussitôt tous les hommes de leur suite, et résolurent d'attaquer Boémond dans son camp s'il ne remettait aussitôt ce qu'il possédait sans droit. Enfin Boémond cédant aux conseils des principaux chefs de l'armée, pour éviter que la discorde ne s'établît au milieu du peuple chrétien, rendit la tente au duc Godefroi, et cette querelle terminée, ils devinrent amis de nouveau. Comme la disette augmentait de jour en jour, et que les vivres commençaient à manquer dans tout le pays d'Antioche, Baudouin assigna au duc Godefroi son frère tous les revenus de Turbessel, en grains, vins, orge et huile, et en outre en or une somme annuelle de cinquante mille byzantins seulement.

Déjà s'approchait le jour déterminé et assigné depuis long-temps pour l'expédition du roi du Khorazan.

Tous les peuples de ce royaume et les princes que
j'ai nommés, dispersés dans les pays d'Arménie, de
Syrie et de Romanie, se rassemblèrent en armes et
avec tout l'appareil de la guerre au château de Sooch :
ils avaient avec eux deux cent mille cavaliers propres
au combat, sans compter le menu peuple et les femmes, et sans parler aussi des bêtes de somme, des
chameaux et de beaucoup d'autres animaux, dont le
nombre était incalculable. On voyait à leur tête Corbahan, prince et chef de l'armée, qui brillait au-dessus de tous les autres par la grande quantité de
ses chariots chargés de vivres et d'armes, par le
grand nombre de chevaliers et de tentes qui le suivaient et par la richesse de ses équipages. Tous les
princes et toutes les nations rassemblés dans le camp
le respectaient comme leur seigneur, et lui obéissaient en toute chose comme à leur maître et à leur
gouverneur. Il rassembla son armée en un seul corps
et marcha pendant plusieurs jours à côté de ses chariots chargés et des bagages que transportaient les
bêtes de somme et les chameaux : arrivé sur le territoire de la ville de Roha, il s'y arrêta quelques jours.
Tandis qu'il descendait dans ce pays et ralentissait
sa marche pour éviter l'encombrement des hommes
et des chevaux, un grand nombre de messagers accoururent de divers côtés et lui portèrent des nouvelles de l'armée qui faisait le siége d'Antioche. Entre
autres on vint lui porter plainte contre Baudouin, qui,
après avoir battu et dispersé les Turcs, s'était emparé
non-seulement de la ville de Roha, mais encore de
toutes les places fortes situées dans les environs.

Ayant appris ces détails, Corbahan et les principaux chefs de son armée résolurent d'un commun accord d'assiéger et de prendre d'abord la ville de Roha, de faire prisonniers et de punir ensuite Baudouin et tous les Chrétiens de sa suite, et de rétablir la ville et tout le pays sous la domination des Turcs. Mais Baudouin, incapable de céder à aucune menace ou à aucun sentiment de crainte, informé de l'arrivée de Corbahan et de ses projets contre lui-même et contre la ville de Roha, convoqua aussitôt et arma ses fidèles, et tous montés sur des chevaux habiles à la course, ils marchèrent à la rencontre des chevaliers que Corbahan avait envoyés en avant pour commencer le siége de la place. Les attaquant alors vigoureusement avec les arcs des Arméniens et les lances des Français, Baudouin les mit en fuite, les repoussa jusque sur le camp de Corbahan, leur enleva et ramena dans la ville de Roha de riches dépouilles, savoir des chameaux et des bêtes de somme, que l'on avait envoyés en avant, chargés de provisions. Corbahan ne pouvait assez s'étonner que Baudouin eût osé entreprendre de telles choses contre lui, au moment même où il arrivait. Indigné de cet excès d'audace, il jura par son dieu de ne point abandonner le siége de Roha; et, ayant averti son armée, il déclara qu'il voulait pénétrer sans retard et de vive force dans cette ville et emmener Baudouin en captivité.

Aussitôt que Corbahan, prince et homme redoutable, eut donné le signal à ses alliés, tous se levèrent en même temps, et allèrent attaquer la ville de Roha, en faisant retentir au loin les trompettes et les clairons : pendant trois jours consécutifs, ils livrèrent de fréquens assauts devant les murs de la ville, et essayèrent de l'enlever de force ; mais voyant que les défenseurs et les gardiens de la place résistaient fortement, et qu'il leur serait impossible de s'en emparer en un moment ou du moins en peu de temps, parce que les murailles et les tours la rendaient inexpugnable, ils engagèrent Corbahan à abandonner le siége, à poursuivre sa marche vers Antioche, sauf à revenir, après avoir délivré celle-ci, recommencer l'attaque de Roha, et massacrer Baudouin et tous les siens, comme les moutons sont mis à mort dans une bergerie. Corbahan se rendant à l'avis de ses conseillers, se remit en marche pour Antioche, et divisa sa nombreuse armée en plusieurs corps, à cause de la difficulté des chemins à travers les montagnes. Comme tant de milliers d'hommes ne pouvaient traverser le grand fleuve de l'Euphrate qu'avec beaucoup de lenteur, Baudouin et ceux qui étaient enfermés avec lui dans la ville, ne se laissèrent point effrayer par leur immense multitude, et, lorsque Corbahan se fut retiré de la place, ils montèrent aussi à cheval et marchèrent sur les derrières, pour le cas où quelque corps demeurerait en retard, et pourrait être attaqué avec avantage. Mais ils ne purent réussir dans ce projet, tant les Turcs prenaient de précautions pour se garder ; les nôtres rentrèrent alors à Roha, priant le Seigneur du ciel d'avoir compassion du duc Godefroi, de Robert, de Raimond, de Boémond et de tous les Chrétiens, de les protéger par sa grâce, et de les défendre contre leurs ennemis, qui venaient les attaquer en si grande force. Bientôt après l'armée chrétienne apprit par les espions Syriens et Arméniens, la première nouvelle de l'approche de Corbahan et de ses chevaliers. Les uns se refusaient à le croire, et ceux qui le croyaient sollicitaient le duc Godefroi de se préparer pour cet événement.

Au milieu de ces diverses opinions, et je ne sais pour quels motifs, Étienne de Blois se déclara extrêmement malade, et ajouta qu'il lui était impossible de demeurer plus long-temps au siége d'Antioche; puis, louant beaucoup ses frères, et prenant congé d'eux, sous ce prétexte de maladie, il dirigea sa marche vers les bords de la mer, et partit pour Alexandrette. En faisant sa retraite, il fut suivi par quatre mille hommes de guerre qui avaient formé son escorte dès le principe. Le duc Godefroi, Boémond, Robert et Raimond, capitaines de l'armée, de plus en plus étonnés de l'arrivée inopinée des Gentils, résolurent d'un commun accord de choisir des hommes intelligens, qu'ils chargeraient d'aller en avant pour reconnaître la vérité de ces rapports, et de passer par les montagnes et les lieux les plus inaccessibles pour être mieux en sûreté, et pouvoir mieux examiner. Dreux de Nesle, Clairambault de Vandeuil, Ives du royaume de France, et Renaud de Toul, hommes très-distingués, reçurent ordre de se porter en avant, et s'ils apprenaient quelque nouvelle certaine au sujet de l'arrivée des Gentils, ou s'ils en voyaient quelque chose par eux-mêmes, de venir aussitôt en faire leur rapport à l'armée, afin que les princes, en prenant leurs précautions, eussent moins à redouter les coups des ennemis. Parmi les chevaliers qui allèrent à la découverte, les uns se dirigèrent vers Artasie, d'autres vers Roha, d'autres vers la Romanie, afin de pouvoir mieux connaître la vérité des faits; bientôt ils virent l'armée ennemie, sortant de tous côtés, à travers les montagnes et par tous les chemins, nombreuse comme le sable de la mer. Ils admirèrent leur infinie multitude, mais ne purent entreprendre de les compter.

Après avoir vu tant de milliers de Turcs, et Corbahan entouré de son armée et de ses richesses incomparables, les députés chrétiens retournèrent en toute hâte à Antioche, et y arrivèrent sept jours avant que Corbahan et ses troupes eussent atteint les frontières et la plaine du territoire de cette ville. A leur retour ils racontèrent au duc et aux autres princes ce qu'ils avaient appris et vu de leurs yeux au sujet de la marche de Corbahan, de l'appareil de guerre dont il était environné, et des troupes qu'il conduisait à sa suite; mais ils n'en parlèrent qu'en secret, de peur que le peuple, déjà affligé de la longueur du siége et de l'extrême pénurie qu'il éprouvait, ne tombât dans le désespoir, ne fût moins propre à la résistance, ou ne cherchât les occasions de prendre la fuite, à la faveur des ténèbres de la nuit. Le lendemain du retour des chevaliers qui étaient allés en reconnaissance, Godefroi, Robert, Raimond, Boémond, Eustache, Tancrède et tous les principaux chefs se réunirent à la suite d'une convocation, et délibérèrent entre eux sur ce qu'il y avait de mieux à faire, et sur les résolutions qu'il serait le plus convenable d'adopter, afin de n'être pas pris à l'improviste, et massacrés sans défense par les milliers d'ennemis qui les menaçaient. Le duc Godefroi, Robert et plusieurs autres voulaient que les Chrétiens se levassent tous ensemble revêtus de leurs cuirasses, de leurs casques et de leurs boucliers, qu'ils s'avançassent, bannières déployées et en bon ordre de bataille, à la rencontre de l'armée de Corbahan, et que mettant toutes leurs espérances dans le Seigneur Jésus-Christ, ils allassent combattre les Gentils, et mourir en martyrs pour le nom de Dieu. D'autres étaient d'avis qu'une partie de l'armée demeurât dans le camp, afin que les Turcs enfermés dans la ville ne pussent en sortir pour porter secours à Corbahan, et qu'en même temps, selon l'avis du duc Godefroi et de Robert de Flandre, la portion la plus considérable de l'armée marchât à la rencontre des ennemis, mais sans s'avancer à plus de deux milles du camp.

Tandis que chacun présentait ainsi son opinion dans le conseil, Boëmond, homme sage et adroit, prit à part Godefroi, Robert de Flandre et Raimond, les emmena hors de l'assemblée dans un lieu secret, et leur exposa tout ce qu'il avait tenu renfermé dans le fond de son cœur, en leur parlant comme il suit :

« Mes seigneurs et frères très-chéris, je possède un
« secret que je vais maintenant vous confier, et par
« lequel, si Dieu nous est favorable et nous protège,
« toute l'armée et nos princes pourront être délivrés
« et sauvés. Déjà plus de sept mois se sont écoulés
« depuis qu'on m'a fait la promesse de remettre entre
« mes mains la ville d'Antioche. La convention con-
« clue à ce sujet entre moi et celui qui doit la livrer,
« et qui m'a engagé sa foi, est de telle sorte qu'il lui
« est impossible de s'en retirer ni d'y rien changer ;
« en sorte qu'il doit, à quelque heure que je lui en
« donne le signal, remettre entre mes mains une des
« tours qui conduisent à la ville ; celle dans laquelle il
« habite lui-même. Voyant que le succès de notre en-
« treprise était trop au dessus des forces humaines,

« j'ai beaucoup travaillé pour cette affaire. J'ai promis
« de donner à cet homme d'immenses sommes d'ar-
« gent; je me suis engagé par serment à l'enrichir, et
« à l'élever entre mes amis, non moins que Tancrède,
« le propre fils de ma sœur. Boémond, qui porte le
« même nom que moi, et qui est né Turc, a été l'a-
« gent de cette secrète négociation, depuis le jour
« où il a lui-même embrassé notre foi. Et mainte-
« nant les choses en sont venues au point que celui
« qui s'est engagé envers moi ne peut me tromper
« en aucune de ses promesses, et qu'il me trouvera
« également tout disposé à lui accorder les grandes
« récompenses que je lui ai garanties. Comme je
« dois lui donner des sommes considérables, et que
« je supporte seul tout le poids de cette affaire, je ne
« vous demande qu'une seule chose, et toujours en
« secret, à vous qui êtes les fermes appuis et les ca-
« pitaines de l'armée, c'est que vous et les vôtres
« vous donniez votre consentement à ce que la ville
« soit livrée entre mes mains, lorsqu'elle sera prise.
« Je conduirai jusqu'au bout l'accomplissement de mes
« projets et de mon traité, et les engagemens que
« j'ai pris envers celui qui remettra la place, je suis
« prêt à les remplir sans le moindre retard et sur mes
« propres ressources. » Les princes accueillirent ces
propositions avec la plus grande joie ; ils cédèrent la
ville à Boémond avec beaucoup d'empressement, et
déterminèrent également les autres chefs de l'armée à
consentir spontanément à cette cession.

Tous les capitaines ayant donné leur assentiment,
et s'étant engagés les uns envers les autres, en se présentant la main, à demeurer fidèles à leurs promesses,

il fut convenu qu'on ne parlerait point en public de cette affaire, et qu'elle demeurerait dans le plus profond secret. Quelques personnes disent que, dans l'un des nombreux combats qui eurent lieu pendant le siége d'Antioche, un jeune homme, fils du Turc qui promit de la livrer, étant tombé entre les mains de Boémond, son père, pour le racheter, chercha les moyens de se lier avec ce dernier; et qu'enfin, préférant la vie de son fils au salut de tous ses concitoyens, il se résolut à cet acte de perfidie envers le roi Darsian, conclut un traité à condition que son fils lui serait rendu, et que ce fut par ce moyen que les fidèles chevaliers du Christ furent introduits dans la ville [1].... Boémond reçut donc la promesse qu'Antioche lui serait livrée dès qu'on en aurait pris possession. Le soir étant venu, il fut arrêté, sur la proposition de Boémond, que Godefroi et Robert de Flandre prendraient dans l'armée sept cents illustres chevaliers, et que ceux-ci, tandis que les Turcs seraient dispersés sur les remparts, ou occupés du soin de leurs affaires particulières, dirigeraient leur marche vers les montagnes, à la faveur de la nuit, comme pour aller s'établir en embuscade, et attendre le passage des hommes de l'armée de Corbahan qui pourraient être expédiés en avant. Au moment où les sept cents hommes partirent pour la montagne, au milieu d'une nuit obscure, marchant, sans suivre aucun chemin, dans des passages presque inabordables, et à travers d'étroits défilés, sous la conduite de Boémond (celui qui s'était fait chrétien depuis peu de temps), le duc Godefroi leur adressa le discours suivant, d'un ton ferme et

[1] Il y a ici une lacune qui ne peut être importante.

imposant : « Hommes, frères, pélerins dévou's à
« Dieu, nous avons résolu de marcher à la rencontre
« des Turcs et des corps ennemis qui sont établis
« près de nous, et de combattre avec eux pour es-
« sayer de remporter une victoire : nous défendons for-
« mellement que personne, parmi nous, fasse le moin-
« dre mouvement, ou le moindre bruit, sous peine de
« mort. » En même temps Godefroi avait dans l'esprit
des pensées toutes différentes de ce qu'il disait à ce
peuple. Se dirigeant lui-même vers les montagnes, mais
seulement avec ceux qui connaissaient son secret, vers
le côté où la citadelle du roi Darsian s'élève fort au-
dessus de la ville, il franchit les vallées et les précipices escarpés; et, choisissant une retraite assez éloignée de la place et solitaire, il s'arrêta au fond d'un
vallon avec Robert de Flandre, et fit aussitôt, avec
sollicitude, toutes les dispositions de prudence nécessaires pour l'occupation de la ville.

Lorsque toutes ces mesures de précaution eurent
été sagement ordonnées, on envoya un interprète de
langues, né Lombard, et l'un des domestiques de
Boémond, vers la tour que gardait celui qui devait la
livrer, pour le faire inviter, de la part de Boémond,
à tenir sa promesse en introduisant les Chrétiens, et
pour rapporter d'abord aux princes la réponse qu'il
aurait reçue. Arrivé auprès des murailles, il trouva le
traître qui passait la nuit à l'une des fenêtres de la
tour, et veillait assidûment pour attendre l'arrivée
des Chrétiens : il l'appela en langue grecque, et lui
demanda d'abord s'il était seul, afin de pouvoir s'entretenir plus sûrement avec lui au sujet du message
de Boémond. Ayant reconnu l'envoyé de Boémond à

ses paroles, et par des signes plus certains, savoir, un anneau que Boémond avait reçu de lui, et qu'il lui renvoyait comme garantie, le Turc ne repoussa point l'interprète et s'informa, au contraire, avec empressement si Boémond ou quelqu'un des siens était venu. L'interprète voyant, de son côté, que le traître parlait sans artifice, répondit que les chevaliers n'étaient pas éloignés, et qu'ils étaient tout disposés à se conduire selon les avis qu'il leur ferait parvenir. L'autre dit alors qu'ils pouvaient s'avancer sans hésitation ni crainte, et monter sur les murailles en toute sécurité, mais qu'il importait de ne pas différer d'un moment, parce qu'il restait peu de temps avant que la nuit fût remplacée par le premier point du jour; il les supplia instamment de se hâter, principalement dans l'intention d'éviter que le gardien, qui venait à son rang visiter les tours et les murailles, portant en main une torche, et faisant une ronde de sûreté, ne les découvrît au moment où ils monteraient, et qu'ils ne fussent exposés à perdre la vie si l'on venait à donner l'éveil aux ennemis.

L'interprète, après avoir entendu les paroles de son interlocuteur, se rendit, d'une marche rapide, auprès des princes qu'il avait laissés dans les montagnes, leur rapporta tout ce qu'il venait d'entendre, et les supplia vivement de choisir les hommes les plus intrépides, qui monteraient sans aucun retard sur les murailles, et seraient introduits dans la ville. Des hommes furent aussitôt désignés pour cette entreprise; mais, frappés d'incertitude et de crainte, ils hésitaient entre eux à qui monterait le premier, et chacun, en son particulier, s'y refusait obstiné-

ment. Le duc Godefroi et Robert, voyant leurs hommes remplis de terreur, et ne trouvant personne qui voulût se hasarder le premier, parce que tous se méfiaient de la parole du Turc et redoutaient quelque artifice ; Godefroi, dis-je, et Robert, frémissant dans le fond de leur cœur, cherchèrent à relever le courage de leurs compagnons par quelques paroles. « Rappelez-vous, leur disaient-ils, au nom de
« qui vous avez quitté votre pays et vos parens, et
« comment vous avez renoncé à cette vie terrestre
« sans craindre d'affronter aucun péril de mort pour
« l'amour de Jésus-Christ; vous devez donc croire
« que vous vivrez heureusement avec le Christ, et
« pour l'amour de lui recevoir avec fermeté d'ame et
« contentement tout ce qui vous arrivera dans la route
« que vous suivez. Courage donc, très-chéris cheva-
« liers du Christ! ce n'est point pour une récompense
« terrestre que vous vous exposez à ce danger ; vous
« vous confiez aux mérites de celui qui sait, après la
« mort de ce monde, conférer aux siens les biens de
« la vie éternelle : de façon ou d'autre nous devons
« mourir. Déjà le premier crépuscule du matin est près
« de venir trahir nos résolutions ; si les citoyens et
« les Turcs nous aperçoivent, aucun de nous ne s'é-
« chappera vivant d'entre leurs mains. Allez donc,
« montez sur les murailles, et offrez vos vies à Dieu,
« sachant bien qu'il appartient à l'amour de Dieu de
« sacrifier sa vie pour ses amis. »

En entendant les paroles consolantes de ces princes magnanimes, plusieurs chevaliers chrétiens renoncèrent enfin à leur hésitation. Prenant alors une échelle faite en cuir de bœuf, et propre à l'exécution de leur entreprise, ils se rapprochèrent des murailles, accompagnés de l'interprète : le traître attendit leur arrivée. Ceux qui marchèrent les premiers étaient, les uns, domestiques du duc, les autres de l'escorte de Robert, quelques autres de la maison de Boémond. L'interprète, appelant aussitôt le Turc, lui demanda de jeter une corde avec laquelle il pût attacher l'échelle, et la faire ainsi remonter jusqu'au haut du rempart, pour que les chevaliers pussent être introduits dans la place par ce moyen. Conformément à ses promesses, le Turc tira l'échelle à lui avec la corde, l'attacha fortement sur le rempart, et, parlant d'une voix étouffée, il chercha à encourager les chevaliers, et les invita à monter sans hésitation. Aussitôt revêtus de leurs cuirasses et de leurs casques, munis de leurs épées, et s'appuyant sur leurs lances, ces hommes audacieux montèrent par l'échelle en se soutenant avec la main ; d'autres les suivirent tremblant pour leur vie, et ils se trouvèrent au nombre de vingt-cinq. Comme ils observèrent un profond silence aussitôt après leur arrivée, ceux de leurs frères qui étaient demeurés au pied du rempart pour attendre l'issue de l'entreprise, n'entendant plus personne, crurent qu'ils venaient d'être massacrés ou étouffés par trahison, et ne voulurent plus monter à leur suite.

Cependant les chevaliers qui occupaient les remparts voyant que leurs frères avaient été saisis de terreur, au point qu'ils s'étaient déjà éloignés de l'échelle, s'avancèrent un peu en dehors de la muraille, et, parlant à voix basse, ils invitèrent leurs compagnons à monter, affirmant qu'ils n'avaient aucun danger à redouter. Ceux d'en bas ayant reconnu la voix de leurs frères, se disputèrent bientôt, dans l'ardeur de leur zèle, à qui monterait le premier, et comme ils se pressaient les uns les autres sur l'échelle, la chargeant d'un poids excessif, les pierres de l'antique muraille se détachèrent de leur ciment, et tombèrent en morceaux; l'échelle elle-même, n'ayant plus de point d'appui, tomba aussi par terre avec ceux qui se trouvaient dessus. On avait posé au pied de la muraille des lances dont les piques étaient dressées en l'air : quelques hommes tombèrent sur ces piques; d'autres furent accablés, et à demi morts, par les pierres qui roulèrent du haut de la muraille, quelques-uns même périrent sur le coup. Le peuple de Dieu frémit à ce spectacle, pensant que ce qui venait d'arriver n'était qu'un résultat de l'artifice, et n'hésitant pas à croire que ceux qui étaient déjà montés avaient aussi péri par trahison. Cependant on n'entendit aucun mouvement, aucun bruit dans la ville ou sur les remparts, malgré le fracas que firent ceux qui tombèrent par terre ou sur les lances; car le seigneur Dieu suscita pendant cette nuit un vent qui soufflait avec violence. Le Turc, fidèle aux sermens par lesquels il s'était engagé envers Boémond, fit descendre de nouveau sa corde pour remonter l'échelle : l'ayant fixée une seconde fois vers le même point, mais avec plus de solidité, il invita l'interprète à rappeler les chevaliers frappés de désolation et d'effroi, et les engagea avec le même zèle à remonter sur l'échelle. Enfin, renonçant à toute hésitation, rassurés par les paroles de l'interprète, et voyant bien que leurs frères étaient encore vivans, les chevaliers s'élancèrent de nouveau sur l'échelle, parvinrent sur le rempart, et s'y établirent au nombre de soixante environ.

Cependant le gardien des murailles ayant parcouru l'enceinte de la ville pour faire la visite des postes Turcs, et les tenir sur leurs gardes, s'avançait vers les chevaliers chrétiens, portant une torche à la main. Il fut aussitôt frappé du glaive, on lui trancha la tête, et les chevaliers entrèrent immédiatement dans la tour voisine. Ils trouvèrent tous les hommes de garde encore accablés par le sommeil, et les passèrent au fil de l'épée; puis, s'élançant avec la même impétuosité dans les autres tours, ils firent partout un grand carnage, et massacrèrent ainsi, sans faire aucun bruit, tous les gardiens enfermés dans les dix tours situées dans ce quartier de la ville. Après cette expédition, ils descendirent vers une porte de secours, qui donnait sur la montagne, non loin du lieu par lequel ils étaient montés sur les remparts, et, brisant les serrures de cette porte, ils firent entrer la plupart des sept cents chevaliers placés en embuscade, et sonnant fortement du cor, ils avertirent par ce signal Godefroi, Robert et les autres chefs, afin qu'ils se hâtassent de pénétrer dans la ville, et de voler au secours de ceux qui étaient déjà entrés. En entendant le retentissement des cors et reconnaissant le signal convenu, les chefs qui étaient dans le secret de l'entreprise, accoururent à la tête d'un fort détachement vers une porte située sur le sommet de la montagne, afin de pénétrer de ce côté. Mais les Turcs enfermés dans la citadelle de Darsian, voisine de cette même porte, ayant entendu tout le tumulte et s'étant aussitôt levés, repoussèrent les Français à coups de pierres, et empêchèrent en même temps ceux de leurs compagnons qui étaient déjà dans la ville, d'arriver jusqu'à cette porte et de l'ouvrir. Les chevaliers qui étaient montés par l'échelle retournèrent alors vers la porte de secours, et frappant avec des outils de fer que les Turcs avaient préparés pour leur usage, et renversant un pan de muraille, ils pratiquèrent une large ouverture; en sorte que les princes et leurs compagnons, tant cavaliers que gens de pied, entrèrent bientôt par une large brèche.

Les Turcs cependant, éveillés enfin par les cris des Chrétiens, et par les sons retentissans des trompettes et des cors, coururent aussitôt aux armes, saisirent leurs arcs et leurs flèches, afin de défendre les tours, et de rudes combats s'engagèrent des deux côtés, au dessus et en dessous des remparts. Au milieu de ces clameurs et du tumulte de la guerre, les chevaliers de Darsian, qui occupaient le sommet de la montagne et la plus haute des citadelles, firent résonner les cors afin d'éveiller les Turcs qui dormaient encore, soit dans la ville, soit dans les autres tours, et de les appeler au secours de leurs compagnons d'armes, pour résister aux Chrétiens. Pendant ce temps les hommes de la grande armée chrétienne, campés en dehors des murailles, vers un autre côté de la vaste enceinte de la ville, crurent en entendant les vociférations et le retentissement des cors du côté de la montagne et de la citadelle, que ce bruit extraordinaire annonçait l'arrivée et l'entrée de Corbahan dans la place; car ils ignoraient entièrement que la ville eût été livrée aux mains des Français. Boémond, Raimond et Tancrède, qui connaissaient toute l'affaire et étaient demeurés avec les assiégeans, se revêtirent aussitôt de leurs cuirasses, se munirent de leurs armes et, déployant leurs bannières, ils s'élancèrent pour attaquer la place extérieurement, encourageant ceux qui ignoraient les événemens à livrer un vigoureux assaut, et leur racontant en détail tout ce qui venait de se passer.

Tandis que les Turcs se trouvaient serrés de près par cette attaque simultanée au dedans et au dehors, les habitans de la ville, Grecs, Syriens et Arméniens, qui professaient la religion chrétienne, coururent pleins de joie pour faire sauter les serrures et ouvrir les portes, et Boémond entra aussitôt avec toute l'armée. Dès le premier crépuscule du jour, sa bannière couleur de sang flottait sur les murailles au milieu de la montagne, vers le point par où la place avait été livrée, afin que tous apprissent par là que Dieu même, dans sa grâce secourable, avait fait tomber entre les mains de Boémond et des fidèles du Christ cette ville dont les seules forces de l'homme ne pouvaient triompher. Les portes ainsi brisées et ouvertes de tous côtés, les Chrétiens, remplis d'étonnement et de joie, ne pouvaient comprendre comment cette entreprise avait été ignorée de tous; ils se levaient en hâte, saisissaient leurs armes, s'encourageaient les uns les autres, et s'élançaient aussitôt à la course pour entrer dans la ville. Un homme eût pu parcourir l'espace d'un mille avant que cette immense multitude de chrétiens eût entièrement pénétré dans la place. Les clameurs que poussaient tant de milliers d'hommes, le retentissement des trompettes, la vue des nombreuses bannières flottant dans les airs, les cris des combattans, le hennissement des chevaux frappaient les Turcs de stupeur ; et ceux qui reposaient encore dans leurs lits se réveillaient en sursaut, pris au dépourvu et dénués de leurs armes. Les uns saisissant leurs arcs ou d'autres armes, se réunissaient aussitôt dans l'espérance de se défendre, d'autres demeurant encore dans les tours et dans les points fortifiés, frappaient de leurs flèches des Chrétiens imprudens, des gens du peuple, hommes ou femmes indifféremment ; d'autres couraient de divers côtés et combattaient au hasard. Les Chrétiens, dont les forces et l'audace augmentaient de moment en moment, se répandaient dans les maisons, sur les places, dans les rues de la ville, faisaient périr par le glaive les Turcs dispersés et errans çà et là, et n'épargnaient parmi les Gentils ni l'âge ni le sexe. La terre était couverte de sang et de cadavres, et parmi les morts on pouvait reconnaître en même temps un grand nombre de Chrétiens, tant Français que Grecs, Syriens et Arméniens. Il ne faut pas s'en étonner : la terre était encore couverte de ténèbres, à peine entrevoyait-on les premiers rayons du jour, et les combattans ne pouvaient distinguer ceux qu'ils devaient épargner de ceux qu'ils voulaient frapper. Saisis de terreur et cherchant à éviter la mort, Turcs et Sarrasins imitaient souvent par leurs cris et par leurs gestes ceux qui professaient la religion chrétienne, et trompaient ainsi les pèlerins, qui succombaient souvent eux-mêmes victimes d'une erreur contraire. Dix mille hommes périrent dans cette mêlée sous le fer des Français, et les rues et les places de la ville furent jonchées de leurs cadavres.

Un grand nombre de Turcs témoins de cet affreux

carnage, voyant que les Français inondaient la ville de toutes parts, et craignant pour leurs jours, abandonnèrent les tours et les forts confiés à leur soin; et fuyant vers les montagnes, à travers les sentiers détournés qu'ils connaissaient, parvinrent à entrer dans la citadelle supérieure, et échappèrent ainsi à ceux des Français qui les poursuivaient. Cette citadelle et le palais attenant sont situés au milieu des montagnes, et bravent tous les artifices et toutes les forces des hommes : nul ne peut faire aucun mal à ceux qui y sont enfermés, ni les attaquer avec avantage. D'autres Turcs, au nombre de mille environ, qui étaient accourus au secours de leurs alliés d'un pays fort éloigné, effrayés en entendant retentir les trompettes et les cors, réduits au désespoir en voyant les nombreux cadavres de leurs frères, et ne sachant quel chemin prendre pour s'enfuir, voulurent tenter de se rendre vers la montagne, et de pénétrer jusqu'à la citadelle supérieure pour échapper aux Chrétiens; mais ils s'engagèrent par une fatale erreur dans un sentier étroit et inconnu. Bientôt ne trouvant plus de chemin, et parvenus sur une colline élevée sans aucun moyen de revenir sur leurs pas, ils se lancèrent avec leurs chevaux et leurs mulets à travers des rochers et des précipices impraticables, et tous périrent misérablement dans leur chute, ayant la tête, les bras, les jambes et tous les membres fracassés.

Après avoir poursuivi et massacré un grand nombre des Gentils qui fuyaient vers la citadelle et les montagnes, les serviteurs de Dieu revinrent sur leurs pas: déjà le soleil s'était élevé sur l'horizon, et ses rayons éclatans avaient ramené le grand jour. Les Chrétiens se mirent alors à parcourir la ville pour chercher des vivres, mais ils n'en découvrirent qu'une petite quantité. Ils trouvèrent seulement des parfums de diverses espèces, du poivre, des vêtemens, des tentes, toutes sortes de jeux de hasard et de l'argent, mais également en faible quantité. Et ceci ne saurait étonner, car la ville avait été investie et assiégée pendant neuf mois consécutifs, et les milliers de Gentils qui y étaient rassemblés avaient enfin épuisé toutes les provisions. Ce fut le cinquième jour de la semaine, par un temps brillant, et le troisième jour du mois de juin[1] que la ville d'Antioche fut prise, et tomba au pouvoir des Chrétiens, après que les Turcs eurent été détruits et mis en fuite.

Cependant le roi Darsian, apprenant que les Turcs s'étaient enfuis devant les fidèles, et voyant le fort et la citadelle entièrement remplis de fuyards, craignit que les Français, maîtres de la ville, ne vinssent investir le fort; et, montant sur son mulet, il sortit pour aller se cacher dans les montagnes inaccessibles, attendre l'issue des événemens; et voir surtout si les siens seraient en état de se maintenir dans la citadelle, en présence des Français. Tandis qu'il errait seul et fugitif dans les montagnes, quelques Syriens de profession chrétienne qui traversaient les mêmes lieux pour aller chercher des vivres, virent ce prince, le reconnurent de loin, et s'étonnèrent beaucoup qu'il eût quitté seul la citadelle, pour s'égarer dans les déserts. Ils dirent alors entre eux : « Voici, notre sei-
« gneur et roi Darsian ne marche pas ainsi à travers
« les déserts de la montagne, sans de graves motifs.

---

[1] En 1098.

« Peut-être la ville a-t-elle été prise, peut-être tous les
« siens ont-ils été tués, et lui-même certainement
« cherche à se sauver par la fuite. Tâchons qu'il ne
« s'échappe pas de nos mains, lui de qui nous avons
« reçu tant de dommages, d'offenses et de maux. »
Après s'être ainsi accordés pour donner la mort à
Darsian, les trois Syriens, dissimulant encore, s'avancèrent vers lui, la tête baissée, lui offrant les témoignages trompeurs de leur respect, le saluant artificieusement et s'approchant de plus en plus, jusqu'à
ce qu'ils fussent à portée de le saisir, et de lui enlever
son épée; alors ils le renversèrent de dessus son mulet, lui coupèrent la tête et la renfermèrent dans un
sac. Ils rentrèrent aussitôt dans la ville d'Antioche,
et présentèrent la tête du roi aux princes et à tous les
autres chrétiens. Elle était d'une grosseur étonnante,
ses oreilles étaient très-larges et toutes couvertes de
poils; il avait les cheveux blancs, et une barbe qui
descendait depuis le menton jusqu'au milieu du corps.

Sachant que Corbahan et son armée ne tarderaient
pas à arriver, et n'ayant trouvé que peu de vivres à
Antioche, les Chrétiens envoyèrent en toute hâte au
port de Siméon l'ermite, pour faire acheter avec de
l'argent toutes les provisions qu'on y apportait par
mer, chacun en faisant venir selon l'étendue de ses
moyens; et toutes ces provisions furent apportées à
Antioche du soir au matin. Après le massacre des
Turcs et leur retraite dans la citadelle supérieure,
les Chrétiens se dispersèrent de tous côtés dans les
tours, les maisons, les palais et sur les remparts. Le
lendemain, qui était le sixième jour de la semaine,
trois cents cavaliers turcs de l'armée de Corbahan,

munis de leurs arcs, de leurs carquois et de leurs flèches, et couverts de riches vêtemens, devancèrent l'armée des Gentils, dans l'espoir de mettre à mort ceux des fidèles qu'ils pourraient surprendre à l'improviste en dehors des murailles. Trente d'entre eux, des plus exercés à la guerre et montés sur des chevaux agiles, prirent encore l'avance sur les trois cents, et se lancèrent vers les murailles et les portes de la ville, laissant derrière eux leurs compagnons cachés en embuscade dans une vallée, afin qu'ils pussent s'élancer sur les fidèles, si par hasard ceux-ci voulaient poursuivre jusque dans cette vallée les trente hommes qui se portaient en avant, et s'ils arrivaient dans leur impétuosité vers ceux qui devaient se tenir cachés. Les trente Turcs s'approchèrent en effet des murailles, et attaquèrent vivement avec leurs arcs les fidèles du Christ qui occupaient le haut des remparts. Roger de Barneville monta aussitôt à cheval avec quinze hommes d'une valeur bien éprouvée, et, revêtu de sa cuirasse et de son casque, il sortit de la ville pour marcher sur les Turcs, et tenter contre eux quelque nouvel exploit. Les trente cavaliers turcs prirent la fuite sans le moindre retard, et se dirigèrent vers le lieu de l'embuscade. Roger les poursuivit aussitôt d'une course rapide, et, lorsqu'il fut arrivé au même point, les Turcs, cachés jusqu'alors, sortirent de leur retraite; Roger tourna bride au même instant, et reprit rapidement la route de la ville, suivi de ses compagnons d'armes. Les Turcs lancèrent leurs chevaux tout aussi promptement à la poursuite des fuyards, et Roger s'étant rapproché des murs de la place, eut à peine le temps de traverser le Fer à gué avec ceux qui l'accompagnaient. Mais la fortune contraire permit qu'en présence même des Chrétiens qui couvraient les remparts, l'illustre athlète fût vaincu à la course par un chevalier turc monté sur un meilleur cheval; le trait que celui-ci lança frappa Roger dans le dos, lui perça le cœur et les poumons, il tomba de cheval et expira sur-le-champ. Cet homme illustre étant mort sans secours des siens, les Turcs, bourreaux cruels, descendirent de cheval, et, lui coupant la tête, ils s'en retournèrent auprès de Corbahan et de son armée, portant cette tête au bout d'une lance, en témoignage de leur première victoire. Tout glorieux de leurs succès, les Gentils se vantaient surtout d'avoir fait cet acte de courage sous les murs même de la place, et de n'avoir point vu qu'aucun des pélerins eût osé sortir de la ville pour porter secours à Roger, mis à mort et mutilé par eux.

Que personne cependant ne s'étonne et n'accuse les Français de s'être mollement conduits, soit par faiblesse d'esprit, soit par crainte de l'armée qui s'avançait, en tardant ainsi de voler au secours ou à la vengeance de celui de leurs frères qui venait d'être tué et mutilé sous leurs yeux ; nul pays dans le monde ne nourrit plus que la France des hommes audacieux et intrépides dans les combats : il est hors de doute qu'ils ne demeurèrent en retard dans cette occasion que faute de chevaux, car les maladies, une longue disette, ou les flèches perfides des Turcs, les avaient presque tous détruits. A peine les Français avaient-ils conservé cent cinquante chevaux, et ceux-là même étaient exténués par la privation de tout fourrage, tandis que ceux des Turcs étaient gras et exempts de fatigue; ce qui faisait que les Français étaient hors d'état de leur échapper à la course ou de prendre les devants sur eux. Ils ne trouvèrent et ne prirent dans Antioche que quatre cents chevaux turcs, et ils n'avaient pu encore les dresser à leur usage, ni leur apprendre à se lancer à la poursuite de l'ennemi et à obéir à l'éperon. Après que les Turcs se furent retirés, les pélerins, tristes et affligés, rapportèrent dans la ville le cadavre de Roger; ils poussaient de profonds gémissemens et pleuraient en voyant comment était tombé l'un des hommes les plus vaillans parmi le peuple chrétien, qui était sans cesse occupé à tendre des embûches ou à porter la mort dans les rangs des Gentils, et dont les hauts faits étaient plus nombreux que notre plume ne pourrait le raconter. Il était auprès des Turcs en plus grand renom que tout autre, et ils se plaisaient à le voir ou à l'entendre dans toutes les affaires qu'ils avaient à traiter avec les Chrétiens, soit lorsqu'il s'agissait d'un échange de prisonniers, soit lorsque quelquefois on négociait pour une trêve. L'illustre et brave chevalier fut enseveli à Antioche, dans le vestibule de la basilique du bienheureux Pierre l'apôtre, en présence des princes chrétiens, du seigneur évêque du Puy et de tout le clergé catholique : les prières et les chants des psaumes recommandèrent son ame au Seigneur Christ, pour l'amour et l'honneur duquel il s'était exilé de sa patrie et n'avait point hésité à chercher la mort.

A peine les obsèques de l'illustre chevalier étaient-elles terminées, et le matin même du sabat, qui commençait le troisième jour depuis la prise de la ville, on vit arriver en grande pompe toutes les nations barbares, toutes les légions des Gentils, que Corbahan avait rassemblées dans les royaumes et les terres de l'Orient; elles dressèrent leurs tentes dans la plaine, et Corbahan entreprit d'assiéger la vaste cité d'Antioche. Trois jours après qu'il eut commencé à bloquer les fidèles du Christ, quoiqu'en s'établissant assez loin des murailles, il changea de projet, et fit lever son camp pour se rapprocher davantage de la ville. Il alla se placer avec toutes ses forces au milieu des montagnes, sur des roches élevées tout autour de la citadelle principale, et près du point par où la ville avait été livrée aux Chrétiens, afin de soutenir le courage de Samsadon et de Buldagis, et de tous les autres Turcs enfermés dans la forteresse, et aussi pour avoir sous les yeux la position par laquelle les Chrétiens étaient entrés dans la place. Un autre corps de l'armée de Corbahan alla aussi sur le revers de la même montagne, dresser de vive force ses tentes à la droite de la redoute au-dessous de laquelle le duc Godefroi défendait la tour et la porte dont Boémond avait occupé les avenues avant que la ville eût été prise : les Turcs s'établirent dans cette position afin que les Chrétiens n'eussent aucun moyen de sortir de la place, de quelque côté que ce fût.

Cependant le duc Godefroi, voyant les ennemis se rassembler en force contre lui et redoubler d'audace, sortit aussitôt par la porte de la ville, et marcha contre eux à la tête d'une troupe nombreuse, afin d'attaquer et de détruire les tentes que les Turcs avaient dressées en dehors des murailles, et de les expulser de cette position. Les Turcs, de leur côté, marchèrent à la rencontre du duc, pour défendre leurs tentes. On combattit long-temps des deux côtés avec le plus grand acharnement, mais enfin le duc et les siens, fatigués et épuisés, prirent la fuite et eurent grand'peine à regagner la porte par laquelle ils étaient sortis. D'autres, au nombre de deux cents environ, qui ne purent passer par cette porte à cause de ses étroites dimensions, furent tués, blessés ou faits prisonniers. Le duc ayant été ainsi repoussé et ayant perdu beaucoup de ses hommes devant la porte, les Turcs, fiers de l'avantage qu'ils venaient de remporter, sortaient par la porte de la citadelle, s'avançaient à travers des sentiers qui leur étaient connus, et dans les sinuosités de la vallée, jusque vers les remparts, s'élançaient à l'improviste, et en poussant des cris, sur les Chrétiens errants çà et là, les perçaient à coups de flèches, et remontaient aussitôt après vers leur forteresse et dans les montagnes. Le matin, à midi, le soir, on les voyait sortir de cette manière du milieu des montagnes ou de la vallée, et attaquer les Chrétiens inopinément. Boémond et Raimond, enflammés de colère, firent aussitôt creuser un immense fossé entre les montagnes et la ville, et élever une forte construction en forme de muraille, pour mettre leurs hommes à l'abri des attaques imprévues, afin que les ennemis ne pussent plus faire d'irruptions en sortant de la montagne, assaillir les chevaliers pélerins tandis qu'ils erraient imprudemment dans les divers quartiers de la ville, et les faire périr à coups de flèches. Mais les Turcs qui occupaient toujours la citadelle située sur le haut de la montagne, descendaient souvent pour attaquer la nouvelle redoute, lui livraient de fréquens assauts et faisaient beaucoup de mal à ceux qui la défendaient, en faisant pleuvoir sur eux des grêles de flèches, et les attaquant avec diverses armes. De leur côté les chevaliers chrétiens Walbrich, Ives, Rodolphe de Fontenay, Évrard du Puiset, Raimbaud Creton et Pierre, fils de Gisie, établis gardiens et commandans dans la nouvelle redoute, résistaient, ainsi que leurs compagnons d'armes, aux attaques des Turcs, en leur opposant la lance et d'autres armes; ils leur coupaient le chemin de la vallée, et leur faisaient essuyer de temps en temps des pertes considérables.

Tandis que les Turcs livraient ainsi de fréquens assauts devant la nouvelle redoute, et étaient vigoureusement contenus par les Français, les chevaliers de Corbahan formèrent un bataillon d'hommes de pied, sortirent par la porte supérieure de la citadelle, et, quittant les montagnes et les lieux inaccessibles, ils allèrent attaquer avec vigueur le prince Boémond, après avoir appris qu'il venait d'entrer dans la nouvelle redoute; un rude combat s'engagea, et beaucoup d'hommes succombèrent dans cette mêlée. Boémond et les siens eussent même été vaincus, si les Chrétiens n'étaient accourus en hâte de tous les quartiers de la ville. Le comte Robert de Flandre, le duc Godefroi, quoiqu'il eût été battu dans une précédente rencontre, Robert prince de Normandie, et beaucoup d'autres chevaliers illustres et magnifiques vinrent porter secours à Boémond, et, à l'aide de leurs hommes d'armes, ils repoussèrent les Turcs loin de la ville et de la nouvelle redoute. Chassés avec leur prince Corbahan lui-même, ils demeurèrent pendant deux jours encore dans les montagnes, en dehors de la porte et des murailles, attendant quelque occasion de faire du mal aux Chrétiens. Mais comme ils ne pouvaient trouver dans ces collines tous les pâturages dont ils avaient besoin pour l'entretien de leurs chevaux, ils levèrent leur camp, passèrent le Fer à gué et allèrent établir leurs tentes dans la plaine, à un demi-mille de la ville. Le lendemain Corbahan, d'après l'avis de ses chevaliers, répartit sa nombreuse armée en plusieurs corps, qu'il disposa tout autour de la place pour bloquer toutes les portes, afin que les pélerins fussent enfermés de tous côtés et ne pussent ni à droite ni à gauche sortir de la ville et y rentrer.

Quelques jours après que l'armée ennemie eut entrepris d'investir Antioche de tous côtés et par une belle journée, des chevaliers Turcs sortirent à cheval de leur camp, et se dirigeant vers les remparts, armés de leurs arcs de corne, ils allèrent provoquer les chrétiens à coups de flèches, espérant obtenir un succès pareil à celui dont ils s'étaient auparavant glorifiés lors de la mort de Roger, et pouvoir retourner auprès de Corbahan avec un plus grand renom. Ils livrèrent donc un assaut devant les murailles avec plus d'ardeur que jamais et descendirent de cheval afin de pouvoir attaquer plus librement, et sans exposer leurs chevaux, ceux qui occupaient les remparts, et d'avoir plus de facilité à lancer leurs traits contre les pélerins. Tancrède, chevalier plein d'ardeur, insatiable du sang des Turcs et toujours avide de le répandre, ayant reconnu cet acte de folie, frémit, et dans son audace belliqueuse revêtit de la cuirasse son corps accoutumé à porter le fer; prenant avec lui des compagnons habiles à manier les chevaux et la lance, et traversant en silence l'espace compris entre les murailles et les remparts extérieurs, que l'on appelle vulgairement les *barbacanes*, il sortit secrètement par la porte que Boémond avait été chargé d'observer pendant que les Chrétiens assiégeaient la ville, s'élança à l'improviste et en poussant de grands cris sur les Turcs, occupés de leur entreprise, les attaqua vigoureusement, les enfonça et les écrasa. Se voyant exposés au plus grand danger, les Turcs firent tous leurs efforts pour remonter sur leurs chevaux; mais ils ne purent y parvenir qu'après que six d'entre eux eurent péri sous le glaive, pour venger la tête de Roger tombée sous le fer des ennemis devant les murs de la place. Tancrède, couvert de gloire et rempli de joie, retourna alors dans la ville auprès de ses frères, rapportant les têtes des Turcs en témoignage de sa victoire.

Un autre jour, après que Corbahan eut établi son camp, assigné les positions de tous les corps de son armée et fermé ainsi tous les chemins aux assiégés, soit pour sortir de la ville, soit pour y rentrer, les Gentils résolurent, d'un commun accord, que deux mille Turcs d'élite iraient attaquer et détruire la redoute que le duc Godefroi et les principaux chefs de l'armée chrétienne avaient construite après la grande victoire que j'ai déjà racontée, c'est-à-dire, lorsque les Turcs avaient été battus et précipités dans les eaux du Fer, sous le pont même qui traverse ce fleuve, redoute dans laquelle Raimond s'établit lorsqu'elle fut terminée, et qu'il garda en personne jusqu'au moment où les Chrétiens s'emparèrent de la ville. Depuis lors elle avait été abandonnée : mais lorsqu'on apprit l'arrivée des Gentils, le comte Robert de Flandre appela à lui cinq cents hommes vaillans à la guerre, et se chargea de défendre cette position, de peur que les Turcs ne cherchassent à s'en emparer promptement, et que leur présence sur ce point n'empêchât les pélerins de traverser le pont et de passer de l'autre côté du fleuve. Les deux mille Turcs s'avancèrent donc courageusement et bien armés vers cette redoute, et l'attaquèrent de tous côtés à coups de flèches. Ayant mis pied à terre, faisant résonner les trompettes et poussant leurs vociférations accoutumées, ils résolurent de franchir le fossé ; et, depuis le matin jusqu'à la chute du jour, ils ne cessèrent de presser vivement ceux qui défendaient la redoute. Mais Robert et ses compagnons d'armes, voyant les maux qui les menaçaient, et sachant bien qu'ils périraient de la manière la plus cruelle s'ils étaient vaincus et livrés à discrétion à leurs ennemis, résistèrent vigoureusement pour défendre leur vie, attaquèrent les Turcs avec leurs lances et leurs arbalètes et les repoussèrent par la force des armes loin du fossé : on combattit avec ardeur des deux côtés, et l'on assure qu'il y eut dans cette journée beaucoup de blessés de part et d'autre. Les Turcs n'ayant pu réussir, et voyant qu'ils s'épuisaient en vains efforts, abandonnèrent cette redoute que les Chrétiens n'avaient défendue qu'avec beaucoup de peine, et retournèrent vers Corbahan, chef de toute l'armée, lui demandant de nouvelles troupes, et déclarant qu'avec ce renfort ils pourraient dès le lendemain détruire la redoute et tous ceux qui y étaient enfermés. Robert et ses compagnons d'armes, voyant les Turcs se retirer, jugèrent bien qu'ils étaient allés chercher de nouvelles forces. C'est pourquoi, après avoir tenu conseil, ils sortirent, à la faveur d'une nuit obscure, de cette redoute, qu'il leur parut impossible de défendre contre des forces trop supérieures; ils la détruisirent entièrement par le feu, comblèrent le fossé et allèrent ensuite se réunir à leurs frères dans la ville d'Antioche.

Le lendemain, dès le lever du soleil, deux mille Gentils s'adjoignirent, d'après les ordres de Corhaban, aux deux mille dont j'ai déjà parlé, et tous ensemble, marchant au son des trompettes et des cors, se dirigèrent vers la redoute, dans l'espoir de la renverser dès le premier assaut et de détruire promptement ceux qui y étaient enfermés, et que les fatigues de la veille devaient avoir épuisés. Mais ils trouvèrent le fossé détruit et la redoute entièrement consumée par le feu, et, frustrés dans leurs espérances, ils rentrèrent alors dans leurs tentes.

La ville ainsi investie de tous côtés, et l'armée des Gentils se renforçant de jour en jour et fermant toutes les issues, les Chrétiens commencèrent à éprouver une si grande disette que, n'ayant plus de pain, non seulement ils ne craignirent point de manger les chameaux, les ânes, les chevaux et les mulets, mais qu'ils en vinrent même à manger du cuir : ils en trouvaient dans les maisons qui s'était durci ou même gâté depuis plusieurs années ; ils le faisaient tremper et ramollir dans de l'eau chaude ; puis ils s'en nourrissaient aussi bien que de celui qu'ils enlevaient sur les bêtes à cornes mortes récemment, en y joignant un assaisonnement de poivre, de cumin, ou de diverses autres épices, tant était pressante la faim qui les dévorait. Je sais des détails qui feraient frémir d'horreur sur les maux et les tourmens inouïs qu'endura le peuple de Dieu pendant cette affreuse disette. Un œuf de poule, lorsqu'on pouvait le trouver, était payé six deniers de monnaie de Lucques, dix fèves coûtaient un denier ; une tête d'âne, de cheval, de bœuf ou de chameau valait un byzantin ; un pied ou une oreille de l'un ou l'autre de ces animaux, six deniers, et les entrailles ne se vendaient pas moins de cinq sous. Les gens du peuple, dénués de ressources, étaient réduits par la faim à dévorer leurs souliers de cuir ; un grand nombre faisaient bouillir au feu des racines d'orties ou de toute autre herbe des bois, et s'en nourrissaient misérablement, puis ils tombaient malades et mouraient en grand nombre tous les jours. Des témoins oculaires assurent que le duc Godefroi donna quinze marcs d'argent pour la viande d'un vil chameau, et il est certain que Baudry, son portemêts, paya trois marcs d'argent pour une chèvre qu'il acheta.

Quelques jours après que Corbahan eut entièrement investi la ville d'Antioche, fermant aux Chrétiens toutes les avenues soit pour sortir, soit pour rentrer, ne cessant de harceler le peuple de Dieu par des assauts réitérés, et empêchant de faire pénétrer des vivres dans la place de quelque côté que ce fût, les Chrétiens, abattus et fatigués par leurs malheurs, par une longue abstinence et par les travaux de la guerre, commencèrent à veiller avec moins de soin à la défense de la ville et des remparts. Une tour, entre autres, demeura sans gardiens; elle était située dans les montagnes, et vers l'emplacement où les Chrétiens avaient construit une redoute avec une terre visqueuse qui leur servait de mortier, afin de pouvoir contenir les ennemis lorsqu'ils sortaient par la porte assiégée, et poursuivaient les pèlerins dispersés dans la montagne : c'était aussi sur ce point que l'on avait fait prisonnier ce jeune noble turc, pour la rançon duquel les Chrétiens avaient demandé à ses parens et amis qu'on leur livrât cette même tour, et qui subit une sentence de mort lorsqu'on eut refusé d'accéder à ces propositions. Quelques chevaliers turcs, remplis d'audace, ayant appris que cette même tour était abandonnée et sans défenseurs, dressèrent des échelles et des machines contre la muraille, dans l'espoir de profiter de l'obscurité de la nuit pour y introduire quelques hommes, et de parvenir ainsi à reprendre la ville. Un homme, qui parcourait la ville pour des affaires particulières, leva les yeux par hasard, et vit les Turcs se promenant imprudemment sur le sommet de la tour même : il se mit aussitôt à pousser de grands cris, avertit les hommes qui demeuraient dans la tour voisine, leur annonçant que les Turcs avaient pénétré dans la ville, et il répandit ainsi l'alarme parmi le peuple chrétien. Henri de Hache, chevalier très-renommé dans son pays, fils de Frédelon, et l'un des parens collatéraux du duc Godefroi, ayant entendu ce bruit et ces clameurs, saisit promptement son bouclier et son épée, et se rendit en toute hâte vers la tour, entraînant à sa suite deux jeunes et braves chevaliers Francon et Siegmar, ses parens selon la chair, tous deux habitans de la ville de Méchel, située sur le fleuve de la Meuse; voulant d'abord chasser les ennemis de cette tour, et pensant, dans le premier moment, que quelques-uns de leurs frères, séduits à force d'or ou d'argent, avaient trahi les Chrétiens. Les Turcs, se voyant découverts, et ne trouvant aucun moyen de s'échapper, s'avancèrent sur la porte de la tour dans l'intention de se défendre, et résistèrent en effet en frappant des coups terribles avec leurs glaives. Francon, qui les attaquait vaillamment, reçut à la tête une large blessure presque mortelle; Siegmar voulant porter secours à son parent, fut percé d'un coup d'épée qui s'enfonça dans son corps jusqu'à la garde; et les Turcs continuèrent à faire des efforts étonnans, et vraiment inconcevables, pour repousser les fidèles du Christ : mais enfin, comme ceux-ci recevaient du secours de moment en moment, les Turcs, fatigués et épuisés par une longue résistance, cessèrent enfin de se défendre : quatre d'entre eux périrent par le glaive, les autres furent précipités du haut de la tour, et moururent, la tête, les jambes et les bras fracassés.

Cependant la famine continuait à désoler les pélerins, ainsi que je l'ai déjà dit, et bien plus encore que je ne l'ai dit. La place étant investie de toutes parts, ils ne pouvaient trouver aucun moyen d'en sortir pour aller acheter des vivres et les rapporter dans la ville. Quelques hommes du petit peuple, cependant, bravaient tous les périls, et, remplis de crainte et d'angoisse, ils sortaient en secret, dans le silence de la nuit, et se rendaient au port de Siméon, qui fut jadis ermite au milieu de ces montagnes; ils achetaient des vivres, à prix d'argent, des matelots et des marchands qu'ils rencontraient, et d'ordinaire ils rentraient dans la ville avant le jour, à travers les buissons et les taillis : ceux qui rapportaient du grain pour la huitième partie de la mesure de Laodicée, le revendaient trois marcs; ils vendaient un fromage de Flandre cinq sous; ils échangeaient une petite portion de vin ou d'huile, ou la moindre denrée quelconque propre à prolonger un peu la vie, contre des sommes énormes et inconcevables d'or et d'argent. Quelques-uns de ces hommes s'attardèrent un jour plus que d'ordinaire ; les nuits étaient fort courtes; ils furent surpris par le prompt retour du jour, et massacrés et dépouillés, dit-on, par les Turcs : quelques-uns cependant se cachèrent dans les broussailles, et ne parvinrent qu'avec beaucoup de peine à rentrer dans la ville. A la suite de cet événement, les Turcs se réunirent au nombre de deux mille hommes, se rendirent vers le port de Siméon, attaquèrent à l'improviste tous les matelots qu'ils y trouvèrent, les dispersèrent à coups de flèches, mirent le feu aux bâtimens, et rapportèrent dans leur camp les vivres et les provisions qu'ils leur enlevèrent de vive force. Par ce moyen, ils repoussèrent loin du port tous ceux qui venaient y vendre et y acheter, afin que les Chrétiens fussent encore privés de cette faible ressource. Lorsque cette funeste nouvelle fut connue des pèlerins, déjà accablés par tous les maux de la disette, ils en vinrent bientôt à ne pouvoir plus supporter toutes les persécutions des Turcs, et un grand nombre d'entre eux se mirent à chercher toutes sortes de moyens pour échapper aux périls qui les menaçaient par la prolongation du siége. Beaucoup en effet parvinrent, à force de persévérance, à trouver des occasions favorables, et quittèrent l'armée pendant la nuit.

Tandis que ces souffrances renouvelées tous les jours répandaient de plus en plus parmi les pèlerins la crainte de la mort et l'ardent desir de s'y soustraire, quelques hommes des principaux de l'armée, Guillaume Charpentier et un autre Guillaume, jadis familier et domestique de l'empereur de Constantinople, et qui avait épousé la sœur de Boémond, prince de Sicile, furent frappés eux-mêmes de si grandes terreurs, qu'ils se concertèrent ensemble pour s'échapper secrètement au milieu de la nuit, et s'étant réunis du côté de la montagne, ils descendirent le long des murailles avec des cordes. Puis ils s'avancèrent à travers les déserts des montagnes, et marchèrent sans relâche pour échapper aux embuscades des Turcs, jusqu'à ce qu'ils fussent arrivés à Alexandrette. Ils y trouvèrent Étienne de Blois, qui y demeurait depuis qu'il avait quitté le siége d'Antioche, pour cause de maladie, et qui attendait de jour en jour la fin des événemens et la destruction de ses compagnons d'armes. Lorsqu'ils eurent rapporté à Étienne que leurs frères étaient incessamment exposés à de plus grands périls, que la famine exerçait ses ravages parmi eux, que les Turcs devenaient de plus en plus insolens et les attaquaient sans relâche, que les hommes et les chevaux périssaient en grand nombre, Étienne, craignant pour sa vie, ne se croyant plus en sûreté dans le lieu de sa retraite, et n'osant se fier à la voie de terre, fit toutes ses dispositions pour s'embarquer et retourner chez lui avec les chevaliers qui étaient venus le rejoindre. Lorsque le bruit se répandit dans Antioche que ces hommes illustres avaient quitté la ville, entraînés par leurs terreurs, beaucoup d'autres méditèrent également sur les moyens de s'enfuir : les cœurs les plus fermes furent ébranlés et ne montrèrent plus le même zèle pour la défense commune : désespérés, et ne songeant qu'à se sauver, ils ne gardèrent plus qu'avec mollesse la nouvelle redoute qu'ils avaient élevée au milieu de la ville, pour faire face à la citadelle, située sur le sommet de la montagne.

Un frère fidèle, né Lombard, clerc de profession et admis dans les ordres, se trouvant auprès de cette nouvelle redoute, adressa des paroles de consolation aux malheureux chevaliers du Christ, rassemblés dans le même lieu, aux clercs, aux laïques, aux nobles et aux roturiers, et son langage ranima le courage de tous ces hommes, livrés à l'abattement et à la crainte. Il leur dit : « Vous tous, mes frères, qui
« êtes travaillés par les maladies et la famine, enve-
« loppés par ces essaims de Turcs et de Gentils, et
« qui desirez affronter la mort de ce monde, croyez
« que ce ne sera point en vain que vous aurez sup-
« porté tant de maux, mais plutôt songez à la récom-
« pense que le Seigneur Jésus-Christ accordera à tous
« ceux qui mourront dans ce voyage pour l'amour de
« lui. Au commencement de notre entreprise, un

« prêtre, homme de bon témoignage et d'une excel-
« lente conduite, qui habite dans le pays d'Italie,
« et qui m'est connu depuis mon enfance, allant un
« jour célébrer la messe selon son usage, se rendait
« seul à la paroisse confiée à ses soins, et suivait un
« sentier à travers un petit champ. Un pélerin parut
« devant lui, lui présenta ses hommages avec affa-
« bilité, lui demanda ce qu'il avait appris au sujet de
« notre expédition, et d'abord ce qu'il pensait lui-
« même, en voyant tant de rois, tant de princes, et
« enfin la race entière des Chrétiens, animés des
« mêmes intentions et des mêmes desirs, s'élancer
« vers le sépulcre de notre Seigneur Jésus-Christ, et
« se précipiter vers la sainte cité de Jérusalem. Le
« prêtre lui répondit : Les opinions des hommes va-
« rient au sujet de cette expédition. Les uns disent
« que ces pensées ont été suscitées dans les ames
« de tous les pélerins par Dieu et notre Seigneur
« Jésus-Christ. D'autres pensent que les principaux
« parmi les Français et la multitude ne se sont jetés
« dans cette entreprise que par légèreté d'esprit,
« que c'est pour cela que les pélerins ont rencontré
« tant d'obstacles dans le royaume de Hongrie et dans
« d'autres royaumes, et qu'en conséquence ils ne
« pourront jamais accomplir leurs desseins. C'est là
« ce qui me tient dans l'incertitude, et cependant il
« y a long-temps que je suis enflammé des mêmes
« desirs et que je m'occupe exclusivement de ces
« projets. — Le pélerin lui dit aussitôt : Ne croyez
« point que cette entreprise ait été commencée légè-
« rement ou sans motif : Dieu, à qui rien n'est impos-
« sible, en a fait les dispositions. Sachez qu'il est hors

« de doute qu'on verra comptés parmi les martyrs du
« Christ, inscrits dans la cour du ciel et bienheureu-
« sement couronnés, tous ceux, quels qu'ils soient, que
« la mort aura surpris dans ce voyage, et qui, s'exilant
« pour le nom du Christ, auront persévéré avec un
« cœur pur et intègre dans l'amour de Dieu, et se
« seront maintenus exempts d'avarice, de larcin,
« d'adultère et de fornication. — Le prêtre, recueillant
« avec admiration les paroles et les promesses du pé-
« lerin, lui demanda alors qui il était, dans quel pays
« il était né, et comment il savait avec tant de certi-
« tude que ceux qui seraient morts dans cette expé-
« dition seraient couronnés de la gloire céleste, avec
« les bienheureux. A ces questions du prêtre, l'autre
« découvrant en un instant toute la vérité, répondit :
« Je suis Ambroise, évêque de Milan, serviteur du
« Christ. Que ceci soit donc un signe certain pour toi
« et pour tous les peuples catholiques qui entreront
« dans cette voie, car je ne trompe sur aucune des
« choses que tu viens d'entendre de ma bouche. D'au-
« jourd'hui en trois ans révolus, sache que les Chré-
« tiens qui auront survécu conquerront heureusement
« la cité sainte de Jérusalem, à la suite de leurs longs
« travaux, et remporteront la victoire sur toutes les
« nations barbares. — A ces mots il disparut sur-le-
« champ, et n'a plus été revu depuis lors. Telles
« furent les choses que l'illustre prêtre a déclaré en
« toute vérité avoir vues et entendues de la bouche
« du saint évêque de Dieu : maintenant deux ans se
« sont écoulés depuis le temps de cette vision et de ces
« promesses ; il est certain qu'il ne reste plus qu'une
« troisième année à parcourir. » — Plus tard, en effet,

comme l'avait prédit le bienheureux Ambroise évêque de Milan, et la troisième année depuis sa prédiction, les pélerins chevaliers du Christ et leurs princes conquirent Jérusalem et purifièrent les saints lieux, après avoir mis en fuite et détruit les Sarrasins.

Lorsqu'ils eurent connaissance de cette vision et de ces promesses, d'après le rapport sincère du frère clerc, tous les Chrétiens, qui jusqu'alors avaient hésité dans la crainte de perdre la vie présente, et dans le trouble qu'excitait la fuite de plusieurs princes, enflammés dès ce moment du desir et de l'espoir d'obtenir la vie céleste, devinrent plus fermes d'esprit, et déclarèrent qu'aucune crainte de la mort ne les entraînerait désormais à se séparer de leurs frères et à quitter la ville, et qu'ils voulaient vivre et mourir avec eux et supporter tout pour l'amour du Christ. Le duc Godefroi et Robert adressèrent aussi, à l'insu du petit peuple, d'admirables paroles de consolation à la plupart des princes de l'armée, tous saisis d'une si grande frayeur que déjà aussi ils s'étaient concertés pour s'enfuir ; ils leur rendirent le courage d'esprit nécessaire pour résister à tous les périls, en leur parlant en ces termes : « Pourquoi désespérez-vous du secours
« de Dieu au milieu des adversités qui nous acca-
« blent, et pourquoi par ce manque de foi entraînez-
« vous tout ce petit peuple de gens de pied à se retirer
« de nous ou à prendre la fuite ? Demeurez, supportez
« vos malheurs avec un courage énergique, pour l'a-
« mour du nom du Christ ; n'abandonnez pas vos
« frères dans leurs tribulations, et gardez-vous d'en-
« courir la colère de Dieu, dont la grâce et la miséri-
« corde ne manqueront point à ceux qui se confie-

« ront en lui. » Après que, poussant de profonds soupirs et versant des larmes, ils eurent adressé ces paroles aux princes désolés, tous reprirent courage; ils demeurèrent dès lors fermes avec eux au milieu de la plus grande détresse, et ne firent plus aucun projet de fuite. Guillaume Charpentier, l'autre Guillaume, Étienne et leurs compagnons, remplis de crainte et fugitifs, firent préparer les navires, les rames et les voiles, et se mirent en mer pour se rendre d'abord à Constantinople, laissant leurs frères assiégés dans Antioche, et croyant qu'il leur serait à jamais impossible de se délivrer des mains de Corbahan.

Après avoir navigué quelque temps, ils allèrent passer la nuit dans quelques îles du royaume des Grecs, ou s'y arrêtèrent pour éviter quelque tempête: ils apprirent que l'empereur des Grecs, prince chrétien, était arrivé dans la ville de Finimine, avec une nombreuse escorte et en grande pompe, marchant au secours des pèlerins, ainsi qu'il s'y était engagé lorsque ceux-ci lui prêtèrent serment, s'unirent d'amitié et conclurent un traité avec lui. L'empereur conduisait à sa suite des Turcopoles, des Pincenaires, des Comans, des Bulgares, excellens archers, des Grecs habiles à combattre avec la hache à deux tranchans, des Français qui s'étaient exilés de leur patrie, armée toute soldée, composée d'hommes de races diverses, venus des déserts, des montagnes et des îles, et rassemblés au nombre de quarante mille dans la vaste étendue de l'Empire grec. Les princes chrétiens fugitifs trouvèrent donc l'empereur entouré de ces nombreuses troupes armées, et traînant à sa suite des chevaux, des vivres en abondance, des tentes, des mulets et des chameaux. Avec eux marchait encore une nouvelle armée de Français, au nombre de quarante mille environ, qui avaient été rassemblés pendant l'hiver précédent ; et ils trouvèrent aussi Tatin au nez coupé, qui, frappé de terreur, avait comme eux abandonné ses alliés et s'était retiré auprès de l'empereur, sous le faux prétexte d'aller vers lui en ambassade solliciter les secours promis, et qui, infidèle à ses engagemens, ne retourna plus à Antioche. L'empereur, ayant reconnu les princes qui se présentaient devant lui, s'étonna beaucoup qu'ils se fussent ainsi séparés de leurs frères, leur demanda des nouvelles des fidèles du Christ leurs compagnons d'armes, s'informa de la santé du duc Godefroi, du comte Raimond et de l'évêque du Puy, et voulut savoir si leurs affaires étaient en bonne ou en mauvaise situation. Les princes lui répondirent que les Chrétiens étaient loin de se trouver dans un état prospère ; que Corbahan, prince du Khorazan, et les peuples gentils les tenaient assiégés, de telle sorte que, malgré la vaste enceinte de la ville, il n'y avait aucun moyen d'y entrer ou d'en sortir, et que les pélerins ne pourraient jamais échapper à leurs ennemis, si ce n'était peut-être quelques hommes, individuellement et à la dérobée. Ils lui apprirent en outre quelle horrible famine les désolait, et dirent que les Turcs avaient massacré les marchands et détruit leurs vaisseaux, en haine des Chrétiens. Ils affirmèrent qu'aucun d'eux ne pourrait sauver sa vie en présence d'une si grande multitude ; qu'eux-mêmes ne s'étaient échappés qu'à force d'adresse, et ils insinuèrent à l'empereur qu'il devrait s'en retourner, pour ne pas exposer inutilement son armée contre de si nombreux ennemis.

L'empereur, informé des dangers qui menaçaient les Chrétiens et de l'immense rassemblement des Gentils, tint conseil avec ses principaux chefs, et, frappé de crainte et de stupeur, il donna aussitôt l'ordre de ramener toute son armée. Bien plus, il livra au pillage et aux flammes tout le territoire de la Romanie, que Soliman lui avait injustement enlevé auparavant, et que les efforts des pélerins avaient depuis lors reconquis, et fit détruire les villes et les places fortes, afin que Soliman, s'il venait à reprendre ce pays, ne pût s'en servir avec avantage. On apprit promptement à Antioche la triste nouvelle que l'empereur était retourné sur ses pas et avait dispersé son armée; les pélerins furent pénétrés de la plus vive douleur, et perdirent de nouveau courage : aussi les princes de l'armée de Dieu eurent-ils entre eux de fréquentes conférences, pour chercher quelque moyen de sortir secrètement de la ville, en abandonnant le misérable petit peuple à tous les périls. Le duc Godefroi, Robert de Flandre et l'évêque du Puy en étant informés, cherchèrent de nouveau à les ranimer, leur adressant la parole en ces termes : « Ne vous laissez point trou-
« bler, que votre cœur ne se glace pas d'effroi à cause
« de la retraite de l'empereur. Dieu a le pouvoir de
« nous délivrer des mains de nos ennemis : bornez-
« vous à demeurer fermes dans l'amour du Christ,
« et surtout ne trompez jamais vos frères, en cher-
« chant à fuir secrètement loin d'eux. Il n'est pas
« douteux que, si vous fuyez parce que vous redoutez
« les ennemis, Corbahan et toutes ses troupes vous

« poursuivront dès qu'ils seront instruits de votre
« départ, et vous ne pourrez leur échapper. Ainsi
« donc demeurons fermes et mourons pour le nom du
« Seigneur, selon la destination de notre vie. » A ces
mots tous retrouvèrent leur fermeté, et résolurent de
vivre et de mourir avec leurs frères.

Corbahan et toutes les légions des Gentils ayant appris la retraite de l'empereur, recommencèrent à livrer de fréquens assauts, et sortant de leur camp par détachemens, les Turcs allaient se placer en embuscade, pour attendre ceux qui pourraient sortir de la ville, et les massacrer selon leur usage. Un jour les Chrétiens virent du haut de leurs remparts un détachement de quarante chevaliers turcs sortir ainsi de leurs tentes. Quoiqu'ils fussent fort tristes et accablés sous le poids de leurs maux, quelques fidèles armés allèrent cependant passer le fleuve au gué, et marchèrent à la rencontre des Turcs; mais ceux-ci ne tardèrent pas à les repousser, les rejetèrent de l'autre côté du fleuve, et les Chrétiens s'y arrêtèrent, voyant bien que leurs chevaux exténués par la faim ne pouvaient lutter à la course. Enfin, après avoir lancé une grêle de flèches, ils repoussèrent les Turcs loin du fleuve, et alors un chevalier plein de vigueur, comptant encore sur les forces de son cheval, et croyant que ses compagnons le suivraient par derrière, se lança sans ménagement à la poursuite des Turcs. Mais aucun de ses frères n'ayant osé marcher sur ses traces pour lui porter secours, deux féroces chevaliers turcs sortirent du détachement, se retournèrent vers le pélerin, se lancèrent sur lui, et le poursuivant de toute la rapidité de leurs chevaux agiles, ils parcoururent de nouveau le terrain en friche qu'ils venaient de quitter : le cheval du pélerin ayant butté au milieu de sa course, roula par terre, et le chevalier roulant aussi et privé de tout secours, se trouva bientôt exposé au plus grand danger; déjà les bourreaux s'avançaient sur lui pour le frapper, quand tout-à-coup leurs chevaux s'arrêtèrent immobiles, et ne répondant plus à l'éperon, comme si on les eût frappés à la tête pour les forcer à reculer, jusqu'à ce que le chevalier pélerin eût relevé son cheval sur ses jambes, et se fût lui-même remis en selle. Ainsi protégé de Dieu et de notre Seigneur Jésus-Christ, il s'enfuit de nouveau et rejoignit ses compagnons au lieu où ils s'étaient arrêtés. Tous les Chrétiens qui s'étaient rassemblés sur les bords du fleuve et sur les remparts pour voir l'issue de cet événement, versèrent des larmes de joie, en recevant sain et sauf parmi eux celui de leurs frères, dans la délivrance duquel la main de Dieu s'était si évidemment manifestée.

Au milieu de cette désolante famine, de toutes les terreurs du siége et de la crainte qu'inspiraient perpétuellement les surprises et les assauts sans cesse renouvelés par les Turcs contre le peuple de Dieu, livré à l'humiliation et au désespoir, un clerc du pays de Provence annonça qu'il avait eu une vision dans laquelle lui avait été révélée l'existence de la lance qui avait percé notre Seigneur Jésus-Christ dans le côté. Ce clerc désigna à l'évêque du Puy, le seigneur Adhémar, et au comte Raimond, le lieu où l'on trouverait ce précieux trésor, et indiqua l'église du bienheureux Pierre, prince des Apôtres; il attesta en outre, autant qu'il lui fut possible, la réalité de sa vision. Les princes crurent à ses paroles, et résolurent d'un commun accord de se rendre au lieu que le clerc avait indiqué. On creusa sur cette place, on trouva la lance telle que le clerc l'avait désignée, et l'ayant trouvée on la transporta dans l'oratoire, en présence de tous les princes chrétiens, en la faisant voir de toutes parts, et l'enveloppant d'une pourpre précieuse. Les Chrétiens se réjouirent beaucoup de cette découverte ; ils en conçurent de grandes espérances, la célébrèrent à grands cris, et témoignèrent leur vénération en faisant d'immenses offrandes en or et en argent.

Quelques jours après, tous les princes et chefs de l'armée chrétienne, hésitant encore et tremblant pour leur vie, au milieu des calamités et des horreurs de la disette, redoutant de recommencer la guerre contre tant de nations, tandis que leurs hommes et leurs chevaux étaient épuisés, et avaient perdu toutes leurs forces, tinrent conseil et résolurent d'envoyer une députation à Corbahan, chef et prince de l'armée assiégeante. D'abord ils ne trouvèrent personne qui osât se charger d'aller parler à ce farouche et superbe ennemi ; enfin Pierre, qui avait été le premier moteur de l'expédition, s'offrit sans hésiter pour y aller, et pour porter à cet homme le message des magnifiques princes. Le duc Godefroi, Boémond et les autres chefs lui donnèrent aussitôt ses instructions ; et Pierre, petit de taille, mais grand par ses mérites, partit seul sous la protection de Dieu, et se rendit à la tente de Corbahan, marchant sans crainte parmi les Gentils. A l'aide des interprètes, il lui fit connaître en ces termes le message des Chrétiens : « Corbahan, prince très-
« illustre et très-glorieux dans ton royaume, je suis le

« messager de Godefroi, de Boémond et des princes de
« toute l'armée chrétienne : ne dédaigne point de re-
« cevoir la communication que j'apporte de leurs réso-
« lutions et de leurs avis. Les chefs de l'armée chré-
« tienne ont résolu, si tu veux croire au Christ le Sei-
« gneur, qui est le vrai Dieu et le fils de Dieu, et re-
« noncer aux impuretés des Gentils, de se faire tes
« chevaliers; ils remettront entre tes mains la ville
« d'Antioche, et sont prêts à te servir, comme leur
« seigneur et leur prince. » Corbahan refusa non seulement d'y consentir, mais même de l'entendre. Il
voulut que Pierre l'Ermite fût instruit des rites sacriléges de la secte des Gentils, et déclara qu'il n'y re-
noncerait jamais.

Pierre, voyant que Corbahan n'entendait qu'avec
mépris le nom du Christ, et l'invitation de se rattacher
à la foi chrétienne, lui annonça un autre message :
« Les princes chrétiens, dit-il, ont encore pensé, puis-
« que tu refuses d'avoir pour sujets tant d'hommes il-
« lustres, et de devenir toi-même chrétien, que tu
« pourrais choisir dans ta nombreuse armée vingt
« jeunes chevaliers, qu'eux-mêmes en choisiraient au-
« tant, et, qu'après avoir donné des otages et prêté ser-
« ment des deux côtés, toi par ton Dieu, eux aussi par
« leur Dieu, ces chevaliers pourraient combattre entre
« les deux armées en combat singulier. Si la victoire ne
« demeurait point aux Chrétiens, ils retourneraient
« en paix et sans aucun obstacle dans leur pays, et te
« restitueraient la ville d'Antioche; mais si les tiens ne
« pouvaient triompher, toi et toute ton armée vous
« vous retireriez en paix, renonçant à ce siége, nous
« abandonnant la ville et le territoire, et par ce moyen

« vous ne permettriez pas que de telles armées se dé-
« truisissent mutuellement par la guerre. Si cependant
« tu repousses avec mépris cette résolution des Chré-
« tiens, sois assuré que dès demain tous viendront
« combattre contre toi. » Après avoir entendu ces paroles, Corbahan répondit à Pierre dans son orgueil :
« Pierre, voici la seule résolution que les Chrétiens
« puissent prendre. Que toute la jeunesse encore im-
« berbe se rende vers moi, pour me servir, moi et
« mon Seigneur, le roi du Khorazan : nous l'enrichi-
« rons de nos bienfaits et de nos présens ; que les
« jeunes filles viennent également à nous, et reçoi-
« vent la permission de vivre. Quant à ceux qui ont de
« la barbe ou quelques cheveux blancs, ils devront
« tous perdre la tête, de même que les femmes ma-
« riées : autrement je n'aurai aucun égard pour l'âge,
« je les ferai tous passer au fil de l'épée ; ceux cepen-
« dant que j'aurai voulu réserver, je les emmenerai
« chargés de chaînes et de fers. » En disant ces mots
il lui montra une quantité inconcevable de chaînes et
de liens de fer de diverses formes.

Pierre ayant alors obtenu de Corbahan la permission
de se retirer, retourna dans la ville d'Antioche pour
rapporter les paroles insolentes qu'il avait recueillies
de la bouche de Corbahan. Aussitôt tous les princes
de l'armée, et tous les chevaliers chrétiens se rassemblent en cercle autour de Pierre, empressés de connaître les réponses de Corbahan, et de savoir si le messager rapporte la guerre, ou l'espoir de conclure un
traité de paix quelconque. Ainsi entouré de la foule
des fidèles, Pierre leur annonce que Corbahan veut
la guerre, qu'il ne lui a parlé qu'avec orgueil et dans

la confiance de ses grandes forces, et il commence alors le récit des menaces qui sont sorties de sa bouche. Mais le duc Godefroi ne permet pas que Pierre continue, et le prenant à part, il l'invite à ne redire à personne aucune des choses qu'il a pu entendre dans le camp ennemi, de peur que le peuple frappé de terreur ne cherche dans son anxiété tous les moyens d'éviter les combats. Déjà trois semaines et autant de jours s'étaient écoulés depuis que le peuple chrétien, assiégé dans Antioche, avait commencé à souffrir du défaut de vivres et de la privation de pain. Ne pouvant supporter plus long-temps une si grande calamité, tous grands et petits déclarèrent, après s'être consultés, qu'il valait mieux mourir dans les combats que succomber à la cruelle famine, et voir de jour en jour dépérir le malheureux peuple chrétien.

On répondit à ces cris répétés de toutes parts, en annonçant une bataille pour le lendemain ; il fut ordonné à tous les Chrétiens d'avoir à passer la nuit en prières, à se purifier de leurs fautes par la confession, à se fortifier par le sacrement du corps et du sang du Seigneur, et à se revêtir de leurs armes dès le point du jour. En effet, le lendemain matin, le 28 juin tous les chevaliers chrétiens se rassemblèrent, munis de leurs armes, revêtus de leurs casques et de leurs cuirasses, et formèrent leurs corps dans l'intérieur même de la ville. Hugues-le-Grand, frère du roi de France, fut chargé de conduire le premier corps, et de porter la bannière de la cavalerie et de l'infanterie. Robert, comte de Flandre, et Robert, prince de Normandie, prirent le commandement de deux autres corps ; et, ainsi réunis, ils occupèrent ensemble une des ailes de l'armée. L'évêque du Puy conduisit vers les montagnes le corps qu'il dirigeait, et confia à un clerc le soin de porter au milieu de sa troupe la lance qu'on avait trouvée. Pierre de Stenay, Renaud de Toul, et son frère Garnier de Gray, Henri de Hache, Renaud d'Ammersbach et Gautier de Drommédard, se disposèrent à guider leur corps vers le chemin qui conduit à travers les montagnes au port de Siméon, jadis ermite. Le comte Raimbaud d'Orange, Louis de Monzons, et Lambert, fils de Conon de Montaigu, reçurent ordre de prendre le commandement d'un autre corps. Le duc Godefroi forma un corps de deux mille hommes, cavalerie et infanterie, avec ses Teutons, Allemands, Bavarois, Saxons et Lorrains, hommes dont les bras et le glaive se montraient toujours terribles en face des ennemis. Tancrède eut à lui seul la direction d'un corps composé de chevaliers et d'hommes de pied. Hugues de Saint-Pol, et son fils Engelram, Thomas de Feii, Baudouin du Bourg, Robert, fils de Gérard, Raimond de Pelet, Renaud de Beauvais, Galon de Calmon, Éverard du Puiset, Dreux de Nesle, Rodolphe, fils de Godefroi, Conon et un autre Rodolphe, tous deux Bretons, furent désignés pour commander deux autres corps. Gaston de Béarn, Gérard de Roussillon, Guillaume de Montpellier se réunirent pour conduire un seul corps. Enfin, Boémond de Sicile reçut le commandement du dernier corps, le plus considérable tant en chevaliers qu'en gens de pied, et fut chargé de soutenir tous les autres corps, et de porter secours à ceux qui pourraient en avoir besoin.

Après avoir fait toutes ces dispositions, les Chrétiens chargèrent le comte Raimond, qui était un peu malade, de veiller à la garde de la ville, contre les Turcs qui occupaient la citadelle supérieure sous les ordres de Samsadon, fils de Darsian, et ils lui laissèrent un corps considérable. Tous les princes marchant chacun à la tête de leurs troupes, dans l'ordre convenu, firent alors ouvrir la porte qui débouche sur le pont de pierre, et résolurent de s'avancer vers les légions des Barbares, déployant leurs nombreuses bannières de toutes couleurs et revêtus de leurs cuirasses et de leurs casques. De leur côté Corbahan et Soliman formèrent aussi un grand nombre de corps sur leur droite et sur leur gauche, sur le front de la ligne et sur les derrières, et leurs guerriers prêts à combattre portaient en main leurs arcs d'os et de corne. Sortant de leur camp, et marchant d'un pied agile, ils se portèrent à la rencontre des Chrétiens, afin d'engager les premiers le combat à coups de flèches, et ils s'avancèrent en poussant des cris affreux et faisant retentir les airs du son des trompettes, des cors et des clairons. Ils s'étaient mis ainsi en mesure, non seulement à cause du message de Pierre, qui leur avait annoncé le combat pour le lendemain, mais encore parce qu'ils redoutaient de jour en jour que les Chrétiens ne voulussent tenter de les attaquer à l'improviste. Aussi envoyaient-ils fréquemment des exprès vers la citadelle où commandait Samsadon, lui faisant demander de les avertir dès qu'il reconnaîtrait que les Chrétiens prendraient les armes et se prépareraient au combat; car du haut de la citadelle, placée sur le sommet de la montagne, on voyait tout ce qui se passait dans la ville, et les Turcs voulaient pouvoir se

préparer et former leurs corps, afin que les Français
ne pussent les prendre au dépourvu. Samsadon refusa de leur envoyer des exprès, mais il promit de
faire attacher à l'extrémité d'une lance et dresser
au sommet de la citadelle un large drapeau noir
( horrible couleur! ) et de faire résonner dans les
airs d'effroyables trompettes, afin d'annoncer aux
Gentils les préparatifs des Chrétiens. En effet, il fit
dresser le drapeau noir, comme signal du combat, au
milieu des montagnes et sur le pont le plus élevé de
la forteresse, dès le point du jour et à l'heure même
où les Chrétiens commencèrent à faire leurs préparatifs, et à former leurs corps; afin qu'en voyant ce
signal, les Gentils pussent aussi se disposer à la résistance, préparer leurs armes et distribuer leurs corps
de troupes. Avertis par ce drapeau et par les sons
horribles des trompettes retentissantes, les Turcs se
formèrent aussitôt en bataille, serrèrent leurs rangs,
et, marchant à la rencontre des Chrétiens, deux mille
d'entre eux environ descendirent de cheval, pour
fermer le passage du pont de pierre.

Les princes chrétiens s'étant rassemblés en bon
ordre auprès de la même porte, et prévoyant bien
que les Turcs armés de leurs arcs et de leurs flèches,
chercheraient à s'opposer à leur sortie, firent avancer
d'abord tous leurs archers, marchant à pied, et les
envoyèrent en avant et au-delà du pont du Fer. Protégés de Dieu, ils occupèrent le pont les premiers,
s'élancèrent sur les Turcs redoutables par leurs flèches, et, couvrant leur poitrine avec leurs boucliers,
ils repoussèrent les Turcs jusqu'au point où ils furent
eux-mêmes en position d'atteindre avec leurs flèches

la cavalerie de leurs ennemis. Les Turcs, qui avaient mis pied à terre pour aller s'emparer du pont, se voyant hors d'état de résister et de chasser les Chrétiens de leur position, et reconnaissant que leurs chevaux seraient accablés d'une grêle de flèches, prirent aussitôt la fuite, allèrent promptement remonter à cheval, et laissèrent, à leur grand regret, le champ libre aux Chrétiens. Alors Anselme de Ribourgemont, qui se trouvait placé dans le premier corps avec Hugues-le-Grand, tout joyeux de ce premier succès des fidèles, se jeta au milieu des Turcs en brandissant sa lance, et, renversant les uns, transperçant les autres, il fit parmi eux un affreux carnage. Hugues-le-Grand, voyant qu'Anselme avait repoussé les ennemis sans redouter la mort, vole aussitôt sur ses traces et frappe de tous côtés avec une pareille ardeur. Robert de Flandre, Robert comte de Normandie, Baudouin prince de Hainaut, et Eustache, luttaient en même temps au milieu des bataillons ennemis, déployant autant de courage et de vigueur, et massacrant un grand nombre de combattans. Soliman*, chef des Turcs et chevalier redoutable, et Rosséléon, son compagnon d'armes, l'un des quatre principaux émirs qui commandaient à Antioche sous le roi Darsian, s'étant séparés du reste de leur armée avec leurs corps forts d'environ quinze mille hommes, se portèrent en toute hâte vers la montagne où passe le chemin qui conduit au port de Siméon, afin de pouvoir, si les Chrétiens vaincus voulaient tenter de fuir vers la mer, s'opposer à leur marche et les écraser par une attaque imprévue. Ardens à exécuter ce projet et pressant leur marche, ces deux chefs rencontrèrent par hasard le corps où étaient le comte Renaud, Pierre de Stenay, Gautier de Drommedard, Henri de Hache, Renaud d'Ammersbach, chevalier illustre, et Garnier de Gray. Aussitôt, et pour leur susciter un obstacle, les Turcs renversèrent des marmites remplies de feu sur le terrain que les Chrétiens avaient à traverser pour aller se réunir à leurs frères : le feu se communiquant à l'instant aux herbes et aux feuilles sèches des buissons, s'étendit et s'éleva rapidement, et la fumée enlevée par les vents se forma en nuage épais, qui, poussé vers les fidèles, les enveloppa seuls et les empêcha de rien voir devant eux.

Les Turcs satisfaits de leur artifice, et se portant sur les derrières des Chrétiens, que le nuage dont ils étaient entourés tenait éloignés de leurs frères, les massacraient ou les perçaient à coups de flèches : ceux des Chrétiens qui étaient à cheval purent seuls échapper par une fuite rapide, non cependant sans être atteints par des flèches ; trois cents hommes de pied furent tués et d'autres retenus prisonniers. Karajeth, Turc de la ville de Cazan, voyant que Soliman avait réussi à détruire le corps de Renaud, de Pierre, de Garnier et des autres, pressa sa marche avec plus d'assurance, et, faisant un détour, descendit de la montagne, avec le prince de Damas, vers la ville et le fleuve du Fer. Brodoan, de la ville d'Alep, s'approcha en même temps pour aider à cerner le corps de Boémond, qui était le dernier et le plus fort, et tout composé d'hommes de pied et de Français : les Turcs l'attaquèrent en grand nombre et à coups de flèches, pour essayer de le rompre et de le disperser. Ecrasés par la supériorité du nombre et entourés d'hommes habiles et remplis d'adresse, les soldats de Boémond se pressaient misérablement les uns contre les autres, comme les moutons au moment de périr sous la dent des loups, et ne pouvaient plus résister : bientôt il sembla qu'il ne leur restait plus qu'à mourir, enveloppés comme ils étaient de tous côtés par des essaims d'infidèles. Le duc Godefroi combattait en même temps et avec vigueur contre Buldagis, Amase, Boésa et Balduk, et triomphait d'eux au nom de Jésus, fils du Dieu vivant : un messager, lui adressant alors la parole d'un côté de la route à l'autre, l'implore d'une voix lamentable, et le supplie de se retourner et de voir dans quelle cruelle position se trouvent placés Boémond et son corps d'armée, lui annonçant qu'ils ne peuvent manquer d'être bientôt détruits par les Turcs, s'il ne vole promptement à leur secours.

En apprenant, par le rapport de l'agile messager, que Boémond et ses troupes sont presque entièrement cernés par les Turcs, le duc Godefroi lève aussitôt la tête, et voit en effet que tout ce corps d'armée succombe sous le poids de ses ennemis, et ne peut plus résister à leurs efforts. Il vole aussitôt avec les Allemands, les Bavarois, les Saxons, les Lorrains, les Teutons et les Romains, qui formaient son corps, portant des bannières de diverses couleurs, afin de repousser les Gentils et de secourir ses frères dans leur détresse. Hugues-le-Grand, qui était sorti avec le premier corps par le pont établi sur le Fer, et qui, ayant mis les Turcs en fuite, occupait la plaine en vainqueur avec ses archers, voyant le corps du duc Godefroi revenir, bannières déployées, par le chemin qui conduit au bord du fleuve, se jette aussitôt dans le même chemin avec ses troupes, pour se réunir au duc et lui prêter de nouvelles forces, sachant que le combat est plus animé du côté vers lequel il se porte. Les deux princes retenaient la marche de leurs chevaliers, de manière que les gens de pied pussent suivre de près. Les Turcs ayant reconnu avec certitude que ces deux corps se dirigeaient vers eux pour porter secours à Boémond, ralentirent peu à peu leur attaque, et, bientôt tournant le dos, ils prirent la fuite vers leurs tentes : le duc et les jeunes chevaliers chrétiens les poursuivirent avec vigueur, et leur firent beaucoup de mal.

Les Turcs, après avoir traversé un faible torrent qui descend du haut des montagnes, tandis que les chevaliers chrétiens s'arrêtaient un instant dans la vallée, parvinrent sur le sommet d'une colline, et, abandonnant leurs chevaux pour mieux se défendre, ils se mirent à lancer des flèches sur les Français qui les poursuivaient, cherchant ainsi à les repousser. Les pélerins Teutons, hommes au cœur intrépide, implorant à grands cris la miséricorde du Christ, attaquèrent aussitôt les Turcs sans la moindre hésitation, les mirent en fuite, et les chassèrent en avant; de telle sorte qu'aucun d'eux n'osa plus s'arrêter ni entreprendre de leur résister. Cependant Boémond, prince illustre, suivi d'Adam, fils de Michel, voyant Godefroi et les siens soutenir avec vigueur le peuple du Christ, et, semblables à la foudre, porter la mort dans les rangs ennemis, s'avança lui-même sans retard avec le corps qu'il commandait, et s'élança impétueusement au milieu des Turcs, en poussant le cri de guerre. On en fit un cruel carnage, et la plaine fut couverte de leurs cadavres, comme s'ils eussent été frappés de tous côtés par une grêle mortelle. Ainsi, avec le secours de Dieu, la bataille fut funeste aux Gentils, et bientôt ils supportèrent seuls tout le désastre de la guerre. Le fier Corbahan, qui avait retenu auprès de lui le corps le plus considérable et pris position à la gauche des Chrétiens, se trouvait dans l'impossibilité de porter secours au reste de son armée, dispersée et mise en fuite. L'évêque du Puy ne cessait de lui faire tête avec tout le corps des Provençaux, et lui opposait sans relâche la lance du Seigneur. Ne manquons pas de remarquer ici que, grâce à la protection de Dieu et de notre Seigneur Jésus-Christ, frappé de terreur par le ciel même, Corbahan perdit tout son courage, et tous les siens tremblèrent dans le fond de leur cœur. Il demeura comme immobile devant la barrière que lui opposait l'arme céleste, et sembla, de même que les nombreux satellites qui l'entouraient, avoir oublié l'heure des combats.

Tandis que, par la volonté de Dieu, Corbahan était ainsi frappé de stupeur et d'une sorte d'éblouissement, un messager, porteur de sinistres nouvelles, vint lui dire : « Illustre prince Corbahan, pourquoi « demeures-tu plus long-temps en face de ce corps « de Chrétiens ? Ne vois-tu pas que l'armée que « tu as amenée est vaincue, mise en fuite et dis- « persée ? Voici, les Français se sont jetés dans ton « camp et dans le camp de tes chefs, ils enlèvent « tes dépouilles, ils rassemblent tout ce qu'ils trou- « vent, et sans doute ils ne tarderont pas à arriver « jusques à toi. » Ebranlé par ces tristes et dures paroles, Corbahan, levant les yeux, vit toutes ses troupes en fuite, et, tournant aussitôt le dos avec tous ceux de sa suite, il reprit rapidement la route par laquelle il était venu, dirigeant sa marche vers l'Euphrate et le royaume du Khorazan. Le saint évêque le poursuivit alors avec tout son corps d'armée, mais snas avancer beaucoup, faute de chevaux, et parce que les hommes de pied étaient fatigués; car, d'après les rapports véridiques de tous ceux qui se trouvaient alors à l'armée, les Français avaient perdu, par divers fléaux, tous les chevaux qu'ils avaient amenés de France; et, le jour où ils eurent à soutenir cette bataille contre tant de peuples Gentils, il est certain qu'ils en avaient tout au plus deux cents qui fussent propres au combat. Un nombre considérable, et que nous ignorons, de chevaliers illustres et très-nobles, ayant perdu leurs chevaux à la suite de la disette, prenaient rang parmi les gens de pied, et marchaient avec eux au combat, quoiqu'ils fussent accoutumés dès leur enfance à être toujours à cheval et à aller ainsi à la guerre. Quiconque, parmi ces hommes illustres, pouvait trouver à acheter un mulet ou un âne, une vile bête de somme ou un palefroi, s'en servait en guise de cheval, et beaucoup de princes, très-vaillans, fort riches dans leur patrie, allèrent au combat montés sur des ânes. Ne nous en étonnons point : privés depuis long-temps de leurs propres revenus, mendiant comme des indigens, après avoir vendu leurs armes pour soulager leur détresse, ils se servaient à la guerre des armes des Turcs, auxquelles ils n'étaient point habitués, et qui leur étaient fort incommodes. Parmi eux, par exemple, Hermann, riche et très-noble, l'un des hommes les plus puissans de la terre d'Allemagne, monté sur un âne, combattit, dit-on, pendant toute cette journée avec le bouclier et le glaive d'un Turc. Il avait auparavant épuisé toutes ses ressources et vendu sa cuirasse, son casque et ses armes : il avait mendié long-temps et en était venu à un tel point de détresse qu'il ne pouvait plus même trouver de quoi vivre en demandant l'aumône. Henri de Hache, noble chevalier et digne d'éloges à la guerre, avait été réduit au même état de pauvreté. L'illustre duc Godefroi, ayant pris pitié de leur misère, faisait donner à Hermann, à ses propres frais, un pain et une portion de viande ou de poisson; et comme Henri avait été son chevalier et son homme, et l'avait servi pendant plusieurs années, au milieu de tous les périls de la guerre, il le reçut comme convive et l'admit à sa table.

Ceux-là seulement qui n'ont jamais rien vu de semblable, et n'ont pas été témoins de tous les maux qu'eurent à endurer tant d'hommes grands et illustres dans leur long exil, s'étonnent qu'ils aient pu être réduits à ce degré de misère et de pauvreté : mais cet étonnement n'est point partagé par ceux qui ont déclaré avoir vu le duc Godefroi lui-même et Robert, prince de Flandre, arrivés aussi à leurs dernières ressources, et n'ayant plus de chevaux. Le duc Godefroi lui-même avait perdu tous les siens, et celui qu'il montait le jour de la grande bataille, il le tenait du comte Raimond, et ne lui en arracha le don qu'à force d'instantes prières : les longs désastres de la famine, et son extrême facilité à faire des aumônes, et à distribuer tout ce qu'il possédait aux chevaliers qui mendiaient, dénués de toute ressource, l'avaient enfin réduit à n'avoir plus d'argent. Robert, très-riche et très-puissant prince du riche pays de Flandre, éprouvait les mêmes besoins : beaucoup de personnes affirment l'avoir vu de leurs propres yeux mendier très-souvent au milieu de l'armée; et nous avons appris par de nombreux rapports que ce fut par de pareils moyens qu'il se procura le cheval sur lequel il montait le jour de la bataille. Montés sur ces chevaux qu'ils n'avaient acquis qu'à grand'peine, ces princes illustres, après avoir combattu et vaincu l'armée des infidèles, voyant Corbahan prendre la fuite avec tous ceux de son escorte, se lancèrent rapidement à sa poursuite, et, renversant et massacrant tous ceux qui fuyaient, ils les poursuivirent sans relâche jusqu'à trois milles du camp. Tancrède, qui conduisait toujours son corps de Chrétiens, n'eut pas plutôt vu ses adversaires en déroute, qu'il se lança aussitôt sur leurs traces avec une poignée de chevaliers, et les chassa devant lui sur la route jusqu'à six milles au-delà. Corbahan, voyant toute son armée dispersée, continua de fuir jusqu'à ce qu'il fût arrivé sur les bords du grand fleuve de l'Euphrate, et s'échappa en traversant sur des barques avec tous les siens.

Tandis que les princes chrétiens que je viens de nommer s'occupaient, dans leur ardeur guerrière, à poursuivre et à massacrer les ennemis, le corps du comte Raimond et celui de l'évêque du Puy qui ne les avaient pas suivis long-temps, tous deux avides de pillage, et empressés d'enlever les dépouilles des Turcs, demeurèrent sur le terrain où ils avaient remporté la victoire, et enlevèrent un riche butin en or, en byzantins, en grains, en vins, en vêtemens et en tentes. D'autres, qui combattaient encore, voyant leurs compagnons chargés de dépouilles, et entraînés par la même avidité, coururent aussi au pillage; et enrichis de tout ce qu'ils avaient trouvé, ils rentrèrent dans Antioche, célébrant leur triomphe et poussant des cris de joie. Ceux qui naguère étaient pauvres et épuisés par la faim, se trouvèrent bientôt gorgés de toutes sortes de richesses. Ils trouvèrent en outre, dans le camp des Gentils, une quantité innombrable de tablettes, qui contenaient les détails des rits sacriléges des Turcs et des Sarrasins, et où étaient consignés en exécrables caractères les crimes odieux de leurs aruspices. On trouva encore dans les tentes des Turcs des chaînes, des liens et des lacets de diverses formes, en cordes, en fer, en cuir de taureau et de cheval, destinés à enchaîner les Chrétiens; on les transporta à Antioche en grande quantité, ainsi que beaucoup d'autres effets, et des tentes, entre autres celle de Corbahan lui-même, construite en forme de ville, garnie de tours et de murailles, et remplie de précieuses étoffes de soie. Il y avait, en outre, dans cette admirable tente, des rues qui aboutissaient au pavillon, et dans lesquelles deux mille hommes pouvaient, à ce qu'on assure, être logés au large. Les femmes, les enfans jeunes ou encore à la mamelle qu'on trouva dans le camp, furent les uns massacrés, les autres écrasés sous les pieds des chevaux, privés de secours comme ils étaient, tandis que les Turcs fuyaient loin du champ de bataille; et leurs cadavres mutilés couvrirent toute la plaine. Il se passa encore dans cette journée, ainsi que pendant le siége de la ville d'Antioche, beaucoup d'autres faits étonnans et inconnus, tant parmi le peuple Chrétien que chez les Gentils; mais je pense que ni la plume, ni la mémoire des hommes ne pourraient suffire à les rapporter, tant ces faits furent nombreux, et sont rapportés de diverses manières.

# LIVRE CINQUIÈME.

Après cette victoire remportée par les Chrétiens dans la plaine d'Antioche, ville grande et royale de Syrie, l'évêque du Puy et les autres princes, ayant cessé de poursuivre l'armée de Corbahan, rentrèrent dans la place, et purifièrent d'abord de toute souillure la basilique du bienheureux Pierre l'Apôtre, que les Turcs avaient profanée par leurs cérémonies sacriléges. Ils firent relever avec honneur les saints autels qui avaient été renversés. Les Turcs avaient crevé les yeux, comme ils l'eussent fait à des personnes vivantes, à l'image de notre Seigneur Jésus-Christ, et aux figures des saints ; ils les avaient recouvertes de plâtre : elles furent restaurées avec le plus grand respect, et l'on rétablit dans l'église les serviteurs du culte catholique, formant un clergé composé de Grecs et de Latins ; afin que l'on pût désormais y célébrer les mystères divins. Ensuite on fit faire avec la plus belle pourpre, avec des étoffes de soie et d'autres objets qu'on trouva dans la ville, des mîtres, des manteaux, des bonnets et tous les ornemens nécessaires pour le service des églises du Dieu vivant, afin que les prêtres et les ministres pussent s'en revêtir, soit pour célébrer les offices divins dans le temple du bienheureux

Pierre, soit pour aller en procession les jours de dimanche ou de grande fête, à l'Oratoire de Sainte-Marie, mère de notre Seigneur Jésus-Christ, en chantant des psaumes et des hymnes. Cet Oratoire, situé à peu de distance de l'église du bienheureux Pierre, n'avait point été violé par les Turcs, lorsqu'ils avaient pris possession de la ville d'Antioche; ils l'avaient donné aux Chrétiens qui habitaient au milieu d'eux, afin qu'ils eussent à s'en servir exclusivement. Le patriarche de la ville, homme très-illustre et très-chrétien, que les Turcs, tandis qu'ils étaient assiégés par les pélerins, avaient souvent fait suspendre par des cordes en dehors des murailles de la ville, en présence de tous les fidèles, pour ajouter aux misères du peuple chrétien, et dont les pieds avaient été souvent blessés par les chaînes, fut honorablement rétabli dans son siége, et institué évêque d'Antioche, au milieu de tous les témoignages d'une soumission religieuse.

Lorsqu'ils eurent ainsi remis en ordre tout ce qui se rapportait au culte divin, les pélerins reconnurent Boémond pour seigneur et défenseur de la ville, parce qu'il avait fait beaucoup de dépenses et supporté beaucoup de fatigues pour parvenir à faire livrer cette place; ils le chargèrent de veiller au service des gardes dans les tours et sur les remparts, et de se prémunir contre les piéges des Turcs. Boémond prit aussitôt le pouvoir et le gouvernement de la ville, et alla établir sa résidence et celle de ses gardes dans la citadelle située sur le point le plus élevé de la montagne, où aucun Turc ne lui opposa de résistance. En effet, après avoir appris la dispersion et la fuite de ses alliés, Samsadon, et ceux qui étaient avec lui dans cette citadelle, s'enfuirent tous à travers les montagnes et laissèrent ainsi la forteresse sans défenseurs. Cependant le comte Raimond, du pays de Provence, toujours tourmenté du desir d'acquérir, s'empara d'une tour qui donne sur le pont du Fer, par lequel on se rend au port de Saint-Siméon; il la garnit de gens de sa suite, et voulut que cette portion de la ville fût soumise à son autorité. Mais les autres princes, le duc Godefroi, Robert de Flandre, Robert prince de Normandie, et tous ceux enfin qui n'avaient pas travaillé au siége de la place, ne demandèrent point à y exercer quelque commandement, ni à avoir part à la distribution des revenus et des tributs, ne voulant point violer leur parole, et les sermens qu'ils avaient prêtés à l'empereur de Constantinople; car ils lui avaient juré que, si la ville d'Antioche venait à être prise, comme elle avait appartenu à son royaume, ainsi que la ville de Nicée, ils la garderaient pour lui, et la restitueraient à Sa Majesté, aussi bien que tous les châteaux et toutes les villes qui lui auraient de même appartenu. Depuis ce moment, et dans la suite, Boémond ne cessa de porter envie au comte Raimond; mais il cacha ce secret dans son ame.

Peu de temps après la victoire que Dieu leur avait accordée, les princes, qui avaient à cœur de se montrer fidèles à leurs sermens, envoyèrent Baudouin, comte du Hainaut, et Hugues-le-Grand, frère du roi de France, en députation auprès de l'empereur des Grecs, pour lui faire demander les motifs de son indigne conduite, à l'égard du peuple de Dieu, et savoir pourquoi il avait négligé de leur envoyer dans leur détresse les secours qu'il avait promis, puisqu'il ne les avait trouvés en aucune occasion trompeurs ni perfides. Les princes enjoignirent encore à leurs députés de déclarer au même empereur qu'ils se considéraient comme dégagés de toute promesse et de tout serment, puisque lui-même leur avait manqué de parole en n'envoyant point les secours promis, et en cédant aux insinuations des hommes timides qui avaient déserté leur camp. Les deux princes que j'ai déjà nommés, ayant reçu en ces termes les instructions de leurs frères alliés, se rendirent auprès de l'empereur, en traversant la Romanie. Arrivés sur le territoire de Nicée, ils tombèrent dans une embuscade de Turcopoles, sans pouvoir trouver aucun moyen de s'échapper à droite ou à gauche. Les Turcopoles, race impie, chrétienne par son nom, mais non par ses œuvres, hommes nés d'un père Turc et d'une mère grecque, ayant vu les deux princes qui venaient ainsi tomber entre leurs mains, s'élancèrent promptement sur eux, et percèrent d'abord de leurs flèches, à ce qu'on assure, Baudouin du Hainaut, qui avait un peu devancé Hugues-le-Grand ; quelques personnes affirment qu'ils le prirent vivant, et l'emmenèrent prisonnier, mais on ignore jusqu'à ce jour de quel genre de mort a péri ce prince très-noble et très-chrétien. Hugues-le-Grand, qui poursuivait sa marche à quelque distance en arrière de Baudouin, ayant vu que celui-ci venait de tomber dans ce piége, retourna rapidement sur ses pas, et se sauva vers une forêt voisine des montagnes, où il parvint à se cacher et à échapper enfin aux impies.

Cependant de tous côtés on apportait des vivres par

mer au port de Saint-Siméon, et tandis que les pèlerins, vainqueurs par le secours de Dieu et délivrés des barbares qui les assiégeaient, jouissaient d'une grande abondance de vivres et de toutes les choses dont ils avaient besoin, un nouveau fléau vint les accabler dans la ville d'Antioche, et la mortalité devint telle qu'il périt une quantité innombrable de Chrétiens, tant nobles et grands que gens du menu peuple. Le vénérable prélat du Puy fut le premier frappé de ce mal destructeur, et termina sa vie au premier jour d'août : les nobles et les roturiers s'affligèrent vivement de sa mort, et l'ensevelirent dans la basilique même du bienheureux Pierre, sur l'emplacement où l'on avait trouvé la lance du Seigneur. Après les obsèques de ce pontife respectable, le cruel fléau se développa de plus en plus et étendit ses ravages ; l'armée chrétienne en fut frappée et se réduisit à tel point que, pendant près de six mois, il ne se passa presque pas de jour sans que cent cinquante ou cent trente individus au moins, tant nobles que roturiers, ne rendissent le dernier soupir. Henri de Hache, chevalier de noble origine, fut frappé de cet horrible mal et mourut dans le château de Turbessel, où on l'ensevelit selon le rit catholique. Renaud d'Ammersbach, chevalier très-distingué par ses œuvres et sa naissance, mourut également et fut enseveli dans le vestibule de la basilique du bienheureux Pierre, prince des apôtres. Un grand nombre de chevaliers et de gens de pieds, tant nobles que roturiers, moines et clercs, petits et grands, et beaucoup de femmes, furent moissonnés par la mort et non par le fer ; le nombre de ces victimes s'éleva à plus de cent mille.

Pendant ce temps, beaucoup de Chrétiens qui jouissaient de la paix et de la victoire, et qui échappaient à ce fléau destructeur, se rendaient souvent à Roha pour y chercher les choses dont ils avaient besoin, et attirés par l'espoir de recevoir quelques dons des mains de Baudouin. Ils étaient souvent attaqués à l'improviste et massacrés par les Turcs qui habitaient dans le fort de Hasarth, et plus souvent encore quelques-uns d'entre eux étaient emmenés prisonniers. Un jour un nommé Foucher, chevalier illustre, originaire du château de Bouillon, se rendant à Roha avec plusieurs de ses frères et sa femme, belle de sa personne, tomba par hasard entre les mains des Turcs placés en embuscade ; après avoir longuement et vainement résisté, il fut vaincu et perdit la tête, ainsi que tous ses compagnons. Sa femme plut beaucoup aux Turcs par sa belle figure, et fut conduite prisonnière au château de Hasarth. Le prince et seigneur de cette forteresse ordonna de la traiter honorablement, afin de voir si l'on n'offrirait pas une somme considérable pour sa rançon. Peu de temps après, un illustre chevalier turc, qui s'était rendu auprès du seigneur de Hasarth pour se mettre à sa solde, épris de la beauté de la femme de Foucher, et embrasé bientôt d'un amour extrême, ne cessa de supplier le seigneur du château de vouloir bien la lui donner en mariage pour prix de sa solde, et finit par l'obtenir.

Le chevalier turc, parvenu au comble de ses vœux, redoubla d'ardeur pour tendre des embûches et faire la guerre aux ennemis du seigneur de Hasarth. Il enleva souvent du butin à Brodoan, prince turc, seigneur de la grande ville d'Alep, et ceux qui le poursuivaient pour lui enlever ces dépouilles, étaient souvent faits prisonniers par lui, ou vaincus et mis à mort. Brodoan d'Alep et le prince de Hasarth étaient divisés par une violente inimitié. Quelques jours après, Brodoan, indigné que le chevalier turc et les chevaliers du château de Hasarth vinssent l'attaquer beaucoup plus fréquemment, rassembla dans les environs d'Alep tous les Turcs soumis à sa domination, pour aller au jour fixé, avec toutes ses forces, assiéger la forteresse de Hasarth et s'en emparer. Le prince de Hasarth, en ayant été informé, chercha avec anxiété les moyens de rassembler des troupes auxiliaires, afin de marcher à la rencontre des milliers d'hommes réunis sous les ordres de Brodoan.

Dans l'une des conférences qu'il tint à ce sujet, le chevalier turc qui avait épousé la femme chrétienne, cédant aux insinuations de celle-ci, parla en ces termes au prince de Hasarth : « Vois-tu comme Brodoan ras-
« semble de tous côtés de grandes forces et se dispose
« avec plusieurs milliers d'hommes à venir attaquer
« la forteresse que tu possèdes, à l'investir et à s'en
« rendre maître ? Maintenant, si tu veux écouter
« mes conseils, tu ne tarderas pas à te lier d'amitié,
« en lui présentant la main, avec Godefroi chef de
« l'armée chrétienne, qui occupe la ville d'Antio-
« che, après avoir mis Corbahan en fuite; et sache
« que par ce moyen tu obtiendras, dans la néces-
« sité qui te presse, le secours de toutes les forces
« chrétiennes. Tu sais que cette race chrétienne sur-
« passe toutes les nations par ses exploits à la guerre
« et par son courage, et que nulle autre ne peut se
« comparer à elle pour la bonne foi et l'honneur. Ne

« dédaigne donc point nos avis ; ne diffère point de te
« lier d'amitié avec lui, et dès qu'il aura conclu un
« traité, sois assuré que tous les Chrétiens se porteront
« de plein gré à ton secours. » Le prince reconnaissant que le conseil était bon, et qu'il pourrait par ce moyen résister aux troupes innombrables de Brodoan, envoya à Antioche, vers le duc Godefroi, un messager né chrétien et syrien, homme d'une grande prudence, remarquable, qui parla au duc en ces termes :
« Le prince de Hasarth, à Godefroi grand prince et
« chef des Chrétiens, salut, et tout ce qu'on peut dé-
« sirer de meilleur !

« Nous envoyons vers toi, d'après le conseil des
« nôtres, pour établir la paix et la concorde entre
« nous, pour assurer entre nous fidélité et amitié, afin
« que nous mettions une armée en commun dans
« toutes les nécessités de la guerre. Nous avons re-
« connu que tu es un homme et un prince puissant par
« tes forces, que tu peux porter secours à tes alliés,
« et qu'aucun motif ne peut jamais t'entraîner à man-
« quer à ta foi. Nous t'avons donc choisi parmi tous
« les autres : nous te recherchons, nous te deman-
« dons du secours, nous concluons un traité avec
« toi, avec la confiance que tu seras toujours ami as-
« suré de notre fidélité. Brodoan de la ville d'Alep,
« devenu notre ennemi, a rassemblé des Turcs de tous
« côtés, et bientôt il viendra, dans sa force et avec
« une nombreuse armée, se présenter devant notre
« château de Hasarth. J'ai résolu de ne point em-
« ployer le secours des princes turcs pour marcher à
« sa rencontre et lui résister, mais de me servir de
« tes troupes, si tu ne refuses point de te confier à

« moi et de me secourir. » Le duc Godefroi, après avoir entendu ce message, et tenu conseil avec les siens, demanda quel gage on lui offrait pour la paix sollicitée, hésitant encore et craignant que les Turcs, dans leur perfidie, ne fissent quelque indigne machination contre lui et les siens, et ne suscitassent, par quelque méchant artifice, une occasion de violer le traité.

Le prince de Hasarth, apprenant par le rapport de son député que le duc Godefroi et les siens hésitaient à traiter de la paix avec lui et se fiaient peu aux promesses des Turcs, envoya en otage au duc son fils, nommé Mahomet, qu'il aimait tendrement, afin de le déterminer, dès ce moment, à vivre en paix et à conclure avec lui l'alliance qu'il desirait. Le duc reçut le fils du prince comme otage, lui envoya en même temps sa foi et son amitié, et promit par serment de le secourir dans toutes ses adversités, et de ne jamais l'abandonner. A la suite de ces promesses, il fixa un jour pour conduire l'armée chrétienne contre Brodoan, mettre en fuite les légions des Turcs et faire lever le siége de Hasarth, avec le secours de son Seigneur et Dieu Jésus-Christ. Tandis que le duc s'engageait ainsi avec beaucoup de fermeté, les députés venus du château de Hasarth se livrèrent aux transports de la plus vive joie; et tirant aussitôt de leur sein deux pigeons, oiseaux agréables et bien apprivoisés, qu'ils avaient apportés avec eux, ils prirent en même temps du papier, sur lequel ils inscrivirent la réponse et les promesses du duc, et l'attachant avec un fil sous la queue des pigeons, ils ouvrirent les mains et envoyèrent les deux pigeons porter ces heureuses

nouvelles. Le duc, et tous ceux qui étaient auprès de lui, témoignèrent leur étonnement d'un pareil message, et les députés lui dirent aussitôt pour quels motifs ils se servaient de ces oiseaux : « Que notre sei-
« gneur duc et ses fidèles ne s'étonnent point de nous
« voir expédier ainsi ces pigeons; ce n'est point par
« enfantillage, ni inutilement que nous les envoyons
« ainsi devant nous, mais afin que, dans leur vol ra-
« pide et non interrompu, ils portent promptement la
« nouvelle que tu as pris confiance en nous, et qu'ils
« donnent l'assurance des secours que tu nous pro-
« mets, quels que soient d'ailleurs les obstacles que
« la fortune pourra nous faire rencontrer en che-
« min. Un autre motif encore nous a décidés à en-
« voyer ces oiseaux en avant avec ces papiers, c'est
« afin d'éviter la mort, si quelques-uns de nos frères
« turcs nous rencontraient chargés de ces dépê-
« ches. » Mais déjà les pigeons s'étaient envolés avec leur message, et étaient fidèlement retournés au palais et sur la table du prince de Hasarth. Celui-ci, les recevant selon son usage avec bonté, détacha de leur queue les papiers qu'ils portaient; et, apprenant les secrets du duc Godefroi, il fut instruit du jour où il marcherait à son secours, et sut combien il amènerait de milliers d'hommes pris dans l'armée chrétienne.

Après avoir lu ces dépêches, assuré désormais de l'amitié et de la sincérité de Godefroi, le prince de Hasarth renforça cette place d'un nombre considérable de troupes turques bien armées, qu'il avait appelées à son secours de divers lieux. Brodoan cependant descendit dans la plaine de Hasarth, conduisant une

armée forte de quarante mille Turcs ; il fit dresser ses
tentes tout autour des murailles, et livra tous les jours
de rudes assauts devant les tours et les remparts. Il y
était arrivé depuis cinq jours, lorsque le duc Godefroi sortit d'Antioche avec une nombreuse troupe de
combattans, portant des bannières d'une grande beauté, recouverts de leurs cuirasses et de leurs casques,
et armés de flèches, tant chevaliers que fantassins :
il employa trois jours à franchir l'espace qui le sépa-
rait de Hasarth. Après la première journée de marche,
il fut rejoint par son frère Baudouin qui était parti
de Roha sur un message qu'il en avait reçu, et lui
amenait trois mille hommes de guerre, portant leurs
bannières resplendissantes déployées dans les airs.
Boémond et Raimond avaient éprouvé une violente
jalousie, en voyant que le prince de Hasarth s'était
d'abord adressé à Godefroi, qu'il avait conclu un
traité avec lui et lui avait envoyé son fils comme gage
de sa foi ; et, remplis d'indignation, ces deux princes
avaient formellement refusé de prendre aucune part
à l'expédition du duc.

Lorsqu'il eut marché pendant un jour entier, le
duc, voyant que les princes, dominés par leur jalousie,
n'avaient voulu se laisser fléchir ni par les plus douces
remontrances, ni par les plus humbles prières, leur
envoya un nouveau message et leur fit parler en ces
termes : « Il n'est pas convenable que vous qui êtes
« les appuis et les conducteurs de l'armée chrétienne,
« vous laissiez vos frères Chrétiens privés de votre
« secours et fassiez valoir de faux prétextes contre
« nous, tandis que nous ne vous avons manqué dans
« aucune affliction, dans aucun pressant besoin, et

« que nous avons été toujours prêts à mourir pour
« vous dans le cours de cette expédition. Soyez donc
« bien certains que, si vous demeurez en arrière au-
« jourd'hui, et si vous ne venez nous porter secours
« dans notre entreprise, nous serons vos ennemis,
« et que désormais nous ne ferons plus un pas pour
« aucune affaire qui vous concerne. » Boémond et
Raimond, voyant que la foule des Chrétiens marchait
à la voix du duc Godefroi sur la route de Hasarth, et
que le duc et leurs frères leur témoignaient de la colère, reconnurent qu'ils s'étaient mal conduits à leur
égard; et se repentant alors et rassemblant leurs chevaliers et leurs hommes de pied, au nombre de quatre
mille environ, ils marchèrent sur les traces de Godefroi, le long de la route royale, et le rejoignirent dans
le pays de Hasarth. Les princes et les corps qu'ils conduisaient formaient une armée de trente mille hommes
propres au combat. Brodoan et ceux qui s'étaient
réunis à lui pour assiéger Hasarth, instruits de l'arrivée des bataillons chrétiens dans les plaines voisines,
et voyant de loin au milieu de la nuit les feux qui
brillaient dans leur camp, et les nuages de fumée qui
s'élevaient dans les airs, tinrent conseil et résolurent
d'un commun accord de lever leur camp et de renoncer au siége, sachant bien qu'il leur serait impossible
de résister à tant de milliers d'ennemis. Dix mille
d'entre eux firent un long circuit; et, marchant dans
les montagnes par des sentiers bien connus, ils se
portèrent sur les derrières de l'armée chrétienne, attaquèrent à coups de flèches des pèlerins traînards
qui ne suivaient que de loin, et se lançant sur eux à
l'improviste et les frappant de terreur, ils en firent

périr six cents par le glaive, sans que le duc pût en être informé, non plus que tous ceux qui se trouvaient à plus de deux milles en avant.

Dès que le duc et les siens eurent appris cette terrible nouvelle, ils partirent de toute la rapidité de leurs chevaux, et pressant leur marche, ils rencontrèrent dans les vallées du pays de Hasarth les Turcs qui revenaient de cette sanglante expédition ; les Chrétiens en firent aussitôt un grand carnage, en les frappant de leurs lances et de leurs glaives. Les Turcs battus prirent la fuite, et se disséminèrent dans les montagnes et dans les taillis, et le duc arriva avec les autres chefs devant la forteresse de Hasarth. Le prince de ce château se porta à leur rencontre avec trois cents hommes, revêtus de casques et de cuirasses resplendissantes, et rendit de vives actions de grâces au duc de tous ses succès et de la victoire qu'il avait remportée sur ses ennemis par son secours. Bientôt après il renouvela son traité d'alliance, s'unit au duc d'une inviolable amitié, en présence de tous ceux qui étaient venus, promit d'y demeurer fidèle, et de ne jamais renoncer à l'alliance du duc, à son amitié et à sa liaison avec les Chrétiens. Le duc, d'après le conseil de ceux qui l'entouraient, donna à son nouvel allié un casque parfaitement bien plaqué en or et en argent, et une cuirasse d'une grande beauté, qu'Herebrand de Bouillon, noble chevalier, illustre par ses exploits à la guerre, portait toujours lorsqu'il allait au combat. Brodoan ayant abandonné le siége de Hasarth, et le prince de ce château ayant été traité avec bonté par le duc et tous les principaux chefs, et rétabli en paix dans ses domaines, l'armée chrétienne retourna à Antioche, et tous les princes y séjournèrent, jouissant paisiblement de leurs victoires.

Cependant l'affreuse maladie dont j'ai déjà parlé faisait chaque jour de plus grands ravages et frappait à mort un grand nombre de princes et de gens du peuple. Le duc Godefroi se souvint alors que jadis il avait été atteint à Rome d'un semblable mal, lors d'une expédition qu'il fit avec Henri, quatrième comme roi, et troisième comme empereur des Romains : il se rappela que, pendant le mortel mois d'août, cinq cents braves chevaliers et un plus grand nombre de nobles avaient péri, et que la plupart des autres, frappés de terreur, s'étaient retirés hors de la ville avec l'empereur lui-même : craignant le retour du même mal, le duc sortit d'Antioche et se retira vers les montagnes de Pancrace et de Corovassil, et il habita dans les villes de Turbessel et de Ravenel, dont son frère Baudouin s'était emparé avant le siége d'Antioche, et qu'il avait abandonnées au duc après son établissement dans la ville de Roha.

Quelques frères Arméniens, revêtus de l'habit de moines et servant Dieu dans ces places fortes, avaient reçu beaucoup d'injures des chevaliers de Pancrace qui habitaient dans un château situé sur les frontières du territoire de Ravenel et de Turbessel. Voyant que le duc était un homme pacifique et ami de la justice, ils allèrent le trouver, lui exposèrent les offenses qu'ils avaient reçues, et lui portèrent leurs plaintes contre cette citadelle de Pancrace, toujours ennemie des deux places fortes et de leurs habitans. Touché des plaintes des pauvres du Christ, et se souvenant aussi de l'offense que le même Pancrace lui avait faite tandis que les Chrétiens étaient occupés au siége d'Antioche, le duc très-chrétien chercha aussitôt les moyens d'obtenir une vengeance. Pancrace avait dépouillé les députés de Baudouin, frère du duc, lorsqu'ils passaient sur son territoire, chargés de riches et honorables présens, tant en argent qu'en autres objets, et il n'avait pas eu de honte d'envoyer ces mêmes présens au prince Boémond, pour gagner son amitié. Le duc, irrité par le souvenir de cette offense et par les plaintes des pauvres, choisit dans sa suite cinquante chevaliers revêtus de leurs cuirasses et de leurs casques, armés de lances, d'arbalètes et de javelots arméniens, et marcha vers la citadelle voisine, où demeuraient les brigands de Pancrace. L'attaquant aussitôt avec ardeur, il s'en empara dès le premier assaut, la fit détruire et livrer aux flammes, et donna l'ordre de crever les yeux à vingt des chevaliers qu'il y trouva, pour venger les insolences et les insultes que Pancrace s'était permises contre lui-même, et contre les pauvres du Christ. Le duc fit également attaquer par ses chevaliers le château de Corovassil, pour se venger des affronts et des maux qu'il avait faits aux Chrétiens, et cette place fut de même prise, brûlée et renversée jusque dans ses fondemens.

Après que le duc Godefroi fut retourné de Hasarth à Antioche, et reparti de là pour Turbessel et Ravenel, laissant son otage Mahomet entre les mains et sous la garde de ses chevaliers à Antioche; après que Baudouin son frère fut retourné de Hasarth à Roha, un grand nombre d'hommes de l'armée, nobles et roturiers, Dreux de Nesle, Renaud de Toul, Gaston de Béarn, Foucher de Chartres et beaucoup d'autres chefs et compagnons d'armes se rendirent dans la ville de Roha, marchant par centaines et par cinquantaines, les uns à cheval, d'autres à pied, pour aller offrir leurs services à Baudouin, devenu chef et prince de cette ville et de toute la contrée, et pour chercher à gagner des récompenses, en demeurant quelque temps auprès de lui; car ils étaient tous dans la plus grande détresse et avaient épuisé toutes leurs ressources à la suite de leur longue expédition. Ils y arrivaient en affluence, leur nombre s'accroissait de jour en jour, la ville était comme assiégée par les Français et uniquement occupée du soin de les recevoir. Tous les jours Baudouin leur faisait faire de grandes distributions en byzantins d'or, en talens et en vases d'argent; il subjuguait par la force des armes les contrées voisines et tout ce qui lui résistait, et soumettait à son pouvoir les Turcs et tous les habitans à la ronde, en sorte que les plus nobles et les plus puissans du pays en vinrent tous à conclure des traités avec lui.

Douze grands, habitans de la ville de Roha ou Édesse, voyant que cette race des Francs ne cessait de sortir par nombreux essaims d'Antioche et de tous les lieux, qu'elle prenait le dessus par toutes sortes de moyens, que les conseils des Chrétiens étaient préférés aux leurs, que Baudouin traitait avec eux toutes les affaires du pays, et les négligeait eux et leurs avis plus qu'il n'avait fait auparavant, en éprouvèrent une violente indignation et s'irritèrent à l'excès contre Baudouin et les Francs. Craignant d'être entièrement anéantis par eux, ils ne tardèrent pas à se repentir d'avoir reconnu Baudouin pour maître et sci-

gneur de leur ville. En conséquence ils conspirèrent
en secret et envoyèrent des députés aux Turcs pour
tramer un complot contre Baudouin et chercher les
moyens de le faire périr avec tous les siens, ou de les
chasser de la ville. Tandis qu'ils avaient de fréquentes
assemblées secrètes pour concerter leurs projets, l'un
d'entre eux nommé Enchu, demeurant dans le fond
de son cœur fidèle à Baudouin, lui fit connaître en
détail ceux qui avaient préparé la trahison et ceux
qui s'y étaient unis, et lui représenta qu'il avait besoin
de veiller à sa sûreté et à celle des siens, de faire
observer nuit et jour les portes de la ville, afin de
se préserver des traîtres, et de peur que les Turcs
ne parvinssent à rassembler leurs forces et à les attaquer à l'improviste. Baudouin ayant acquis la certitude de ces perfides manœuvres, tant par les rapports
sincères qui lui furent faits, que par le changement
de contenance et la tristesse des conspirateurs, envoya un détachement de Français ses familiers, et qui
lui étaient bien dévoués, leur ordonna de se saisir de
leurs personnes et de les conduire en prison, et fit
en même temps transporter dans son palais tous leurs
effets et d'immenses sommes d'argent, qu'il distribua
généreusement à tous ses partisans, à titre de solde
pour leurs services militaires.

Pendant plusieurs jours les conspirateurs supplie-
rent instamment pour obtenir la vie et la conservation
de leur corps; ils se confondirent en excuses, et firent
offrir pour leur rançon des dons considérables par
ceux qu'ils chargeaient d'intercéder; mais Baudouin,
d'après l'avis des siens, exigeait toujours davantage,
sachant par ses espions qu'ils avaient caché aux regards

de l'armée chrétienne, et transporté dans les châteaux et les forteresses du voisinage de plus grands trésors et tout ce qu'ils possédaient de plus précieux. Enfin Baudouin, qui s'était épuisé à payer une grande quantité de soldes, et à faire des dons infinis, non seulement aux principaux chefs Français, mais même aux gens de la classe inférieure, consentit à recevoir des présens pour la rançon de ses prisonniers. Il ne refusa que les offres de deux d'entre eux, qu'il jugea trop coupables de trahison, et à qui il fit crever les yeux. Beaucoup de gens du peuple, complices du crime, eurent les narines, les mains ou les pieds coupés, et furent en outre condamnés à être chassés de la ville. Chacun de ceux qui se rachetèrent, fit porter au moins vingt mille, ou bien trente, et jusqu'à soixante mille byzantins dans le trésor de Baudouin, sans compter les mulets, les chevaux, les vases d'argent et beaucoup d'autres ornemens précieux. Depuis ce jour, et dans la suite, Baudouin devint redoutable dans la ville de Roha, sa renommée se répandit jusqu'aux extrémités de la terre, et son courage le rendit illustre.

Son beau-père, nommé Taphnuz, voyant quelle vengeance il avait exercée sur ces hommes perfides, frappés à la fois par la perte de leurs biens et par les tortures du corps, fut lui-même saisi de terreur, et prit un prétexte pour se retirer vers les montagnes dans ses forteresses. Dès lors il ne voulut plus en sortir, craignant que Baudouin ne le condamnât à perdre la vie, pour l'argent que Taphnuz lui devait encore. Balak de la ville de Sororgie, poussé par l'espoir de recouvrer cette ville, n'ayant pu rien obtenir de Baudouin à cause de sa générosité envers les Français qui

affluaient vers lui, et de plus entièrement disposé dans son cœur à imiter les artifices des Turcs, commença à chercher dans le secret de ses pensées les moyens d'entraîner Baudouin à sa perte par de perfides conseils. Enfin, ayant imaginé une ruse à l'aide de laquelle il pouvait le tromper ou le perdre entièrement, un jour Balak s'avança vers Baudouin, comme s'il eût voulu lui parler en toute pureté de cœur, et lui dit :
« Je sais que tu es un homme fort puissant et habile,
« et que tu récompenses largement ceux qui se con-
« sacrent volontairement à te servir dans la guerre.
« C'est pourquoi j'ai résolu secrètement en moi-même
« de remettre entre tes mains, non seulement ma per-
« sonne, mes fils et ma femme, mais encore ma cita-
« delle d'Amadja, avec laquelle tu pourras t'emparer
« d'un plus grand territoire, et je te la donnerai le
« jour que tu auras jugé le plus convenable pour la
« recevoir. » En l'entendant parler avec tant de douceur et de confiance, Baudouin se réjouit de cette offre, se fia entièrement à Balak, et en même temps il lui désigna un jour pour aller, conformément à sa proposition, prendre possession de la citadelle sans aucune espèce d'obstacle.

Déjà le jour convenu s'approchait : Balak, persistant dans ses projets artificieux, fit entrer dans le château d'Amadja cent Turcs, munis d'armes et revêtus de cuirasses, et les distribua secrètement dans toutes les parties de la forteresse, afin que, lorsque Baudouin y entrerait avec ses chevaliers, ils pussent le saisir vivant et le remettre entre ses mains. Baudouin cependant, ne se doutant pas même de cette trahison, prit avec lui deux cents chevaliers braves et toujours prêts

à toute entreprise, se rendit avec eux à la forteresse
d'Amadja, et trouva Balak tout disposé à lui en faire
la remise, ainsi qu'il s'y était engagé. D'abord Balak
lui demanda avec de vives instances, et en lui adressant d'un ton mielleux des paroles de flatterie, d'entrer dans la citadelle avec quelques hommes d'élite,
d'en prendre possession et de choisir parmi ses fidèles
ceux sur lesquels il compterait le plus pour leur en
laisser la garde, et Baudouin fut sur le point de l'en
croire : déjà même il se disposait à prendre avec lui
ceux de ses compagnons qui devaient entrer dans le
fort, et à désigner ceux qui demeureraient en dehors.
Mais quelques hommes sensés parmi les Français, ayant
peu de confiance aux discours et aux promesses de
Balak, prirent Baudouin à part, lui reprochèrent vivement de s'être fié si vite aux paroles de ce Turc, et
d'avoir consenti, dans l'excès de sa confiance, à entrer
dans le fort avec un petit nombre d'hommes, sans
avoir même reçu des otages.

Ils hésitèrent, et discutèrent long-temps en conseil,
insistant toujours pour détourner Baudouin de son
projet : enfin il fut arrêté que Baudouin attendrait
dans la vallée avec ses compagnons d'armes, qu'il en-
verrait en avant douze hommes en qui il aurait toute
confiance, pour aller prendre possession de la citadelle et la soumettre à son autorité, en s'emparant des
clefs et des portes. Aussitôt douze hommes, munis
de leurs armes et de leurs cuirasses, furent désignés
pour cette opération, et entrèrent dans la tour d'A-
madja. Mais à peine furent-ils tombés dans le piége,
que les cent Turcs s'élancèrent impétueusement hors
leur retraite, et se présentant munis de leurs armes

et de leurs flèches, enveloppèrent et saisirent les chevaliers, hors d'état de se défendre contre des forces si supérieures. Deux d'entre eux cependant s'arrachèrent des mains de leurs ennemis à force de lutter avec vigueur, et, fuyant rapidement vers une salle garnie de fenêtres qui donnaient sur la vallée, tirant leurs glaives pour se défendre vaillamment contre ceux de leurs ennemis qui les poursuivaient, et mettant en même temps la tête à la fenêtre, ils crièrent à Baudouin, qu'ils virent au pied de la montagne, entouré de tous les siens, de se tenir en garde contre de nouveaux piéges, lui annonçant que dix d'entre eux venaient d'être trahis et faits prisonniers, et qu'eux-mêmes se trouvaient exposés aux plus grands dangers.

En entendant leurs cris de détresse, Baudouin ne tarda pas à reconnaître que toute son entreprise venait d'échouer, que Balak l'avait évidemment trahi, et la captivité de ses chevaliers lui causa la plus vive douleur; cependant il ne pouvait imaginer aucun moyen, et ne savait que faire ou que dire pour les délivrer; car le château s'élevait sur des rochers escarpés, et ni la force ni l'habileté ne pouvaient en triompher. Enfin, Baudouin déplorant amèrement le sort de ses illustres chevaliers, reprochant à Balak son indigne artifice, l'invita à se rappeler ses sermens, à lui rendre du moins ses prisonniers, et à recevoir pour leur rançon une certaine quantité d'or et de byzantins; mais Balak rejeta toutes ces offres, et demanda la restitution de la ville de Sororgie. Baudouin jura par son Dieu qu'il ne rendrait point cette ville, dût Balak faire déchirer par quartiers, sous ses yeux même, tous les hommes qu'il avait faits prisonniers : et comme Balak continua à repousser les prières et les invitations pressantes de Baudouin, et à ne vouloir de tous les dons qu'il lui offrait, que celui de la ville de Sororgie, Baudouin repartit pour Roha, triste et profondément affligé du sort de ses chevaliers. Dès ce moment il commença à nourrir une violente haine contre les Turcs, et à détester leurs conseils, leur secours et leur société.

Quelques jours après cet événement, Balduk de Samosate qui devait livrer sa femme et ses fils comme otages à Baudouin, et qui différait artificieusement depuis plusieurs jours, entra dans le palais pour recommencer ses flatteries ; mais Baudouin ordonna à ses Français de le retenir, et lui fit trancher la tête. Ensuite il envoya Foucher de Chartres dans la ville de Sororgie, avec cent chevaliers braves et habiles à la guerre, leur prescrivant de harceler sans cesse la citadelle d'Amadja, et de faire tous leurs efforts pour venger sur Balak la captivité de leurs compagnons d'armes. Un jour Foucher sortit avec ses chevaliers pour aller ramasser du butin sur le territoire d'Amadja. Il envoya en avant quelques fidèles qui attirèrent les Turcs à leur suite, depuis la citadelle jusqu'au lieu où lui-même s'était placé en embuscade. On se battit alors, et Foucher prit et emmena avec lui six Turcs, chevaliers de Balak. Celui-ci les racheta après qu'ils eurent été emmenés, en restituant six des chevaliers de Baudouin, et il continua à garder les six autres jusqu'au temps où les Chrétiens entrèrent dans Jérusalem. Plus tard quatre d'entre eux s'échappèrent en profitant de la négligence de leurs gardiens, et Balak fit trancher la tête à Gérard, ami et secrétaire de

Baudouin, et à Piscelle, fils de la sœur d'Abelhard de Wizan, illustre et très-noble chevalier.

Tandis que Godefroi demeurait à Turbessel et à Ravenel pour échapper au fléau qui continuait à exercer ses ravages dans Antioche, quinze cents hommes de la race des Teutons, qui s'étaient rassemblés dans la ville de Ratisbonne, située sur le Danube et dans plusieurs autres villes des bords du Rhin, arrivèrent par mer pour se rendre à Antioche, et débarquèrent au port de Saint-Siméon, dans l'intention de se réunir et de porter secours aux bandes de fidèles qui se rendaient à Jérusalem. Mais cette troupe s'étant ralliée aux pélerins victorieux, dans le courant du mois d'août, fut également frappée par le fléau destructeur, et pas un de ces quinze cents hommes ne survécut à ce désastre.

Vers le même temps et peu après la victoire des Chrétiens, Samsadon, fils de Darsian, roi d'Antioche, racheta sa mère et ses deux fils au prix de trois mille byzantins, des mains de Guillaume, homme très-noble, compagnon d'armes et compatriote de Raimond, comte de Provence. Guillaume, dans les premiers momens de l'occupation d'Antioche, les avait surpris dans le sommeil, et faits prisonniers. Dans le même temps, Guinemer du pays de Boulogne, retenu captif à Laodicée par les Turcopoles de l'empereur des Grecs, fut délivré sur la demande du duc Godefroi, après avoir subi un rude châtiment et langui long-temps dans les fers et dans les prisons, et retourna alors à Antioche. Le jeune Mahomet, fils du prince de Hasarth, qui avait été donné en otage à Godefroi, continua aussi à demeurer à Antioche, sous la protection de douze esclaves qui lui appartenaient, et sous l'exacte surveillance des gens de Godefroi, recevant de la maison du duc toutes les choses dont il avait besoin, et ne manquant jamais de rien. Vers le commencement du mois de septembre, et tandis que le duc Godefroi et les autres princes s'étaient retirés d'Antioche pour fuir cette contagion, que les uns attribuaient à l'air malsain du pays, et les autres à la funeste influence du mois d'août, un grand nombre de Chrétiens quittèrent aussi la ville et partirent pour aller s'établir au port de Saint-Siméon. Depuis la fuite de Corbahan et la destruction de l'armée turque, les matelots avaient recommencé à revenir dans ce port, ils y apportaient des vivres, et en vendaient en abondance à tous ceux qui en avaient besoin.

Vers le milieu de ce mois et dans le silence de la nuit, à l'heure où le bienfaisant sommeil répare les forces des hommes, tous les Chrétiens qui faisaient le service de garde furent frappés d'une merveilleuse vision qui leur apparut au sommet des cieux. Il leur sembla que toutes les étoiles du ciel se réunissaient en un groupe serré, sur un espace large d'environ trois arpens, toutes scintillantes, rassemblées en forme d'un globe de feu, brillant d'une clarté brûlante, comme des charbons ardens entassés dans une fournaise : après avoir long-temps brûlé de cette manière, elles s'éclaircirent peu à peu et formèrent comme une couronne, élevée au pôle même de la ville ; et, après avoir demeuré long-temps encore réunies en cercle et sans se diviser, elles rompirent enfin la chaîne sur un point de ce cercle, et suivirent toutes la même voie. Effrayés à la vue de cette apparition, les Chrétiens de garde poussèrent des cris et appelèrent tous ceux que le sommeil accablait, pour leur montrer aussi ce spectacle extraordinaire. Tous furent étonnés et cherchèrent à expliquer cette vision de diverses manières. Les uns disaient qu'elle représentait la ville de Jérusalem, entourée par les essaims des Turcs et des Gentils, dont les forces diminuaient et s'éclaircissaient peu à peu, pour ouvrir enfin les portes de la ville aux enfans des Chrétiens. D'autres croyaient y voir l'armée chrétienne, rassemblée dans sa force, et brûlant du feu de l'amour divin, puis le répandant sur la terre et dans toutes les villes injustement occupées par les Gentils, reprenant la supériorité et dominant enfin avec puissance dans tous les environs de Jérusalem et d'Antioche. Quelques-uns disaient que cette vision représentait le fléau de la mortalité, et le peuple nombreux des pélerins, affaibli et diminué de jour en jour, comme le nuage épais qu'ils avaient eu sous les yeux. Ainsi les Chrétiens discutaient entre eux, proposant diverses interprétations. Mais Dieu permit, dit-on, que la vision pût être expliquée plus favorablement. Le duc Godefroi et tous ses compagnons, rappelés de tous côtés, étant retournés à Antioche vers le mois d'octobre, et lorsque les chaleurs du mois d'août furent calmées, le comte Raimond, Robert de Flandre, Robert, prince de Normandie, Boémond et tous les autres princes également revenus à Antioche, unis d'intention et de volonté, se dispersèrent de nouveau dans les terres et les villes situées autour d'Antioche ; et attaquant ceux qui résistaient, assiégeant les places rebelles, ils les soumirent à leur autorité.

D'abord des bataillons armés se rendirent devant la ville d'Albar, renommée par ses grandes richesses : ils l'attaquèrent, s'en emparèrent sans de grands efforts, et passèrent au fil de l'épée les Turcs et les Sarrasins qui y furent trouvés. Poursuivant ensuite leur victoire, le comte Raimond, Robert, prince de Normandie, Eustache, frère du duc Godefroi, Robert de Flandre, Boémond devenu prince d'Antioche, et le duc Godefroi marchèrent vers la ville de Marrah, appartenant aux Turcs, et toute remplie d'armes et de combattans. Mais Godefroi, Boémond et Robert n'assistèrent à ce siège que pendant quinze jours : tous trois retournèrent alors à Antioche, et laissèrent au comte Raimond, à Robert, prince de Normandie, à Eustache et à Tancrède le soin de poursuivre cette entreprise avec leurs milliers de pélerins. Quelques jours plus tard, le duc Godefroi, prenant avec lui quarante chevaliers bien armés et bien montés, partit pour la ville de Roha, éloignée d'Antioche de sept journées de marche. Son frère Baudouin, qui possédait cette ville avec toutes ses dépendances, se porta à sa rencontre jusqu'à moitié chemin, et traversa le grand fleuve de l'Euphrate pour avoir une conférence avec lui. Pendant ce temps, Boémond, le cœur toujours dévoré de jalousie et de haine contre le comte Raimond, trouvant une occasion favorable dans le départ du duc et l'absence du comte, fit résonner les cors pour avertir et rassembler ses compagnons, attaqua avec vigueur la tour qui domine le pont du Fer, et qu'occupaient les chevaliers du comte Raimond : écrasés sous les traits des archers, ceux-ci furent chassés de leur position et de la ville, et Boémond se trouva par là seul maître de la ville d'Antioche.

Le duc Godefroi, après avoir eu une conférence avec son frère, prit congé de lui et se disposa à retourner en toute hâte à Antioche, avec les quarante hommes de sa suite, pour se réunir à ses frères et aux princes. Il passa sans accident, et fut bien reçu à Turbessel, à Ravenel et dans plusieurs autres lieux. Poursuivant sa marche rapide, et étant arrivé dans le pays appelé *l'Evêché*, un jour il s'arrêta pour dîner avec ses chevaliers auprès d'une fontaine, au milieu d'un pré, et s'étant couché par terre, il fit déposer près de lui les outres pleines de vin, et toutes les provisions de bouche que portaient ses mulets et ses chevaux. Tandis qu'il dînait en sécurité avec ses compagnons, des pages qu'il avait envoyés à la découverte, pour se tenir en garde contre les embûches des Turcs, vinrent l'avertir que cent Turcs étaient cachés dans un lieu marécageux auprès d'un lac grand et poissonneux, situé le long des montagnes, à cinq milles d'Antioche, et qu'ils attendaient dans cette retraite pour surprendre le duc à son retour. Aussitôt qu'il fut informé de ces faits, le duc, suspendant son dîner, monta à cheval avec ses chevaliers, et tous prenant leurs armes en main et se couvrant de leurs cuirasses, marchèrent vers l'ennemi. Les Turcs lancèrent leurs chevaux sur eux avec une égale ardeur, et des deux parts on combattit vigoureusement avec les flèches et les arcs. Mais enfin la victoire demeura au duc et à ses compagnons, qui, se trouvant en petit nombre, défendirent leur vie avec intrépidité. Dès qu'ils eurent pris l'avantage, ils poursuivirent vivement les Turcs, les perçant de leurs lances, coupant les têtes, les suspendant à leurs selles, et les emportant avec eux à Antioche, où ils entrèrent bientôt chargés de dépouilles et traînant les chevaux des Turcs à leur suite. Le duc trouva Boémond en possession de toute la ville, et lui raconta, ainsi qu'aux autres princes et à ses frères, ce qui venait de lui arriver, et comment, avec un petit nombre d'hommes, il avait vaincu et écrasé un corps plus considérable de Turcs.

Quelque temps après cette victoire, tout le peuple chrétien commença à se répandre en murmures, s'indignant de demeurer si long-temps dans la ville d'Antioche, et de ne pas se mettre en marche vers Jérusalem, pour l'amour de laquelle les pélerins avaient quitté les lieux de leur naissance, et souffert déjà tant de maux. Il s'éleva une grande agitation dans le peuple, et beaucoup d'hommes de la suite du duc Godefroi, de Robert de Flandre et de Boémond s'échappèrent, voyant, par les réponses et les discours de ces princes, que de long-temps encore ils ne pouvaient espérer de prendre la route de Jérusalem. Enfin les princes, craignant que les pélerins accablés d'ennui ne leur échappassent peu à peu, donnèrent des ordres pour que personne ne pût aller s'embarquer ni retourner dans son pays, et établirent des surveillans sur les bords de la mer. Ils résolurent de tenir une assemblée le second jour de février, et d'avoir une conférence pour examiner les plaintes du peuple. Ils se réunirent en effet dans la ville d'Antioche, et tinrent un conseil dans lequel tous, grands et petits, arrêtèrent qu'aux calendes de mars on se rassemblerait également dans la ville de Laodicée, qui était au pouvoir des Chrétiens, et qu'après avoir réuni toutes les forces de l'armée, et sans être retenu par la crainte d'aucun nouveau péril, on partirait immédiatement de ce point pour marcher sur Jérusalem.

Pendant ce temps le comte Raimond, et tous ceux qui étaient occupés avec lui au siége de Marrah, languissaient dans cette position depuis cinq semaines ; et, après un si long séjour qui les fatiguait infiniment, repoussés sans cesse et très-vivement par les Turcs, ils eurent encore à souffrir tous les tourmens de la famine. Ce n'était point étonnant ; car le siége d'Antioche qui avait duré si long-temps, et plus tard le siége de toutes les autres villes, avaient épuisé les ressources de toutes les contrées environnantes, et la plupart des habitans s'étaient sauvés dans les montagnes, emportant avec eux leurs effets, et emmenant leurs bestiaux. L'armée du comte Raimond et des princes, qui était demeurée avec lui, était forte de dix mille hommes ; et, chose horrible à dire et à entendre raconter ! on en vint dans tout le pays à un tel excès de détresse, que les Chrétiens n'eurent pas horreur, non seulement de manger les Turcs ou les Sarrasins morts, mais encore de dévorer les chiens qu'ils pouvaient saisir, après les avoir fait rôtir : tant la faim, soutenue pendant long-temps, est plus poignante que le glaive le mieux acéré.

Le comte Raimond, voyant l'affliction et les douleurs de son peuple consumé de misère et de faim, prit avec lui un corps de chevaliers, se rendit dans les montagnes et en rapporta, à diverses reprises, beaucoup de butin et une grande quantité de vivres, qui relevèrent les forces des serviteurs de Dieu. On trouva aussi, dans les solitudes montueuses du Liban, un grand nombre de Chrétiens qui, poussés par l'impérieuse nécessité, allaient partout cherchant quelque nourriture, et étaient mis à mort par les Turcs. Souvent des détachemens ennemis sortaient de la ville de Damas, qui était la principale résidence des Turcs, se plaçaient en embuscade, attaquaient ceux des Chrétiens de l'armée assiégeante qui se dispersaient de divers côtés, massacraient les uns et perçaient les autres de leurs flèches mortelles. Le comte Raimond, irrité des maux que les siens avaient à souffrir, par suite de ces attaques imprévues des Turcs, chercha tous les moyens possibles d'y mettre un terme. En conséquence il alla avec un corps d'hommes vaillans, assiéger le château de Talaria, situé au milieu des montagnes ; et s'en étant emparé, et l'ayant détruit, il extermina en même temps tous les Turcs qu'il y trouva, et emporta de ce château une grande quantité de bois ; avec lesquels il fit construire une machine, afin de se rendre maître de la ville de Marrah, bien défendue par ses murailles et ses remparts. Peu de temps après que la machine eut été terminée et dressée avec tous ses instrumens, le comte Raimond et les autres princes, Robert, Tancrède et Eustache, parvinrent enfin à s'emparer de la place : les chevaliers chrétiens, couverts de leurs boucliers et de leurs cuirasses, s'élancèrent avec vigueur au milieu de la ville ; les Turcs voulurent les repousser vivement, et cherchèrent à se défendre; mais les Chrétiens les firent périr par le glaive, poursuivirent tous ceux qui tentèrent de se réfugier dans la citadelle, et les brûlèrent. Après ce succès, les pèlerins demeurèrent en paix à Marrah pendant trois semaines, mais ils ne trouvèrent que très-peu de provisions dans la place, si ce n'est de l'huile en abondance. Engelram, fils du comte Hugues, jeune homme d'une valeur admirable, étant tombé malade à Marrah, y mourut, et fut inhumé dans la basilique du bienheureux André l'apôtre.

Après avoir pris et détruit la ville de Marrah, l'armée des princes chrétiens descendit dans une vallée, qu'elle appela *la Vallée de la Joie* : les pèlerins y trouvèrent en abondance toutes les choses nécessaires à la vie; ils y demeurèrent pendant huit jours pour se remettre de leurs fatigues et des souffrances de la faim, et s'emparèrent en outre de deux châteaux forts situés dans les montagnes, et habités par des Turcs et des Sarrasins : de là, ils allèrent attaquer et prendre, sans beaucoup d'efforts, la ville de Tortose, et l'ayant remise entre les mains du comte Raimond, et confiée à ses soins, les pèlerins poursuivirent leur marche, et arrivèrent dans la vallée dite *des Chameaux*; ils y enlevèrent beaucoup de butin et des vivres, et partirent pour se rendre devant une place forte nommée Archis, capable de résister à toutes les inventions et à toutes les forces humaines. Ils dressèrent leurs tentes près de là, et résolurent d'y demeurer quelque temps, afin de s'emparer de la citadelle, après en avoir expulsé ceux qui la défendaient. Ils construisirent des machines et des instrumens de

guerre propres à lancer d'énormes blocs de pierre
sur les tours et les antiques murailles de la place,
afin d'effrayer et de mettre en fuite les chevaliers
chargés de la défendre; mais ils trouvèrent en eux des
ennemis infatigables et invincibles, qui résistèrent
de l'intérieur de la place en lançant sur eux des
pierres avec de semblables machines ; et ces pierres
et leurs flèches firent beaucoup de mal à l'armée
chrétienne. Anselme de Ribourgemont, homme très- *Ribemon*
noble et vaillant guerrier, qui attaquait la citadelle
avec une grande vigueur, eut la tête fracassée par la
chute d'une pierre lancée dans les airs du haut de
cette citadelle. Les princes affligés et troublés de la
mort de leur illustre frère et compagnon d'armes,
ainsi que de la résistance opiniâtre des Sarrasins, résolurent de faire creuser, dans la montagne, sous les
fondations des murailles de la place, afin que ces fondations s'écroulant et entraînant les remparts dans
leur chute, les Gentils qui se trouveraient sur ces
remparts ou dans la citadelle fussent ensevelis sous
les décombres : mais ce travail fut vainement entrepris ; ceux qui étaient en dedans firent des contre-
mines, et arrêtèrent, par leurs efforts, l'effet des
machines des Chrétiens, en sorte que ceux-ci ne
purent obtenir aucun résultat.

Il s'éleva, pendant le siége, une discussion au sujet
de la lance du Seigneur, sur la question de savoir si
c'était réellement ou non celle qui avait percé Notre-
Seigneur dans le côté. Un grand nombre de Chrétiens
étaient incertains, et il se forma un schisme dans
l'armée ; c'est pourquoi celui qui avait fait et révélé
cette découverte passa, dit-on, par l'épreuve du feu,

et en sortit sans blessure : le comte Raimond de Provence et Raimond Pelet l'enlevèrent aux mains des envieux qui le pressaient de tous côtés, et, depuis ce jour, eux-mêmes et tous les hommes de leur suite portèrent une grande vénération à la lance. Plus tard, cependant, quelques hommes racontèrent que ce même clerc avait été tellement brûlé, en passant par cette épreuve, qu'il en était mort, et avait été enseveli bientôt après. Dès lors la lance ne tarda pas à être en moindre vénération auprès des fidèles, qui crurent devoir attribuer cet événement à l'avidité et à l'esprit ingénieux de Raimond plutôt qu'à une manifestation divine de la vérité.

Tandis que les Chrétiens faisaient successivement les siéges de Marrah, de Tortose et d'Archis, le jeune Mahomet qui avait été envoyé en otage à Antioche, par le prince de Hasarth, son père, et confié à la bonne foi et à la vigilance du duc Godefroi, fut frappé de maladie et mourut. Après l'avoir fait envelopper d'une pourpre précieuse, selon l'usage des Gentils, le duc le renvoya à son père, lui déclarant, dans toute la sincérité de son cœur, qu'il n'avait aucune négligence à se reprocher à l'occasion de la mort de cet enfant, et protestant en être aussi vivement affecté qu'il eût pu l'être s'il eût perdu son frère Baudouin. Le prince reçut avec bonté les excuses du duc ; et ayant, de plus, appris la vérité de ces paroles par les esclaves qu'il avait envoyés de sa maison pour la garde de son fils, il ne renonça point à la foi qu'il avait jurée, et demeura fermement attaché à l'alliance conclue par lui avec le duc Godefroi et son frère Baudouin.

Cependant le mois de mars étant arrivé, le duc

Godefroi, Robert de Flandre, Boémond et tous les princes qui résidaient encore à Antioche, ayant, ainsi qu'ils l'avaient résolu, rassemblé leur armée, forte de vingt mille hommes, tant chevaliers que gens de pied, allèrent dresser leur camp devant la ville de Gibel, située sur les bords de la mer, et remplie de richesses, et l'assiégèrent sur toute son enceinte, afin d'en expulser et détruire les Sarrasins et tous les Gentils qui s'étaient réunis pour la défendre. Boémond retourna avec les siens de Laodicée à Antioche, toujours rempli de sollicitude, et craignant toujours que cette place, imprenable de vive force, ne lui fût enlevée par artifice ou par l'effet de quelque haine cachée. Aussitôt que ce siége fut commencé, les chevaliers Sarrasins enfermés dans la place, instruits de la destruction des villes d'Albar et de Marrah et du massacre des Turcs qui y habitaient, et sachant que plus récemment la ville d'Archis venait aussi d'être attaquée, tinrent conseil avec les citoyens de Gibel, et offrirent une grande quantité d'argent au duc Godefroi et à Robert de Flandre, pour les déterminer à respecter leur ville, les habitans, leurs vignes et leurs propriétés, et à conduire plus loin l'armée Chrétienne; mais les princes s'y refusèrent formellement, à moins que les clefs de la ville ne leur fussent livrées. Les citoyens et les magistrats voyant que ni l'argent, ni les cadeaux les plus précieux, ne pouvaient séduire ces princes, et les décider à lever leur camp, envoyèrent en secret des députés à Archis auprès du comte Raimond, renommé par ses exploits et sa puissance parmi les principaux chefs des Gentils, pour l'engager à recevoir l'argent que le duc et les autres princes avaient refusé, et à obtenir des Chrétiens, soit par prière, soit par artifice, qu'ils abandonnassent le siége de Gibel. Le comte toujours insatiable d'or et d'argent, et voyant bien, dès le principe, qu'il ne pourrait rien obtenir par les prières, chercha aussitôt quelle ruse il pourrait employer pour amener les princes à renoncer à cette entreprise, et pour sauver les habitans, les vignes et les propriétés de Gibel, en échange de l'argent qu'il desirait recevoir. Il imagina en conséquence de donner pour prétexte que les Turcs, rassemblés en forces dans la ville de Damas, avaient résolu, selon lui, avec les Sarrasins, les Arabes et toutes les nations voisines, de venir lui faire la guerre sous les murs d'Archis, et que déjà même ils s'étaient rassemblés en grand appareil sur les frontières du territoire de cette ville. Ayant ainsi arrangé tout son plan, il expédia des députés aux autres princes, campés autour de Gibel, depuis une semaine, les faisant inviter à venir en toute hâte à son secours, sans quoi lui et tous ceux qui l'entouraient ne pourraient échapper aux mortels périls dont les menaçaient les Gentils, à la suite desquels eux-mêmes aussi se trouveraient sans doute également exposés à subir le martyre.

Informés par les messagers du comte Raimond des périls que faisait redouter cette prétendue arrivée d'une nombreuse armée de Gentils, le duc et les autres chefs se concertèrent, et on les entendit répéter à l'unanimité, de cœur et de bouche : « La « grande armée des Chrétiens, lorsqu'elle était en- « core entière et non divisée sous les murs d'An- « tioche, a eu beaucoup de peine à se défendre contre « les essaims innombrables et les armées des peu-

« ples Gentils. Maintenant une partie de cette armée
« est demeurée à Antioche ; d'autres sont ici au siége
« de Gibel, d'autres devant Archis, et d'autres encore
« nous ont quittés, pour aller attaquer les places fortes
« et les villes des ennemis. Nos forces ainsi dimi-
« nuées, nos frères ne pourront en aucune manière
« résister à tant de milliers de Gentils, selon le rapport
« que nous adresse le comte Raimond. Si la fortune
« contraire veut que les nôtres soient écrasés devant
« Archis, il est certain que nous devrons nous attendre
« au même sort. Ainsi, puisque nous ne pouvons frap-
« per subitement, et vaincre cette ville de Gibel, il
« faut nécessairement que nous cessions pour le mo-
« ment de l'attaquer, que nous transportions notre
« camp et notre armée au secours de ceux des nôtres
« qui sont devant Archis, et que nous allions com-
« battre les ennemis avec nos compagnons d'armes.
« Qu'il soit donc fait selon la volonté du ciel. » Tous
ayant reconnu et déclaré que cette résolution était
bonne et salutaire, le siége de Gibel fut levé, le
duc Godefroi, Robert de Flandre et tous les autres
se mirent en marche avec leurs armes, et tout l'appareil des combats, et arrivèrent au bout de trois
jours devant Archis, pour porter secours à leurs frères
Chrétiens et réunir leurs forces. Mais Tancrède et
beaucoup d'autres fidèles leur apprirent alors qu'il n'y
avait aucune armée ennemie qui les eût menacés, et
que Raimond ne leur avait fait annoncer ce prétendu
rassemblement des Gentils, et ne les avait invités
eux-mêmes à venir à son secours, que dans le dessein de recevoir l'argent que les habitants de Gibel lui
avaient promis, pour obtenir de lui leur délivrance, en

faisant en sorte de détourner les Chrétiens du siége de cette place.

Les princes trouvèrent fort mauvais, et furent très-irrités d'avoir été trompés à ce point par les artifices et messages mensongers du comte Raimond. Ils renoncèrent à toute société et à toute communication avec lui, s'en tinrent éloignés d'environ deux milles, dressèrent leurs tentes, et ne voulurent en aucune façon lui prêter secours pour le siége d'Archis, ni avoir aucune conférence amicale avec lui. Une sérieuse inimitié s'était également formée sous les murs d'Archis entre le comte Raimond et Tancrède, au sujet du paiement d'une solde en byzantins, que le comte devait à Tancrède pour les services qu'il en recevait, et que cependant il ne lui payait point, selon les travaux que Tancrède faisait, et le nombre de chevaliers qu'il lui fournissait et qu'il commandait. Depuis le jour où le duc arriva à Archis avec les autres princes, Tancrède rappela très-souvent le comte à l'exécution de ses engagemens; mais, n'en ayant obtenu aucune réponse favorable, il demeura auprès du duc, s'attacha fidèlement à lui en remplissant toutes les obligations d'un chevalier, et dédaigna désormais le comte Raimond. Dès ce moment aussi, cherchant à se venger des affronts qu'il avait reçus, il ne laissa passer aucune occasion de nuire au comte, à ses amis et à ses compagnons d'armes, par toutes sortes de ruses et de moyens. Le comte Raimond, voyant que le duc Godefroi, Robert de Flandre et tous ceux qui étaient avec eux nourrissaient contre lui une profonde haine, et un vif ressentiment des tromperies auxquelles son avidité l'avait entraîné, chercha à apaiser le duc par ses flatteries, et déploya pour y parvenir une adresse qui lui était familière, et qu'il avait pratiquée dès son jeune âge. Il réussit de même par ce moyen à calmer enfin la colère de Tancrède. En outre, le comte envoya au duc un cheval de prix et d'une grande beauté, afin de le mieux regagner et de le déterminer par ses présens à reprendre avec lui le siége d'Archis, sachant que le duc avait beaucoup de douceur et était fort aimé dans l'armée, et qu'une fois réconcilié avec lui, il lui serait plus facile de conquérir la bienveillance de tous les autres. Bientôt, en effet, tous les princes, à l'exception de Tancrède, se réunirent dans des sentimens de concorde ; tous concoururent désormais avec le même zèle au siége et aux attaques de la citadelle d'Archis, et ils y demeurèrent quatre semaines consécutives, depuis le jour où le duc arriva sur ce territoire.

Cependant tous les Chrétiens commençaient à être ennuyés des travaux du siége, soit à cause des efforts extraordinaires qu'on leur faisait faire pour creuser la montagne, soit par suite de la résistance opiniâtre des assiégés, soit encore parce que les vivres manquaient dans le camp. Bientôt les murmures s'accrurent parmi les gens de la suite du duc Godefroi et de Robert de Flandre, qui déclarèrent tous qu'ils ne pouvaient demeurer plus long-temps devant cette place, imprenable de vive force ou par artifice, et dont il serait impossible de s'emparer, sans y rester au moins une année, et en cherchant même à la réduire par famine. En conséquence tous les fidèles, grands et petits, sollicitaient vivement le duc d'abandonner ce siége, de lever le camp et de poursuivre sa marche vers Jérusalem, puisqu'eux tous n'avaient quitté leur patrie que dans le desir de voir cette cité, et de visiter le sépulcre de notre Seigneur Jésus-Christ. De son côté, le comte Raimond employait tous les moyens et toutes les promesses possibles, pour obtenir que les fidèles demeurassent auprès de lui, jusqu'au moment où il pourrait réussir, de vive force ou par artifice, à s'emparer de la citadelle et de tous les Gentils qui y étaient renfermés : il leur rappelait comment Anselme de Ribourgemont était mort en ces lieux, et leur disait que beaucoup d'autres de ses compagnons d'armes avaient été de même frappés par les Sarrasins, les uns à mort, les autres par de cruelles blessures. Enfin, voyant que ses flatteries ni ses promesses ne pouvaient déterminer les fidèles à renoncer à leurs desirs et à leurs projets, Raimond déclara qu'il demeurerait en ces lieux avec tous les siens, jusqu'à ce que la chute et la ruine de la citadelle ennemie eussent vengé la mort de ses frères.

Tandis que le comte persévérait dans ces intentions, et employait toute son adresse pour retarder le départ des pélerins, un jour le duc Godefroi, Robert de Flandre, Tancrède et tous ceux qui marchaient à leur suite, ayant mis le feu à leur camp, abandonnèrent enfin le siége d'Archis et partirent avec beaucoup d'hommes du corps de Raimond, qui, fatigués depuis long-temps, ne demeuraient qu'à regret et desiraient avant tout se rendre à Jérusalem ; car il y avait déjà deux mois et demi que ces derniers s'étaient établis autour des murs d'Archis, et ils y avaient demeuré dès le commencement du siége, avec le comte lui-même. Raimond, voyant que tout le peuple chrétien marchait avec le duc, que son corps même se divisait et qu'il ne restait qu'un petit nombre d'hommes auprès de lui, suivit bon gré mal gré les traces du duc et des autres princes, et arriva avec ses troupes et tout le reste de l'armée sur les frontières de la ville de Tripoli ou Triple, située sur le rivage de la mer. Tous les pélerins dressèrent aussitôt leurs tentes loin de la ville, afin qu'une si grande armée ne fît aucun dommage aux fruits de la terre et aux vignes des habitans. En effet, les princes réunis sous les murs d'Archis avaient reçu plusieurs fois des députés de Tripoli venant intercéder pour leur ville, apportant de nombreux présens et en promettant encore davantage, si les pélerins voulaient ménager leur place et ses propriétés, et ne pas se conduire envers elle comme ils avaient fait à l'égard d'Albar, Marrah et plusieurs autres. Ce fut par ces motifs que l'armée chrétienne et tous ses chefs s'établirent loin de la ville, afin de voir quelles conditions, quels traités, quels présens leur seraient offerts par les habitans pour apaiser leur colère et gagner leur amitié. Le peuple ayant trouvé dans cette vaste plaine une grande quantité de cannes remplies d'un miel, que l'on appelle *sucre*, en exprimait le suc salutaire avec un extrême plaisir, et une fois qu'ils en avaient goûté, les pélerins ne pouvaient se rassasier de sa douceur. Cette espèce de plante est cultivée tous les ans par les agriculteurs de ce pays avec un soin infini. A l'époque de la moisson, et lorsque la canne a mûri, les indigènes la broient dans des mortiers, font filtrer le suc qu'ils en ont extrait et le recueillent dans des vases où ils le laissent reposer jusqu'à ce qu'il soit pris et durci, présentant alors l'apparence de la neige ou du sel blanc. Ensuite ils le râpent pour le manger avec du pain ou le faire délayer dans l'eau; ils le prennent ainsi en forme de boisson, et tous ceux qui en goûtent le préfèrent aux gâteaux de miel, comme plus doux et plus salubre. Quelques personnes disent que c'est cette espèce de miel que Jonathan, fils du roi Saül, trouva sur la surface de la terre, et qu'il osa goûter malgré les défenses. Le peuple chrétien s'étant donc nourri du suc savoureux de ces cannes à miel, il trouva quelque compensation aux souffrances qu'il avait endurées par l'affreuse famine pendant les siéges d'Albar, de Marrah et d'Archis.

Le gouverneur de l'illustre et riche ville de Tripoli, ayant appris que les légions des fidèles avaient établi leur camp loin des murs et des portes de cette place, envoya des députés aux princes de l'armée, au duc Godefroi, à Robert comte de Flandre, au comte Raimond, et à Robert prince de Normandie, pour leur offrir des présens et leur demander de traverser paisiblement son territoire, ainsi que le territoire de Gibiloth[1] et de la forteresse d'Archis. Après que les princes eurent tenu conseil, le gouverneur de Tripoli se rendit en bonne amitié à la tente du duc; et offrant satisfaction aux princes en leur portant des présens et des paroles de paix, il leur donna un homme déjà âgé pour les conduire sur les bords de la mer et à travers les montagnes, dans des lieux inconnus et par des chemins remplis de sinuosités. Leur guide, en effet, les mena, après avoir quitté le rivage, à travers les gorges étroites des montagnes, par un

---

[1] Biblios, ou Gebaïl, aujourd'hui Dschebaïl.

sentier si resserré qu'un homme pouvait à peine marcher à la suite d'un homme, un animal à la suite d'un animal. Cette montagne, détachée de la chaîne plus éloignée, se prolonge sur une grande étendue de pays jusqu'à la mer. Une tour qui domine et commande la route par l'une de ses portes, s'élève au sommet de cette montagne : ce petit bâtiment ne peut contenir plus de six hommes, mais ils suffiraient à eux seuls pour défendre le passage contre tous ceux qui vivent sous le ciel. Lorsque l'armée chrétienne s'y présenta sous la protection du gouverneur de Tripoli, nul ne chercha à lui disputer le passage. Après avoir franchi ces gorges étroites et difficiles, sous la conduite et avec le secours de leur conducteur sarrasin, les pélerins regagnèrent les côtes de la mer et arrivèrent à la ville de Gibiloth, pour laquelle le gouverneur de Tripoli leur avait aussi demandé grâce. Ils en sortirent, conformément à leurs promesses, afin que l'armée n'y fît aucun dommage, et allèrent, à un mille seulement, passer la nuit sur les bords d'un fleuve aux eaux douces. Ils y demeurèrent toute la journée suivante, pour attendre l'arrivée des gens faibles et des traînards, fatigués par les difficultés de la marche dans un pays dénué de routes et couvert de rochers.

Le troisième jour ils levèrent leur camp, et, continuant à marcher le long de la mer, ils arrivèrent vers une montagne et entrèrent dans un sentier singulièrement étroit : les pluies tombant par torrens du haut de la montagne l'avaient inondé et détruit, à tel point qu'on n'en voyait plus que la place, et cependant il fallait nécessairement y passer. Cette montagne est si constamment et si violemment battue par les eaux de la mer qui l'avoisine, qu'il n'y a aucun moyen d'appuyer à droite ou à gauche du sentier sans courir le risque de se heurter et d'être précipité dans le fond de la mer. Après avoir franchi cet étroit défilé, les Chrétiens passèrent à travers la montagne devant une nouvelle tour, inexpugnable comme la première, et comme elle abandonnée en ce moment par les Sarrasins chargés de la garder et qui avaient fui, frappés de crainte par Dieu même et non par les hommes. Vers le soir, les fidèles arrivèrent et s'arrêtèrent auprès de la ville de Béryte [1], ayant toujours leur guide sarrasin, qui les conduisait et marchait devant eux. Les habitans de Béryte, instruits de l'approche des Chrétiens et sachant que leur armée venait de camper dans la plaine, envoyèrent aux princes des députés porteurs de présens dignes d'être acceptés et de paroles de paix : « Nous vous prions, dirent-ils, de « passer paisiblement, sans détruire nos arbres, sans « dévaster nos vignes et nos récoltes : si la fortune « favorable vous permet d'accomplir vos desseins et « de prendre la ville de Jérusalem, nous vous servi- « rons de nos personnes et de tout ce que nous pos- « sédons. » Apaisés par les prières, les promesses et les dons des habitans, les princes levèrent le camp avec toute l'armée des Chrétiens, et reprirent leur route sur les bords de la mer, à travers les défilés et les roches escarpées, qui sont incessamment battues par les tempêtes et les flots.

En sortant de ces passages étroits, ils descendirent dans une plaine, au milieu de laquelle est située la

---

[1] Baruth.

ville nommée Sidon [1], et s'y arrêtèrent sur la rive d'un fleuve aux douces eaux. Ils trouvèrent dans cette plaine d'énormes amas de pierres, au milieu desquels une foule de gens du peuple, pauvres et accablés de fatigues, se couchèrent pour se reposer. Mais quelques-uns d'entre eux, piqués par des serpens qu'on appelait *tarenta*, moururent de cette blessure, les membres enflés d'une manière extraordinaire et dévorés d'une soif insupportable. Des Sarrasins, se confiant en leur nombre et venant de la ville de Sidon, osèrent tenter de molester l'armée et tuèrent quelques pélerins qui étaient allés sur le territoire de cette ville chercher des vivres et les choses dont ils avaient besoin. Les chevaliers chrétiens les repoussèrent vigoureusement : quelques-uns de ces ennemis périrent par les armes; d'autres, espérant échapper en se jetant dans les eaux, furent noyés et étouffés par les flots. Il est hors de doute que les Chrétiens eussent pu assiéger cette ville et s'en emparer pour venger leurs frères, mais le desir qu'ils éprouvaient d'arriver à Jérusalem les détourna de cette entreprise. Tandis qu'un grand nombre de pélerins étaient exposés aux plus grands dangers par suite des morsures brûlantes de ces serpens, qu'on trouvait en quantité dans le pays de Sidon, et que leur camp retentissait de gémissemens et de plaintes, toutes les fois que quelqu'un d'entre eux venait à en mourir, les indigènes leur enseignèrent comme remède que tout homme piqué par un serpent devait aller trouver l'un des nobles et des puissans de l'armée, lequel, avec sa main droite, le toucherait et

[1] Saïte, Saïd ou Séid.

le serrerait fortement au point où il aurait été blessé par l'aiguillon, afin que le venin ne pût se répandre dans tout le reste du corps. Ils leur donnèrent encore un autre moyen de guérison : c'était qu'un homme piqué allât, sans le moindre retard, coucher avec une femme, et de même une femme avec un homme, assurant que l'un ou l'autre serait ainsi préservé du venin et de toute autre enflure. Le peuple chrétien apprit aussi des habitans du pays à frapper continuellement des pierres les unes contre les autres, et à faire choquer et retentir sans cesse leurs boucliers, afin que les serpens, effrayés par ce bruit continuel, les laissassent dormir en paix. Le lendemain, au point du jour, un Chrétien, chevalier issu d'une famille noble et nommé Gautier, du château de Verne, ayant pris avec lui quelques hommes de sa suite, se rendit dans les montagnes. Il y ramassa une grande quantité de butin, qu'il envoya à l'armée par ses écuyers et quelques-uns de ses compagnons, et lui-même, desirant en aller chercher encore plus dans un lieu tout entouré de montagnes, arriva, par un chemin étroit et dangereux, auprès de quelques grands troupeaux de bœufs gardés par des Sarrasins : ceux-ci l'enveloppèrent, et depuis ce jour on n'a plus su ce qu'il était devenu.

Les princes chrétiens et tous les gens de l'armée, ne pouvant comprendre pourquoi l'illustre chevalier était si long-temps absent, demeurèrent encore le troisième jour sur le territoire de la ville de Sidon, pour attendre que cet honorable guerrier revînt des montagnes, ou qu'on pût du moins en savoir quelque nouvelle; mais, n'ayant pu rien apprendre sur son compte ni le premier ni le second jour, ils quittèrent enfin cette position. Ils traversèrent un pays de plaine, et marchèrent ainsi, suivant toujours leur guide, jusqu'à Tyr, que l'on appelle maintenant *Sur*, et, arrivés auprès de cette ville, ils campèrent au milieu des champs. Une source élevée au dessus d'un ouvrage en maçonnerie, construit en voûte, fournit une si grande abondance d'eau, qu'elle forme un ruisseau dès le point d'où elle jaillit, et qu'une armée entière ne pourrait venir à bout de la tarir. Le jour suivant, ayant quitté la ville de Sur, les pèlerins arrivèrent à Ptolémaïs, que les modernes nomment maintenant Accaron [1], parce qu'elle est la ville du dieu Accaron. L'ayant laissée à leur droite, sur les bords de la mer, ils allèrent passer deux jours et deux nuits sur les bords d'un fleuve d'eau douce, qui a son embouchure vers le même point. Là la route se partage en deux branches, dont l'une, sur la gauche, conduit à Jérusalem par Damas et le fleuve du Jourdain, l'autre prend à droite, et se prolonge sur les bords de la mer jusqu'à Jérusalem. Mais, comme sur une armée de cinquante mille hommes, il y en avait tout au plus vingt mille qui fussent en état de combattre, les princes résolurent de ne point passer par Damas, tant à cause de la grande population turque réunie dans cette ville, que parce qu'au milieu de l'immense plaine de Damas, ouverte de toutes parts, les Chrétiens pouvaient se trouver sans cesse exposés aux attaques des ennemis. Ils choisirent donc la route tracée entre la mer et les montagnes, où ils pouvaient passer en toute sécurité, couverts sur la droite par la mer, sur

---

[1] Accon ou Saint-Jean d'Acre.

la gauche par des montagnes d'une élévation inaccessible. Ils dépassèrent d'abord la ville de Caïpha, ainsi appelée du nom de Caïphe, qui fut jadis chef des prêtres, et le même jour ils arrivèrent et dressèrent leurs tentes sur le territoire de Césarée, ville anciennement appelée *la Tour de Straton*, qu'Hérode fit ensuite reconstruire en l'honneur de César, et qu'il nomma pour cela Césarée. Au pied d'une montagne coule une source, qui traverse de là toute la plaine, et entre ensuite dans la ville : le duc Godefroi et Robert de Flandre firent dresser leurs tentes et s'établirent auprès de cette source. Le comte Raimond et Robert, prince de Normandie, demeurèrent séparés d'eux par un vaste étang, que forment les eaux de la même source, et campèrent assez loin sur les bords de ce ruisseau. Les pélerins demeurèrent dans cette position quatre jours de suite, et célébrèrent religieusement le saint sabbat de la Pentecôte, et le jour où le Saint-Esprit descendit sur les Apôtres.

Après avoir passé auprès de toutes ces villes sans leur faire aucun mal, et le second, le troisième et le quatrième jour de la semaine, les Chrétiens continuèrent leur marche sur le territoire et à travers la vaste plaine de Césarée de Corneille, située dans le pays de Palestine ; le cinquième jour ils établirent leur camp auprès du fleuve de la ville de Ramla ou Rames, et résolurent de dresser leurs tentes et de passer la nuit sur les bords de cette rivière. Robert de Flandre et Gaston de Béziers, ayant pris avec eux cinq cents jeunes chevaliers, se portèrent en avant, d'après les ordres de l'armée, pour aller reconnaître les portes et les murailles de la ville. Ils trouvèrent ses portes ouvertes et ne virent point d'habitans dans l'intérieur. Ceux-ci, en effet, instruits des malheurs que les Gentils avaient eu à souffrir lors du siége et de la prise d'Antioche, s'étaient tous sauvés de devant la face des Chrétiens, fuyant à travers les montagnes et les déserts, et emmenant avec eux leurs femmes, leurs enfans, leurs troupeaux et leurs trésors. Les chevaliers, trouvant la ville de Ramla entièrement déserte d'habitans et de défenseurs, se hâtèrent d'expédier un messager auprès du peuple catholique, campé sur les bords du fleuve, afin d'inviter tous les pélerins à venir prendre possession de la ville, et reposer leurs corps épuisés par de longues fatigues. Les Chrétiens, dès qu'ils eurent reçu ce message, partirent sans retard pour Ramla, y demeurèrent pendant trois jours, et se restaurèrent avec le vin, l'huile et la grande quantité de grains qu'ils y trouvèrent. Ils instituèrent évêque dans ce lieu un nommé Robert, et y laissèrent des Chrétiens pour faire cultiver les terres, instituer des juges, et recueillir les produits des champs et des vignes.

Le quatrième jour, dès le matin, les pélerins quittèrent la ville de Ramla; et, poursuivant leur marche, ils résolurent de s'avancer jusqu'au lieu où commencent les montagnes au milieu desquelles est située la ville de Jérusalem. Mais, arrivés en ce lieu, ils eurent à souffrir d'une grande disette d'eau. Instruits par leur guide sarrasin qu'il y avait des citernes et des sources d'eau vive dans le château d'Emmaüs, à trois milles au-delà, ils y envoyèrent un fort détachement d'écuyers, qui rapportèrent non seulement de l'eau en abondance, mais en outre beaucoup de fourrage pour les chevaux. Ils virent en ce lieu et dans cette même nuit une éclipse de lune, qui était la quinzième; cet astre perdit complétement son éclat et se teignit en couleur de sang jusqu'au milieu de la nuit : tous ceux qui le virent en eussent éprouvé une grande frayeur, si quelques hommes versés dans la connaissance des astres ne leur eussent dit, pour les consoler, que ce prodige n'était point de mauvais augure pour les Chrétiens, et que cet obscurcissement de la lune, ce changement en couleur de sang, indiquaient sans aucun doute la destruction des Sarrasins. Ils assuraient en même temps qu'une éclipse de soleil serait un prodige dangereux pour les pélerins.

Tandis que l'armée entière des Chrétiens était campée dans ces lieux, auprès des montagnes de Jérusalem, et au moment où le jour commençait à tomber, on annonça au duc Godefroi une députation des habitans chrétiens de la ville de Bethléem, et principalement des fidèles que les Turcs avaient chassés de Jérusalem, en les accablant de menaces et les accusant de trahison, à l'occasion de l'arrivée des pélerins dans ce pays. Ils venaient demander, au nom du Seigneur Jésus-Christ, que l'armée poursuivît sa marche sans aucun retard, afin de leur porter secours. Les Gentils, en effet, instruits de l'approche des Chrétiens, accouraient à Jérusalem de tous les points du royaume de Babylone, pour défendre cette ville et massacrer les habitans. Le duc, ayant accueilli leurs supplications, et informé par eux des périls de ses frères, choisit dans le camp et dans ses troupes environ cent chevaliers cuirassés, qu'il envoya aussitôt en

avant, pour aller porter secours aux malheureux fidèles du Christ rassemblés à Bethléem. Ceux-ci montant sur-le-champ à cheval, pour se conformer aux ordres du duc, marchèrent rapidement toute la nuit, franchirent un espace de six milles, et arrivèrent à Bethléem vers le point du jour. Les habitans chrétiens, informés de leur approche, se portèrent aussitôt à leur rencontre en chantant des hymnes de louange et faisant des aspersions d'eau bénite ; ils reçurent les chevaliers avec de grands témoignages de joie, leur baisant les yeux et les mains, et leur disant : « Grâces soient rendues à Dieu de ce que de
« notre temps nous avons vu les choses que nous
« avions toujours desirées ; savoir que vous, nos frères
« en Christ, vous soyez venus pour nous délivrer du
« joug de notre servitude, pour restaurer les lieux
« sacrés dans Jérusalem, et pour faire disparaître
« du lieu saint les cérémonies et les impuretés des
« Gentils. »

A peine les chevaliers chrétiens avaient-ils quitté le camp, que la renommée informa tous les chefs de l'armée de la députation que le duc venait de recevoir de Bethléem. Aussi l'on n'était pas encore arrivé au milieu de la nuit, que déjà tous les Chrétiens, grands et petits, avaient levé le camp et s'étaient mis en route dans un chemin étroit, à travers les gorges et les défilés des collines. Les chevaliers, ardens à se porter en avant, pressaient leur marche, afin de n'être pas retenus et obstrués dans ces passages resserrés par les gens de pied qui affluaient de toutes parts. Tous, petits et grands, se hâtaient, poussés par le même desir d'arriver promptement à Jérusalem. Les chevaliers qu'on avait envoyés à Bethléem revinrent et se réunirent à la marche de l'armée au moment où la première chaleur du soleil du matin sèche la rosée tombée sur l'herbe. Gaston de Béziers, s'étant échappé secrètement de l'armée pour se porter en avant, avec trente hommes habiles dans les combats et dans les embuscades, et, prévoyant que les habitans et les chevaliers de Jérusalem ne pouvaient encore être instruits de l'approche des pélerins, lança ses chevaux sur le territoire et aux environs de cette ville, et ramassa beaucoup de butin qu'il ramena aussitôt. Cependant les citoyens et les chevaliers sarrasins, informés de cette tentative audacieuse, vinrent lui enlever son butin, et le poursuivirent, ainsi que ses compagnons, jusqu'au pied d'une roche élevée. Dans le même moment, Tancrède, qui se portait aussi en avant pour aller chercher des provisions, descendait de l'autre côté du rocher, et rencontra Gaston. Celui-ci lui ayant annoncé que les Sarrasins venaient de sortir de la ville et de lui enlever son butin, ce récit inspira à Tancrède un ardent désir de se mettre à la poursuite des ennemis. Tous deux réunissant aussitôt leur escorte, lancèrent rapidement leurs chevaux sur les derrières des Sarrasins, les poussèrent jusqu'à la porte de Jérusalem, enlevèrent une seconde fois le butin, et le ramenèrent auprès de l'armée chrétienne qui s'avançait à leur suite. Les pélerins, voyant arriver ces bestiaux sous la conduite de ces deux chefs, leur demandèrent tous en même temps où ils avaient enlevé un si riche butin, et ceux-ci déclarèrent qu'ils venaient de le prendre dans la plaine de Jérusalem. En entendant prononcer le nom de Jérusalem, tous versèrent d'abondantes larmes de joie, heureux de se trouver si près des lieux saints, de la ville desirée, pour l'amour de laquelle ils avaient supporté tant de fatigues et de périls, et bravé la mort sous tant d'aspects divers. Leur ardent desir de voir de près la cité sainte leur fit promptement oublier tous leurs travaux et leur lassitude, et ils pressèrent leur marche plus qu'ils n'avaient coutume de faire. Ils avancèrent ainsi sans se ralentir, jusqu'à ce qu'ils fussent arrivés devant les murs de Jérusalem, chantant des hymnes de louange, poussant des cris jusqu'au ciel, et répandant des larmes de joie : l'armée était en ce moment forte de soixante mille individus environ, de l'un et de l'autre sexe.

L'armée très-chrétienne étant arrivée en ces lieux avec ses bannières et ses armes de toute espèce, les portes de la ville furent aussitôt fermées par les chevaliers du roi de Babylone, la tour de David fut remplie de guerriers armés, et tous les citoyens se portèrent sur les remparts pour les défendre, et résister au peuple catholique. Le roi de Babylone, en effet, avait rompu le traité que les députés envoyés par lui à Antioche, avaient conclu avec les princes chrétiens, et cela sans aucun motif, si ce n'est que le comte Raimond avait pris la ville de Tortose, et assiégé pendant plusieurs jours la forteresse d'Archis. Les Chrétiens voyant les troupes du roi, les fortifications de la ville et les dispositions des Gentils à résister, investirent les murailles en cercle et entreprirent le siége. Le duc Godefroi, puissant dans le conseil, et, par les forces de ses Teutons, terrible à la guerre, fut placé du côté de la tour de David, où les efforts de la défense devaient être plus grands. On décida en même temps que Tancrède qui l'accompagnait, et Raimond suivi de deux évêques d'Italie, et de toute son escorte, prendraient place avec Godefroi, en face de la porte de la même tour. Robert de Flandre, et Hugues de Saint-Pol, déjà chargés d'années, furent invités à s'établir avec leurs compagnons d'armes devant les murailles de la ville, sur le point qui descend vers la plaine. Robert, prince de Normandie, et le comte Breton, dressèrent leurs tentes près des murs, et chacun à son rang, vers le lieu où est situé l'oratoire du premier martyr Étienne. Le comte Raimbaud de la ville d'Orange, Louis de Monzons, Conon de Montaigu, et son fils Lambert, Gaston de Béziers, Gérard de Roussillon, Baudouin du Bourg, et Thomas de Féii, s'établirent aussi tout autour de la place. Le comte Raimond jugeant qu'il pourrait être plus utile sur un autre point, se retira de devant la tour de David, laissant seulement quelques-uns de ses hommes pour veiller sur les portes, et transféra son camp et ses tentes sur la montagne de Sion, pour entreprendre le siége de ce côté. Les princes français ayant ainsi disposé l'armée tout autour de la cité sainte, allèrent alors parcourir les environs, afin de ne laisser aucune place vacante, et de se précautionner contre les piéges des ennemis, et ils arrivèrent bientôt sur la montagne des Oliviers. Ils y placèrent un poste d'hommes vaillans, pour éviter d'être attaqués à l'improviste de ce côté, et pour que les Gentils, placés en embuscade, ne pussent descendre par la montagne, et venir surprendre les Chrétiens. La vallée de Josaphat, qui est dominée par la ville et par ses édifices, ne put être occupée à cause de sa profondeur et de l'aspérité du terrain. On eut soin cependant d'y entretenir nuit et jour des postes, chargés de veiller sans relâche à la sûreté des fidèles.

# LIVRE SIXIÈME.

La cité sainte ainsi investie de toutes parts, le cinquième jour du siége les Chrétiens se revêtirent de leurs cuirasses et de leurs casques à la suite d'un conseil, en vertu des ordres des princes, et, faisant une tortue avec leurs boucliers, ils assaillirent les murailles et les remparts. Les Sarrasins furent vigoureusement attaqués à coups de pierres et avec des frondes et des flèches qui volaient par dessus les murailles, et l'on combattit du dehors et du dedans durant une bonne partie de la journée : beaucoup de fidèles furent blessés à coups de pierres et mis hors de combat; quelques-uns d'entre eux eurent les yeux percés par des flèches. Dieu permit qu'aucun des chefs ne fût frappé ce jour-là. Les Chrétiens, irrités des maux que souffrait le peuple, redoublaient d'ardeur et se battaient avec acharnement; ils attaquèrent fortement les murs extérieurs que l'on appelle *Barbacanes*, et les endommagèrent sur quelques points avec des marteaux en fer et des hoyaux : ce jour-là, cependant, ils ne purent pousser bien loin leur entreprise.

Lorsque ce premier orage de guerre fut apaisé, le duc et les princes de l'armée ayant reconnu qu'il leur serait impossible de prendre la ville d'assaut et par la force des armes, et, rentrés dans leur camp, ils tinrent conseil et tombèrent d'accord qu'ils ne pourraient jamais parvenir au but de leurs efforts, s'ils ne réussissaient à s'emparer de la place à l'aide de machines et d'instrumens de guerre. Tous jugèrent donc nécessaire de faire construire des machines, des pierriers, et des béliers; mais comme le bois est très-rare dans le pays, la matière première manquait absolument. Un frère chrétien, né Syrien, indiqua alors aux pélerins un lieu où ils pourraient trouver des bois nécessaires pour leurs constructions, et qui était situé au milieu des montagnes, vers le pays de l'Arabie. Aussitôt qu'on eut reçu cette information, Robert de Flandre, Robert seigneur des Normands et Gérard de Cherisi, prenant avec eux une troupe de chevaliers et d'hommes de pied, se rendirent à quatre milles du camp, et, ayant trouvé du bois, ils le posèrent sur le dos des chameaux, et revinrent au camp sans accident.

Le lendemain, dès le point du jour, tous les ouvriers se mirent à l'ouvrage pour construire les machines et le bélier, les uns travaillant avec des haches, les autres avec des tarières; ils continuèrent ainsi jusqu'à ce qu'au bout de quatre semaines, les machines à lancer des pierres et le bélier fussent complétement terminées et dressées en face de la tour de David, sous les yeux des ennemis enfermés dans cette tour. On convoqua alors les jeunes gens et les vieillards, les jeunes garçons, les jeunes filles et les femmes, pour aller dans la vallée de Bethléem chercher de petites branches et les rapporter au camp sur des mulets et des ânes, ou sur leurs épaules, afin de tresser de triples claies dont la machine serait ensuite recouverte, pour être mise par là à l'abri des traits des Sarrasins. On fit, en effet, comme il avait été dit : on apporta une grande quantité de petites branches et d'osier, on tressa des claies, et on les doubla encore avec des cuirs de cheval, de taureau et de chameau, pour mieux garantir la machine des feux de l'ennemi.

Tandis que le siége traînait ainsi en longueur, et que l'on construisait lentement et péniblement les machines, quelques hommes, poussés par le besoin, se séparèrent de l'armée pour aller chercher des vivres : le hasard les conduisit dans les environs de la ville de Ramla, dont j'ai déjà parlé ; ils y ramassèrent du butin, et, s'étant remis en route emmenant avec eux des bestiaux, ils furent attaqués et battus par des Sarrasins placés en embuscade, qui étaient venus d'Ascalon, ville appartenant au roi de Babylone, et qui leur enlevèrent leur butin. Gilbert de Trèves et Achard de Montmerle, vaillans chefs des Chrétiens et hommes nobles, périrent dans cette rencontre après s'être long-temps défendus, et eurent la tête coupée : tous leurs compagnons prirent la fuite à travers les montagnes. Comme ils s'avançaient rapidement pour retourner à Jérusalem, Baudouin du Bourg, qui était sorti du camp avec Thomas de Féii et une troupe de chevaliers, également pour aller chercher des vivres, rencontra ses frères fuyant en désordre. Informé de leurs malheurs, il releva leur courage et les engagea à retourner avec lui pour aller se venger de leur désastre. Les pélerins, ranimés par les paroles de ces hommes vaillans, se remirent tous aussitôt à la poursuite de leurs ennemis; ils combattirent long-temps contre eux; de part et d'autre il y eut beaucoup de morts et de blessés, et Baudouin du Bourg fut blessé d'un trait qui le frappa sur la poitrine.

Enfin les Chrétiens ayant pris l'avantage et mis les Sarrasins en fuite, retinrent prisonnier un de leurs chevaliers, homme très-noble, au front chauve, à la taille élevée, déjà chargé d'années et très-gros de corps; ils le conduisirent à Jérusalem, et l'attachèrent avec des chaînes de fer dans la tente de Baudouin du Bourg; mais le Turc alla fièrement s'asseoir sur le trône de Baudouin, recouvert d'une pourpre extrêmement précieuse. Les princes chrétiens voyant que le Sarrasin était noble, vaillant et rempli de sagesse, cherchèrent souvent à recueillir des informations sur sa vie et sa conduite, eurent plusieurs discussions à ce sujet, et firent leurs efforts pour le convertir à la foi chrétienne. Mais comme il s'y refusa obstinément, on le fit conduire en face de la tour de David, et l'écuyer de Baudouin lui trancha la tête en présence de tous les Turcs qui défendaient cette tour, afin qu'ils fussent effrayés par cet exemple. Les corps des deux princes Gilbert et Achard, morts en combattant les Turcs, furent ensuite transportés dans le camp au milieu des lamentations de tous les Chrétiens; les prêtres catholiques célébrèrent leurs obsèques, et déposèrent leurs ossemens dans le cimetière de leurs frères chrétiens, situé en dehors de la ville.

Le siége de Jérusalem, la Cité sainte et notre mère

commune, que les enfans adultérins avaient envahie, et disputaient aux fils légitimes, fut commencé le troisième jour de la seconde semaine du mois de juillet, mois insupportable à cause de l'ardeur excessive du soleil, principalement dans cette contrée de l'Orient où non seulement l'on ne trouve aucun ruisseau, mais où l'on ne rencontre même de source d'eau vive, pour si petite qu'elle soit, qu'à trois milles de la ville : aussi cette chaleur brûlante du soleil, ce défaut absolu d'eau et cette sécheresse intolérable, ne cessèrent de désoler le peuple chrétien pendant toute la durée du siége. Ceux des pèlerins qu'on envoyait de tous côtés chercher des sources et puiser de l'eau, revenaient quelquefois sains et saufs après avoir trouvé une fontaine, mais d'autres fois ils tombaient entre les mains des Gentils, qui les saisissaient et leur tranchaient la tête : ceux qui revenaient rapportaient, dans des sacs de peau de chèvre, une eau toute trouble, devenue bourbeuse à la suite des querelles qui s'élevaient entre ceux qui voulaient puiser en même temps, et remplie en outre de sangsues, espèce de ver qui glisse dans les mains. On faisait payer deux pièces de monnaie à chacun de ceux qui portaient les lèvres à l'embouchure très-étroite de ce sac pour avaler une gorgée de cette eau, quelque vieille et pourrie qu'elle fût, et toujours puisée dans des marais puans ou d'antiques citernes. Beaucoup de gens du menu peuple, poussés par une soif dévorante, venant à obtenir la faculté de boire de cette manière, avalaient souvent les sangsues dont j'ai parlé, et mouraient bientôt à la suite d'une enflure dans le gosier ou dans le ventre. D'ailleurs on ne trouve que sur la montagne de Sion un petit ruisseau extrêmement faible, conduit par un aqueduc souterrain, à un trajet de flèche du palais de Salomon, jusqu'au lieu où cet édifice s'élève en forme carrée, présentant l'aspect d'un couvent entouré de murailles : les eaux du ruisseau se ramassent pendant la nuit dans l'enceinte de ce bâtiment, et le jour les habitans de la ville s'en servent et y abreuvent les animaux.

A force de puiser de l'eau l'armée chrétienne parvint à se restaurer un peu, quoique les habitans ne cessassent de lancer des traits, vers le côté qui n'était pas assiégé, sur ceux qui s'y rendaient, faisant tous leurs efforts pour repousser sans cesse les Chrétiens loin de ce réservoir. Les princes de l'armée, et tous ceux qui pouvaient payer, avaient des raisins et du vin en abondance ; mais les pauvres, ceux qui avaient épuisé leurs ressources, ne trouvaient pas même, en quantité suffisante, de l'eau telle que vous venez de l'ouïr. Ce fléau augmentant journellement, et aggravant la position du peuple catholique, les princes de l'armée crurent devoir, d'après l'avis des évêques et des membres du clergé qui étaient présens, consulter un homme de Dieu qui habitait, solitaire, dans une tour antique et d'une grande hauteur, située sur la montagne des Oliviers, et lui demander ce qu'ils avaient à faire, quel parti ils devaient prendre d'abord, en lui annonçant l'ardent desir qu'ils éprouvaient d'entrer dans la ville sainte, et de visiter le sépulcre du Seigneur, après avoir entrepris un long voyage dans ce dessein, et bravé des périls infinis. L'homme de Dieu, ayant appris leurs projets et leurs desirs, leur donna le conseil de commencer d'abord, en toute dévotion, à se mortifier par des jeûnes, de continuer assidûment leurs prières, et d'aller ensuite avec plus de confiance, et sous la protection de Dieu, livrer de nouveaux assauts contre les murailles et les Sarrasins qui les défendaient.

Par suite des conseils de l'homme de Dieu, les évêques et le clergé ordonnèrent un jeûne de trois jours, et le sixième jour de la semaine tous les Chrétiens marchèrent en procession autour de la ville; ils se rendirent de là sur la montagne des Oliviers, vers le lieu où le Seigneur Jésus monta aux cieux; et se portant sur une autre place, celle où il enseigna à ses disciples à prier, ils s'y arrêtèrent en toute dévotion et humilité. Sur ce même emplacement, Pierre l'Ermite et Arnoul de Roie (château de Flandre), clerc doué de beaucoup de science et d'éloquence, ayant parlé au peuple, apaisèrent les nombreuses querelles qui s'étaient élevées entre les pélerins en diverses occasions. Leurs exhortations spirituelles parvinrent aussi à éteindre l'inimitié qui régnait depuis long-temps entre le comte Raimond et Tancrède, et qui provenait de l'injustice du comte Raimond, lequel refusait de payer à Tancrède la solde qu'il lui avait promise. Les deux princes furent touchés de componction et se réconcilièrent. Après eux beaucoup d'autres chrétiens se réunirent également en bonne intelligence, et toute la procession des pélerins descendit alors de la montagne des Oliviers et se rendit sur la montagne de Sion, dans l'Église de la sainte Mère de Dieu. Pendant ce trajet, des clercs vêtus de blanc et portant avec respect des reliques de Saints, et un grand nombre de laïques furent frappés par les flèches des Sarrasins, qui du haut de leurs remparts voyaient passer le cortége, car les murailles de la ville ne sont éloignées de l'église de Sion qu'à la distance d'une portée de flèche. Afin d'exciter la fureur des Chrétiens et en témoignage de mépris et de dérision, les Sarrasins dressèrent des croix sur le même emplacement, et crachèrent sur ces croix, tandis que d'autres ne craignaient même pas de les arroser de leur urine en présence de tout le monde.

Les jeûnes, la sainte procession, les litanies et les prières étant terminés, et le ciel déjà enveloppé dans les ténèbres, au milieu du silence de la nuit, on transporta les diverses pièces de la machine et tout l'attirail des instrumens à projectiles, vers le quartier de la ville où est situé l'oratoire du premier martyr Étienne, du côté de la vallée de Josaphat : c'était un jour de sabbat, et l'on dressa aussitôt autour de la machine des tentes transportées de la première station. Ce fut là que l'on termina entièrement la construction de la machine, de tous les instrumens à projectiles et du bélier. D'après une résolution des grands, on mit d'abord en place et l'on dressa trois mangonneaux, avec lesquels les Chrétiens commencèrent à livrer assaut, pour tâcher de tenir les Sarrasins éloignés des murailles et pour s'en rapprocher eux-mêmes, en continuant à lancer des traits et des pierres. Les Sarrasins voyant qu'en effet leurs murailles étaient fortement ébranlées et battues en brèche par ce genre d'attaque, remplirent des sacs de paille, fixèrent bien près les unes des autres des cordes de vaisseau d'une grosseur énorme, et appliquèrent les sacs contre les murailles, afin d'amortir le choc des pierres que lançaient les mangonneaux et d'en préserver leurs fortifications. Le duc voyant ce nouvel obstacle, et retirant immédiatement du feu des flèches embrasées, les lança avec une arbalète contre les cordes et les sacs ; le feu s'attacha aussitôt aux substances desséchées, un vent léger l'entretint et l'anima; bientôt les sacs et les cordes furent brûlés, et l'on recommença à battre les murailles en brèche.

Afin de mieux assurer l'effet de cette attaque et la destruction des murailles, on fit avancer un bélier d'un poids et d'une dimension énormes, et recouvert de claies en osier. Poussé avec une grande vigueur par une quantité innombrable de pèlerins au-delà du fossé de la ville qu'on avait comblé, le bélier attaqua et renversa en un moment les *barbacanes*, c'est-à-dire la muraille extérieure; et ouvrant ainsi un chemin pour conduire la machine vers les murailles intérieures et plus antiques, il pratiqua une large et terrible ouverture, par laquelle on arrivait ainsi jusque sur la ville. Les Sarrasins, voyant cette vaste brèche et ne pouvant demeurer plus long-temps exposés à un si grand péril, firent du feu avec du soufre, de la poix et de la cire, et brûlèrent le bélier qui se trouvait placé tout près des murailles de la ville, de peur qu'il ne recommençât à les battre de sa tête de fer, ou qu'il n'agrandît la brèche déjà ouverte. Aussitôt les serviteurs de Dieu, poussant des cris, allèrent de tous côtés dans les tentes pour chercher de l'eau, et parvinrent enfin à éteindre les flammes qui consumaient le bélier.

Dans le même temps les mangonneaux continuaient sans relâche à battre les murailles et en éloignaient les Sarrasins qui cherchaient à les défendre. Sans prendre aucun moment de repos, les Chrétiens dressèrent aussitôt leur grande machine avec tous ses agrès, ses cloisons intérieures, ses étais superposés, ses claies doublées de cuirs de taureau, de cheval et de chameau, et ils y firent entrer des chevaliers, qui devaient attaquer la place et combattre avec plus de facilité contre les assiégés. Ils travaillèrent avec ardeur, depuis le jour du sabbat, à assembler toutes les pièces de cette machine, et n'eurent terminé leur entreprise que le cinquième jour de la semaine, vers le soir. Le duc Godefroi et son frère Eustache, et deux autres frères, Ludolfe et Engelbert, originaires de la ville de Tournai, furent chargés de veiller sur cette machine et de diriger l'attaque contre la ville. Le duc et les siens occupèrent l'étage supérieur; Ludolfe et son frère, et les autres Chrétiens qui les suivaient, se placèrent dans l'étage du milieu, et l'étage inférieur fut réservé pour ceux qui devaient pousser la machine contre la muraille. Lorsque tous les chevaliers eurent occupé le sommet de la machine et les autres étages, les barbacanes se trouvant renversées et le fossé comblé, les Chrétiens mirent eux-mêmes et volontairement le feu à leur bélier, qu'il était trop difficile de faire mouvoir à cause de sa pesanteur, et qui pouvait, par son immensité, mettre obstacle aux mouvemens de la machine mobile.

Le sixième jour de la semaine, et dès le matin, les chevaliers sarrasins et tous ceux qui étaient dans la ville, voyant cette machine toute dressée et remplie d'hommes cuirassés, furent frappés de stupeur et de tremblement, et s'étonnèrent que les chevaliers fussent de si grand matin armés et prêts au combat. Ceux-ci, en effet, tiraient à coups de flèches sur tous ceux qu'ils voyaient marcher dans la ville, et comme leur machine s'élevait au dessus des murailles, ils ne cessaient de combattre et de lancer des traits et des pierres sur tous les individus qu'ils découvraient dans l'enceinte intérieure de la place. De leur côté les Gentils, se réunissant en groupes, ne se faisaient pas faute de lancer également des flèches pour atteindre le duc et résister à ses efforts; d'autres se portaient sur les remparts et blessaient les pélerins de leurs traits légers, et les pélerins à leur tour leur répondaient vigoureusement. Au milieu de ce combat, également acharné au dedans et au dehors, les chevaliers enfermés dans la machine, qui s'élevait au dessus des murailles de la ville de la hauteur d'une lance de frêne, lançaient d'énormes blocs de pierre pour faire brèche aux murailles et repousser ceux qui les défendaient, et en même temps ils frappaient à coups de flèches et de pierres ceux des Sarrasins qui erraient çà et là dans la ville. D'un autre côté, et sur la montagne de Sion, les chevaliers du comte Raimond, enfermés dans une autre machine, lançaient aussi des pierres et des traits pour faire brèche aux murailles et frapper ceux qui leur résistaient, tandis que ceux-ci se consumaient en vains efforts contre la machine du comte: cette machine avait été dressée et appliquée de ce côté contre la muraille, pendant la même nuit et à la même heure où la machine commandée par le duc Godefroi était dressée sur un autre point.

Tandis que le siége de la Cité sainte se prolongeait ainsi, quoique les Chrétiens employassent avec la plus vive ardeur tous les moyens possibles pour parvenir à s'en rendre maîtres, on entendait parler sans cesse des menaces du roi de Babylone et des forces dont il disposait. Des transfuges qui, avant le moment où la ville fut prise, indiquèrent au frère Tancrède les trésors et les ornemens renfermés dans le temple du Seigneur, firent alors connaître aux princes de l'armée que l'on envoyait constamment des messagers au roi de Babylone pour l'informer de tout ce qui se passait, et que ces messagers sortaient par le côté de la ville qui n'avait pu être investi, et par la porte de la montagne des Oliviers et de la vallée de Josaphat; que très-souvent aussi les messagers du roi rentraient dans la ville par la même issue, portant en secret à ses défenseurs les avis et les instructions de ce roi, et qu'enfin les Chrétiens pourraient réussir facilement à intercepter ces communications. Aussitôt les princes chrétiens tinrent un conseil secret, à la suite duquel ils allèrent, au milieu de la nuit, placer des hommes en embuscade dans la vallée et à la sortie de la montagne, faisant ainsi observer soigneusement tous les chemins en avant et en arrière, afin que personne ne pût descendre d'Ascalon, de Babylone ou de toute autre partie du royaume, et tenter de porter, comme à l'ordinaire, les messages, en passant par la porte demeurée libre, sans tomber dans un piége et sans être fait prisonnier, ne pouvant trouver aucun moyen de refuge, ni échapper aux mains de ces nouveaux surveillans.

Déjà les sentinelles des Chrétiens avaient été placées sur les chemins, ainsi que sur la montagne des Oliviers, lorsqu'au milieu des ténèbres de la nuit, deux Sarrasins venant d'Ascalon et portant aux assiégés des dépêches du roi de Babylone, tombèrent dans le piége qui leur était préparé, au moment où ils espéraient entrer dans la ville sans aucun obstacle. Les chevaliers qui veillaient auprès de la porte s'emparèrent aussitôt de ces deux hommes; mais l'un fut percé d'un coup de lance par un jeune imprudent, et expira bientôt après; l'autre fut conduit sain et sauf en présence des princes chrétiens, afin qu'on pût lui arracher par des menaces, ou en lui promettant la vie sauve, l'aveu de ce qu'il était chargé d'annoncer, et que par ce moyen les coups des ennemis connus à l'avance fussent moins dangereux. Tremblant et rempli d'inquiétude pour sa vie, le Sarrasin déclara beaucoup de choses sur le roi de Babylone et sur son message; il annonça qu'il était chargé d'inviter les fidèles chevaliers du roi et les habitans de la ville à ne point se laisser abattre par la terreur et les fatigues, à se soutenir les uns les autres, à demeurer fermes dans la résistance, assurés qu'ils devaient être que le roi avait résolu de marcher à leur secours avec de grandes forces de là en quinze jours, afin d'exterminer les Français, et de délivrer les assiégés. Après cette déclaration et plusieurs autres, le Sarrasin fut rendu aux chevaliers, qui lui lièrent les pieds et les mains, et le firent placer sur un mangonneau, afin qu'au premier ou au second effort de cette machine, son corps fût jeté par-delà les murailles de la ville. Mais la machine, surchargée de ce poids extraordinaire, ne put lancer bien loin le malheureux

Sarrasin : il tomba au pied des murs sur des rochers pointus, eut la tête et le corps fracassés, et mourut, à ce qu'on rapporte, un instant après.

Les habitans de la ville et les chevaliers du roi de Babylone voyant leurs communications avec le roi ainsi interrompues, tandis que les Chrétiens continuaient à les attaquer avec une nouvelle audace, et que leurs machines établies de tous côtés ne cessaient de faire beaucoup de mal, résolurent aussi de construire et de dresser quatorze mangonneaux qui seraient constamment employés à lancer vigoureusement des pierres sur ceux des Chrétiens, afin de les ébranler et de les détruire à coups redoublés, et d'envelopper dans le même péril les fidèles qui les occupaient. Neuf de ces quatorze machines furent établies en face de celle du comte Raimond, et un grand nombre de citoyens se mirent aussitôt en devoir de les faire manœuvrer : ils attaquèrent si vivement et à coups si redoublés la machine du comte, qu'elle en fut en effet entièrement brisée, et que les assemblages tombèrent de tous côtés. Tous les hommes de guerre qui y étaient enfermés, effrayés de cet événement inattendu, et frappés de stupeur, eurent beaucoup de peine à échapper eux-mêmes au péril qui les menaçait. Comme il leur était impossible de se maintenir au milieu de cette grêle de pierres, et de protéger leur machine, ils la retirèrent loin des murailles ; et dès ce moment il ne se trouva plus personne qui osât y monter de nouveau et reprendre l'offensive contre les assiégés. Les cinq autres mangonneaux furent dirigés par les Sarrasins contre la machine de Godefroi, et les ennemis espéraient aussi pouvoir la renverser et la détruire, en l'attaquant avec la même impétuosité; mais, grâce à la protection de Dieu, quoiqu'elle fût souvent atteinte et ébranlée par des pierres qui semblaient devoir l'écraser, elle se maintint entière; les claies d'osier dont elle était couverte la garantirent de la violence des chocs, et amortirent l'effet des pierres lancées sur elle avec la plus grande force.

Il y avait sur le sommet de cette machine une croix resplendissante d'or, et sur laquelle avait été placée une figure du Seigneur Jésus: les Sarrasins firent tous leurs efforts pour la frapper avec les pierres qu'ils lançaient, mais ils ne purent jamais parvenir à la faire tomber, ni même à l'atteindre. Tandis qu'ils continuaient à viser sur le même point, une pierre, volant à travers les airs, vint frapper par hasard un chevalier, placé à côté du duc, l'atteignit à la tête, lui brisa le crâne, et fit jaillir la cervelle: le chevalier mourut sur le coup. Le duc, se remettant promptement d'un événement aussi inattendu, continua à tirer avec son arbalète sur les assiégeans qui faisaient manœuvrer leurs machines; et de temps en temps, lorsque quelque claie frappée par une pierre venait à tomber, le duc la remettait aussitôt en place, et la rattachait avec des cordes.

Les chevaliers sarrasins, voyant que tout l'effort de leurs machines était insuffisant contre les claies d'osier, lançaient de temps en temps sur ces claies des vases remplis de feu, dans l'espoir que quelque charbon ou quelque étincelle se fixerait sur les substances sèches, que le souffle du vent alimenterait le feu, et finirait par embrâser la machine; mais l'habileté des

Français avait pourvu à ce danger. Les claies étaient doublées de cuirs bien lisses, sur lesquels le feu ou les charbons qu'on y jetait ne pouvaient tenir; et, en effet, toutes les matières enflammées glissaient aussitôt qu'elles atteignaient les cuirs, et tombaient par terre. Enfin, fatigués des efforts continuels des machines ennemies, le duc et les siens, employant les bras d'un grand nombre de Chrétiens, poussèrent leur machine contre les murailles mêmes de la ville, afin de s'opposer plus sûrement à l'attaque de leurs adversaires, et de telle sorte que les machines de ceux-ci ne pouvant être placées dans une position plus spacieuse, à cause des maisons et des tours qui les environnaient, se trouvassent hors d'état de lancer autant de coups, ou du moins d'atteindre aussi souvent celle des Chrétiens. En effet, lorsque cette dernière machine eut été appliquée contre les murailles, comme celles des ennemis ne purent être retirées plus loin, et sur un terrain plus libre, les pierres qu'elles lançaient avec la même force volaient au-delà de la machine du duc; trop rapprochées, ou quelquefois arrêtées dans leur vol, les pierres retombaient sur les murailles et écrasaient les Sarrasins. Les assiégés voyant alors que ceux qui les attaquaient demeuraient fermes et inébranlables dans leur position, sans pouvoir être atteints par l'effet de leur machine, remplirent une tour située dans le voisinage, de sacs garnis de paille, de chanvre et de foin, la recouvrirent de claies en osier, et de cordes de vaisseaux, pour la garantir de tous côtés des pierres que lançaient les Chrétiens, et firent entrer dans cette tour des combattans, qui avaient ordre de faire pleuvoir, sans interruption, des pieux sur la machine du duc, soit avec des frondes, soit avec de petits mangonneaux, afin d'accabler sous ces divers genres d'attaque ceux des Chrétiens qui demeuraient enfermés dans leur redoute. Mais la machine du duc Godefroi ne fut pas plus ébranlée par ce nouveau moyen; et ceux qui la défendaient, loin de se laisser détourner, continuèrent à combattre avec une ardeur toujours croissante. Alors les ouvriers des Sarrasins imaginèrent un autre procédé, d'après lequel ils devaient parvenir à brûler entièrement, et la machine de leurs ennemis, et ceux qui l'occupaient. Ils transportèrent un tronc d'arbre d'un poids et d'une dimension énormes, et le garnirent de tous côtés de clous et de crochets en fer : ces clous furent enveloppés d'étoupes imprégnées de poix, de cire, d'huile et de toutes sortes de matières propres à alimenter le feu. Sur le milieu de l'arbre ils attachèrent une chaîne de fer extrêmement pesante, afin que les pélerins ne pussent avoir la facilité d'enlever l'arbre, ni le faire changer de place, à l'aide de leurs crochets, tandis qu'eux-mêmes le lanceraient au-delà des murailles, sur la machine des Chrétiens, afin d'y mettre le feu. Après avoir terminé toutes leurs dispositions préliminaires, un jour les citoyens de la ville et les chevaliers du roi de Babylone se réunirent pour commencer leur opération. D'abord, ils mirent le feu à toutes les matières inflammables et que l'eau ne pouvait éteindre; puis ils transportèrent l'arbre avec de grands efforts, à l'aide de leurs échelles, de leurs lances et d'autres instrumens, et parvenus sur les murailles, ils le lancèrent aussitôt entre celles-ci et la machine, afin que les planches qui la supportaient toute entière, atteintes par un feu aussi ardent, fussent entièrement embrasées, et entraînassent dans leur chute et l'engin même ; et tous ceux qui y étaient enfermés, car ils espéraient qu'un incendie aussi violent ne pourrait être arrêté même par des torrens d'eau, et que la machine serait réduite en cendres en même temps que l'arbre qu'ils avaient préparé. Mais les Chrétiens, instruits de ces dispositions par ceux de leurs frères qui habitaient dans la ville, apprirent d'eux en même temps que cette sorte de feu, inaccessible à l'effet de l'eau, ne pouvait être combattu que par le vinaigre, en conséquence, ils eurent soin de se pourvoir à l'avance de vinaigre, qu'ils renfermèrent dans des outres, et l'ayant versé sur l'arbre ennemi, ils arrêtèrent la violence de l'incendie, et préservèrent ainsi leur machine. Pendant ce temps, les pélerins accouraient de tous côtés pour enlever l'arbre ; et, saisissant la chaîne qui l'enveloppait, ils engagèrent un nouveau combat, les uns en dehors la tirant à eux de toutes leurs forces, les autres en dedans retenant la chaîne avec autant d'ardeur; mais enfin, grâce à la faveur de Dieu, les Chrétiens remportèrent l'avantage, ils enlevèrent la chaîne aux Sarrasins, et l'attitirèrent à eux.

Tandis que l'on combattait en dehors et en dedans à qui demeurerait en possession de cette chaîne, et que les cinq mangonneaux établis sur les remparts étaient employés en vains efforts pour lancer des pierres, le duc Godefroi, et tous ceux qui avec lui avaient occupé l'étage supérieur de la machine mouvante, faisaient pleuvoir une grêle de traits et de pierres sur la foule des assiégés rassemblés de tous côtés, et repoussaient incessamment ceux qui cherchaient à se maintenir sur les remparts. D'autres Chrétiens faisaient également manœuvrer sans relâche trois mangonneaux, leurs coups redoublés tombaient sans interruption sur les murailles et rejetaient au loin ceux qui venaient les défendre. Pendant ce temps, les deux frères dont j'ai déjà parlé, Ludolfe et Engelbert, voyant que les ennemis s'engourdissaient dans l'oisiveté, n'osaient continuer à résister et s'écartaient de l'un et l'autre côté des murailles pour échapper aux projectiles qu'on lançait sur eux de toutes parts, se trouvant eux-mêmes plus près du mur, sortirent aussitôt de l'étage du milieu qu'ils occupaient, et jetant des arbres en avant sur le rempart, ils entrèrent les premiers dans la ville, munis de leurs armes, et mirent en fuite ceux des ennemis qui gardaient encore les murailles. Le duc et son frère Eustache, voyant les deux frères entrer dans la place, descendirent rapidement de leur étage supérieur, et passant eux-mêmes sur les remparts, volèrent au secours de leurs frères d'armes. A cette vue, tous les pélerins, joyeux du triomphe de leurs princes, poussèrent des cris jusques aux cieux, et dressant de tous côtés des échelles contre les murailles, ils s'élancèrent les uns après les autres, tous empressés de pénétrer dans la ville.

Cependant les citoyens et leurs défenseurs, voyant leurs murailles envahies, les Chrétiens déjà parvenus dans l'enceinte de la place, et les Français en armes inondant la ville de toutes parts, furent saisis d'effroi et d'abattement, et prenant rapidement la fuite, la plupart d'entre eux se sauvèrent dans l'espoir d'aller se mettre à l'abri dans le palais du roi Salomon, édifice très-vaste et très-solide. Mais les Français les poursuivant vivement avec la lance et l'épée, arrivèrent aux portes du palais en même temps que les fuyards, et continuèrent à massacrer les Gentils. Quatre cents chevaliers qui avaient été envoyés par le roi de Babylone, et qui parcouraient sans cesse la ville, pour appeler les citoyens au combat ou leur porter secours, ayant vu tous leurs compagnons en fuite, prirent un autre chemin et coururent à toute bride vers la tour de David. Les Chrétiens les poursuivirent avec vigueur; à peine les Sarrasins eurent-ils le temps d'entrer dans la tour ; ils mirent pied à terre et laissèrent leurs chevaux à la porte, et les Chrétiens s'en emparèrent et les emmenèrent tout bridés et sellés, seul butin qu'ils pussent faire en ce moment.

Pendant ce temps, quelques-uns des pélerins se dirigèrent vers les portes de la ville, firent sauter les serrures et les barres de fer, et ouvrirent le passage à la foule du peuple chrétien. Mais comme les pélerins se pressaient avec une ardeur extraordinaire pour entrer par cette porte, on dit que les chevaux eux-mêmes, inondés de sueur et serrés de toutes parts, ouvraient la bouche en dépit des efforts de leurs cavaliers pour les contenir, et mordaient tous ceux qui les entouraient. Seize hommes environ, foulés, déchirés et écrasés sous les pieds des chevaux, des mulets et des hommes, périrent au milieu de cette foule. Plusieurs milliers d'hommes et de femmes entrèrent sur un autre point, par la brèche que le bélier avait ouverte avec sa tête de fer. Ces derniers s'étant réunis en un seul corps, coururent vers le palais en poussant de grandes clameurs et faisant beaucoup de bruit, portèrent secours à ceux de leurs frères qui les avaient devancés, et massacrèrent sans pitié tous les Sarrasins qu'ils rencontrèrent dans la vaste enceinte de ce bâtiment. Le sang coula en si grande abondance qu'il se formait en ruisseaux sur les pavés de la cour royale, et que les pieds des hommes en étaient baignés jusqu'aux talons. De temps en temps les Sarrasins, se ranimant et reprenant courage, faisaient de vains efforts pour se défendre, et un assez grand nombre de fidèles, frappés à l'improviste, tombèrent sous leurs coups.

En avant des portes du palais est située la citerne royale, semblable à un lac par son étendue et sa profondeur, recouverte d'une toiture suspendue en voûte et soutenue de tous côtés par des colonnes de marbre. Un grand nombre de Sarrasins s'étaient réfugiés sous l'escalier dont les marches conduisent jusqu'au bord de l'eau ceux qui veulent en puiser. Parmi ces Sarrasins, les uns furent étouffés dans les eaux en y tombant, d'autres périrent sur les marches mêmes en se défendant contre les Chrétiens qui les poursuivaient. Il y avait sous la toiture de la même citerne de larges ouvertures en forme de puits; et tandis que les Chrétiens poursuivaient les Sarrasins dans leur fuite rapide, il s'en trouva parmi les uns et les autres qui se précipitèrent aveuglément sur ces ouvertures, tombèrent dans l'eau au péril de leur vie et même périrent la tête brisée ou les entrailles déchirées par la chute. Pendant toute la durée du siége, on distribuait les eaux de cette citerne aux habitans et aux chevaliers, par mesure déterminée, pour abreuver leurs chevaux, leurs troupeaux et toutes les bêtes de somme, de même que pour les autres besoins. Les eaux pluviales qui découlent par des gouttières du toit du palais et de ceux du temple du Seigneur, et de beaucoup d'autres édifices, viennent toutes se réunir dans cette citerne, et tous les habitans de la ville y trouvent en abondance, pendant tout le reste de l'année, une eau fraîche et salubre.

Les Chrétiens vainqueurs, étant sortis du palais après avoir fait un affreux carnage de Sarrasins, et en avoir tué dix mille dans cette enceinte, rencontrèrent dans les rues plusieurs bandes de Gentils qui erraient çà et là, frappés de crainte, et fuyant la mort, et ils furent tous passés au fil de l'épée. Les femmes qui s'étaient réfugiées dans les tours des palais, ou sur les points les plus élevés, étaient frappées du glaive ; on enlevait sur le sein de leurs mères ou dans leurs berceaux, des enfans à la mamelle, et, saisis par les pieds, ils étaient lancés et allaient se briser la tête contre les murailles, ou sur le seuil des portes : ici les Sarrasins périssaient par les armes, là d'autres étaient écrasés sous les pierres ; nulle part, ni l'âge ni le rang ne pouvaient soustraire aucun d'entre eux à la mort. Quiconque parmi les Chrétiens s'emparait le premier d'une maison ou d'un palais en jouissait sans trouble, de même que de tout ce qu'il y trouvait, en meubles et ustensiles, en grains, huile, orge, vin, argent, vêtemens ou toute autre chose ; et bientôt par ce moyen ils se rendirent maîtres de toute la ville. Tandis que les Chrétiens s'introduisaient dans la place, assouvissaient leur fureur en massacrant les Gentils dans le palais et dans toutes les rues, et se gorgeaient de leurs dépouilles et de leurs richesses, Tancrède, aussitôt qu'il fut entré lui-même, courut en toute hâte vers le temple, et y entra après avoir arraché les serrures. Suivi et assisté de tous ceux de sa troupe, il enleva une immense quantité d'or et d'argent sur les murailles qui en étaient revêtues dans toute l'enceinte intérieure, sur les colonnes et les piliers, et travailla sans relâche pendant deux jours à enlever les trésors que les Turcs avaient entassés pour décorer cet oratoire. On dit que deux Sarrasins, sortis de la ville pendant le siége, avaient appris à Tancrède qu'il trouverait toutes ces richesses en ce lieu, afin d'obtenir grâce devant ses yeux et de sauver leur vie. Après être demeuré deux jours dans le temple, il en fit ouvrir les portes; et, prenant avec lui tous ses trésors, il les partagea fidèlement avec Godefroi, dont il était le chevalier : tous ceux qui les ont vus entassés disent que six chameaux ou mulets auraient à peine suffi pour les transporter.

Ce temple, appelé le temple du Seigneur, ne doit point être pris pour l'ouvrage antique et admirable du roi Salomon, puisque la ville entière de Jérusalem fut détruite par le roi Nabuchodonosor, et plus tard par le roi Antiochus, longues années avant l'Incarnation du Seigneur, et que le temple de Salomon fut renversé dans ses fondemens, après avoir été dépouillé de tous ses ornemens et de ses vases sacrés. Plus tard, après l'Incarnation, et conformément à la prédiction du Seigneur Jésus, les princes romains, Vespasien et Titus, détruisirent de nouveau, et de fond en comble, la ville de Jérusalem et tous ses habitans, en sorte que, selon la parole du Seigneur, ils n'y laissèrent pas pierre sur pierre. Mais dans la suite ce temple fut réédifié par les modernes serviteurs du Christ, comme cela est établi par un grand nombre de témoignages, et il fut bâti sur le même emplacement où le sage Salomon avait construit l'antique tabernacle de Dieu en bois de cèdre et en marbre de Paros, et placé le Saint des Saints dans ce tabernacle. Au milieu du temple moderne s'élève une masse en pierre fondée par la nature, ayant en largeur l'étendue d'un tiers d'arpent environ, et haute de deux coudées; sur l'un des côtés on a établi des marches par lesquelles on descend dans des caves; et ceux qui examinèrent alors les lieux avec le plus d'attention rapportent qu'il y a, sur l'autre côté, une petite ouverture en pierre, mais qui demeure toujours fermée. Quelques personnes pensent que le mystère du Saint des Saints est encore conservé sous cette pierre. Au milieu de la toiture du temple moderne, dont toutes les murailles intérieures sont maintenant recouvertes d'ouvrages représentant les miracles, est fixée, dit-on, une chaîne formant un rond, à laquelle demeure constamment suspendu un vase parfaitement travaillé, tout resplendissant d'or, et du poids de deux cents marcs environ. Les uns affirment que ce vase renferme une urne d'or, d'autres que le sang du Seigneur y est déposé, d'autres que c'est une poussière embaumée, relique précieuse qu'on y tient cachée; et ces opinions diverses ont chacune leurs défenseurs.

Ce vase suspendu, comme j'ai dit, au milieu du temple, fut respecté par Tancrède; les Turcs eux-mêmes l'avaient eu constamment en grande vénération, et n'y avaient porté aucune atteinte. Ils avaient comblé le tabernacle d'honneurs et de trésors : c'était le seul où ils voulussent célébrer les cérémonies de leur culte, et ils en excluaient toutes les autres nations. De même qu'ils veillaient avec le plus profond respect, et en toute vénération, à la garde de ce temple, pour y pratiquer leurs erreurs, le temple du sépulcre du Seigneur était aussi le seul qu'ils eussent épargné et laissé aux Chrétiens qui l'honoraient ; ils le conservaient à cause des tributs qui leur étaient payés régulièrement, produit des oblations des fidèles. L'église de Sainte-Marie des Latins leur payait également un tribut. Dans tous les autres oratoires de la Cité sainte, les Turcs et les Sarrasins avaient exercé leur tyrannie et leurs fureurs, en en expulsant absolument tous les fidèles catholiques.

Tandis que Tancrède, ainsi que je l'ai dit, poussé par son avidité se dirigeait vers le temple du Seigneur, pour enlever les richesses qui lui avaient été révélées, que tous les princes recherchaient avec ardeur les dépouilles des Turcs et s'emparaient de leurs habitations, et que tout le peuple chrétien se portait vers le palais de Salomon, et faisait un affreux ravage des Sarrasins, le duc Godefroi, s'abstenant de tout massacre, et ne conservant auprès de lui que trois de ses compagnons, Baudri, Adelbold et Stabulon, dépouilla sa cuirasse, et s'enveloppant d'un vêtement de laine, sortit pieds nus hors des murailles, et suivant l'enceinte extérieure de la ville en toute humilité, rentrant ensuite par la porte qui fait face à la montagne des Oliviers, il alla se présenter devant le sépulcre de notre Seigneur Jésus-Christ, fils du Dieu vivant, versant des larmes, prononçant des prières, chantant les louanges de Dieu et lui rendant grâces, pour avoir été jugé digne de voir ce qu'il avait toujours si ardemment desiré.

L'accomplissement des pieuses intentions du duc démontra la réalité d'une vision qui avait eu lieu dès long-temps. Avant qu'il entreprît cette expédition, le duc Godefroi, poussait souvent de profonds soupirs; il ne desirait rien aussi ardemment, dans le fond de son âme, que de visiter la sainte cité de Jérusalem, et de voir le sépulcre du Seigneur Jésus, et souvent il ouvrait son cœur, et parlait de ses vœux à ses serviteurs particuliers. Un de ses familiers, nommé Stabulon, eut la vision suivante. Il vit une échelle en or, s'étendant sur une immense longueur depuis la sommité du ciel jusqu'à la terre, et sur laquelle le duc, enflammé d'une ardeur extrême, s'efforçait de monter avec un homme son échanson, nommé Rothard, lequel portait en main une lanterne; l'échanson était déjà parvenu à la moitié de l'échelle, lorsque la lanterne qu'il portait en main cessa de briller, l'échelon du milieu, par lequel il s'avançait vers la voûte élevée des cieux, se trouva fortement dégradé et se brisa, en sorte que l'échanson retournant en arrière ne put, non plus que le duc, s'avancer ni s'élever jusque vers la porte du ciel : alors Stabulon, dont la vision continuait encore, rallumant la flamme de la lanterne, monta avec confiance sur l'échelle, où l'échanson indigne n'avait pu s'élever, et, portant la lanterne sans que la flamme s'éteignît, il pénétra avec le duc lui-même dans la cour céleste ; ils y trouvèrent une table préparée pour eux, et jouirent avec douceur de toutes sortes de biens : le duc s'étendant alors auprès de cette table avec les élus et tous ceux qui en étaient dignes, entra en partage de toutes les délices rassemblées dans ces demeures.

Que faut-il entendre par cette échelle qui conduit au palais des cieux, si ce n'est la voie à laquelle le duc aspirait de toutes les forces de son ame, la voie de la ville de Jérusalem qui est la porte de la patrie céleste? Cette échelle était de l'or le plus pur, parce qu'il faut s'approcher de cette voie et de la porte des cieux avec un cœur pur et une humilité parfaite. Sur le milieu de l'échelle la lanterne que portait l'échanson ne jette plus de clarté ; l'échelon dégradé se brise, et l'on ne peut plus monter, parce que l'échanson abandonna au milieu du travail, et avec un grand nombre d'autres, comme vous l'avez ouï, l'œuvre et l'entreprise de cette sainte voie, à laquelle il s'était dévoué, ainsi que le duc, avec une intention pure et droite. Rempli de méfiance et redoutant les dangers qui le menaçaient, l'échanson, en effet, avait abandonné le duc à Antioche ; et, devenu apostat par cette conduite, il retourna à la charrue de misère, et ne put plus dès lors monter sur l'échelle, ni entrer avec le duc dans la porte du ciel, indigne qu'il était de prendre place à la table des Saints. Alors Stabulon, officier de la chambre du duc, prenant la lanterne des mains de l'échanson, ralluma le flambeau, parce qu'il persista avec force dans sa bonne volonté pour la voie qu'il avait embrassée dès le principe, et parce que, à travers les vacillations de son ame, la lampe de charité ayant conservé sa clarté, il demeura fermement attaché à ses vœux, et parvint enfin, d'une marche soutenue, jusqu'au sommet de l'échelle, de même que le duc. De même, compagnon inébranlable du duc au milieu de ses tribulations, et serviteur fidèle de Dieu, il arriva jusques à Jérusalem, et fut jugé digne de se présenter et de prier devant le sépulcre du Seigneur, qui est la table de toute douceur et l'objet des vœux des Saints.

Après cela le duc sortit du sanctuaire du sépulcre du Seigneur, le cœur inondé de joie, à la suite de la victoire qu'il venait de remporter, et rentra dans son logement pour y chercher le repos. Déjà toute l'armée se délassait aussi du carnage; et cette nuit, après que Jérusalem, la cité du Dieu vivant et notre mère, eut été rendue à ses fils par une grande victoire, tous les Chrétiens accablés de fatigue goûtèrent un profond sommeil. Le sixième jour de la semaine qui était celui de la séparation des apôtres, le quinzième jour de juillet, le comte Raimond, séduit par son avidité, reçut une somme d'argent considérable, et permit aux chevaliers sarrasins, qu'il assiégeait dans la tour de David où ils s'étaient réfugiés, de se retirer sans aucun mal; en même temps il retint pour lui leurs armes, leurs provisions de bouche, leurs dépouilles, ainsi que la forteresse elle-même. Le lendemain matin, qui était le jour du sabbat, des Sarrasins qui, après avoir échappé au massacre, s'étaient réfugiés au nombre de trois cents environ, dans l'espoir de sauver leur vie, sur la sommité du palais de Salomon, demandèrent avec de vives instances qu'on leur fît grâce ; et cependant se voyant fort exposés, et ne pouvant se fier à aucune promesse, ils n'osaient descendre, et demeurèrent dans cette position jusqu'au moment où la bannière de Tancrède fut dressée devant leurs yeux en garantie de la protection qu'ils demandaient : mais ce signal ne put même sauver les malheureux Sarrasins. Beaucoup de Chrétiens indignés de cette promesse en manifestèrent une grande colère, et pas un des Turcs n'échappa à leur fureur.

Tancrède, chevalier rempli d'orgueil, éprouva une vive indignation de l'affront qu'il venait de recevoir ; et sa rage ne se fût point apaisée sans qu'il eût tiré une vengeance éclatante et semé la discorde dans le camp, si les princes et les hommes sages ne l'eussent calmé par leurs conseils et leurs paroles : « Jérusalem, dirent-ils, la ville du Très-Haut, a été, « comme vous savez tous, reconquise à travers de « grandes difficultés et non sans que nous ayons « perdu beaucoup des nôtres ; elle est rendue au- « jourd'hui à ses véritables enfans, et délivrée des « mains du roi de Babylone et du joug des Turcs. « Mais prenons garde que l'avidité, la paresse ou la « compassion pour nos ennemis ne nous la fassent « perdre, et n'épargnons pas les prisonniers et ceux « des Gentils qui se trouvent encore dans la ville. Car, « si par hasard nous venions à être attaqués par le roi « de Babylone, à la tête d'une nombreuse armée, « nous nous trouverions tout-à-coup assaillis au « dedans comme au dehors, et bientôt nous serions « transportés dans un exil perpétuel. Il nous semble

« donc utile et nécessaire, dès ce moment, que tous
« les Sarrasins et les Gentils, qui sont retenus prison-
« niers, qui doivent être rachetés ou sont déjà ra-
« chetés pour de l'argent, périssent sans retard par
« le glaive, de peur que leurs artifices ou leurs in-
« ventions ne suscitent contre nous de nouveaux
« malheurs. »

Cet avis ayant été approuvé, le troisième jour, après la victoire, les princes publièrent leur résolution. Aussitôt tous les Chrétiens coururent aux armes, et, se levant pour détruire misérablement toute la race des Gentils qui avaient survécu aux premiers événemens, ils tirèrent les uns de leurs prisons et leur tranchèrent la tête, les autres furent massacrés à mesure qu'on les trouvait dans les rues ou sur les places de la ville, tous après qu'ils avaient déjà obtenu grâce, soit en donnant de l'argent, soit en éveillant chez les Chrétiens des sentimens d'humanité et de compassion. Les jeunes filles, les femmes, les dames nobles et enceintes étaient mises à mort ou lapidées, et les pèlerins n'étaient arrêtés par aucun respect pour l'âge, quel qu'il fût. Cependant les jeunes filles, les femmes, les matrones, redoutant le moment de la mort, et frappées de terreur à la vue de cet horrible carnage, s'élançaient vers les Chrétiens, tandis qu'ils assouvissaient leurs fureurs sur l'un et l'autre sexe, elles les serraient dans leurs bras pour sauver leur vie, et d'autres se roulaient à leurs pieds et les suppliaient de leur faire grâce, en versant des larmes et se répandant en misérables lamentations. Les jeunes garçons de cinq ans ou de trois ans, témoins de la déplorable fin de leurs pères et de leurs mères, ajoutaient à ces scènes de désolation, en poussant des cris affreux et pleurant amèrement. Mais ils imploraient vainement la pitié et la miséricorde des Chrétiens. Ceux-ci avaient tellement livré leur ame à la passion du carnage, qu'il n'y eut pas un enfant à la mammelle, de l'un ou de l'autre sexe, pas un enfant d'un an qui pût échapper à leurs coups; aussi toutes les places de la ville de Jérusalem furent, dit-on, tellement jonchées et couvertes des cadavres des hommes et des femmes et des membres déchirés des enfans, qu'on en trouvait une quantité innombrable, non seulement dans les rues et dans les palais, mais même dans les lieux les plus déserts.

Depuis le jour où la Cité sainte fut assiégée, fortifiée et défendue par les Sarrasins, jusqu'au jour où elle fut attaquée et prise par ses légitimes maîtres et rétablie entre leurs mains, on ne vit plus dans la ville aucun de ces Turcs qui l'avaient envahie précédemment et occupée pendant long-temps, imposant des tributs onéreux tant aux Sarrasins qu'aux pèlerins et aux fidèles, habitans de ce pays. Les Turcs, qui avaient pris la ville sainte et qui y dominèrent pendant longtemps, étaient au nombre de trois cents. Ils rendirent également tributaires la plupart des villes situées dans les environs et dans la Syrie, et dans le pays de Palestine, dont le roi de Babylone s'était précédemment rendu maître en même temps que de Jérusalem, qu'il avait réunies à son royaume, et qui reconnaissaient habituellement sa puissance. Mais lorsque l'armée chrétienne, ainsi que vous l'avez ouï, alla, après la prise de Nicée, entreprendre le siége d'Antioche, le roi de Babylone, ayant appris la glorieuse victoire que les princes chrétiens avaient remportée avec leurs immenses forces et la défaite humiliante des Turcs, se porta en grande pompe, et avec une nombreuse armée, devant la ville de Jérusalem qu'il avait perdue, et assiégea les trois cents Turcs : il leur livra de fréquens assauts, les accabla par les efforts de ses machines, et cependant les Turcs lui résistèrent avec vigueur, mais non sans éprouver eux-mêmes de grandes pertes. Ils avaient alors pour prince et pour chef Soliman, chevalier terrible, ennemi constant du roi et du royaume de Babylone. Enfin les Turcs et leur prince, voyant bien que leur petite troupe ne pourrait soutenir plus long-temps le poids de la guerre ni résister à tant de milliers d'assaillans, conclurent un traité pour avoir la vie sauve : ils obtinrent pour condition la faculté de sortir de la ville, en la remettant entre les mains du roi, et l'assurance d'être escortés par le roi lui-même jusqu'à Damas, où l'on sait que règne le prince magnifique, frère de Soliman, qui fut, à l'époque dont je parle, chassé de la ville de Jérusalem avec tous ses Turcs. Ceux-ci étant donc sortis de la Cité sainte, et ayant été accompagnés à Damas par une escorte du roi, ce dernier entra dans Jérusalem et établit les rits des Gentils dans le temple du Seigneur, avec un profond respect et en toute humilité. Ensuite il entra dans le temple du sépulcre du Seigneur avec toutes les cérémonies de la religion des Gentils, visita tranquillement tous les lieux et n'entreprit point de détourner aucun Chrétien de sa foi et des cérémonies de son culte. En partant, il confia la garde de la ville à des mains sûres ; la tour de David fut remplie de ses satellites, le palais de Salomon, les autres édifices royaux et tous les points fortifiés furent soumis à sa puissance. Ayant ainsi rétabli sa domination dans la Cité sainte, après l'expulsion des Turcs, comblé de joie, mais craignant encore que les Turcs de Damas ne redevinssent ses ennemis, il envoya une députation aux princes chrétiens, encore occupés du siége d'Antioche, pour leur annoncer qu'il avait chassé les Turcs de la ville de Jérusalem et de son royaume, et qu'il était entièrement disposé à donner toute satisfaction aux Chrétiens au sujet de la ville sainte, et à s'en rapporter à leurs conseils, quant à la foi en Christ et à la reconnaissance de la religion chrétienne. Mais en tout cela il mentait et parlait artificieusement; car il refusa l'entrée de la ville aux pélerins, et leur résista avec toutes ses armes et les forces de ses chevaliers, jusqu'au moment où, aidés par le Roi des cieux, les Chrétiens firent un affreux carnage des Sarrasins, comme vous l'avez ouï, et prirent enfin possession de Jérusalem.

Après cette déplorable extermination des Sarrasins, et le lendemain, qui était un jour de dimanche, les fidèles et les princes de l'armée tinrent conseil, et résolurent de donner au comte Raimond le gouvernement de la ville et la garde du sépulcre du Seigneur. Mais le comte ayant refusé, de même que tous les autres capitaines, successivement élus pour cet emploi, le duc Godefroi fut enfin porté, quoiqu'il s'en défendît, au souverain commandement. Élevé par le consentement et la bienveillance de tous les Chrétiens, le duc demanda la remise de la tour de David, dont Raimond lui-même s'était emparé, après en avoir expulsé les Sarrasins. Mais le comte refusa formellement de la rendre, et ne céda enfin qu'aux menaces du duc et des Chrétiens. Que l'on ne croie pas que cette élection et cette élévation du duc Godefroi aient été en rien l'effet d'une décision des hommes : tout fut fait d'après les dispositions et par la grâce particulière de Dieu ; car nous avons appris, à ne pouvoir en douter, d'après une vision d'un chevalier honnête et véridique, que, dix ans avant cette expédition, Dieu avait élu et institué le duc pour conducteur, prince et modérateur de l'armée chrétienne, comme plus propre que tous les autres princes à l'action, à la victoire et au conseil, et plus pur en foi et en vérité.

Une nuit, le chevalier dont je viens de parler, nommé Hezelon, et originaire du lieu de Kinweiler situé dans. . . . . .[1], fatigué d'une partie de chasse qu'il avait faite avec le duc Godefroi, dans une forêt nommée la forêt de Ketten, et s'étant livré bientôt au sommeil, fut tout-à-coup transporté en esprit sur le mont Sinaï, lieu où Moïse, serviteur du Seigneur, après avoir accompli un jeûne de quarante jours, fut jugé digne de voir Dieu dans l'éclat de sa gloire et de recevoir la Loi de ses mains. Le chevalier vit le duc s'élevant sur le sommet de cette montagne, en toute humilité et mansuétude, et montant avec facilité, et deux personnages vêtus de blanc et couverts d'ornemens pontificaux se portèrent à sa rencontre, et lui dirent : « De même que le Seigneur conféra sa

[1] Le texte porte : *in rubuario* ; je n'ai pu découvrir le sens de ce mot. Ce passage qui indique évidemment des lieux situés dans une province Teutonique, a fait conjecturer à quelques érudits qu'Albert était d'Aix-la-Chapelle, et non d'Aix en Provence. Peut-être alors faudrait-il lire : *in suburbio*, c'est-à-dire *dans le territoire de notre cité*.

« bénédiction et sa grâce à son serviteur et fidèle
« Moïse, de même tu seras comblé des bénédictions
« du Dieu vivant, et tu trouveras grâce devant ses
« yeux : tu seras institué chef et gouverneur de son
« peuple chrétien, en toute foi et en toute vérité. »
Après ces paroles, le chevalier fut réveillé de son
sommeil, il se leva, et la vision s'évanouit.

Que faut-il penser de cette vision, si ce n'est qu'avec
l'esprit et la douceur de Moïse, le duc s'élevait pour devenir chef spirituel d'Israël, ordonné à l'avance par le
Seigneur et institué prince du peuple? Aussi voyons-nous que cette vision et cette bénédiction se sont véritablement et évidemment accomplies en sa personne;
car, dans le fait, un grand nombre de princes et d'hommes puissans, évêques et comtes et fils de rois, entrèrent dans ce pèlerinage avant et après lui, et guidèrent les armées des Chrétiens; mais Dieu ne fit point
prospérer leur entreprise, et ils ne parvinrent point
au but de leurs desirs : les rois et les nations barbares
leur opposèrent de nombreux obstacles, ainsi qu'à
toutes leurs armées, parce qu'ils n'étaient point ceux
par qui le salut devait venir en Israël. Mais le duc
Godefroi s'étant mis en route à la suite de beaucoup
d'autres, et étant chef et prince d'une armée réduite
au désespoir, toutes les adversités se changèrent en
prospérités; il n'y eut plus aucun obstacle au succès
de l'expédition, aucun malheur sans remède; l'iniquité ne se rencontra plus que parmi les scélérats et
les transgresseurs de la loi, et cette iniquité étant
reconnue, la véritable justice de Dieu fit suivre de
près la vengeance, et toute la légion des fidèles fut
sanctifiée. Ainsi les enfans de Dieu châtiés, tantôt par

la famine, tantôt par le glaive, heureux enfin et purifiés de toute souillure, accomplissant leurs bienheureux desirs avec leur duc et leur prince, furent jugés dignes d'entrer dans la sainte cité de Jérusalem, et adorèrent le sépulcre du Seigneur ; et devenus maîtres de la ville par la Providence et la volonté de Dieu, ils instituèrent glorieusement le duc, chef de la ville et gouverneur du peuple.

Un autre frère catholique, chanoine de sainte Marie d'Aix-la-Chapelle[1] et nommé Gilbert, eut encore, dans le septième mois du départ et du pélerinage du duc, une autre révélation, qui lui annonça que le duc avait été désigné et choisi par Dieu pour devenir chef et prince dans Jérusalem. Ce frère crut voir pendant son sommeil que le duc était admis à prendre place dans le soleil, et que les oiseaux de toute espèce, qui sont sous le ciel, venaient se rassembler en foule autour de lui : une partie de ces oiseaux s'envola peu à peu, mais la plus grande partie demeura fixe et immobile à sa droite et à sa gauche : ensuite les rayons du soleil perdirent leur éclat, et cet astre s'obscurcit presque complétement ; en peu de temps le siége du duc fut entièrement effacé, et presque tous les oiseaux qui étaient demeurés s'envolèrent.

Le duc fut admis à prendre place dans le soleil, lorsqu'il fut porté au trône du royaume de Jérusalem, ville élevée par son nom et sa sainteté au dessus de toutes les autres villes du monde, de même que le soleil est élevé par son éclat au dessus de toutes les

---

[1] Ce second passage confirme la conjecture qui fait Albert habitant d'Aix-la-Chapelle ; comment un chanoine d'Aix en Provence eût-il été si bien instruit de toutes ces visions attribuées à Aix-la-Chapelle ?

étoiles du ciel. Jésus-Christ, le fils du Dieu vivant et le véritable soleil de justice, l'illustra et l'exalta par sa Divinité, lorsqu'après avoir été crucifié et avoir souffert la passion dans cette ville, mort et enseveli, il ressuscita le troisième jour d'entre les morts, et apparut vivant à ceux qui l'aimaient. Les oiseaux du ciel se rassemblèrent autour de son siége, lorsque, grands et petits, nobles et roturiers, venus de tous les royaumes Chrétiens, s'associèrent à lui et devinrent ses sujets. Ces oiseaux s'envolèrent, lorsqu'un grand nombre de pélerins retournèrent dans la terre de leur naissance, de son consentement et avec sa permission. Mais un grand nombre d'oiseaux demeurèrent fixes et immobiles, puisque beaucoup de Chrétiens enchaînés par leur pieuse affection pour lui, et charmés par ses entretiens, résolurent de demeurer auprès de lui. Bientôt cependant le soleil s'obscurcit, et le siége du duc disparut, puisque Jérusalem, devenue veuve peu de temps après, par la mort de ce prince magnifique, vit obscurcir sa renommée et sa gloire, et perdit par sa chute un grand nombre de chevaliers et d'hommes de guerre.

En vertu de ces dispositions arrêtées à l'avance par le Seigneur, ainsi que l'attestent ces songes, et par suite de la bienveillance du peuple Chrétien, le duc Godefroi ayant été élevé au trône du royaume de Jérusalem comme prince et conducteur de tous ses frères, un chrétien très-fidèle, habitant de la ville, et profondément versé dans la connaissance de la loi du Christ, déclara qu'il avait caché une croix longue d'une demi-aune, et recouverte d'or, au milieu de laquelle était incrusté un petit fragment du bois de la croix du Seigneur, que la main des hommes n'avait point façonné et qui apparaissait à découvert. Il dit, en outre, qu'il avait enterré cette croix dans un coin obscur et poudreux d'une maison déserte, craignant que les Sarrasins, s'ils étaient venus à la découvrir dans le fracas du siége, ne la dépouillassent de son or, et ne traitassent indignement le bois de la croix du Seigneur. Cette sainte révélation remplit de joie les cœurs des fidèles qui l'entendirent : le sixième jour de la semaine, qui est le jour de la passion du Seigneur, marchant en toute abstinence et en toute pureté, et s'avançant en procession solennelle, peuple et clergé se rassemblèrent dans le lieu où avait été caché le bois vénérable ; et l'enlevant alors avec crainte et respect, ils le transportèrent au temple du sépulcre du Seigneur, en toute dévotion et en chantant des hymnes, et résolurent de le déposer à jamais dans ce temple.

Ensuite l'assemblée générale des fidèles jugea qu'après que tous les Gentils et leurs cérémonies sacriléges avaient été détruits dans la sainte Cité, après que le duc Godefroi avait été élevé au trône de Jérusalem, comme prince des Chrétiens, chargé désormais de défendre la ville et ses habitans, il serait utile et agréable à Dieu que l'on rétablît le pasteur et patriarche, qui devait diriger le troupeau des fidèles et être chef de la sainte Église. Car cette église était alors veuve de son pasteur, le patriarche, homme très-saint, enlevé à la lumière de ce monde dans l'île de Chypre pendant le siége de Jérusalem. Ce patriarche avait quitté la ville de Jérusalem et le sépulcre du Seigneur, au moment où il avait appris l'arrivée des Chrétiens et l'investissement de la place d'Antioche, et il s'était rendu dans l'île de Chypre pour fuir les menaces des Turcs et les persécutions des Sarrasins. Cet homme, alors fort âgé et fidèle serviteur du Christ, envoyait souvent de l'île de Chypre les dons de sa charité au duc Godefroi et aux autres princes, dans les premiers momens du siége de Jérusalem : quelquefois il leur adressait des fruits de l'arbre appelé le grenadier, d'autres fois les précieuses pommes des cèdres du Liban, d'autres fois encore des paons bien engraissés, du vin exquis, et enfin toutes les autres choses qu'il lui était possible de se procurer, espérant toujours que la sainte Église serait relevée par un prince, et qu'il lui serait permis de la servir et de la gouverner en paix et en sécurité, auprès du sépulcre de notre Seigneur Jésus-Christ, fils du Dieu vivant. Mais lorsque les fidèles eurent recouvré la Cité sainte et relevé son église, le patriarche très-chrétien sortit de ce monde et l'Église demeura veuve de son pasteur. C'est pourquoi les princes chrétiens ayant tenu conseil et cherché long-temps quel homme ils pourraient mettre à la place de l'illustre patriarche, nul ne fut jugé digne d'un si grand honneur et du gouvernement divin. On différa en conséquence jusqu'au moment où l'on trouverait quelqu'un qui parût propre à remplir l'office pontifical, et l'on se borna à instituer Arnoul, clerc d'une rare prudence et éloquence, chancelier de la sainte église de Jérusalem, gardien des saintes reliques et dépositaire des aumônes des fidèles.

Arnoul ayant été promu à cette dignité dans la sainte et nouvelle église, jusqu'à ce que l'on eût élu un patriarche qui pût être agréable à Dieu et aux hommes, le prince souverain de Jérusalem, le duc Godefroi, et tous les autres Chrétiens jugèrent convenable d'instituer dans le temple du sépulcre du Seigneur vingt frères en Christ qui y pratiqueraient les offices divins, chanteraient sans cesse des hymnes de louange en l'honneur du Seigneur Dieu vivant, célébreraient en toute dévotion le sacrifice du corps et du sang de Jésus-Christ, et recevraient tous les jours de quoi pourvoir à leur entretien sur le produit des oblations des fidèles. Le duc et les autres princes catholiques, ayant ainsi réglé d'une manière convenable le rétablissement du service divin, donnèrent aussi l'ordre de faire des cloches d'airain et d'autres métaux, afin qu'au signal qu'elles feraient entendre, les frères se rendissent en hâte à l'église, pour chanter les louanges et les psaumes du Seigneur et pour célébrer les messes, et que le peuple pût aussi répondre à cet appel. Jamais, avant cette époque, on n'avait entendu à Jérusalem des sons et des signaux de ce genre.

Cinq semaines s'étaient écoulées lorsque le duc Godefroi, ayant recueilli les bruits qui couraient au sujet des Gentils, laissa la garde de la ville et de la tour de David à de fidèles défenseurs, et prenant avec lui ses compagnons d'armes, Robert de Flandre et Tancrède, se rendit dans les plaines d'Ascalon, pour chercher des renseignemens sur l'état des affaires et les projets des Gentils. Le hasard lui fit rencontrer un messager qui lui annonça que l'émir Afdal [1], le premier après le roi de Babylone, et avec lui une multitude de Gentils, innombrables comme le sable de la mer, venaient de débarquer à Ascalon, d'après les ordres du roi ;

---

[1] Albert d'Aix l'appelle *Méravis*.

qu'ils traînaient à leur suite des armes, des vivres, une quantité infinie de bestiaux, et enfin tout l'appareil de la guerre, et qu'ils avaient résolu d'aller assiéger la ville de Jérusalem, et tous les Chrétiens exilés de leur patrie. En effet, la race des Publicains, et la race à la peau noire, habitante de la terre d'Éthiopie, vulgairement appelée Azopart, ainsi que toutes les nations barbares qui faisaient partie du royaume de Babylone, s'étaient donné un rendez-vous général dans la ville d'Ascalon. Cependant le duc Godefroi et ceux qui étaient avec lui, Robert de Flandre, Tancrède et Eustache, frère du premier, ayant appris l'arrivée de ces nombreuses bandes de Gentils, s'arrêtèrent auprès des montagnes qui se prolongent sur la route de Jérusalem. De là, ils envoyèrent des exprès à la Cité sainte, au comte Raimond et à Robert, prince de Normandie, pour leur faire annoncer qu'un rassemblement considérable de Gentils avait occupé la ville d'Ascalon, et se disposait à continuer sa marche vers Jérusalem, et pour inviter en même temps ces princes à venir s'opposer à ces infidèles avec toutes leurs forces de chevaliers et de gens de pied. Ils firent également engager Pierre l'Ermite et Arnoul, qu'ils avaient institué naguère chancelier et gardien du saint Sépulcre, à venir sans délai les rejoindre avec le bois de la croix du Seigneur, pour marcher vers Ascalon à la rencontre des bandes infidèles : cependant ils résolurent de laisser à Jérusalem un petit nombre de Chrétiens, pour assurer la garde et la défense de la place.

Ces dispositions faites, les fidèles de l'armée chrétienne dispersés dans toute la ville, avertis par le message du duc et des autres princes, préparèrent de nouveau leurs armes déposées depuis peu de temps, équipèrent leurs chevaux, se mirent en route à travers les montagnes, et faisant retentir les cors, les trompettes, les harpes et d'autres instrumens de musique, en poussant jusqu'aux cieux des cris de joie, allèrent se réunir au duc Godefroi, campé sur les frontières du territoire d'Ascalon, au milieu des prairies et des pâturages. Le comte Raimond, conservant encore dans son cœur une vive colère contre le duc Godefroi qui lui avait enlevé la tour de David, fut le seul qui ne voulût pas se rendre à son invitation, et il demeura en arrière avec tous les siens. Enfin, cédant aux nouvelles interpellations et aux menaces du duc et de tous les princes, ainsi qu'aux avis et aux douces paroles de ses fidèles, il partit, et suivant la route royale à travers les montagnes, il alla, avec une troupe nombreuse, se réunir dans la plaine au duc Godefroi, et aux autres princes Chrétiens. Les Sarrasins avaient envoyé par artifice et dispersé dans ces mêmes plaines de nombreux troupeaux de chameaux, d'ânes, de bœufs, de buffles et de toutes sortes d'animaux domestiques, afin que le peuple Chrétien se jetât sur ce butin avec avidité, fût uniquement occupé du pillage, et, embarrassé de sa proie, pût être plus facilement vaincu par ses ennemis. Mais un homme très-noble parmi les Sarrasins, précédemment gouverneur de la ville de Ramla, et qui, depuis la prise de Jérusalem, avait conclu un traité de paix et d'alliance avec le duc, fidèle à ses engagemens, vint, quoique Gentil, au secours de son allié, et l'informa de l'artifice des Babyloniens : il lui dit que les Sarrasins, les

Arabes et tous les Gentils n'avaient eu d'autre intention en envoyant leurs troupeaux en avant, que d'embarrasser les Chrétiens, afin qu'ils fussent plus occupés du desir de ramasser du butin que du soin de se défendre. Sur cet avis du prince sarrasin, le duc et les autres chefs des chrétiens, redoublant de précaution, firent publier, dans toute l'armée catholique, un édit par lequel il était défendu à tout chrétien de faire aucune prise avant le combat, sous peine de perdre le nez et les oreilles. Conformément à cet édit les fidèles s'abstinrent de ce qui leur était défendu, et se bornèrent à prendre le butin dont ils eurent besoin pour se nourrir cette même nuit.

Le lendemain, dès le premier rayon de l'aurore, le peuple du Dieu vivant s'arma pour le combat, et tous les Chrétiens se livrèrent aux transports de leur joie, faisant résonner, en douces modulations, les harpes et les autres instrumens de musique, et témoignant leur bonheur, comme s'ils se rendaient à un festin. Arnoul, Pierre et les autres prêtres firent sur eux le signe de la sainte croix; ils se signèrent eux-mêmes, se fortifièrent par une pure confession, et l'on renouvela avec les paroles d'anathême l'interdiction expresse à tout Chrétien de faire aucune prise, et d'enlever le moindre butin avant le combat. Le gouverneur de la ville de Ramla s'étonna vivement en voyant le peuple faire résonner la flûte, la harpe et tous les instrumens de musique, chanter et pousser des cris de joie, comme s'il était invité à un festin qui lui promît toutes sortes de délices; et interrogeant le duc à ce sujet, il lui dit : « Je m'étonne et ne puis même
« assez m'étonner que ce peuple se glorifie ainsi dans

« les transports de sa joie, et en poussant de tels
« cris comme s'il marchait vers un festin, aujourd'hui
« même que la mort est présente devant lui, et que le
« martyre attend tous les fidèles; car l'issue des com-
« bats est toujours incertaine, et maintenant vos enne-
« mis se sont rassemblés en troupes innombrables, et
« ils ont dressé leur camp non loin d'ici. » A ces paroles, le duc, plein de confiance en Jésus-Christ et animé de son esprit, expliqua avec sagesse à l'homme qui
l'interrogeait pourquoi le peuple se délectait, dans les
transports de sa joie et dans une douce mélodie, par
l'espoir de trouver la mort ce jour même, au milieu
du combat; il lui dit : « Ce peuple que tu vois, et
« que tu entends marcher sur ses ennemis en poussant
« des cris d'allégresse, au moment où il va combattre
« au nom du Seigneur Jésus-Christ, fils du Dieu vi-
« vant, sache qu'il est assuré aujourd'hui de la cou-
« ronne des cieux, et qu'il passera dans une meilleure
« vie, dans laquelle seulement il commencera à vivre
« plus heureux, s'il est jugé digne de mourir dans un
« combat, pour le nom et l'amour du Christ. C'est
« pourquoi notre cœur tressaille de joie et de jubila-
« tion; car, si par hasard nous tombons sous la main
« des ennemis, le Seigneur Jésus, notre Dieu, a le
« pouvoir de conduire nos ames dans le paradis de sa
« gloire. Aussi ne redoutons-nous point la mort au
« moment de l'attaque des ennemis, car nous sommes
« certains qu'après cette mort temporelle, nous trou-
« verons la récompense éternelle. Ce signe de la sainte
« croix, par lequel nous nous sommes fortifiés et sanc-
« tifiés, est sans aucun doute pour nous un bouclier
« spirituel contre les traits des ennemis ; et, espérant

« en lui, nous affrontons tous les périls avec plus d'as-
« surance. C'est par ce bois de la sainte croix que
« nous sommes rachetés de la main de la mort, de
« l'enfer et de la puissance du mauvais ange. C'est
« par le sang de notre Seigneur Jésus-Christ, fils du
« Dieu vivant, que nous sommes purifiés de toutes
« les souillures de la vieille erreur, et que nous avons
« confiance en la vie éternelle. »

Après avoir entendu cette réponse du duc, le prince Gentil demanda, pour son admission à la vie éternelle, que lorsque lui-même irait combattre pour la cause du duc très-chrétien et du peuple catholique contre sa race et ses frères, on voulût aussi le fortifier et le sanctifier par ce signe de la croix, afin que sa foi et son espérance en cette croix, et en celui qui a été crucifié, pussent le préserver des armes et des piéges des ennemis : je ne saurais dire précisément s'il reçut le baptême en ce moment, ou seulement après la bataille ; cependant quelques personnes affirment qu'il n'obtint cette faveur qu'après avoir vu les exploits et la victoire des Chrétiens. Lorsque toute l'armée des fidèles et le prince des Gentils lui-même eurent été sanctifiés par ce signe de la sainte croix, que fit le prêtre Arnoul en étendant la main sur eux, tous les Chrétiens coururent aux armes avec empressement et allèrent revêtir leurs cuirasses, se former en corps, et dresser leurs drapeaux au bout de leurs lances. Nul ne témoignait le desir d'enlever les bestiaux auxquels il était interdit de toucher ; mais ces troupeaux même, formés de gros et menu bétail, et envoyés en avant pour attirer et surprendre les fidèles du Christ, frappés de l'éclat des armes, des cuirasses et des casques, et surpris en entendant les violentes clameurs de l'armée, demeurèrent dans l'étonnement et la stupeur. Dressant les oreilles, et long-temps immobiles, ces animaux se réunirent enfin aux chevaliers et aux gens de pied, et, ainsi mêlés dans les rangs des hommes armés, marchant avec ceux qui marchaient, s'arrêtant avec ceux qui s'arrêtaient, et soulevant de nouveaux nuages de poussière, ils répandirent la terreur parmi les Sarrasins, qui ignoraient entièrement ce fait, et qui se trouvaient éloignés avec toute leur multitude de combattans.

Les Chrétiens sortirent ensuite des montagnes, et s'arrêtèrent dans la vallée et dans la plaine même où étaient dressées les tentes des Sarrasins, des Arabes, des Maures et des Publicains, distribués en divers corps. Alors les troupeaux et tout le gros bétail, dont nul n'eût pu faire le dénombrement, se séparèrent spontanément et se dirigèrent vers des pâturages voisins, sans guide et sans maître, comme si un avertissement divin les eût portés volontairement à sortir des rangs de l'armée catholique, pour ne pas obstruer ses mouvemens; et cependant à demeurer sur le même point au milieu des pâturages, afin que les Chrétiens pussent les retrouver après la victoire. Aussitôt que les troupeaux se furent écartés, les corps d'armée des Français, se trouvant en face des infidèles et placés eux-mêmes à leur rang, les uns en avant sur la première ligne, d'autres sur la droite et sur la gauche, d'autres sur les derrières, se préparèrent tous pour le combat. Tous les chevaliers et les gens de pied se rassemblèrent en groupes autour de leurs enseignes et de leurs bannières. Le duc Godefroi, souverain de Jérusalem après le Seigneur des seigneurs, alla assiéger les portes d'Ascalon avec deux mille chevaliers et trois mille hommes de pied, armés de toutes pièces, couverts de leurs cuirasses, de leurs casques et de leurs boucliers, et portant leurs lances et leurs flèches, afin qu'aucun corps des habitans ne pût sortir de la ville par ce côté, et venir surprendre et attaquer les Français sur leurs derrières. Sur la droite, le comte Raimond conduisit un corps très-nombreux, formé de tous ceux qui le suivaient, vers des vergers très-spacieux et bien garnis, situés en avant des murailles, afin de pouvoir prêter ses forces et porter secours à ses compagnons lorsque la bataille serait engagée, et relever les courages abattus par la crainte, dans un moment de danger. Robert, prince de Normandie, Robert de Flandre, Olivier de Joux, Gérard de Chérisi et Renaud de Toul, conduisirent leur corps sur la gauche, pour engager le combat contre les Maures et tous les Gentils qui occupaient la plaine. Tous les chevaliers et les hommes de pied chrétiens, réunis autour de leurs drapeaux et de leurs bannières, demeurèrent fermes, animés d'un même esprit et disposés à résister vigoureusement.

Les combattans se trouvant ainsi face à face, une bataille terrible s'engagea aussitôt. D'abord les Éthiopiens ou Azoparts, qui, selon leur usage, combattent un genou en terre, s'avancèrent sur la première ligne, et attaquèrent vivement les Français en faisant pleuvoir sur eux une grêle de flèches ; en même temps ils faisaient retentir leurs trompettes et leurs tambours, afin de porter la terreur, par ces horribles sons, parmi les chevaux et les hommes, et de les repousser en dehors du champ de bataille. Ces mêmes Azoparts, hommes horribles et très-noirs, portaient en outre des fléaux en fer, instrument terrible avec lequel ils battaient violemment les cuirasses et les casques, frappaient les chevaux à la tête, et dont les coups redoutables retentissaient d'une manière épouvantable dans les rangs des fidèles. Les Arabes, les Sarrasins et les Publicains, munis de lances, de flèches, de frondes et de toutes sortes d'armes, s'avancèrent ensuite par milliers, attaquèrent les divers corps des Chrétiens, portèrent la guerre sur tous les points, et combattirent une grande partie de la journée. Les Chrétiens, beaucoup moins nombreux que leurs innombrables adversaires, et bientôt attaqués et entourés de tous côtés, combattirent cependant sans relâche, et affaiblirent et écrasèrent les corps ennemis. Enfin, à la suite d'une lutte opiniâtre et avec le secours de Dieu, les Gentils furent vaincus, toute l'armée du roi de Babylone prit la fuite, et, se dispersant à travers champs, pour se retirer sur les bords de la mer, les ennemis se sauvèrent devant ceux qui les massacraient et les poursuivaient.

Le duc Godefroi, le comte Raimond, Eustache, Tancrède, Conon de Montaigu et son fils Lambert, voyant que l'armée des Gentils commençait à plier et à perdre courage, lancèrent leurs chevaux avec impétuosité, suivis d'une foule de gens de pied; et poussant des cris, volant au milieu des rangs ennemis, ils assouvirent leur fureur en en faisant un affreux carnage, et secondèrent puissamment les efforts de leurs frères. Les Arabes et les autres peuples, se voyant hors d'état de soutenir plus long-temps le combat, dispersés et abattus, prirent la fuite dans les champs, ou se jetèrent dans des sentiers étroits; mais, poursuivis de tous côtés par les chevaliers vainqueurs, ils tombaient çà et là sous leurs coups, comme un misérable troupeau. Un corps nombreux de ces derniers, qui se retirait vaincu, et était serré de près par les Chrétiens, se dirigea vers les vaisseaux et la mer, dans l'espoir de se sauver plus sûrement. Le comte Raimond les ayant rencontrés par hasard en fit un cruel massacre, les poursuivit et les chassa devant lui jusqu'à la mer, où trois mille d'entre eux se noyèrent pour échapper aux armes des Chrétiens. Tandis que les Sarrasins, effrayés par cet affreux carnage, cherchaient les uns à se sauver vers la mer, les autres à se retirer dans les vergers, un plus grand nombre à rentrer par la porte dans Ascalon, tous les Chrétiens vainqueurs se portèrent et se répandirent dans le camp des Gentils; les uns enlevaient la pourpre précieuse, d'autres des vêtemens et des vases d'argent, et des blocs énormes d'un métal plus précieux encore; d'autres prenaient des mulets, des chameaux, des chevaux, des dromadaires et des ânes très-robustes; tous, oubliant en ce moment le combat, enlevaient tout ce qui se présentait à leurs yeux, comme des hommes épuisés par le jeûne et par une longue abstinence.

Cependant les Gentils qui se trouvaient encore en une multitude innombrable sur les bords de la mer et dans la plaine, voyant que les Français étaient uniquement occupés à ramasser du butin, et avaient cessé de les poursuivre, rassemblèrent de tous côtés leurs

compagnons ; et, ralliant toutes leurs forces au son des trompettes et des cors, ils s'élancèrent vigoureusement sur ces hommes avides de leurs dépouilles et prompts à oublier les combats, et massacrèrent un grand nombre de Chrétiens qu'ils attaquèrent à l'improviste. Bientôt la victoire que ceux-ci venaient de remporter eût été chèrement expiée, si le duc Godefroi, prince souverain de Jérusalem, qui conduisait les corps de réserve vers les montagnes, voyant le péril de ses frères, aveuglés par leur avidité, n'eût volé aussitôt pour faire face aux ennemis. Rappelant les Chrétiens du pillage, et leur adressant des réprimandes, il les invita en même temps à s'occuper du soin de leur défense. « O hommes rebelles et in-
« corrigibles, leur dit-il, qui donc vous a fasciné la
« vue, à tel point que vos mains se soient portées au
« pillage qui vous était interdit jusqu'au moment où
« tous vos ennemis auraient succombé sous le glaive,
« par l'assistance de Dieu? Allons donc, renoncez à
« poursuivre le butin, tournez-vous contre vos enne-
« mis, et n'allez pas leur céder au moment où ils se
« relèvent pour venir prendre de vous une cruelle
« vengeance. » Il dit, et s'élançant l'épée nue dans les rangs des ennemis, suivi de tous les siens, fit un nouveau carnage parmi les infidèles, et ralliant bientôt tous les Chrétiens qui renoncèrent au pillage, il les conduisit avec lui pour recommencer le combat. Les Gentils, vaincus une seconde fois, tournèrent le dos, et se hâtèrent de fuir vers la ville d'Ascalon, poursuivis par les Chrétiens qui les frappaient à coups redoublés.

Le duc et tous ceux qui étaient avec lui, tant chevaliers que gens de pied, pressèrent vivement les fuyards, et ne laissèrent aucune distance entre eux et leurs ennemis; ils en firent un massacre terrible, et les chassèrent devant eux jusqu'à la porte d'Ascalon. Heureux ceux qui furent reçus à cette porte, ou qui purent trouver moyen de la franchir! On dit que les Sarrasins s'y précipitèrent avec une telle impétuosité, et y furent tellement pressés, que deux mille hommes et plus furent tués ou étouffés sous les pieds de leurs compagnons, des chevaux et des mulets, tant en dedans qu'en dehors de cette porte. Les derniers, et ceux qui s'étaient attardés dans leur fuite, voyant de tous côtés de nouveaux sujets d'angoisse, éprouvant mille difficultés pour entrer et se trouvant au milieu de cette horrible mêlée, exilés de la ville lorsque la porte fut fermée sur eux, se hâtèrent de monter sur les palmiers, les oliviers ou les figuiers, afin de se cacher du moins dans l'épaisseur des feuillages, et d'échapper ainsi à la mort. Mais les Chrétiens, qui marchaient à pied et les suivaient de très-près, ayant vu ces malheureux s'élancer sur les arbres, les perçaient à coups de flèches, et, les frappant, comme des oiseaux, de leurs traits lancés dans les airs, ils les faisaient tomber à moitié morts du haut des arbres; en sorte que la terre fut bientôt jonchée d'un grand nombre de cadavres.

Cette bataille fut livrée le sixième jour de la semaine, le 12 du mois d'août, entre vingt mille Chrétiens d'une part et trois cent mille Gentils d'autre part, Sarrasins, Arabes, Publicains et Maures du pays d'Éthiopie. Ceux qui ont été témoins oculaires de cette journée nous ont rapporté que ces derniers avaient perdu trente mille hommes tombés dans la plaine, sans compter deux mille hommes étouffés ou tués auprès de la porte de la ville, et tous ceux qui, dans l'espoir d'échapper aux armes des Chrétiens, se lancèrent et furent engloutis dans les abîmes de la mer, mais dont le nombre demeura inconnu. Parmi les Chrétiens aucun homme dé marque ne périt; ils ne perdirent même qu'un petit nombre de gens de pied, comme l'ont assuré d'une manière certaine des hommes d'une sincérité incontestable. Tandis que les Gentils fuyaient et périssaient sous les coups des Chrétiens victorieux, Robert, prince de Normandie, enleva une très-longue lance, toute recouverte en argent, que les Normands appellent un *étendard*; on le portait, en guise de bannière, en avant de l'armée du roi de Babylone, le corps principal se rassemblait tout autour, et c'était encore là que tous venaient se rallier lorsqu'ils étaient vaincus et dispersés. Robert envoya cette lance dans le temple du sépulcre du Seigneur, et on l'y conserve encore aujourd'hui, en souvenir de la victoire des Chrétiens. L'affreux tumulte de la guerre étant apaisé, et l'émir Afdal, qui était considéré, dans tous les conseils et dans toutes les résolutions, comme le premier après le roi de Babylone, ayant été vaincu ainsi que son armée, les Chrétiens se livrèrent enfin à la joie d'enlever le butin, les tentes, les troupeaux, les chameaux, les buffles, les ânes, les moutons, les bœufs, et tout ce qu'ils purent trouver. Chargés et restaurés par ces richesses, ils marchèrent toute la nuit, rentrèrent dans Jérusalem, le cœur ivre de joie et poussant des cris d'allégresse, et ils allèrent devant le très-saint sépulcre chanter les louanges de Dieu et lui rendre grâces du glorieux succès accordé à leurs armes.

Le duc Godefroi, ayant rallié ses compagnons d'armes, tant chevaliers que gens de pied, au nombre de deux mille environ, alla assiéger de tous côtés les portes de la ville d'Ascalon, dans l'espoir que les habitans et les chevaliers, encore tout tremblans et étourdis de leur récente défaite, lui livreraient cette place, ne pouvant conserver aucun espoir d'être secourus par le roi de Babylone, puisque toutes les troupes de son royaume, rassemblées pour la bataille, avaient été détruites ou dispersées par la force des armes. Mais tandis que la nuit s'avançait, et que les Ascalonites tenaient conseil et paraissaient disposés en majeure partie à rendre la ville, en demandant grâce de la vie, le comte Raimond, envieux de la gloire du duc Godefroi depuis que celui-ci lui avait enlevé la tour de David, envoya un message secret aux Sarrasins habitans d'Ascalon, leur disant : « De-
« meurez inébranlables, ne vous laissez point ef-
« frayer par les menaces du duc Godefroi, et ne lui
« livrez point votre ville; car tous nos princes ont
« résolu, après avoir terminé cette guerre, de re-
« tourner dans leur terre natale, et apprenez qu'il ne
« reste avec le duc, dans les environs de votre cité,
« qu'une faible troupe de combattans. » Les habitans et les chevaliers sarrasins, ranimés par ces paroles consolantes, et renonçant à rendre la place, et à présenter la main aux Chrétiens, se portèrent le lendemain sur leurs remparts, dès le lever du soleil, résolus à se défendre, et cherchant à repousser le

duc et les siens loin de la ville, en lançant des flèches, et leur résistant avec leurs frondes et toutes sortes d'autres armes. Le duc voyant que les assiégés avaient repris courage et recommençaient à se battre, qu'il ne lui restait de tous ceux qu'il avait amenés, que sept cents chevaliers environ, et que, cédant aux insinuations et aux avis du comte Raimond, les autres princes s'étaient retirés et poursuivaient leur marche sur les bords de la mer, leva aussi son camp, abandonna le siége d'Ascalon, et s'avançant par la route royale le long de la mer, il se rendit vers la ville d'Assur[1], sur les traces des princes qui l'avaient devancé. Le comte Raimond avait assiégé cette ville pendant un jour et une nuit, espérant que les citoyens, encore tout étourdis de leur récente défaite, ne tarderaient pas à la remettre entre ses mains. Tantôt il avait prodigué les menaces afin d'effrayer les habitans, et dans d'autres momens il leur avait promis de leur faire grâce de la vie, et de les combler même de faveurs s'ils lui livraient aussitôt la place. Mais lorsqu'il apprit que le duc Godefroi s'approchait, honteux de l'artifice que sa jalousie lui avait suscité contre ce dernier, le comte abandonna le siége d'Assur, et partit avec tout son corps d'armée, exhortant les citoyens à ne point redouter Godefroi, à ne céder ni à ses menaces ni à ses attaques, et leur affirmant, à diverses reprises, qu'aucun des princes qui avaient marché en avant ne reviendrait pour lui porter secours.

Après avoir laissé ces paroles d'encouragement aux habitans d'Assur, pour mettre obstacle aux projets du duc, le comte Raimond se remit en route, et alla

[1] L'*Arsur* ou *Antipatris* de Guillaume de Tyr.

rejoindre Robert de Flandre, Robert prince de Normandie, et les autres chefs des Chrétiens, dans le pays situé entre Césarée et la ville de Caïphe, et sur les bords d'un fleuve d'eau douce. Le duc Godefroi arriva devant Assur, et assiégea la ville pendant un jour, dans l'espoir qu'un heureux accident ou un sentiment de crainte porterait les Assyriens à à la remettre entre ses mains. Mais les ayant trouvés, par suite des exhortations et promesses de Raimond, rebelles et disposés à la résistance comme les Ascalonites, il se retira le cœur rempli de tristesse, et invita ses compagnons d'armes à attaquer Raimond dans son camp, pour faire retomber sur sa tête toutes les trahisons dont il avait à se plaindre. Aussitôt les chevaliers, revêtus de leurs cuirasses et dressant leurs bannières, marchèrent sur le camp du comte, et se disposèrent à l'attaquer avec fureur; Raimond, qui avait prévu cet événement, s'était armé de son côté, et se préparait à marcher à la rencontre du duc pour repousser son aggresseur, lorsque Robert de Flandre et les autres princes vinrent s'interposer, réprimandèrent sévèrement les deux rivaux, et parvinrent, non sans de grands efforts, à apaiser les deux partis, et à rétablir la concorde.

Cette querelle ainsi terminée par la grâce de Dieu et de notre Seigneur Jésus-Christ, Robert de Flandre, Robert prince de Normandie, Raimond de Provence, et tous les autres princes, annoncèrent au duc l'intention de retourner dans leur patrie, et le trouvèrent rempli de bienveillance, dans une conférence intime et amicale qu'ils eurent avec lui, au sujet de toutes les choses dont ils étaient occupés. Le duc, cédant en tous points aux volontés de ses frères, résolut de retourner à Jérusalem, dont la garde et la défense avaient été remises en ses mains. Il demeura long-temps dans les bras de ses compagnons, les embrassant tous avec bonté, versant des larmes, les suppliant et leur recommandant, avec de vives instances, de se souvenir sans cesse de lui, d'engager leurs frères chrétiens à ne point craindre de venir visiter le sépulcre du Seigneur, pour se réunir à lui-même et à ceux de leurs compagnons qui demeuraient en exil, et à accourir au contraire en foule et tous les jours, pour les secourir contre tant de nations barbares. Les habitans et les citoyens d'Assur ayant appris que le duc retournait à Jérusalem, après s'être réconcilié avec Raimond et les autres princes, conclurent un traité de paix avec Godefroi, pour assurer la tranquillité de leur ville, et lui donnèrent des otages pour garantie de leurs tributs et de leur fidélité. Le duc, de son côté, s'engagea à observer sincèrement le traité, et leur donna aussi en otage Gérard, chevalier qui lui était dévoué, originaire du château d'Avesnes.

A la suite de tant de combats et de fatigues inouïs dans l'histoire des siècles, mais couronnés par la victoire et par une heureuse conclusion, après s'être longuement félicités avec le duc et tous ses compagnons, les grands et les petits, les princes et les sujets firent leurs préparatifs pour retourner, après leur long exil, dans la terre natale; et portant en mains les palmes de la victoire, ils versèrent des larmes de tendresse et de regret sur ceux de leurs frères qu'ils laissaient encore dans l'exil. Après leur avoir donné le baiser d'amour, ils leur dirent adieu, et se remirent en marche, en passant par toutes les villes et les montagnes escarpées qu'ils avaient traversées le long de la mer de Palestine, en se rendant à Jérusalem. Dans toutes les villes que j'ai déjà nommées, à Ptolémaïs, à Tyr, à Sidon, à Tripoli, à Béryte, et dans beaucoup d'autres encore, ils eurent entière faculté d'acheter toutes les denrées dont ils avaient besoin. Tous les habitans du pays et de ces villes, effrayés et tremblans encore de la destruction de l'armée de Babylone, et de la victoire que le Dieu vivant avait accordée aux Chrétiens, s'abstinrent entièrement de les attaquer, et de leur tendre aucun piége. Ils traversèrent donc tous ces lieux en sécurité et paisiblement, ayant peu d'armes, mais portant en mains les palmes qui attestaient leur victoire; et ils arrivèrent ainsi sur le territoire de la ville de Gibel, riche en toutes sortes de productions et en vignes : là, ayant dressé leurs tentes au milieu d'une plaine bien ouverte, loin des murailles de la ville, et dans un lieu commode à cause des ruisseaux et des pâturages qui l'avoisinaient, ils y passèrent deux jours, jouissant avec délices de toutes les richesses de cette terre féconde.

Tandis qu'ils séjournaient encore en ces lieux, on leur apprit que Boémond, insatiable dans son désir d'acquérir et d'amasser des possessions, assiégeait depuis long-temps la ville de Laodicée, habitée par des Grecs catholiques; qu'il avait déjà attaqué et pris deux tours situées sur les bords de la mer, et qui dominaient cette ville, où l'on avait coutume de prélever des tributs sur les matelots; qu'il était parvenu à s'emparer de ces tours avec l'aide des Pisans et des Génois, qui les avaient attaquées par mer, et que les catholiques qui les défendaient avaient été les uns massacrés, les autres jetés dehors après avoir eu les yeux crevés. On ne peut cependant accuser les Pisans et les Génois de ces cruautés; car Boémond leur avait fait un récit entièrement contraire à la vérité. Par suite de ces faux rapports, les Génois et les Pisans investirent les deux tours avec deux cents navires, dont les mâts, d'une longueur démesurée, s'élevaient jusqu'aux nues, et portaient à leur extrémité des corbeilles en osier; ils écrasèrent les gardiens de ces tours, en les attaquant du haut de leurs mâts, et faisant pleuvoir sur les édifices et sur ceux qui les défendaient des grêles de pierres et de flèches. Boémond, prince rempli d'artifice et d'avidité, ayant appris l'arrivée des Génois et des Pisans, était accouru à leur rencontre d'Antioche, située à six milles seulement de Laodicée, et leur avait dit toute sorte de mal et de calomnies atroces contre les habitans de cette dernière ville, affirmant qu'ils étaient les ennemis les plus redoutables des Chrétiens, afin d'exciter ainsi la haine des Génois et des Pisans contre ces citoyens, et de les déterminer plus aisément à entreprendre le siége de leur ville. En effet, se confiant aux paroles de Boémond, ces derniers attaquèrent d'abord les deux tours, amenèrent ceux qui les défendaient à se rendre; et, après s'en être emparés tant par artifice que de vive force, ils investirent la ville même. A force de fatiguer les habitans par de longs et rudes assauts, ils avaient déjà établi deux ponts sur le fossé qui les séparaît des murailles, afin de pouvoir y aborder plus facilement, et dans l'espoir que la ville, serrée d'aussi près, ne tarderait pas à se rendre à Boémond; et, dans le fait, à l'aide de toutes ces inventions, ils étaient sur le point de s'en rendre maîtres, de punir tous les habitans, et de faire réussir l'entreprise inique de Boémond; inique en effet, car, pendant le siége d'Antioche, cette même ville de Laodicée, assiégée du côté de la mer par Guinemer de Boulogne, chef de pirates et de quelques Chrétiens, avait été vaincue et prise par lui, de même que les tours dont j'ai déjà parlé. Ce Guinemer ayant rassemblé une flotte dans des pays et des royaumes divers, savoir à Anvers, en Danemarck, dans la Frise et dans la Flandre, et étant allé par mer s'associer à des Provençaux du territoire de Saint-Gilles, pays soumis à la domination du comte Raimond, ils parcoururent ensemble le monde, et furent poussés, dans le cours de leur navigation, vers la ville de Laodicée. Ils l'assiégèrent et s'en emparèrent, firent périr par le glaive les Turcs et les Sarrasins, dominateurs injustes qu'ils y trouvèrent établis; et, ayant pris possession de la ville et de ses remparts, ils la transmirent ensuite au comte Raimond, de même que les tours, après la prise d'Antioche par les Chrétiens. Guinemer, maître et conducteur des pirates, fut dans la suite fait prisonnier et jeté dans les fers par les Turcopoles et les chevaliers du roi des Grecs; mais, après un long espace de temps, il fut délivré de sa prison et de ses chaînes par l'intervention du duc Godefroi. Après la prise d'Antioche, le comte Raimond, résolu à poursuivre sa marche vers Jérusalem avec les autres princes, rendit à l'empereur de Constantinople la ville de Laodicée, enlevée aux Turcs et aux Gentils, et demeura ainsi fidèle à sa parole ; car il avait juré, lors du traité qu'il conclut avec cet empereur, de même que le firent Godefroi et tous les autres princes, de ne rien réserver pour lui, et de ne faire aucune fraude au sujet des villes, châteaux et terres, qui auraient antérieurement fait partie des États de l'empereur. Par ces motifs, les princes qui venaient de quitter Jérusalem, et qui se trouvaient en ce moment sur le territoire de la ville de Gibel, ayant appris que Boémond avait injustement assiégé Laodicée, insultant ainsi à l'empereur de Constantinople et au comte Raimond, lui envoyèrent des députés chargés de l'inviter amiablement et paisiblement, de la part et au nom des princes chrétiens revenant de Jérusalem, après avoir obtenu de Dieu la victoire, à renoncer au siége de cette ville et à s'abstenir désormais de toute nouvelle offense envers les Chrétiens.

Pendant qu'ils élisaient leurs députés pour accomplir cette mission, l'évêque des Pisans, nommé Dagobert[1], ayant appris l'arrivée de ces Chrétiens pèlerins qui revenaient de Jérusalem, et dont la réputation et le souvenir se sont maintenus et se maintiennent encore; cet évêque, dis-je, prit avec lui quelques hommes illustres de son escorte, et se mit en marche pour aller rendre visite à ses frères. Il les trouva dans le pays de Gibel, et ne put, dans l'excès de sa joie, retenir ses larmes; se jetant dans les bras des plus grands et des plus petits, et les embrassant tous en pleurant, il disait: « En vérité je vous reconnais tous,

[1] C'est le Daimbert de Guillaume de Tyr.

« et sans aucune hésitation, pour les fils et les amis
« du Dieu vivant, puisque non seulement vous avez
« renoncé à vos biens, à vos villes, à vos châteaux,
« à vos terres, à vos femmes, à vos fils et à vos filles,
« mais puisqu'encore vous n'avez pas même ménagé
« vos jours, n'hésitant point à entreprendre pour
« Dieu et pour notre Seigneur Jésus-Christ cette ex-
« pédition, dans des contrées si éloignées et chez
« des nations barbares, et puisque vous avez, selon
« qu'il nous a été raconté, supporté tant d'adversités
« pour l'amour de notre Rédempteur. Depuis la na-
« tivité du Christ on n'a point entendu dire qu'aucune
« armée de Chrétiens ait franchi tant de royaumes et
« de périls, pour aller, dans sa puissance et dans sa
« force, s'emparer de Jérusalem, après en avoir ex-
« pulsé les fils adultérins, pour purifier les lieux saints
« et pour élever, après la victoire, et comme défen-
« seur de la Cité sainte, un prince magnifique tel que
« le duc Godefroi, selon ce que nous avons appris de
« vos faits glorieux et de votre valeur. C'est pourquoi,
« joyeux de l'espérance de vous voir, de vous saluer
« et de conférer avec vous, nous avons résolu de ve-
« nir vous trouver en ces lieux. »

A ces paroles du vénérable évêque, les fidèles pèlerins répondirent en ces termes : « Si vous vous ré-
« jouissez avec nous des prospérités des Chrétiens,
« si vous souriez à leur délivrance, pourquoi avez-
« vous fait une injuste violence à des citoyens chré-
« tiens, habitans de la ville de Laodicée? pourquoi
« avez-vous pris leurs tours et massacré ceux qui les
« gardaient, et maintenant encore pourquoi avez-
« vous investi leur ville? » A ces mots, l'évêque

se justifia avec bonté et patience, et déclara que lui et les siens avaient péché en tout point par ignorance : « Nous sommes purs de ce sang, dit-il ; sans expé-
« rience, et ne connaissant point la guerre, nous
« sommes arrivés par mer dans ces parages, et Boé-
« mond est venu d'Antioche au-devant de nous ; nous
« a dit que les citoyens de Laodicée étaient de faux
« Chrétiens ; qu'ils avaient été constamment les ad-
« versaires de leurs frères en Christ ; qu'ils avaient
« trahi les pélerins auprès des Turcs et des Sarrasins.
« Il nous a suppliés de lui prêter notre secours et nos
« forces pour en tirer vengeance ; et nous, croyant à
« ses paroles et à ses assertions, regardant ces habi-
« tans comme des scélérats, nous lui avons prêté nos
« forces et notre secours pour assiéger cette ville et
« ses citoyens, et nous avons pensé servir Dieu en les
« faisant périr. Maintenant nous apprenons la vérité
« de votre bouche ; nous voyons que Boémond les per-
« sécute par haine et par avidité, et non par amour
« de Dieu, et qu'il nous a misérablement trompés
« en nous faisant attaquer et frapper des Chrétiens.
« C'est pourquoi nous retournerons sans délai auprès
« des nôtres, nous leur révélerons ces faits, et nous
« les empêcherons désormais de continuer le siége de
« cette ville. »

A ces mots, les députés de l'armée de Jérusalem partirent avec l'évêque de Pise. Mais, ayant trouvé Boémond persistant obstinément dans ses ambitieux projets, ils lui exposèrent avec douceur le message de leurs frères et des princes, lui demandant d'éloigner ses armes et ses forces de la ville de Laodicée, afin de ne pas manquer à la foi jurée à l'empereur des

Grecs, et pour que les pélerins ne rencontrassent aucun obstacle dans son empire en retournant dans leur patrie. Boémond, après avoir entendu les paroles des députés, rejeta dédaigneusement la demande et les avertissemens des fidèles, et déclara qu'il ne se retirerait de devant les murailles de Laodicée que lorsque la ville et ses habitans seraient soumis à sa domination. Les députés retournèrent à leur armée, et rapportèrent aux princes toutes les réponses et les paroles amères et hautaines de Boémond. Ce récit excita chez les princes de violens transports de colère, et enflamma les esprits au point qu'ils invitèrent tous les Chrétiens, grands et petits, à acheter des armes et à se préparer pour le combat. Dans le même temps, l'évêque, informé des intentions et des réponses de Boémond, se rendit au camp et à la flotte de ceux qui faisaient partie de son escorte, leur raconta toute l'affaire, et le message que l'armée chrétienne avait envoyé à Boémond. Il détermina par là les Pisans et les Génois, touchés par la volonté de Dieu, à renoncer au siége et à l'assistance qu'ils avaient prêtée à Boémond, et à s'abstenir désormais d'attaquer les habitans de Laodicée. Se voyant privé de secours, trouvant ses forces trop réduites, et sachant que les fidèles du Christ et les princes s'étaient unis pour le repousser par la force des armes, le soir, lorsque le ciel et la terre furent enveloppés dans les ombres, Boémond abandonna le siége, s'éloigna des murailles avec son armée et obtempéra, bon gré mal gré, aux volontés de ses frères, sans que je puisse dire s'il agit ainsi par crainte ou par affection.

Le lendemain, lorsque la lumière du jour fut rendue

au monde, les pélerins armés et revêtus de leurs cuirasses se remirent en route, marchèrent une bonne partie de la journée et arrivèrent à Laodicée, leurs bannières de pourpre déployées, et au son des bruyantes trompettes. N'ayant trouvé ni opposition ni résistance, ils franchirent paisiblement les portes de la ville que les citoyens leur ouvrirent spontanément, et furent accueillis avec bienveillance, car on avait appris que Boémond s'était retiré et avait établi son camp à un demi-mille de la ville. Le comte Raimond entra alors dans la citadelle de la place avec cinq cents hommes de sa suite; sa bannière, bien connue, fut arborée sur le faîte de la tour la plus élevée, et il plaça dans toutes les autres tours des hommes de garde, pris dans son escorte. Les autres chrétiens et tous les princes furent répartis et logés dans les maisons de la ville, tant au dedans qu'au dehors. L'armée qui revenait de Jérusalem était forte de vingt mille hommes environ lorsqu'elle entra dans Laodicée, et elle y trouva à acheter toutes les choses nécessaires à la vie. On était au mois de septembre et dans la saison de l'automne. Les Chrétiens profitèrent de l'abondance des grains, des raisins, du vin doux, de l'huile et de l'orge; ils passsèrent là quinze jours dans la joie, et les citoyens de la ville, les pélerins, les Pisans et les Génois vécurent en toute familiarité, et se donnant les uns aux autres des témoignages de bienveillance.

Au milieu de la joie qu'excitait cette tendresse fraternelle, tandis que de tous côtés chacun se souvenait de son nom de chrétien, des tribulations que tous avaient souffertes en commun, des maux qu'ils avaient endurés et de leur antique affection, les pélerins résolurent d'employer des médiateurs pour faire reprocher à Boémond ses injustices et l'inviter à la concorde, afin que, touché de regrets, il ne dédaignât point de se réconcilier avec ses frères, et que ceux-ci pussent recevoir ses réparations et lui rendre leur amour. Après avoir reçu ce message, Boémond, pénétré de repentir pour tout ce qui s'était passé, se hâta de rentrer dans les liens d'union et d'amour. Au jour convenu, une conférence fut ouverte dans la plaine de Laodicée, et principalement entre les deux comtes Raimond et Boémond : la paix et l'amitié furent ensuite rétablies entre ce dernier et tous les autres, et tous renoncèrent à leurs anciennes haines. Boémond étant demeuré pendant trois jours avec eux, leur demanda avec intérêt des détails sur la victoire de Jérusalem, et il partit après cela pour retourner à Antioche avec les siens. Robert de Flandre, Robert prince de Normandie, Gaston de Béziers, Conon de Montaigu et les autres princes leurs compagnons, s'embarquèrent quelques jours plus tard, pour retourner dans les lieux de leur naissance. Mais le comte Raimond, craignant de perdre, par l'effet de l'avidité et de l'inconstance de Boémond, les deux villes de Laodicée et de Tortose qu'il n'avait conquises qu'avec beaucoup de difficulté, demeura dans la première avec la majeure partie de ceux qui le suivaient.

# LIVRE SEPTIÈME.

Les habitans d'Assur, vulgairement appelée Arsid, frappés de crainte par la victoire que le duc Godefroi avait remportée auprès d'Ascalon, avaient d'abord conclu un traité avec lui pour lui garantir leur soumission et le tribut annuel de leur ville ; mais, cédant à de perfides conseils, ils se refusèrent formellement à l'exécution de ce traité, retenant injustement les otages que le duc leur avait donnés pour gage de son amitié, et se réjouissant d'avoir recouvré les leurs qui méconnurent leur parole, et parvinrent à s'échapper d'entre les mains du duc. Les habitans s'empressèrent alors de faire tous leurs préparatifs pour se défendre avec vigueur. C'est pourquoi le roi, enflammé de colère, et tous les nobles et les roturiers qui étaient demeurés avec lui, savoir, Guillaume de Montpellier, Garnier de Gray, Guillaume Charpentier, Wicker l'Allemand, et tous les chrétiens, chevaliers et hommes de pied, au nombre de trois mille, allèrent investir cette ville, et dressèrent leurs tentes tout autour de ses murailles. Puis ils établirent des machines et des mangonneaux, après avoir travaillé avec beaucoup d'ardeur pendant sept semaines pour les construire.

Ces machines dressées contre les murailles, les Chrétiens attaquèrent vigoureusement les habitans d'Assur, et ceux-ci de leur côté résistaient avec non moins d'activité, du haut de leurs remparts et de leur citadelle garnie de tours. Mais, voyant que tous leurs efforts pourraient bien devenir infructueux, ils dressèrent en l'air, en l'attachant avec des cordes et des chaînes, un mât de vaisseau d'une extrême longueur, qui était déposé au milieu de la ville; ils y placèrent l'un des otages du duc, Gérard que j'ai déjà nommé, originaire du pays de Hainaut, du château d'Avesnes, et chevalier illustre, et le mirent en croix en lui liant les pieds et les mains avec des cordes. Les Chrétiens croyaient que depuis long-temps ces bourreaux lui avaient fait subir le martyre. Ainsi élevé et attaché sur le haut du mât, Gérard, versant des larmes, adressa la parole au duc Godefroi d'une voix lamentable, et lui dit : « O duc très-illustre, souviens-toi
« maintenant que c'est par tes ordres que je suis venu
« en otage et exilé au milieu de nations barbares et
« d'hommes impies. C'est pourquoi je te demande
« d'être touché de quelque sentiment d'humanité et
« de compassion à mon égard, et de ne pas permettre
« que je périsse dans ce cruel martyre. » Le duc lui répondit alors : « O Gérard, vaillant chevalier, il
« m'est impossible de prendre compassion de toi, et
« d'empêcher tant d'hommes rassemblés ici de se
« venger sur cette ville. Aussi, quand même tu serais
« mon frère, ainsi qu'Eustache, tu ne pourrais être
« délivré sous la condition que cette ville demeu-
« rerait intacte. Tu dois donc mourir, et il est même
« plus utile que tu meures seul, que si nos résolutions

« et nos sermens étaient violés, et si cette ville de-
« meurait toujours l'ennemie fatale des pélerins; car
« si tu meurs de la vie prénte, il te sera donné de
« vivre avec le Christ dans les cieux. » Gérard, voyant
l'inutilité de ses prières et de ses larmes, supplia instamment le duc de présenter son cheval et ses armes
devant le saint sépulcre, disant qu'il voulait les donner
pour le rachat de son ame à ceux qui servaient Dieu
dans ce lieu. Alors le duc et tous les Chrétiens attaquèrent vigoureusement la ville, oubliant tout sentiment de pitié et de commisération envers leur frère
Gérard, et de tous côtés ils assaillirent les assiégés
avec leurs flèches, leurs frondes et d'autres petits
instrumens à projectiles. Parmi le grand nombre de
flèches lancées au hasard, dix allèrent frapper Gérard
et le blessèrent sur plusieurs points.

Les Gentils voyant le brave chevalier frappé par les
flèches de ses frères, qui avaient chassé de leurs cœurs
toute pitié, vomirent de terribles blasphèmes contre
le duc et tout le peuple Chrétien, et leur reprochèrent leur conduite, disant : « O race impie et cruelle
« qui ne prenez aucun soin d'épargner les jours de
« votre frère, chrétien comme vous, et qui, après
« l'avoir vu dans le plus grand péril, avez au con-
« traire attaqué avec plus de violence la ville et ses
« habitans. » Ensuite ils se défendirent vigoureusement avec leurs petits mangonneaux, leurs arbalètes
et leurs flèches, et firent tous leurs efforts pour
repousser les chevaliers du duc, enfermés dans
leur machine et combattant près des murailles. Les
assiégés lançaient sans interruption sur cette machine
des pieux garnis de fers pointus, enveloppés d'é-

toupes imprégnées d'huile, de poix et d'autres substances combustibles, et repoussant l'action de l'eau; et ils cherchaient par ce moyen à faire pénétrer leurs traits dans les cuirs de taureau dont les claies d'osier étaient recouvertes, pour mieux repousser les feux lancés par l'ennemi. La flamme cependant s'animant peu à peu et trouvant de tous côtés de nouveaux alimens dans des substances desséchées, toute la machine fut enfin embrasée et s'écroula de la hauteur de ses trois étages : plus de cinquante hommes de guerre, que le duc et les autres princes avaient placés dans l'intérieur, enveloppés de toutes parts par les flammes, subirent le même sort. Les uns eurent la tête et le cou fracassés, d'autres les jambes ou les bras brisés et à demi rompus, d'autres furent écrasés sous le poids des pièces de bois qui les accablaient; et aucun d'eux ne pouvant être dégagé par aucun moyen, ils furent tous consumés et réduits en cendres, de même que les pièces de la machine. Parmi eux, Françon de la ville de Mechel, située sur le fleuve de la Meuse, chevalier intrépide, frappé par une poutre toute enflammée, et atteint d'un feu inextinguible, fut brûlé sous les yeux même de tous ses frères.

Rothold, chevalier terrible, était descendu avant l'incendie sur les murailles de la ville avec Pierre le Lombard, chevalier illustre. Aussitôt qu'il vit que l'artifice des Sarrasins avait réussi, et que la machine s'était écroulée, entraînant dans sa chute tous ceux qui y étaient enfermés, il sauta légèrement du haut des murailles, attendu qu'on ne pouvait lui porter aucun secours, et les deux chevaliers s'arrêtèrent dans le

fossé, sans avoir encore aucun mal. Alors les Sarrasins, les voyant au pied de la muraille, cherchèrent à les écraser avec des bâtons ferrés et d'énormes blocs de pierre; mais, protégés de Dieu et couverts de casques solides qui résistèrent à tous les coups, les deux chevaliers parvinrent à retourner sains et saufs auprès de leurs frères. Le duc vit que ses plus valeureux chevaliers avaient péri misérablement dans la chute de la machine, les uns détruits et consumés par les flammes, d'autres tout fracassés, et qu'après ce terrible désastre, et à la suite de cet incendie dévorant, un grand nombre de Chrétiens avaient perdu tout courage et ne songeaient plus qu'à fuir; triste lui-même et affligé, il fit de nouveaux efforts pour rallier ces hommes au désespoir, les ramener à l'assaut et à la destruction des ennemis, leur disant : « O hommes misérables et inutiles, pourquoi
« donc avez-vous quitté votre pays et vos familles,
« si ce n'est dans l'intention de vous sacrifier jus-
« qu'à la mort pour le nom de Jésus, pour la ré-
« demption de la sainte Église et pour la délivrance
« de vos frères? Voici, cette ville et toutes les nations
« à la ronde sont ennemies de la ville de Jérusalem,
« et conspirent contre nos jours, et celle que vous
« assiégez maintenant est l'une d'entre elles. Prenez
« garde à ne point manquer à vos résolutions, et
« n'allez pas, comme des hommes vils et efféminés,
« abandonner cette ville sans l'avoir vaincue. Faites
« donc pénitence de cette honteuse luxure, à laquelle
« vous vous êtes livrés comme des incestueux, pen-
« dant cette expédition, et de toutes les iniquités par
« lesquelles vous avez offensé la grâce de Dieu : pu-

« rifiés par la confession et la rémission de vos fautes,
« rendez-vous désormais favorable le Seigneur du
« ciel, en qui il n'y a point d'iniquité, car sans cela
« vous ne pouvez rien faire. »

En entendant ces paroles et ces exhortations du duc, les Chrétiens, qui naguère, frappés de terreur, ne songeaient qu'à la fuite, se sentirent consolés et fortifiés : ils recommencèrent à travailler au siége avec plus d'ardeur et de force qu'ils n'avaient fait auparavant, en attendant que l'on eût construit une nouvelle machine, pour la dresser contre les murailles, et s'emparer de la ville avec son secours. Tandis qu'ils étaient dans ces dispositions, et le lendemain, dès le point du jour, Arnoul, chancelier du sépulcre du Seigneur, clerc illustre et dévoué à Dieu, entreprit de reprocher au duc et à tous les Chrétiens, grands et petits, la perfidie et la dureté de cœur dont ils s'étaient rendus coupables envers leurs frères Gérard et Lambert, otages chez les gens d'Assur, lorsqu'ils étaient attachés au haut du mât. Il les invita paternellement à se confesser de cette impiété et de toute la souillure de leurs péchés et à s'amender. Pénétrés de componction à la suite de ces exhortations, implorant le pardon de leurs péchés et versant des larmes, tous les Chrétiens se réunirent en une seule volonté, pour continuer le siége de la ville ; et construisant une nouvelle machine et des instrumens à lancer des pierres, ils demeurèrent encore longtemps autour des murailles. La seconde machine, construite à l'instar et dans les dimensions de la première, fut poussée au-delà du fossé et contre les murailles par les efforts d'un grand nombre de guerriers, et d'une multitude d'hommes et de femmes, et des chevaliers pleins de force et d'audace occupèrent ensuite les divers étages, pour livrer bataille aux assiégés. Tandis que cette machine franchissait le fossé et était dressée contre les murailles, au-dessus desquelles elle s'élevait beaucoup, afin que les hommes qui s'y renfermaient pussent attaquer les ennemis avec leurs arcs, leurs javelots et leurs lances, et faire le plus de mal possible à ceux des citoyens qui occupaient les remparts, les Sarrasins recommencèrent à lancer sur les nôtres des pieux enflammés, comme ils avaient fait sur la première machine, et ne cessèrent d'en jeter que lorsque la flamme s'étant accrue par degrés eut atteint, envahi et embrasé de toutes parts les claies, les planches et les poutres. Bientôt les Chrétiens, hommes et femmes, accoururent de tous les côtés du camp et des tentes, pour éteindre l'incendie, chacun apportant un vase rempli d'eau. Mais ce moyen fut complétement inutile, car le feu de cette espèce ne peut être éteint par l'eau : la flamme s'étendait sans cesse et ne pouvait être arrêtée ; il fut donc impossible de sauver la machine, elle brûla entièrement, et tombant avec un horrible fracas, elle atteignit de diverses manières un grand nombre d'hommes et de femmes, placés tout autour. Les uns moururent sur la place, d'autres demeuraient étendus par terre avec quelque membre brisé ; d'autres, à demi morts et ayant quelques vaisseaux rompus dans le corps, vomissaient des flots de sang couleur de pourpre ; d'autres enfin, enveloppés par les flammes, ne pouvaient être sauvés par personne, et se trouvaient exposés aux plus grands dangers. De tous côtés on ne voyait que douleur et agitation.

Le duc, voyant toutes ses inventions déjouées, prit conseil des siens, et retourna à Jérusalem vers le milieu du mois de décembre, attendu qu'à cette époque, où commençait un hiver très-rigoureux, les frimas et la neige rendaient encore plus impossible l'occupation de la ville d'Assur. Il laissa cependant cent chevaliers et deux cents hommes de pied à Rama, afin de faire attaquer constamment les habitans d'Assur, et de les fatiguer par de fréquens combats. Les citoyens, de leur côté, prenaient leurs précautions, de peur d'être surpris à l'improviste par quelque assaut ou quelque embuscade, et ne sortaient jamais des murailles, en sorte que les chevaliers du duc ravageaient chaque jour leurs terres et leurs vignes. Enfin les chevaliers chrétiens, voyant qu'ils ne pouvaient réussir à les surprendre ni de vive force ni par embuscade, retournèrent eux-mêmes à Jérusalem, et s'abstinrent pendant deux mois de toute attaque et de toute entreprise. Dès lors les habitans d'Assur, ayant recouvré plus de sécurité, et ne prévoyant plus aucun danger, recommencèrent à sortir de la ville sans précaution, pour aller faire leurs affaires et cultiver leurs vignes et leurs champs.

Boémond, qui habitait au loin dans la ville d'Antioche, ayant appris la victoire des Chrétiens, les glorieux exploits du duc Godefroi, et son élévation au trône de Jérusalem, d'après les rapports que lui en firent Robert de Flandre, Robert prince de Normandie, et les autres princes qui retournaient dans leur patrie, envoya des messagers à Baudouin frère du duc, pour lui donner avis de ses projets, et résolut de se rendre à Jérusalem et de visiter le sépulcre du Seigneur. Dagobert, évêque de Pise, avait demeuré long-temps (pendant trois mois) dans le pays de Laodicée avec toute sa suite ; il se joignit à Boémond et à Baudouin pour faire ce voyage, et, leur offrant des présens, il s'unit d'amitié avec eux, et ne réussit que trop bien à s'insinuer de jour en jour dans leur faveur, en réglant ses paroles et ses actions sous de fausses apparences de religion. Le jour de la Nativité du Seigneur approchait, lorsque ces princes entrèrent à Jérusalem, avec une nombreuse et honorable escorte de Chrétiens : le duc Godefroi s'était porté avec magnificence à leur rencontre, et, dans les transports de la joie qu'il éprouvait en les voyant, il les accablait de ses pieux embrassemens.

Quelques jours s'étaient écoulés, et déjà l'évêque de Pise, qui avait acquis deux puissans protecteurs dans Baudouin et Boémond, était parvenu à se rendre agréable et cher au duc, à tel point qu'il fut enfin élevé à la dignité de patriarche, bien plus cependant par suite de l'argent qu'il prodigua, que par un effet de l'affection de sa nouvelle église. Ce même Dagobert, étant encore évêque de Pise, avait été envoyé en Espagne par Urbain, souverain pontife de Rome, comme légat du culte et de la foi des Chrétiens. Le roi, nommé Alphonse, l'accueillit avec les plus grands honneurs, et tous les évêques et archevêques de ce royaume le reçurent en toute obéissance et toute charité : le roi même, ainsi que tous les grands du pays, le comblèrent et l'honorèrent de présens magnifiques en or, en argent et en pourpre.

Beaucoup de gens surent dans le temps que cet illustre roi avait, en outre, chargé le même Dagobert de remettre de sa part au seigneur apostolique, en témoignage de son affection, un bélier en or, d'une admirable beauté et parfaitement bien travaillé : mais Dagobert, possédé d'une avidité insatiable, ne donna point le bélier et le garda pour lui, de même que tout l'argent qu'il avait levé de tous côtés. Ceux qui ont su positivement tous ces détails, affirment en outre qu'après la mort du pontife Urbain, Dagobert porta à Jérusalem tous ses trésors, ainsi que son bélier d'or; qu'il séduisit Boémond et Baudouin, qu'il donna au duc Godefroi son bélier et d'autres présens encore, et que ce fut par ces moyens qu'il s'éleva aux honneurs du patriarchat.

Après que Dagobert eut été installé en qualité de patriarche dans l'église de Jérusalem, et consacré Robert évêque de la ville de Rama, que l'on appelle vulgairement Rames, après que tous les catholiques et les princes eurent célébré en toute joie et toute allégresse le jour de la Nativité du Seigneur, Boémond, Baudouin et le patriarche lui-même obtinrent du duc que leur marche serait réglée de manière qu'ils se réuniraient, la veille de l'Épiphanie du Seigneur, sur les bords du fleuve Jourdain, où le Seigneur Jésus daigna se faire baptiser par Jean. Empressé de se rendre à leurs desirs, Godefroi descendit avec eux vers le Jourdain, en grand appareil et suivi d'une foule d'hommes de pied et de chevaliers, et les princes remplis de joie se baignèrent avec délices dans ses eaux. Après cela, Baudouin et Boémond pleins d'allégresse, et se réjouissant avec le duc de leur bienveillance mutuelle, se séparèrent les uns des autres dans le même pays, et se donnèrent le baiser d'adieu en versant des larmes. Godefroi retourna à Jérusalem avec le patriarche ; Boémond et Baudouin partirent pour Antioche et pour Roha.

Vers le milieu du mois de février, et tandis que les habitans d'Assur, prenant de jour en jour plus de sécurité, vaquaient à toutes leurs affaires et sortaient tranquillement de la ville pour cultiver leurs vignes et leurs champs, un Sarrasin habitant de cette ville, voulant trouver grâce aux yeux du duc, lui révéla tout ce qu'il savait à ce sujet, et lui dit comment ses concitoyens, pleins de sécurité et ne redoutant nullement la mort, sortaient sans cesse de la ville pour se livrer à toutes leurs occupations. Après avoir entendu ce rapport, le duc écouta le Sarrasin avec bienveillance sur tout autre sujet, et prit soin de lui afin de le gagner de plus en plus par ses caresses. Bientôt le traître lui indiqua un jour où il serait facile d'attaquer les gens d'Assur, tandis qu'ils travailleraient dans leurs vignes et dans leurs champs, de tuer les uns et de faire les autres prisonniers. En effet, au jour indiqué, et dès le matin, le duc Godefroi plaça en embuscade auprès de Rama quarante chevaliers bien armés. Ils lancèrent subitement leurs chevaux sur les Sarrasins qui sortaient d'Assur au nombre d'un millier d'individus peut-être, les assaillirent vivement, en laissèrent plus de cinq cents à demi morts dans la campagne, le nez, les mains ou les pieds coupés, et rentrèrent en vainqueurs à Jérusalem, ramenant captifs les femmes et les enfans. Aussitôt que cet affreux événement fut connu, toute la ville d'Assur retentit de lamentations et de cris de douleur, et les habitans s'empressèrent d'envoyer des messagers au roi de Babylone pour lui annoncer ces tristes nouvelles.

En recevant ce déplorable message, l'émir, qui commande immédiatement après le roi, et à la voix duquel obéissent tous les citoyens et toutes les cités du royaume de Babylone, éprouva une douleur extrême et promit d'envoyer sur-le-champ cent cavaliers Arabes et deux cents Éthiopiens pour porter secours aux habitans et protéger leur ville; car il ne permit point que cette fâcheuse nouvelle parvînt aux oreilles de l'admirable seigneur roi de Babylone, dans la crainte que son cœur n'en fût trop accablé. En apprenant les paroles de consolation et les promesses de l'émir, les habitans d'Assur s'en réjouirent beaucoup, et depuis ce jour ils ouvrirent leurs portes et conduisirent eux-mêmes en sécurité tous leurs gros bestiaux dans les champs, sans cependant s'éloigner de la ville. Huit jours après, les forces auxiliaires du roi de Babylone, cent cavaliers Arabes et deux cents Éthiopiens, arrivèrent à Assur, et d'après leurs ordres et dans la confiance qu'ils éprouvaient, les habitans s'avancèrent hors de la porte, beaucoup plus loin qu'ils n'avaient coutume de faire. Lorsqu'on eut appris l'arrivée des Arabes à Jérusalem, dix chevaliers chrétiens sortirent à l'insu du duc, et se portèrent sur le territoire de Rama, pour s'informer de l'exacte vérité et savoir si, en effet, des chevaliers de Babylone étaient venus au secours de la ville d'Assur. Aussitôt les Chrétiens envoyèrent cinq écuyers vers les remparts de la place, pour provoquer et attirer les hommes dont il était question, et eux-mêmes au nombre de dix descendirent dans la plaine. Tandis que les écuyers voltigeaient avec leurs chevaux sous les murs de la ville, conformément aux ordres des dix chevaliers, trente cavaliers arabes sortirent en hâte et tout armés, et poursuivirent vivement les écuyers du côté où ils avaient laissé leurs maîtres en embuscade. En effet, les écuyers prirent la fuite de toute la rapidité de leurs chevaux, et vinrent se réunir aux dix chevaliers chrétiens. Ceux-ci volèrent à leur rencontre bien armés, mirent en fuite à leur tour les trente Arabes, les poussèrent devant eux jusqu'aux portes de la ville, leur tuèrent trois hommes en un instant, et leur ayant fait couper la tête par les écuyers, ils remportèrent ces têtes et rentrèrent à Jérusalem pleins de joie, chargés des dépouilles de ceux qu'ils avaient tués, et ramenant leurs chevaux.

En apprenant cette victoire et l'audacieuse entreprise des dix chevaliers, le duc et tous les Chrétiens éprouvèrent une vive joie. Aussitôt le duc convoqua cent quarante chevaliers, et décida qu'ils iraient se placer en embuscade auprès de Rama, sous la conduite de Garnier de Gray et de Robert, brave chevalier de la Pouille, afin que les chevaliers arabes, provoqués par quelque artifice et attirés hors des remparts d'Assur, fussent enveloppés par les Chrétiens, et leur fournissent ainsi l'occasion de nouveaux exploits. Les chevaliers du duc très-chrétien demeurèrent en embuscade pendant deux jours auprès de Rama; enfin, le troisième jour les habitans d'Assur, se confiant en leurs chevaliers, se rendirent dans les champs avec leurs troupeaux, et ignorant entièrement ce qu'on leur préparait, ils se mirent à errer çà et là en toute sécurité. Tandis qu'ils ne redoutaient aucun péril, vingt chrétiens se détachèrent subitement du corps des Chrétiens, enlevèrent tout le butin qu'ils trouvèrent et le ramenaient déjà de vive force, lorsque les chevaliers d'Assur vinrent le leur enlever. Mais aussitôt tout le corps des Chrétiens sortit de sa retraite et les attaqua vigoureusement; les chevaliers arabes, les Ethiopiens et tous les hommes de pied de la ville arrivèrent aussi, et des deux côtés le combat s'engagea très-rudement. Enfin les Chrétiens eurent l'avantage; ils tuèrent la majeure partie de leurs ennemis, reprirent leur butin, emmenèrent beaucoup de chevaux et de prisonniers, et rentrèrent à Jérusalem couverts de gloire et remplis de joie. Le reste des Sarrasins, dont il ne s'échappa qu'un bien petit nombre, retourna à Babylone avec cette triste nouvelle, et nul ne saurait douter qu'elle ne contribuât à augmenter la colère du roi et les craintes des habitans de cette ville. Le duc Godefroi fut infiniment satisfait de l'heureuse issue de cette expédition.

Enfin la ville d'Assur, fatiguée et voyant qu'il lui serait impossible de se défendre, même avec le secours de son roi, traita de la paix, présenta au duc les clefs de ses portes et de ses tours, et se rendit tributaire. Ces tributs furent cédés par le duc à Robert, chevalier illustre de la Pouille, pour prix de la solde convenue entre eux. Après cela, le duc voulant serrer de plus près et soumettre la ville d'Ascalon, de même que les autres villes qui obéissaient au roi de Babylone, résolut de rebâtir la ville de Joppé, vulgairement appelée *Zaphet* [1], tombant en ruines depuis

---

[1] Jaffa.

long-temps, et de l'environner de murailles, afin d'y établir un port pour les vaisseaux et d'en faire un point de résistance ou d'attaque contre les autres villes des Gentils. Lorsque la ville de Joppé fut relevée et entourée de murailles, les marchands chrétiens se rendirent dans son port de tous les royaumes et de toutes les îles, et y apportèrent des vivres ; et les pélerins qui arrivaient de tous côtés y descendirent en toute sécurité, et purent s'y arrêter pour se reposer de leurs fatigues.

Les Sarrasins furent extrêmement affligés en voyant que cette ville, relevée et remise en bon état, servirait à combattre, à soumettre, à détruire toutes les autres villes situées dans les environs et leur appartenant, et que les Chrétiens acquéraient chaque jour de nouvelles forces qui leur arrivaient par mer. Dans ces circonstances, les Gentils ne trouvèrent rien de mieux à faire que d'envoyer promptement une députation des villes d'Ascalon, de Césarée et de Ptolémaïs ou Accon, auprès du duc Godefroi, pour le faire saluer de la part des émirs de ces villes. Aussitôt cette députation alla porter au duc et à ses principaux fidèles à Jérusalem un message conçu en ces termes : « L'émir « d'Ascalon, l'émir de Césarée et enfin l'émir de Pto- « lémaïs au duc Godefroi et à tous, salut. Nous te « supplions, duc très-glorieux et magnifique, que, « par ta grâce et ton autorisation, nos citoyens puis- « sent sortir pour leurs affaires en sécurité et en « paix. Nous t'amenons dix bons chevaux et trois « beaux mulets, et tous les mois nous te fourni- « rons à titre de tribut cinq mille byzantins. » Par ce traité la paix fut conclue et solidement établie, et même il se forma de jour en jour de nouveaux liens d'amitié, principalement entre le duc et l'émir de la ville d'Ascalon, et le premier reçut une grande quantité de présens en froment, en vin, en orge et en huile, plus qu'on ne pourrait le dire ou s'en souvenir. Césarée et Accon lui envoyèrent aussi des cadeaux en or et en argent, et obtinrent ainsi paix et sécurité. Toutes les terres et les pays des Gentils plièrent sous la crainte que leur inspirait le duc très-chrétien. A mesure que sa glorieuse renommée parvenait aux princes de l'Arabie, ils traitaient de même avec lui pour se faire accorder paix et sécurité, sous la condition que leurs marchands entreraient paisiblement à Jérusalem et à Joppé, pour y apporter toutes les choses nécessaires à la vie et les échanger sans obstacle avec les Chrétiens. On fit en effet ainsi, et alors on vit arriver en abondance à Joppé et à Jérusalem des bœufs, des moutons, des chevaux, des vêtemens et des denrées; les Gentils échangeaient toutes ces marchandises avec les Chrétiens à de justes prix, et le peuple en éprouvait une grande joie. Mais le duc interdit à tous les Gentils tout échange et toute faculté de sortir par mer. A cet effet, il plaça et dispersa sur la mer des gardiens et des surveillans secrets, afin que les Gentils ne pussent rien introduire par cette voie dans leurs villes, de peur que, pourvues abondamment de richesses, et prenant confiance en leurs forces, elles n'entreprissent dans leur orgueil de se révolter et de résister, au mépris des traités qu'elles avaient conclus avec le duc. Ainsi tous ceux qui arrivaient par mer d'Alexandrie, de Damiette ou d'Afrique, étaient faits prisonniers et mis à mort par les chevaliers du duc, qui leur enlevaient aussi toutes leurs richesses. De leur côté les Sarrasins n'étaient point en paix sur mer avec les Chrétiens, et ce fut seulement pour la terre qu'ils conclurent de part et d'autre leurs traités. Celui qui unissait le duc et l'émir d'Ascalon fut exactement observé ; les citoyens de cette dernière ville apportaient en parfaite tranquillité à Jérusalem toutes les choses qu'ils avaient à vendre, et les Chrétiens pareillement se rendaient à Ascalon sans aucun obstacle.

Comme ces relations de paix et de bonne amitié s'affermissaient de plus en plus, un jour le gouverneur et émir d'Ascalon renvoya en don à Jérusalem, au duc très-chrétien, Gérard d'Avesne, guéri de toutes ses blessures, couvert de beaux vêtemens et monté sur un excellent cheval qui lui fut en outre donné. Le duc et tous les Chrétiens le croyaient mort depuis long-temps dans la ville d'Assur; car ils ne savaient pas qu'on l'avait fait descendre du haut de son mât et envoyé d'Assur à l'émir d'Ascalon. Le duc fut rempli d'une vive joie en voyant revenir bien portant cet illustre jeune homme, Gérard, son chevalier chéri. Aussitôt, en présence de tous les fidèles qui l'entouraient, et pour l'indemniser de ses longues fatigues, il lui donna un très-grand bénéfice en terre, de la valeur de cent marcs, avec un château appelé le château de Saint-Abraham. Dès ce moment la paix commença à régner, et s'étendit de plus en plus de tous côtés, jusqu'à ce qu'enfin elle devint à charge aux chevaliers français, toujours ardens pour le combat.

Peu de temps après, et vers l'approche de la Nativité du Seigneur, Tancrède partit du fort de Tabarie ou

Tibériade, et se rendit à Jérusalem auprès du duc. Ce fort, situé sur le sommet escarpé d'une montagne, avait été rebâti par le duc et entouré d'un fossé et de fortifications inexpugnables, et le duc l'avait ensuite donné à Tancrède pour le garder. Celui-ci alla donc se plaindre à Godefroi que la ville et le territoire du *Gros-Paysan* se révoltaient contre lui et refusaient de lui remettre leurs tributs, et en même temps il demanda du secours. Le duc, irrité de ces nouvelles, se rendit aux vœux de Tancrède au bout de huit jours ; et, prenant avec lui deux cents chevaliers et mille hommes de pied, il entra sur le territoire et dans le pays du Gros-Paysan, enleva de tous côtés un butin considérable, fit massacrer ou emmener prisonniers tous les Gentils, et livra tout le pays au fer et à la flamme. Pendant les huit jours que le duc y demeura, on ne cessa de brûler et de tuer. Le Gros-Paysan, prince du pays, fit partir des messagers pour solliciter le secours des Turcs, dans l'espoir de pouvoir, avec leur assistance, se porter à la rencontre du duc et lui résister. Ce prince fut appelé par les Français *Gros-Paysan*, à cause de son excessif embonpoint, de son énorme corpulence et de ses manières grossières qui le faisaient ressembler en tout point à un paysan. Le prince des Turcs, roi de Damas, ayant reçu son message, envoya aussitôt cinq cents Turcs à son secours. Les chevaliers chrétiens, après avoir fait long-temps toutes sortes de ravages sur le territoire du Gros-Paysan, en sortirent enfin, le duc marchant toujours en tête avec le butin, les bestiaux et tous les vêtemens, et les divers objets enlevés, et Tancrède, marchant très-loin sur les derrières, et faisant le service de surveillance avec cent chevaliers. Bientôt ce dernier vit arriver les chevaliers turcs en toute hâte; et, marchant à leur rencontre avec non moins d'ardeur, il engagea aussitôt le combat. Les deux partis furent extrêmement maltraités dans cette journée, il y eut de part et d'autre des hommes tués et blessés, et Tancrède lui-même ne se sauva qu'avec beaucoup de peine. Le soir venu, le duc et tous ceux de sa troupe posèrent les armes et passèrent la nuit dans une plaine, ignorant entièrement que Tancrède se fût battu avec les Turcs : le duc était déjà inquiet de ce qu'il pouvait être devenu, lorsqu'enfin Tancrède arriva sain et sauf au milieu de la nuit, avec ses compagnons d'armes, dont quelques-uns avaient été blessés par des flèches. Aussitôt que Godefroi eut appris que les Turcs avaient poursuivi Tancrède depuis la ville de Damas, et s'étaient battus contre lui, il ordonna de former les corps dès le grand matin et de marcher à la rencontre des Turcs ses ennemis. Mais on n'en trouva plus un seul dans tout le pays, car ayant jugé que l'illustre duc était trop près d'eux, ils marchèrent toute la nuit pour retourner chez eux, après avoir renoncé à poursuivre Tancrède. Le duc retourna alors à Jérusalem; Tancrède se rendit de nouveau à Tibériade avec les siens : il avait avec lui soixante chevaliers, et, demeurant dans son château, il allait tous les jours attaquer Damas et les autres villes des Turcs, et leur enlevait beaucoup de butin dans tout le pays. Cette citadelle de Tibériade est située près du lieu que l'on appelle la *Mer de Tibériade*, et qui a deux milles en longueur et autant en largeur. Le duc très-chrétien, après s'en être emparé, et avoir enlevé la forteresse, l'avait donnée en bénéfice à Tancrède, parce que celui-ci, exact à accomplir ses devoirs de chevalier, et se montrant toujours prêt à combattre les ennemis des Chrétiens, avait toute sa faveur.

Les Turcs, voyant Tancrède prendre chaque jour de nouvelles forces et avoir sans cesse à sa disposition celles du duc Godefroi, résolurent de conclure une trève avec lui, sous la condition qu'à l'expiration du terme convenu, il leur serait permis de tenir conseil pour voir s'ils voudraient se soumettre définitivement à lui, ou renoncer formellement à tout traité. Après avoir consulté le duc sur ces propositions, Tancrède acquiesça à la prière des Turcs, reçut d'eux, ainsi que du Gros-Paysan, des dons considérables en byzantins, en or, en argent et en pourpre, et cessa entièrement de porter la guerre sur leur territoire. Quelques jours s'étant écoulés, Tancrède envoya à Damas, auprès du prince des Turcs, six chevaliers, hommes habiles et éloquens, chargés d'inviter ce prince à lui livrer sa ville et à faire profession de notre foi si toutefois il voulait tenir, des bienfaits et du consentement de Tancrède, la faculté d'habiter ou de vivre sur un point quelconque du pays; déclarant que, sans cela, il serait impossible à Tancrède de lui conserver son amitié, ni pour or, ni pour argent, ni pour tous autres dons précieux. En recevant ce message, le prince de Damas, saisi d'une violente colère, fit prendre cinq des chevaliers et ordonna de leur trancher la tête; le sixième, ayant embrassé la foi des Turcs, trouva grâce devant lui et eut la vie sauve. Lorsque le duc apprit la mort cruelle de ces illustres députés, ce prince, Tancrède et toute l'Église chrétienne éprouvèrent une violente indignation. Aussitôt le duc, rassemblant ses forces de tous côtés, tant en chevaliers qu'en hommes de pied, marcha sur le territoire de Damas contre les assassins de ses frères, et, pendant quinze jours, il ravagea le pays en tout sens, sans que personne lui opposât de résistance. Le Gros-Paysan, prince de cette contrée, voyant que ni lui, ni les Turcs ne pouvaient rien conserver en présence des Chrétiens, conclut, bon gré mal gré, un traité avec le duc et Tancrède, et se sépara des Turcs, dont les secours ne pouvaient le mettre en état de faire tête au duc très-chrétien.

Après avoir conclu ce traité avec ce prince, auquel il imposa des tributs, le duc Godefroi se disposa à retourner à Jérusalem en passant par Ptolémaïs, Césarée et Caïphe. L'émir de Césarée se porta à sa rencontre, et lui offrit amicalement à dîner ; le duc refusa de manger, et se borna, avec beaucoup de politesse et de remercîmens, à goûter d'une pomme de cèdre : peu après, il se trouva sérieusement malade ; et se rendant à Joppé, il y trouva l'évêque et duc des Vénitiens, avec une nombreuse suite, et une multitude d'hommes armés. S'étant assuré que ceux-ci étaient des Chrétiens et des frères, et non des ennemis, il entra dans la ville, et se rendit à la maison qu'il avait fait construire récemment pour son usage. Son mal allait croissant et l'accablait de plus en plus. Quatre de ses parens l'assistaient : les uns lui pansaient les pieds et les réchauffaient sur leur sein ; d'autres lui faisaient appuyer la tête sur leur poitrine ; d'autres pleuraient et s'affligeaient en le voyant souffrir, craignant de perdre ce prince illustre dans un exil aussi lointain.

En apprenant la maladie du duc Godefroi, les pélerins Chrétiens furent pénétrés d'une profonde douleur ; ils se rendaient souvent auprès de lui pour le visiter; parmi eux le duc et évêque des Vénitiens, et les principaux de sa suite, furent aussi introduits auprès du duc et admis à le saluer, et à s'entretenir avec lui. Dans le desir qu'ils avaient sans cesse de le voir, ils lui offrirent et lui donnèrent par amitié des présens considérables et extraordinaires en vases d'or et d'argent, en pourpre et en vêtemens précieux. Le duc Godefroi reçut avec une extrême bonté les choses qu'ils lui offrirent, et leur parlant avec bienveillance, il les envoya sur leurs navires, disant que son mal le retenait encore chez lui; mais que le lendemain, s'il éprouvait un peu de soulagement, il ne manquerait pas d'aller se présenter devant tous ceux qui desiraient le voir et le connaître, et de jouir avec empressement de leur agréable société. Pendant la nuit, son mal et ses douleurs ayant encore augmenté, il ordonna aux siens de le transporter à Jérusalem, pour éviter le mouvement extraordinaire et le fracas que ferait l'armée, puisqu'aussi bien il ne pouvait en ce moment tenir ses promesses, et entretenir des relations amicales avec les pélerins Vénitiens.

Informés des progrès de la maladie, le duc et les princes Vénitiens allèrent trouver Garnier de Gray et Tancrède, pour faire demander à Godefroi ce qu'ils avaient à faire, et savoir s'ils devaient entreprendre d'assiéger et de soumettre quelque ville située sur les bords de la mer, avant de se rendre eux-mêmes à

Jérusalem, ou s'ils attendraient que le duc eût recouvré la santé par la grâce de Dieu. Tancrède, en apprenant la maladie de ce prince, s'était rendu en toute hâte de Tibériade à Joppé. Les deux princes allèrent seuls trouver le duc pour lui rapporter les paroles des Vénitiens; et après avoir tenu conseil avec lui, quoiqu'il fût très-malade, et avec les autres chefs, ils résolurent que les pèlerins Vénitiens iraient investir et attaquer par mer la ville de Caïphe, tandis que Tancrède, tenant la place du duc, et Garnier, l'assiégeraient par terre, afin que cette ville ainsi enveloppée et pressée de tous côtés, tombât au pouvoir des Chrétiens. Tandis qu'ils faisaient toutes leurs dispositions pour attaquer Caïphe par terre et par mer, on répandit à Joppé la triste nouvelle que le duc Godefroi, prince souverain, venait de mourir. Aussitôt les Chrétiens, tant Vénitiens que Français, remplis de trouble, et abandonnant tous leurs préparatifs de guerre, se rendirent en hâte à Jérusalem, et trouvèrent le duc de plus en plus accablé de son mal, et pouvant à peine leur répondre. Il essayait cependant de consoler les princes, et leur faisait entendre qu'il espérait se guérir. Après avoir reçu ces paroles de consolation, les Vénitiens allèrent adorer le sépulcre du Seigneur, et visiter les lieux saints. Tancrède et Garnier retournèrent à Joppé avec le patriarche Dagobert, et terminèrent sans interruption tous leurs préparatifs. Au bout de quinze jours, ils partirent avec toutes leurs machines et leurs engins, et se rendirent par terre et par mer devant la ville de Caïphe. Garnier demeura à Joppé, où il venait de tomber malade subitement, et se fit de là transporter en litière à Jérusalem.

Quatre jours après qu'il y fut arrivé, la maladie du duc Godefroi fit des progrès beaucoup plus rapides. Ce prince fit la confession de ses péchés en véritable componction de cœur et en versant des larmes; il reçut la communion du corps et du sang du Seigneur; et couvert du bouclier spirituel, il fut enlevé à la lumière de ce monde. Après la mort de cet illustre duc et très-noble athlète du Christ, tous les Chrétiens, Français, Italiens, Syriens, Arméniens, Grecs, la plupart des Gentils eux-mêmes, Arabes, Sarrasins et Turcs, se livrèrent aux larmes pendant cinq jours, et firent entendre de douloureuses lamentations. Garnier, parent du duc et chevalier illustre, mourut de même peu après, et fut enseveli avec honneur et avec les cérémonies catholiques dans la vallée de Josaphat, et sous le portique de l'église de Sainte-Marie, vierge et mère de notre Seigneur Jésus-Christ, le huitième jour après la mort du très-noble duc et prince de la sainte cité de Jérusalem.

Durant les cinq semaines que le très-glorieux duc passa à Jérusalem avant de mourir, le patriarche et Tancrède, ainsi qu'ils en étaient convenus avec lui, partirent de Joppé, de même que toute la flotte des Vénitiens, commandée par leur duc et évêque, et se rendirent par terre et par mer devant la ville de Caïphe. Ils l'assiégèrent de tous côtés, avec une machine d'une prodigieuse élévation, et avec sept autres instrumens à lancer des pierres, que l'on nomme des mangonneaux, afin de contraindre les défenseurs et les habitans de la place à se rendre. Ils dressèrent leurs divers engins, et leur immense machine contre les murailles, et les Français livrèrent de terribles assauts. De leur côté, les citoyens, qui étaient de la race des Juifs, tenaient cette ville des mains du roi de Babylone, et y habitaient de son consentement en lui payant tribut, se portèrent sur leurs remparts, et se défendirent avec beaucoup de fermeté jusqu'au moment où les Chrétiens, accablés de toutes sortes de maux, en vinrent à demeurer quinze jours consécutifs sans renouveler une seule fois leurs attaques. Cela n'est point étonnant ; car Tancrède cessa de leur prêter le secours de ses forces et de sa valeur, dévoré qu'il était de jalousie parce que le duc, encore étendu sur son lit de mort, avait conféré cette ville en bénéfice, si elle venait à être prise, à Guillaume, surnommé Charpentier, illustre et noble chevalier.

Le patriarche, informé des motifs qui excitaient là jalousie et les sentimens d'amertume auxquels Tancrède se livrait, alla le trouver et employa tous les moyens possibles de persuasion pour calmer sa colère, afin que cette ville, défendue vigoureusement par les Juifs, ne pût cependant se maintenir toujours dans le même état de résistance, à la honte des Chrétiens qui déjà avaient perdu un grand nombre des leurs. Le patriarche lui proposa même, pour nouvelle condition, que si Dieu permettait que la ville fût prise, elle fût livrée, d'après l'avis des fidèles, à celui qui aurait fait les plus grands efforts pour sa destruction. Il lui dit : « O Tancrède, mon frère « très-chéri, tu vois que le duc des Vénitiens, fatigué « et vaincu dans les combats, s'est retiré avec toute « sa troupe, et ne fait plus aucun mouvement, et que « les siens effrayés aussi, ont retiré leur flotte loin de « la ville, et sont maintenant en pleine mer. » Tancrède, entendant ces paroles et les bonnes exhortations du patriarche, renonça, pour le nom du Christ, à tous ses ressentimens, et répondit que dès ce moment il ne laisserait échapper aucune occasion d'attaquer la ville, et de livrer des assauts, quoiqu'un autre l'eût reçue en don avant qu'elle fût assiégée ou prise, et que Guillaume Charpentier ne pût se comparer à lui pour la valeur ou pour la force de ceux qu'il commandait. A ces mots, il sonna fortement du cor, et par ce signal il avertit tous ses chevaliers de recommencer sans délai l'attaque de la ville, et de livrer de nouveaux combats contre les Juifs, qui la défendaient avec vigueur.

A ce signal, tous les chevaliers qui étaient présens, tant ceux du duc que ceux de Tancrède, coururent aux armes, et, s'étant ainsi préparés, ils accoururent de toutes parts, pour monter sur la machine. Henri, échanson du duc, chevalier illustre, Wicker l'Allemand, habile à manier le glaive et à pourfendre un Turc, et Milon de Clermont, tous trois chevaliers du duc, montèrent les premiers. Ils ne trouvèrent dans la machine qu'un seul de tous les chevaliers Vénitiens; aucun péril, aucune crainte de la mort n'avait pu éloigner celui-ci de son poste. Ce jeune chevalier, voyant arriver ceux qui venaient à son secours, éprouva un vif transport de joie, et respirant après les dangers qui l'avaient menacé, il s'écria : « Tous nos hommes se sont retirés de moi,
« et je suis demeuré absolument seul; mais désormais,
« avec l'aide de Dieu, je ne me séparerai plus de vous
« jusqu'à ce que je connaisse le résultat de notre en-
« treprise, soit par la chute de la ville, soit par la

« nôtre. Demeurons donc fermement unis par le nom
« du Seigneur, quoiqu'en petit nombre : la force de
« Dieu sera grande contre tous les périls que nous
« sommes prêts à braver et à supporter pour l'amour
« de lui. » Aussitôt vingt chevaliers de Tancrède vinrent rejoindre ces quatre chevaliers, que les paroles du Vénitien avaient réunis dans le desir d'attaquer vigoureusement la place, et tous ensemble résolurent de pénétrer, du haut de leurs machines, dans la tour qu'ils avaient en face, ou de périr sur le même point. Saisissant aussitôt des haches à deux tranchans, des cognées et des hoyaux en fer, ils attaquèrent la tour, et firent les plus grands efforts pour y pratiquer une brêche. Les Juifs et les Sarrasins confondus avec eux leur résistèrent vigoureusement, et jetèrent du haut de la tour de l'huile, de la poix brûlante, du feu et des étoupes, afin d'allumer un grand incendie, d'envelopper les Chrétiens et leur machine dans des tourbillons de flammes et de fumée, et de conserver ainsi la tour et la ville. Mais les chevaliers Chrétiens, qui ne craignaient point de mourir pour le Christ, demeurèrent inébranlables, et supportèrent toutes leurs souffrances pendant tout le jour et toute la nuit ; de telle sorte que leurs boucliers atteints par les flammes, brisés par les traits des frondes ennemies, ou frappés par les pieux ferrés, furent entièrement fracassés et percés à jour.

Le lendemain, le Seigneur Jésus prit pitié des siens : les Juifs et les Sarrasins, voyant que les Chrétiens étaient invincibles, et que ni le fer ni le feu ne pouvaient les repousser et les faire renoncer à l'assaut, abandonnèrent eux-mêmes cette tour et prirent la fuite, ne pouvant plus désormais la défendre, et tous les citoyens de la ville se sauvèrent également. Les chevaliers chrétiens les poursuivirent aussitôt jusque dans le milieu de la place ; ils en firent un cruel massacre, et, vainqueurs, ils allèrent ouvrir les portes et firent entrer toute l'armée assiégeante. Les Chrétiens enlevèrent tout ce qu'ils trouvèrent dans la ville et prirent des sommes incalculables, tant en or qu'en argent, des vêtemens, des chevaux, des mulets, de l'orge, de l'huile et du froment. Les Vénitiens, qui étaient encore en mer. dans leur station, ayant appris la victoire des Français et l'occupation de la place, levèrent leurs ancres et accoururent en toute hâte : ils massacrèrent quelques Gentils, mais ne trouvèrent plus d'argent à prendre.

Lorsque la ville de Caïphe fut tombée au pouvoir des assiégeans, Guillaume Charpentier, à qui le duc l'avait donnée par avance, et qui ignorait encore la mort de ce prince, convoqua aussitôt ses chevaliers et ses hommes de pied, afin de prendre possession de la place et de la fortifier. Mais les troupes de Tancrède, plus nombreuses et plus fortes, occupaient déjà les remparts et les tours, et chassèrent de la ville Charpentier ainsi que tous les siens. Celui-ci jugea qu'il ne pouvait rien faire de mieux en ce moment que de sortir avec sa troupe, et de se rendre dans un château très-fort et très-riche, appelé le château de Saint-Abraham, vers les montagnes où étaient autrefois les villes de Sodome et de Gomorrhe. Le duc avait attaqué, et, dès le premier assaut, chassé les Gentils de ce château, situé à six milles de Jérusalem, et qui avait été, à ce qu'on assure, bâti et habité par le premier patriarche Abraham, lequel, dit-on encore, y avait été aussi enseveli. Les Turcs, tous les autres Gentils et les Juifs, avaient le plus grand respect pour cette forteresse, et l'honoraient en toute dévotion, et les fidèles catholiques ne l'entretenaient pas avec moins de soin et de vénération.

Le patriarche Dagobert et Tancrède, ayant appris la mort du duc, résolurent, d'un commun accord, de ne point laisser la ville de Caïphe entre les mains de Guillaume Charpentier, et d'en agir selon qu'il leur conviendrait; ils se promirent pareillement de se concerter et de disposer ensuite de Jérusalem et du royaume du duc Godefroi en toute liberté, et uniquement selon leur gré. En conséquence, étant encore dans la ville de Caïphe, ils arrêtèrent entre eux d'envoyer une députation à Antioche, auprès de Boémond l'oncle de Tancrède, pour l'inviter à se rendre dans le pays de Jérusalem avec toutes ses forces, et à prendre possession de ce royaume, avant que quelque héritier du duc Godefroi vînt occuper le trône. Ce message du patriarche et de Tancrède fut expédié sans aucun délai. Mais celui qui en était porteur, nommé Morel, secrétaire du patriarche, chargé d'accomplir une perfidie (puisque le patriarche et Tancrède avaient fait serment au duc que, s'il venait à mourir, ils ne remettraient son royaume qu'à ses frères ou à quelqu'un de sa famille), fut frappé de la colère de Dieu, et tomba entre les mains du comte Raimond à Laodicée : le message échoua complètement, et cet acte de perfidie fut bientôt découvert et proclamé partout.

Dans le même temps, et vers le mois d'août, par la permission de Dieu, Boémond avait assemblé trois cents chevaliers, et s'était porté avec eux vers la ville de Mélitène. Gaveras [1] duc d'Arménie, prince et seigneur de cette ville, lui avait envoyé des lettres et des messagers pour l'inviter à venir au secours des Chrétiens contre Doniman [2], prince des Turcs, qui l'avait assiégée avec une nombreuse armée, et la serrait de près. Ce dernier, informé de l'arrivée de Boémond et des siens, et le sachant déjà très-près de lui, prit cinq cents chevaliers dans son armée, et marcha à sa rencontre dans la plaine; il lui livra bataille, écrasa la troupe de Boémond sous une grêle de flèches, la mit en fuite, la dispersa, et lui tua beaucoup de monde. Outre ceux qui périrent sur le champ de bataille, tous les autres furent faits prisonniers, emmenés avec leur prince Boémond en captivité et en exil dans la ville de Nixandrie, qui appartenait à ce même Turc, et chargés de fers.

Boémond, Richard son parent, et les autres seigneurs de sa maison ayant été pris, Doniman retourna couvert de gloire vers la ville de Mélitène, emportant les dépouilles des vaincus, et les têtes des morts. Il envoya une députation à Gaveras, pour l'inviter à lui remettre la ville, lui faisant savoir qu'il retenait Boémond prisonnier, et qu'il avait détruit tous ses chevaliers, en qui les Chrétiens avaient placé leur espoir et leur confiance, et lui déclarant que, s'il n'agissait ainsi, il lui serait impossible de vivre devant la face des Turcs. Mais Gaveras, en en-

---

[1] Gabriel.
[2] Damisman, dans Guillaume de Tyr. *Voyez* liv. ix, tom. ii, p. 43.

tendant les bravades de Doniman, répondit qu'il ne céderait jamais à de telles menaces, qu'il ne livrerait point la ville, et ne se soumettrait à aucun ordre, tant qu'il saurait Baudouin, prince d'Edesse ou Roha, encore en vie, et n'apprendrait pas qu'il lui fût survenu quelque nouveau malheur. Doniman, prince magnifique des Turcs, parla avec encore plus d'arrogance en recevant cette réponse, et fit dire à Gaveras : « Prends garde à ne pas mettre en lui trop de « confiance et d'espoir; car j'espère que d'ici à peu « de temps Baudouin sera en mon pouvoir aussi bien « que Boémond. »

Pendant ces messages, Boémond, craignant pour sa vie, envoya secrètement à Baudouin une tresse de ses cheveux en témoignage de sa captivité et de sa douleur, et lui expédia ce message par un Syrien, à l'insu de tous les Turcs, l'invitant à venir sans délai à son secours, pour l'arracher des mains de ses ennemis, avant qu'il pût être envoyé chez des nations inconnues et barbares. Trois jours après la prise de Boémond, Baudouin prit avec lui cent quarante chevaliers cuirassés, et descendit dans la plaine de Mélitène pour délivrer son frère en Christ, si Dieu daignait favoriser ses projets, et lui fournir les moyens d'attaquer les Turcs dans une bonne position. Mais Doniman redoutant le courage de Baudouin qui marchait vers lui, et l'extrême valeur des chevaliers qui l'accompagnaient, leva aussitôt le siége, et dirigea sa marche vers la mer de Russie, fuyant sur son territoire, avec toute sa cavalerie, tout joyeux d'avoir enlevé Boémond, ce prince si renommé et chef de tous les Chrétiens, et craignant que ceux-ci ne parvinssent à le lui ravir par artifice ou de vive force. Baudouin, dès qu'il fut instruit de son départ, le poursuivit pendant trois jours; mais redoutant de s'avancer plus loin, de peur d'être exposé aux perfidies des faux Chrétiens, ou aux embûches des ennemis, et parce qu'il n'avait pas avec lui beaucoup de chevaliers, il retourna à Mélitène. Gaveras, prince de cette ville, le reçut avec empressement et bonne foi, et la remit entre ses mains et sous sa protection; il lui présenta aussi tous ses trésors et une grande quantité de vêtemens précieux, et le supplia de choisir lui-même sa récompense; mais Baudouin refusa de rien prendre de ce qui lui était offert. S'étant convaincu de la bienveillance et de la fidélité de Gaveras, Baudouin lui laissa cinquante chevaliers pour demeurer dans la ville et la défendre avec lui, et il retourna alors à Roha. Après cela, Doniman, ayant appris la retraite de ce prince et chevalier redoutable, rassembla de nouveau ses forces, et alla encore assiéger Mélitène pendant long-temps. Mais les cinquante jeunes chevaliers que Baudouin y avait placés la défendirent vigoureusement contre les ennemis, et la conservèrent intacte et libre. Enfin Doniman, fatigué de la guerre, ennuyé d'un siége qui se prolongeait sans cesse, et craignant que les Chrétiens ne vinssent encore au secours de la place, se retira, et renonça désormais à l'attaquer.

Cependant Baudouin, de retour à Roha, reçut alors le funeste message qui lui annonçait que son frère, Godefroi, prince magnifique, était mort à Jérusalem, et que tout le peuple chrétien de ce royaume se désolait de la perte d'un chef si vertueux.

En entendant ce triste récit, Baudouin sentit son cœur se déchirer et prêt à se répandre en lamentations; mais, habile à se contenir, il se garda de laisser paraître les sentimens qu'il éprouvait dans le fond de l'ame, à l'occasion de la mort de son frère chéri. Robert, évêque de Rama, Robert et Gontier, chevaliers, lui apportaient ces nouvelles; ils étaient envoyés par Guillaume Charpentier, Robert, fils de Gérard, Rodolphe de Mouzons, Geoffroi, camérier du duc, Henri de Flandre, Mathieu, porte-mets du duc, Wicker l'allemand, et Arnoul, gardien du temple du Seigneur, et ils parlèrent à Baudouin en ces termes : « Les chevaliers et les princes du royaume de
« Jérusalem, qui, jusqu'à présent, ont servi sous le
« duc très-chrétien, te saluent au nom de Jésus-
« Christ, fils du Dieu vivant : c'est par leur décision
« et leur volonté que nous sommes venus vers toi
« pour te faire connaître que ton frère, le duc Go-
« defroi, prince de Jérusalem, a été enlevé à la lu-
« mière de ce monde. C'est pourquoi ils t'invitent tous
« à l'unanimité à venir, en hâte, prendre posses-
« sion de ce royaume, à la place de ton frère, et
« t'asseoir sur son trône, car ils sont convenus entre
« eux de n'admettre aucun autre que son frère, ou
« quelqu'un de son sang, tant pour sa bonté inappré-
« ciable et sa grande générosité, que par fidélité au
« serment par lequel ils se sont engagés à ne pas
« souffrir qu'un étranger règne ou vienne s'asseoir
« sur le trône de Jérusalem. » Baudouin prêta une oreille favorable aux messagers, et agréa leurs paroles; il promit de se rendre à Jérusalem sous peu de temps, après avoir mis ordre à ses affaires, et de

gouverner le royaume avec l'aide de Dieu et l'appui de leurs conseils.

Les députés furent traités ensuite avec beaucoup de douceur et de tendresse, et partirent pour Jérusalem. Baudouin, duc de la ville de Roha, tint bientôt après une assemblée de tous ses fidèles, et demanda à chacun d'eux en particulier ce qu'il préférait, d'aller à Jérusalem ou de demeurer dans le pays de Roha : il écrivit également à Baudouin du Bourg, homme noble de sa famille, fils du comte Hugues, l'invitant à quitter Antioche et la solde qu'il y recevait, pour venir prendre la ville de Roha en bénéfice, y commander et vaincre les ennemis en sa place : il lui fit connaître en même temps tous les détails relatifs à la mort de son frère Godefroi, prince très-illustre, et lui annonça que les plus grands seigneurs de Jérusalem l'avaient appelé à aller prendre possession de ce royaume, et qu'il partirait peu après. Ce Baudouin du Bourg étant parti de Jérusalem et d'Ascalon avec les autres princes, s'était rendu auprès de Boémond, et était demeuré à Antioche depuis lors, faisant le service de chevalier, et recevant une solde. Après avoir fait toutes ses dispositions, avoir accueilli Baudouin du Bourg qui arriva d'Antioche au moment convenu, et l'avoir installé sur le trône et dans le gouvernement de la ville de Roha, Baudouin premier, frère magnifique du duc Godefroi, prenant avec lui quatre cents illustres chevaliers et mille hommes de pied, suivit la route royale et se rendit d'abord à Antioche. Tous les chevaliers et gardiens de cette ville se portèrent à sa rencontre pour le saluer, et lui offrirent de la remettre entre ses mains s'il voulait en devenir le prince ou le seigneur. Il y demeura pendant trois jours, comblé de gloire et de joie, accueillant avec bonté tous les citoyens et les défenseurs de la ville, les écoutant dans tout ce qu'ils avaient à lui dire, et leur répondant avec sagesse ; il leur donna de grandes consolations dans le désespoir où les jetait la perte de Boémond, mais il refusa formellement de prendre sa place.

Le quatrième jour il partit d'Antioche en toute allégresse, et se rendit paisiblement à Laodicée avec toute sa suite; il y demeura pendant deux jours en repos, et attendit l'arrivée de ceux de ses hommes qui s'étaient attardés et le suivaient de loin. Lorsqu'il eut de nouveau réuni tous les siens, il fut informé par la renommée qu'une immense multitude de Gentils, tant Turcs que Sarrasins, rassemblés de lieux et de pays divers, se présenteraient bientôt devant lui pour lui résister, dans la ferme résolution de s'opposer désormais à sa marche. On disait que la seule ville de Damas avait fourni à ce rassemblement vingt mille Turcs armés, et il fut impossible de connaître les forces des autres peuples gentils, tant leur nombre était au dessus de tout calcul : aussi une partie de l'armée de Baudouin, frappée de terreur et craignant la mort, prit la fuite pendant la nuit, et les autres, feignant d'être malades, assurèrent qu'ils ne pouvaient aller plus loin. Le lendemain matin Baudouin instruit de la désertion de ses troupes, accablé de douleur, mais n'éprouvant aucune crainte, adressa des encouragemens à tous ceux qu'il trouva fidèles à leur vœu, leur disant : « Je vois que la peur de la « mort et les bruits qui ont circulé ont séduit mon

« peuple et fait fuir beaucoup de monde ; mais, ne re-
« doutant point ces rassemblemens de Gentils, je n'hé-
« site pas à suivre la route où je suis engagé ; c'est pour-
« quoi j'invite, par la foi du Christ, ceux qui sont de-
« meurés, et iront avec moi à Jérusalem, à ne se lais-
« ser effrayer ni par la mort ni par les périls, mais à
« s'avancer avec fermeté d'ame, mettant, ainsi que
« moi, toute leur confiance dans le Seigneur Dieu.
« Que ceux qui hésitent et sont craintifs ne portent
« pas leurs pieds en avant, et qu'ils retournent où
« ils se croiront en sûreté. » A ces mots, les invitant tous à se mettre en route, il trouva tous ceux qui étaient présens parfaitement d'accord et disposés à marcher ; mais, lorsq. 'il fut arrivé à la ville de Gibel et qu'il y passa la nuit, sur quatre cents chevaliers et mille hommes de pied, à peine se trouva-t-il encore cent quarante chevaliers et cinq cents fantassins ; tous les autres, redoutant l'arrivée des Turcs, s'é-taient sauvés et dispersés. Baudouin, toujours sans crainte, quitta paisiblement la plaine et le pays de Gibel, parce que les habitans l'avaient accueilli honorablement et avec douceur, et lui avaient apporté en abondance toutes les choses dont il avait eu besoin ; de là, dépassant Tortose, il arriva à Tripoli : le prince de cette ville le reçut en toute fidélité et avec joie, et fit fournir à son armée toutes les denrées et les vivres nécessaires. Il apprit en ce lieu que le roi de Damas Geneadoil, prince sarrasin, d'un pays très-vaste, auquel les chameaux ont fait donner le nom de *Camela,* et tous les habitans des villes situées sur les bords de la mer de Palestine, des montagnes voisines et de beaucoup d'autres lieux,

s'étaient rassemblés pour s'opposer à sa marche dans les étroits défilés et au milieu des rochers escarpés de la ville de Béryte. Baudouin, demeurant intrépide au milieu de tant de menaces et de fâcheuses nouvelles, déclara qu'il était prêt à tout supporter pour le nom du Christ; que tant de milliers d'hommes, de nations diverses, réunis en un seul corps, ne lui feraient point retarder sa marche vers Jérusalem, et qu'il les combattrait jusqu'à la dernière goutte de son sang. En disant ces mots il se mit en route pendant le jour, et, la nuit étant arrivée, il s'arrêta au pied de montagnes escarpées pour y établir son camp. On vint alors lui annoncer avec certitude que les ennemis se concentraient pour s'opposer à son passage, et qu'il faudrait se battre le lendemain. A cette nouvelle, Baudouin sentit une légère émotion, comme si le cœur lui défaillait et si ses reins s'affaiblissaient; car il n'avait plus auprès de lui qu'un petit nombre d'hommes. Le lendemain cependant, dès le point du jour, fortifié par le Seigneur Jésus, Baudouin se remit en marche, et s'avança jusque vers le lieu où, comme on le lui avait annoncé, toutes les forces ennemies étaient rassemblées pour se porter à sa rencontre. Tandis qu'ils marchaient, et vers le milieu du jour, les Chrétiens, sachant que les Gentils n'étaient plus qu'à une petite distance, revêtirent leurs cuirasses et leurs casques, prirent les armes, et, portant leurs lances en avant et bannières déployées, ils s'engagèrent dans les défilés, où ils rencontrèrent les bandes des Gentils, et combattirent long-temps contre eux dans des passages fort resserrés. Mais, comme les Turcs et les Sarrasins devenaient sans cesse plus nombreux, et formaient une masse irrésistible, les Chrétiens et leur prince Baudouin furent expulsés de ces gorges à coups de flèches et de javelots. On combattit cependant fort longtemps, et la nuit étant survenue, des deux côtés on cessa de s'attaquer : cette même nuit Baudouin s'éloigna un peu du pied de la montagne, fit dresser un petit nombre de tentes pour son campement, et, après avoir pris un léger repas, il engagea tous les siens à ne se séparer les uns des autres sous aucun prétexte, jusqu'à ce que les pélerins, qui s'avançaient sur leurs derrières, les eussent tous rejoints, afin de pouvoir, par cette sage précaution, affronter les périls du lendemain avec plus d'assurance, subir au besoin le martyre pour le nom du Christ, et braver sans crainte les maux dont ils étaient menacés.

Ces ordres donnés, le peuple chrétien se soumit fidèlement à les exécuter. Durant cette même nuit, les Turcs et les Sarrasins allumèrent des milliers de feux sur les montagnes, et en beaucoup plus grande quantité qu'ils n'en avaient besoin, dans l'intention de porter l'épouvante chez les Chrétiens. Geneadoil, prince de Camela, ayant ensuite appris, par ses espions, combien la troupe de Baudouin était faible, alla trouver le prince de Damas, pour lui proposer d'aller attaquer dans leur camp les Chrétiens accablés de fatigue et de sommeil ; mais cette proposition déplut aux autres princes, qui lui répondirent : « Il ne peut être bon ni utile pour nous
« autres Turcs de livrer un combat au milieu de la
« nuit, de peur que les Sarrasins, qui nous ont tou-
« jours détestés, ne nous enveloppent subitement,

« et ne nous massacrent pour enlever nos dépouilles
« aussi bien que celles des Francs ; mais, si vous
« le voulez, différons jusqu'aux premiers rayons de
« l'aurore, afin que nous ayons le temps de pour-
« voir à notre sûreté. » Ainsi fut écartée la proposition
de Geneadoil.

Le lendemain au point du jour, Baudouin, inquiet
et toujours veillant, sachant que les Turcs s'étaient
aussi levés de bon matin, ramena toute la troupe de
ses fidèles dans une plaine située sur ses derrières,
comme s'il eût voulu prendre la fuite. Les Gentils ayant
vu ce mouvement, et croyant que la peur les forçait à
se retirer, les poursuivirent vivement avec cinq cents
chevaliers qui se portèrent en avant, et quinze mille
hommes de pied. Mais Baudouin, chevalier toujours
intrépide, voyant les ennemis lancés vivement à sa
poursuite, et une grande partie de leur armée déjà
parvenue dans la plaine, ramenant aussitôt ses chevaux, et se retournant avec tous les chevaliers catholiques, se porta rapidement sur les Turcs, les
attaqua avec la plus grande vigueur, et leur tua environ quatre cents hommes par le glaive, la lance ou
les flèches. Le reste de cette multitude, qui s'avançait encore à travers les défilés, et ne pouvait, dans
cet étroit sentier, être d'aucun secours à ceux qui
formaient l'avant-garde, ne tarda pas à prendre peur,
et se mit aussitôt en fuite. Baudouin, remportant la
victoire par la grâce de Dieu, fit prisonniers, pendant ce combat, quarante-huit des principaux chefs
des Turcs, et ne put d'ailleurs enlever d'autre butin
que des chevaux excellens, car les Gentils avaient
laissé, de l'autre côté des défilés, tous leurs bestiaux,

leurs richesses et leurs tentes. A la neuvième heure du jour, ce rude combat était fini, Baudouin demeura dans la plaine et y dressa ses tentes, auprès d'une source d'eau douce qu'il y trouva, et de cannes à miel dont le suc servit à réparer les forces de ses chevaliers. On reconnut qu'il n'était tombé dans la mêlée que deux chevaliers, Gautier Tauns et Baudouin Tauns, et qu'il n'y avait qu'un petit nombre de blessés. Les prisonniers Turcs furent établis et gardés de près dans les tentes. Le soir étant venu, Baudouin se reposa, ainsi que tous les siens, et s'assit ensuite au milieu de ses prisonniers, pour rechercher quelles étaient leurs familles et leur origine : il trouva parmi eux le prince et tétrarque de Damas, qui lui offrit, dit-on, des trésors considérables pour racheter sa vie.

Le roi de Damas, Geneadoil et tous les princes des Gentils, ayant appris la défaite des leurs, la captivité de quelques-uns d'entre eux, et les exploits glorieux de Baudouin, prirent la fuite et marchèrent pendant toute la nuit, craignant pour le lendemain matin, s'ils demeuraient de l'autre côté de la montagne, que les Chrétiens ne vinssent les attaquer dans leur audace et les frapper à mort, ou bien, s'ils étaient vaincus, que les Sarrasins, les méprisant dès ce moment, ne leur fissent trancher la tête ; car ces Sarrasins sont dans l'usage de trembler devant tout nouveau vainqueur et de lui obéir, en même temps qu'ils méprisent les vaincus et se mettent aussitôt à leur poursuite. Baudouin, ayant appris que tous les ennemis s'étaient enfuis, partit le lendemain dès le lever du soleil, avec les prisonniers et les chevaux, et les dépouilles qu'il leur avait enlevés, et se rendit à Sidon et à Gebaïl. Il y passa sans obstacle et sans danger, et arriva à Sur ou Tyr, où il fut bien logé, ainsi que tous les siens, et trouva des vivres en abondance. Il continua sa marche, laissant derrière lui la ville de Ptolémaïs, ou Acre, ou Accaron, ne rencontrant aucune résistance, n'éprouvant aucun échec, grâce à sa victoire, que la renommée avait déjà publiée de toutes parts, et il arriva fort paisiblement à Caïphe, où il demeura quelques jours.

Ignorant entièrement toute l'entreprise qu'on avait faite contre lui, Baudouin desirait ardemment de trouver Tancrède à Caïphe, de s'entretenir avec lui, et de se diriger en toute chose d'après ses conseils. Mais Tancrède, qui de son côté ignorait l'arrivée de Baudouin, s'était rendu à Jérusalem pour gagner les princes et les gardiens de la tour de David, afin de faire donner ce royaume à son oncle Boémond ou de l'obtenir pour lui-même, et il faisait tout cela du consentement du patriarche et avec ses avis et ses secours. Lorsque Baudouin, homme illustre et rempli de prudence, eut appris dans la ville de Caïphe les artifices de Tancrède et l'assistance que lui prêtait le patriarche Dagobert, il interrogea à ce sujet Hugues de Falckenberg et Robert évêque de Rama, et, d'après l'avis de ses fidèles, il les fit partir sans délai pour Jérusalem, afin de prévenir toutes les machinations, et dans la crainte que la tour de David et le royaume même de Jérusalem ne lui fussent enlevés par quelque perfidie ou par la corruption.

Ces mesures ayant été arrêtées, quelques braves chevaliers de la maison du duc Godefroi, Rodolphe,

Guillaume, Wicker l'allemand et Rodolphe de Montpezons, se trouvant sur la route de Césarée à la poursuite des Sarrasins, et ignorant entièrement l'arrivée de Baudouin, en furent alors informés par ceux de leurs frères qu'ils avaient envoyés en avant et qui leur rapportèrent que Baudouin venait d'arriver pour remplacer son frère à Jérusalem, et qu'il se trouvait encore à Caïphe. En apprenant la venue de ce prince illustre, digne héritier du trône de Jérusalem, tous les chevaliers furent remplis de joie, et, réunissant leurs armes, ils se rendirent tous ensemble à Joppé. Ils trouvèrent Tancrède transporté de colère, parce qu'il avait été obligé de revenir de Jérusalem sans avoir pu y entrer, et faisant le siége de Joppé : ils lui annoncèrent l'arrivée de Baudouin, qui venait prendre possession du royaume. Tancrède, en apprenant ces nouvelles, leva aussitôt le siège de Joppé, et retourna à Caïphe sans suivre la route directe, afin de ne pas rencontrer Baudouin qui venait de quitter cette ville. Celui-ci, en effet, en étant parti, trouva bientôt sur son chemin les chevaliers de la maison du duc Godefroi, qui lui racontèrent tout ce que Tancrède avait fait, se rendirent avec lui à Joppé, et y demeurèrent deux jours de suite. Après avoir fait toutes ses dispositions, emmenant avec lui tous ses partisans, tout le butin qu'il avait enlevé à Béryte, et les quarante-cinq chevaliers turcs qu'il avait faits prisonniers, Baudouin se rendit à Jérusalem et donna l'ordre de renforcer et de garder soigneusement les prisonniers dans la tour de David.

Le quatrième jour, après son arrivée à Jérusalem, Baudouin ayant convoqué l'assemblée générale des

Chrétiens, et les grands et les petits, demanda des renseignemens sur tous les objets ayant appartenu à son frère Godefroi, sur son armure, son argent et les bénéfices attribués à chaque chevalier et à chaque homme puissant. Tous attestèrent qu'il ne restait rien de tout ce qui avait appartenu à son frère, attendu que tout avait été distribué en aumônes aux pauvres, ou employé pour l'acquittement de ses dettes; quant aux bénéfices, ils les produisirent selon qu'ils avaient été assignés à chacun sur les revenus des villes. Baudouin écouta toutes ces réponses avec douceur, et, après quelque légère discussion au sujet des effets et des armes de son frère, il agréa les justifications, termina sur ce point et rendit à chacun son bénéfice. Tous alors l'ayant reconnu et lui ayant prêté serment, il fut élevé en puissance et prit place sur le trône glorieux de Jérusalem. On était au mois de novembre et aux environs de la fête du bienheureux Martin pontife de Tours, lorsque Baudouin, arrivé à Jérusalem, fut reconnu roi et seigneur par tous les Chrétiens, grands et petits. Après qu'il eut été installé sur le trône, tous les princes et chevaliers de la maison du duc Godefroi se réunirent en sa présence et lui parlèrent en ces termes : « Tu es le frère du duc
« Godefroi, prince très-glorieux et très-renommé :
« c'est pourquoi toutes les nations des Gentils qui ha-
« bitent à la ronde, et chez lesquelles ta réputation
« est parvenue, ont tremblé de ton arrivée, parce
« qu'elles ont appris que tu es grand et très-fameux
« à la guerre. Il convient donc que tu fasses quel-
« que exploit qui frappe de stupeur tous les Gen-
« tils et qu'ils ne puissent se lasser d'admirer : ainsi

« le nom de ton frère, prince de Jérusalem, revivra
« en toi et sera magnifiquement célébré. »

Après avoir entendu les conseils de ses chevaliers, Baudouin, confiant à ses fidèles la garde et la défense du territoire et de la ville de Jérusalem, et, prenant avec lui cent cinquante chevaliers et cinq cents hommes de pied, partit vers la neuvième heure du jour, et arriva le soir auprès d'une source d'eau vive, vers le lieu où se terminent les montagnes. Le cinquième jour il quitta cette position, et se rendit, avec toute sa troupe, devant la ville d'Ascalon. Mille chevaliers arabes, envoyés de Babylone, habitaient dans cette ville pour défendre ses murailles contre toute attaque imprévue du nouveau prince. Les chevaliers de Baudouin dressèrent leurs tentes en face des remparts et demeurèrent deux jours sans livrer d'assaut. Mais le troisième jour les chevaliers arabes firent une sortie avec les habitans; on combattit des deux côtés avec vigueur, et des deux côtés on essuya des pertes considérables. Deux jours plus tard, et les Sarrasins et les Français ayant eu déjà beaucoup d'hommes tués ou blessés, le roi Baudouin résolut, dans sa prudence, de renoncer à ce siége, et dit à tous les siens : « Nos
« adversaires, pleins de confiance en leurs murailles
« et en leur nombreuse population, pourront facile-
« ment, si la fortune nous est contraire, prendre l'a-
« vantage sur nous, en recevant sans cesse de nou-
« veaux renforts, et les nôtres pourront périr sans
« défense sous leurs flèches : c'est pourquoi il est con-
« venable que nous nous retirions de cette ville. »

Tandis que les Chrétiens se consultaient entre eux, Baudouin apprit que les Éthiopiens, race détestable, se tenaient cachés dans des souterrains situés dans les déserts qui séparent Ascalon de Babylone, afin d'attaquer et de massacrer les pélerins qui cherchaient à se rendre à Jérusalem. Dès qu'il eut connaissance des entreprises de cette race impie, Baudouin partit d'Ascalon, et alla avec son armée assiéger les souterrains. Il fit d'abord allumer des feux à l'entrée, pour voir si la fumée et l'excès de la chaleur amèneraient les Éthiopiens à sortir de leurs antres noirs et inconnus. Mais il n'en sortit que deux hommes, qui se présentèrent devant lui, pour implorer sa miséricorde et demander la vie. Baudouin, en voyant ces hommes horribles et dégoûtans de saleté, les interrogea avec un empressement amical, sur tout ce qu'il avait entendu dire à leur sujet, et, les faisant orner de vêtemens précieux, il leur demanda des renseignemens sur leur race et leurs familles. A mesure qu'ils étaient interrogés, ils lui apprenaient tout ce qu'il desirait savoir, et espérant miséricorde, ils le supplièrent instamment de permettre que l'un des deux demeurât auprès de lui, tandis que l'autre rentrerait dans les souterrains qui lui étaient connus, pour aller chercher ses compagnons dans cette maison remplie de détours, citadelle admirable, caverne impénétrable, et pour les ramener en présence des princes, afin qu'eux aussi pussent trouver grâce devant ses yeux. Aussitôt l'un d'eux rentra dans les cavernes, montra à ses compagnons les vêtemens et les présens du roi, leur parla de son accueil plein de bonté, et revint sur-le-champ avec dix d'entre eux se présenter devant Baudouin et ses grands. Cependant celui qui était demeuré auprès du roi, tandis que l'autre entrait dans les souterrains fut décapité par les jeunes serviteurs de Baudouin. Son compagnon, qui en avait attiré dix autres hors de la caverne dans le vain espoir de leur faire obtenir aussi des vêtemens précieux, fut conduit à l'écart et décapité à l'instant, de même que neuf de ceux qui l'avaient suivi. Le dixième fut conservé vivant, et ignora complétement la mort de ses compagnons. Baudouin, le faisant venir auprès de lui, et le couvrant de vêtemens riches et souples, lui adressa un langage plein de douceur, et le détermina bientôt à retourner dans la caverne auprès de ses compagnons, pour les engager à sortir; lui promettant de les traiter avec bonté, de les honorer par des dons magnifiques, assurant même qu'il voulait leur concéder tout le pays en bénéfice, et se conduire en toute chose d'après leurs conseils. Le malheureux, séduit et entraîné par ces promesses, rentra dans la caverne avec ses vêtemens précieux, raconta à ses compagnons les témoignages de bonté et de générosité qu'il avait reçus du prince, et leur dit même plus de choses qu'il n'en avait entendu, croyant que ses compagnons déjà morts étaient encore en vie, et que Baudouin les avait fait partir pour leur donner la garde de ses villes.

Les Ethiopiens ou Azoparts, enfermés sous terre dans leur caverne inaccessible, ayant entendu les promesses flatteuses de leurs compagnons, et comparant les menaces qu'on leur avait faites à ces magnifiques espérances, sortirent au nombre de trente. Ils se présentèrent devant le prince, qui les accueillit, et leur parla avec bonté, et conduits aussitôt hors de sa vue, comme pour aller recevoir des présens, ils subirent tous la sentence de mort, à l'exception d'un seul qui sur les trente demeura auprès de Baudouin. Le roi le traita avec les plus grands honneurs, et lui laissa ignorer le massacre de ses compagnons ; puis il le renvoya de nouveau dans la caverne, afin qu'il racontât à ceux qui y étaient encore le bon traitement et les présens qu'il avait reçus, et qu'il les engageât par là à sortir de leur retraite. Ainsi, séduits par de vaines espérances, ils sortirent successivement au nombre de deux cent trente hommes, et furent tous décapités sans délai par l'ordre du prince, parce qu'ils avaient fait toutes sortes de maux aux pélerins qui se rendaient à Jérusalem, dépouillant les uns et massacrant les autres, parce que leurs crimes étaient demeurés jusqu'alors impunis, car personne encore n'avait pu réussir à les attirer hors de leur antre, soit de vive force, soit par artifice. Après la mort de ces deux cent trente hommes qui payèrent de leur tête leurs méchancetés et les maux des pélerins, par l'effet de l'habileté du prince très-chrétien, il ne resta plus dans ces cavernes que leurs femmes et leurs enfans et de riches dépouilles. Ces derniers jugèrent du sort de leurs compagnons en voyant qu'aucun d'eux ne revenait, et en conséquence ils n'osaient plus sortir. Baudouin, rempli d'indignation, fit apporter et allumer, devant les embouchures de chaque souterrain, du bois, de la paille et des étoupes, pour les contraindre à sortir par l'excès de la chaleur et de la fumée ; enfin les mères et les enfans, privés désormais du secours des hommes, et chassés par la force de l'incendie, sortirent de leurs antres, quoiqu'à regret, et devinrent la proie des chevaliers qui se les partagèrent. Les uns se rachetèrent à prix d'argent, ainsi que leurs mères, d'autres furent décapités.

Baudouin se rendit ensuite vers le château dit de St.-Abraham, et prit position auprès des eaux empestées de Sodome et de Gomorrhe. Les Chrétiens y éprouvèrent une extrême disette de vivres et de fourrages. Tandis qu'ils parcouraient les montagnes pour chercher ce qui leur était nécessaire, quelques habitans du pays les informèrent que, s'ils s'avançaient un peu vers le lieu dit *des Palmiers*, ils y trouveraient de grandes richesses, ainsi que des vivres et des pâturages en abondance, pour eux et leurs chevaux. Quelques jeunes gens ayant entendu ce rapport, quittèrent secrètement l'armée, au nombre de quarante environ, et se portèrent en avant pour aller ramasser de l'argent et du butin. Mais ils ne trouvèrent que des pierres et beaucoup de gibier, dont ils se nourrirent à satiété, et ne purent boire ni vin, ni toute autre boisson, si ce n'est cependant l'eau douce des sources. Après avoir réparé leurs forces épuisées dans le lieu dit des Palmiers, les Chrétiens partirent et se dirigèrent vers les montagnes de l'Arabie. Ils s'arrêtèrent sur les hauteurs entre deux montagnes élevées, et le soir ils se nourrirent abondamment avec les provisions qu'ils avaient chargées sur leurs mulets, leurs chameaux et leurs ânes, ne trouvant d'ailleurs dans ces lieux que de l'eau fraîche. Ils employèrent cinq jours à gravir ces montagnes avec beaucoup de peine, et ne parvinrent qu'à grand travail à franchir leurs rochers escarpés et leurs étroits défilés. Le sixième jour, arrivés sur les dernières hauteurs, ils y rencontrèrent de nouveaux et plus grands dangers, une grêle et des glaces horribles, des torrens de pluie et de la neige en une quantité inconcevable : accablés par ces horribles fléaux, trente hommes de pied succombèrent à l'excès du froid.

Après avoir franchi, à travers tant de périls, les montagnes et les rochers escarpés, ils descendirent dans une vallée, et demeurant toute la journée à cheval, traversèrent une plaine et allèrent le soir dresser leurs tentes dans une campagne très-riche : tous les Chrétiens et leur prince Baudouin s'y établirent et y trouvèrent tout ce dont ils eurent besoin. Quelques maraudeurs sarrasins, voulant obtenir grâce devant un si grand prince et sauver leur vie, vinrent lui annoncer qu'il était peu éloigné d'une ville nommée Susume[1], qui renfermait de grandes richesses, et dont il lui serait facile de prendre possession. Baudouin partit le cinquième jour du lieu où il s'était arrêté, et arriva le soir dans la ville de Susume. Il trouva les maisons et toute la ville entièrement désertes, et s'y établit en maître. Tous les Gentils, instruits de son approche, avaient quitté le pays et la ville, parce que celle-ci, dénuée de murailles, ne pouvait être défendue. Les Chrétiens y demeurèrent donc pendant huit jours sans aucun obstacle et sans être inquiétés par aucun ennemi ; ils y jouirent d'un plein repos, et se délassèrent de leurs fatigues ; cependant ils allaient tous les jours poursuivre les Gentils dans les environs, et massacraient la plupart de ceux qu'ils rencontraient. Le neuvième jour ayant paru, la ville de Susume fut détruite et brûlée par les ordres de Baudouin. Les Chrétiens enlevant des

[1] Ségor.

dépouilles, des bestiaux et toutes les autres choses qu'ils purent trouver de tous côtés, et se rendant de là dans une autre contrée, située au milieu des montagnes, ravagèrent toutes les habitations des Sarrasins qui leur furent indiquées, et firent partout un butin considérable. Après avoir passé huit jours dans des défilés et des lieux d'un accès difficile, quelquefois même pressés par la faim, ils se disposèrent à retourner auprès des eaux empestées. Ils se rendirent d'abord dans la plaine des Palmiers, où ils ne trouvèrent pour tout aliment que des fruits de dattier, qui leur fournirent cependant une nourriture agréable, à la suite de leurs fatigues et de leurs jeûnes.

De là, passant par le château de Saint-Abraham, et reprenant la route qu'ils avaient suivie pour s'y rendre, ils retournèrent à Jérusalem le troisième jour avant la Nativité de notre Seigneur Jésus-Christ. Le roi, ayant alors tenu conseil avec le patriarche et tous les grands, résolut d'aller célébrer la Nativité du Seigneur à Bethléem. En ce même jour saint et solennel il fut consacré, reçut l'onction en qualité de roi de Jérusalem, et fut couronné en grande pompe ; car il ne voulut point et n'osa point ceindre le diadème, se couvrir d'or et de pierres précieuses, et se faire élever à la dignité royale dans cette ville même de Jérusalem, où le Seigneur Jésus, Roi des rois et Seigneur des seigneurs, humilié jusques à la mort, pour la rédemption du monde, fut couronné d'épines affreuses et poignantes. Le jour suivant, le roi sortit de Bethléem, et, de retour à Jérusalem, il tint avec solennité, et pendant trois jours, sa cour et son conseil au milieu de tous ses grands, dans le palais du roi Salomon, et demeura pendant quinze jours dans la ville royale, vivant avec magnificence. Durant ces quinze jours, le roi, dans sa puissance, s'assit sur son trône pour rendre la justice aux Chrétiens ses frères, soit que quelqu'un eût reçu une injure, soit qu'il se fût élevé quelque discorde, voulant traiter toutes choses avec équité, et rétablir solidement la paix.

Guillaume Charpentier, voyant que le roi s'était assis pour rendre la justice, se présenta devant lui, et se plaignit vivement du tort que Tancrède lui avait fait, au sujet de la ville que le premier avait reçue en don de la main du duc Godefroi, en reconnaissance de ses services de chevalier, dans le cas où elle viendrait à être prise, et que Tancrède, après avoir appris la mort du duc, avait retenue injustement et de vive force. Ayant reçu la plainte de Guillaume, le roi, d'après l'avis des siens, envoya d'abord un messager à Tancrède, pour l'inviter à se rendre à Jérusalem, et à fournir ses réponses sur les plaintes de Guillaume, et sur les insultes que celui-ci avait reçues. Tancrède déclara qu'il n'avait point de réponse à faire à ce sujet devant Baudouin, attendu qu'il ne le reconnaissait pas pour roi de la ville, et juge du royaume de Jérusalem. Ayant pris de nouveau l'avis des siens, le roi envoya à Tancrède un second et un troisième message, l'invitant à ne point décliner sa justice, afin que dans la suite personne ne pût accuser le roi, et dire qu'il n'avait pas procédé avec justice et avec patience à l'égard d'un frère, et de l'un des princes chrétiens. Enfin Tancrède, cherchant avec anxiété ce qu'il avait à faire sur le troisième avertissement, tint conseil avec les siens, et annonça qu'il irait entre les villes de Joppé et d'Assur, sur l'une des rives du fleuve qui sépare ces deux cités, pour répondre au roi, et s'entretenir avec lui, si cela pouvait lui être agréable, parce qu'il craignait de se rendre à Jérusalem. Le roi, ayant appris la réponse et la demande de Tancrède, se rendit à ses desirs, d'après l'avis de ses grands, et, au jour fixé, il partit pour la conférence qui devait avoir lieu sur les bords du fleuve entre Joppé et Assur. Après avoir longuement tenu conseil, sans pouvoir rien terminer dans ce moment, ils résolurent de se rassembler de nouveau à Caïphe au bout de quinze jours : Tancrède retourna alors à Caïphe avec le patriarche, et le roi à Jérusalem.

Cependant, peu de jours après, Tancrède reçut d'Antioche un message qui lui était adressé par les grands de Boémond, pour l'inviter à venir en sa place, et comme son héritier, prendre possession du royaume d'Antioche. Tancrède, ayant tenu conseil à ce sujet, résolut de se rendre dans cette ville, mais d'attendre d'abord le jour fixé pour la conférence qu'il devait avoir à Caïphe avec le roi, de peur que, s'il partait avant cette époque, cette démarche ne lui fût imputée comme une fuite honteuse. En conséquence, au jour fixé, le roi et Tancrède se réunirent à Caïphe pour leur conférence : la concorde se rétablit entre eux, ils redevinrent amis, et renoncèrent, de part et d'autre, à tout sujet de plainte. Tancrède remit entre les mains du roi, non seulement le territoire et la ville de Caïphe, mais encore la citadelle et la tour de Tibériade, qu'il avait reçues en don du duc Godefroi, parce que l'une et l'autre faisaient partie du royaume de Jérusalem ; en même temps, il fit connaître au roi le message qu'il avait reçu d'Antioche. Il ajouta cependant, comme condition de cet arrangement amical, que, s'il revenait d'Antioche dans l'espace d'un an et trois mois, ces mêmes terres et ces villes lui seraient données en bénéfice, et que si au contraire il ne revenait pas dans le terme fixé, il ne pourrait plus redemander au roi ni les terres ni les villes. Ces conventions acceptées de part et d'autre avec de grands témoignages d'affection, le roi reçut les terres et les villes à la même condition; il donna Tibériade à Hugues de Falckenberg, pour être tenue par lui en bénéfice, et rendit Caïphe à Guillaume Charpentier; sous la réserve, cependant, que si Tancrède revenait dans le délai convenu, toutes ces propriétés rentreraient entre ses mains à titre de don du roi. Après ces arrangemens et ce traité qui rétablirent la paix, le roi retourna à Jérusalem, et Tancrède partit avec tous ses chevaliers, et cinq cents hommes de pied, et se rendit par terre à Antioche, afin d'en prendre possession.

Alors, et sans aucun retard, le roi de Jérusalem somma le patriarche, en présence de toute l'église, de répondre sur l'acte de trahison dont celui-ci s'était rendu coupable envers lui, de concert avec Tancrède, pour empêcher qu'il ne fût reçu comme digne héritier de Godefroi, et faire donner le royaume à Boémond, prince d'un sang étranger. Tous les grands de Baudouin accusaient hautement le patriarche, et le roi publia que sa fraude avait été depuis long-temps découverte par les lettres qu'il avait adressées à Boémond, par son propre secrétaire Morel, et qui lui avaient été enlevées en route. Cette querelle entre le roi et le patriarche s'anima de plus en plus, et enfin le roi Baudouin, indigné de l'obstination et de la méchanceté de ce dernier, en appela au jugement et à la justice du seigneur apostolique Pascal, souverain pontife de Rome, et demanda l'examen de cette exécrable trahison, par laquelle le patriarche, d'après les lettres interceptées, avait tenté d'exciter un homicide, et cherché, en employant toutes sortes de moyens, à semer la discorde entre les princes chrétiens et l'Église tout récemment relevée.

Pascal, pasteur de la sainte église de Rome, et juge sur toute la terre de la foi et de la religion du Christ, acquiesçant aux demandes de Baudouin et de la sainte église de Jérusalem, et ayant pris l'avis de ses fidèles, chargea son frère Maurice, l'un des douze cardinaux, de se rendre à Jérusalem, comme légat de la sainte église romaine, pour juger à la place du Seigneur apostolique, maintenir le patriarche dans sa chaire épiscopale, selon son mérite, s'il se justifiait ou s'excusait suffisamment de la faute, ou, s'il était vaincu et justement condamné, le déposer et le frapper d'une sentence apostolique. Maurice s'étant donc rendu à Jérusalem, en vertu des ordres de son Seigneur, salua d'abord le roi Baudouin et toute l'église au nom du Seigneur apostolique, leur donna la bénédiction, et annonça qu'il voulait entendre en toute justice et en toute vérité le roi et les fils de la sainte église soumise à Dieu, et changer tous les maux en biens par son autorité apostolique. Baudouin et toute l'église des fidèles rendirent à Dieu des actions de grâce, et répondirent qu'ils obéiraient aux décisions apostoliques en toute justice et vérité.

Aussitôt l'assemblée des fidèles évêques et abbés s'étant réunie au jour fixé, en présence de tous ceux qui s'y rendirent, et du légat de la sainte église romaine, le roi Baudouin accusa le patriarche, aussi présent, de parjure, de trahison envers le royaume de Jérusalem, et d'homicide envers lui, pour avoir voulu le faire tuer par Boémond sur la route qui conduit de Roha à Jérusalem; il l'accusa en lui imputant les lettres interceptées, et d'après le témoignage de toute la sainte église de Jérusalem, et déclara enfin que le patriarche ne pouvait plus désormais remplir les fonctions d'évêque, à moins qu'il n'eût les moyens de se purger de ces accusations; mais comme celui-ci se trouva hors d'état de se justifier des charges portées contre lui, et principalement d'un sacrilége commis envers le bois de la sainte croix, dont il avait enlevé et perdu un morceau, il fut suspendu de son office, et on lui donna un délai pour lui laisser le temps de produire, s'il lui était possible, quelque moyen d'excuse.

Au milieu de ces diverses affaires, le mois de mars ramena l'époque où l'on observe le jeûne du carême, et qui est suivie de ce jour solennel de Pâques, dans lequel il est nécessaire de consacrer le chrême et l'huile sainte pour les malades. Ce jour de commémoration et de sanctification étant venu rappeler celui où le Seigneur Jésus soupa avec ses disciples, le cardinal monta sur la montagne des Oliviers, où l'on est en usage d'accomplir la consécration du chrême et de l'huile : il était couvert de son étole blanche et des vêtemens convenables pour accomplir cette œuvre sainte, et ne voulut point permettre que le patriarche y assistât. Mais Dagobert, se voyant exclu de l'exercice de ses fonctions, en un jour où tous les patriarches ses prédécesseurs allaient, selon l'antique usage, sur la montagne des Oliviers consacrer le chrême et l'huile, se rendit auprès du roi, humble, suppliant et versant des larmes, et lui demanda, avec de vives instances, de n'être pas privé de son office si légèrement et si honteusement pour lui, en un jour si solennel et sous les yeux même de tous les pèlerins. Comme le roi résistait beaucoup et lui reprochait vivement tout ce qu'il avait osé entreprendre contre lui, le patriarche, de plus en plus inquiet, l'accablait de ses supplications, et lui rappelait que lui-même lui avait donné l'onction et l'avait consacré roi. Mais Baudouin continuant à ne pas vouloir l'écouter, le patriarche lui parla à l'oreille et lui offrit tout bas trois cents byzantins. Le roi, séduit par ces paroles, souscrivit dès ce moment à toutes les demandes du patriarche, et se réjouit infiniment de la promesse d'une somme si considérable, car il se trouvait dans la plus grande détresse et avait besoin d'argent pour payer les services de ses chevaliers. Il alla donc aussitôt trouver le frère Maurice, et lui parla en ces termes :

« Frère Maurice, notre Église est jeune encore et
« peu solide : c'est pourquoi nous ne voulons pas,
« d'après l'avis des plus sages d'entre nous, et nous
« ne trouvons pas nous-même convenable que Jéru-
« salem soit si promptement privée de son juge, que
« le patriarche soit destitué de son office en un jour
« si solennel, et que la discorde s'élève entre nous
« pendant les fêtes de Pâques, pour la confusion des

« pélerins et le triomphe des Gentils. Ainsi nous te
« supplions instamment de ne pas refuser de nous
« entendre, nous qui avons conquis cette sainte
« église par notre sang, qui avons combattu pour
« elle au prix de notre vie ; ne traite pas sévère-
« ment les choses que nous t'avons dénoncées au
« sujet du patriarche, avant que nous ayons vu jus-
« qu'où pourra se porter sa justification, et quelle fin
« prendra cette affaire. Le temps ne nous manquera
« pas pour que nous puissions parvenir à un jugement
« équitable sur toutes ces choses. C'est pourquoi, et
« selon le desir de tous les fidèles, nous te supplions
« de permettre qu'il remplisse aujourd'hui ses fonc-
« tions épiscopales, qu'il consacre le chrême et l'huile,
« et qu'il accorde lui-même indulgence et réconci-
« liation aux pélerins, venus ici des pays lointains,
« selon les rits de la sainte église de Jérusalem. Après
« la solennité de Pâques, qu'il faut maintenant célé-
« brer en parfaite charité et concorde, nous sommes
« résolu à agir à son égard selon ton avis, en sorte
« qu'il soit maintenu dans sa dignité épiscopale, s'il
« se purge des accusations, ou qu'il en soit privé s'il
« vient à être convaincu. »

Le cardinal, entraîné par ces flatteries, céda en tout
point aux volontés du roi et des grands ; et, se dépouillant de ses vêtemens pontificaux, il permit au
patriarche de consacrer l'huile et le chrême, et de
célébrer tous les offices divins pendant la solennité
de Pâques. Depuis ce jour, le cardinal et le patriarche
se lièrent d'une étroite amitié ; ils amassèrent ensemble
des trésors, produits des offrandes des fidèles, et tout
le jour et toute la nuit ils allaient ensemble dans des

lieux écartés manger et boire du vin, sans que le roi cependant fût instruit de cette conduite.

Tandis que, pendant le mois de mars, la paix avait été rétablie entre le roi et le patriarche, que l'hiver se retirait, que la terre et les forêts commençaient à reverdir, les jours à s'allonger et l'air à devenir de plus en plus serein, des messagers arrivaient dans le palais du roi, venant de toutes les villes des Gentils, les uns avec des intentions artificieuses, les autres en sincérité de cœur; tous saluaient le roi en lui offrant des dons et des tributs, et ils cherchaient à conclure la paix avec lui, afin que, libres de crainte et de péril, les Gentils pussent parcourir le pays en toute sécurité pour faire leurs affaires et cultiver leurs champs et leurs vignes, sans avoir rien à redouter. Le roi, récemment arrivé, et qui avait besoin de beaucoup de trésors pour acquitter la solde de ses chevaliers, accepta tout ce qui lui était offert de la part des villes des Gentils, Ascalon, Césarée, Ptolémaïs et Sur ou Tyr; il refusa cependant de recevoir les présens de la ville d'Assur. Quant aux autres, il leur promit, pour lui et les siens, paix et sécurité jusqu'après la sainte Pentecôte.

A peine ce délai était-il à moitié écoulé, que les villes que je viens de nommer envoyèrent des messages au roi de Babylone, pour lui annoncer que s'il ne venait promptement à leur secours, et s'il n'expulsait les Francs du royaume de Jérusalem, elles se verraient dans l'absolue nécessité de se livrer entre les mains du roi, attendu qu'il leur serait impossible de résister plus long-temps aux Chrétiens. Le roi de Babylone, informé de l'état de détresse dans lequel se trouvaient ces villes, transmit aux habitans et aux émirs des paroles de consolation, en leur faisant annoncer qu'il allait rassembler une armée sans aucun retard, pour marcher à leur secours. Ces messages et ces résolutions demeurèrent entièrement ignorés du roi Baudouin et de tous les fidèles qui habitaient dans le royaume de Jérusalem.

Pendant ce temps, les Turcs de Damas adressaient au roi de fréquens messages pour traiter du rachat des prisonniers qu'il avait amenés avec lui à Jérusalem, après sa victoire dans les étroits défilés de Béryte, et qu'il retenait enfermés dans la tour de David. Le roi, ayant tenu conseil avec les grands, résolut de recevoir la rançon des prisonniers; car, récemment arrivé dans une terre étrangère et inconnue, il avait besoin de beaucoup d'argent pour fournir une solde à ses chevaliers. Ainsi il fit grâce de la vie aux quarante-cinq prisonniers que d'abord il avait voulu faire décapiter, et ayant reçu une somme énorme, plus de cinquante mille byzantins d'or, il les fit délivrer de leurs menottes et de leurs chaînes, et, les faisant sortir de la tour de David, il les renvoya paisiblement et sains et saufs sur le territoire de Damas.

A cette même époque du mois de mars, les flottes des Génois et des Pisans étaient arrivées devant Joppé et y avaient jeté leurs ancres : les Génois et les Pisans attendirent dans cette ville la Pâque du Seigneur, et se rendirent enfin à Jérusalem pour assister à la fête de la Résurrection. Après l'avoir célébrée en toute dévotion, ils allèrent trouver le roi et le supplièrent très-instamment de leur permettre d'assiéger et de prendre la ville des Gentils qu'il voudrait leur désigner. Le roi, se rendant à leurs desirs, résolut d'aller attaquer Assur par mer et par terre. Il sortit lui-même de Jérusalem avec toutes ses forces, et alla investir la ville et ses murailles du côté de la terre, tandis que les Génois et les Pisans, s'étant mis en mer, veillaient à la sortie du port. A peine le troisième jour du siége était-il expiré, que déjà les citoyens d'Assur cherchèrent à traiter de la paix avec le roi, demandant la faculté de sortir sains et saufs de leur ville et d'emporter tous leurs effets, et offrant de remettre et d'abandonner la place entre les mains du roi. Ce prince, ayant pris l'avis des siens, fit grâce de la vie aux assiégés, leur permit de sortir paisiblement avec tout ce que chacun pourrait porter sur son dos, et leur accorda une escorte jusqu'à Ascalon. Il entra alors dans la ville avec la multitude de ses chevaliers et de ses hommes de pied, s'y reposa pendant huit jours, et tint conseil avec le seigneur patriarche et les grands de son royaume, au sujet des autres villes occupées par les Gentils.

Tous résolurent d'un commun accord d'envoyer, de la part du roi, un message à l'émir et aux habitans de Césarée, pour qu'ils eussent à remettre cette ville entre les mains du roi, sans quoi ils seraient certainement assiégés; et si la ville venait à être prise de vive force, tous ceux que l'on y trouverait seraient passés au fil de l'épée. L'émir et tous les citoyens répondirent en ces termes : « Nous nous garderons bien « de livrer nous et notre ville entre les mains du roi « des Chrétiens, puisque nous devons être bientôt « délivrés par le roi de Babylone, et qu'il n'y a pas « long-temps que nous avons reçu des lettres de lui. »

Le roi, en apprenant cette réponse pleine de jactance, laissa une garde à Assur, et, transporté de colère, il partit avec le seigneur patriarche, et alla investir Césarée avec toutes ses forces. Il y avait, tout autour des murs de cette place, de superbes vergers qui formaient comme une épaisse forêt et produisaient en grande abondance des fruits excellens. Le roi donna l'ordre d'abattre tous ces arbres avec la hache, afin que les Sarrasins ne pussent se cacher en embuscade dans ces fourrés et faire beaucoup de mal à l'armée chrétienne, en l'attaquant derrière ces abris à coups de flèches. Les arbres ayant été enlevés, le roi employa quinze jours à établir le siége tout autour des murailles et à faire construire une machine, afin de s'emparer de la place et d'en expulser les habitans. Cette machine étant parfaitement terminée, on la dressa dans les airs et fort au-dessus des murailles, et des guerriers pleins de force y entrèrent aussitôt pour attaquer les remparts et ceux qui les défendaient. Ensuite il fut enjoint à tous les Chrétiens, par ordre du roi, d'avoir à sortir le lendemain de grand matin de toutes leurs tentes et à se rassembler devant le patriarche et le roi, afin de recevoir les dernières instructions pour l'assaut. En effet, dès le matin, tous les Chrétiens, tant chevaliers qu'hommes de pied, se présentèrent devant le patriarche et le roi; après avoir fait la confession de leurs péchés, ils reçurent l'absolution, furent admis à la communion du corps du Seigneur, et allèrent ensuite attaquer vigoureusement la ville, tant par terre que par mer, de concert avec les Gênois et les Pisans. Ces derniers avaient été tout l'hiver engourdis dans l'oisiveté à Laodicée, et au mois de mars, comme je l'ai dit, ils s'étaient rendus à Jérusalem pour y célébrer la sainte solennité de Pâques, privés qu'ils étaient de l'évêque de Pise, qui, les ayant quittés secrètement pour se réunir à Boémond et Baudouin, après la prise de Jérusalem, s'était rendu dans cette ville et avait été élevé par le duc Godefroi au siége patriarchal.

Ce même jour, le seigneur patriarche portant en avant la croix du Seigneur, pour protéger et défendre le peuple catholique, marcha la poitrine couverte de la sainte et blanche étole, et tous les combattans n'hésitèrent point à le suivre jusqu'au pied des murailles. Alors, livrant un assaut terrible, ils repoussèrent les citoyens loin des remparts, et, appliquant aussitôt leurs échelles, ils pénétrèrent de vive force dans l'intérieur de la ville. Les Sarrasins, voyant les Français se répandre de tous côtés dans la place, et ne pouvant leur résister, prirent la fuite en masse, et se retirèrent vers un autre point fortifié qui coupait la ville en deux du côté de la mer, et était défendu par une muraille très-vaste et très-solide : ils s'arrêtèrent dans cette position pour opposer une nouvelle résistance; et employèrent en vains efforts une partie de la journée à lancer des flèches, des pieux enflammés et toutes sortes de traits. Enfin, vers la neuvième heure, fatigués des assauts qui recommençaient sans interruption, vaincus et accablés sous une grêle continue de flèches et de pierres, les citoyens, remplis de crainte, se répandirent en fuyant dans les rues et les divers quartiers de la ville. Les Français se mirent à leur poursuite, et franchirent de nouveau la muraille avec leurs échelles; ils firent un terrible carnage, massacrant les uns, retenant les autres prisonniers, et enlevant partout de riches dépouilles en or, en argent et en pourpre précieuse. Le prince de la ville, homme déjà fort âgé, fut fait aussi prisonnier, et il y eut cinq cents Éthiopiens décapités, que le roi de Babylone avait pris à sa solde, et envoyés au secours de cette place : le prince fut présenté au roi, et chargé de fers par ses ordres; ses femmes, également prisonnières, furent enchaînées, à l'effet d'obtenir d'elles la révélation d'un immense trésor que le prince avait enfoui sous terre, dans la crainte des Chrétiens. La ville étant ainsi prise et vaincue, le roi s'y reposa depuis les jours de la Pentecôte jusqu'à la fête anniversaire de Saint-Jean-Baptiste, et y trouva en grande abondance toutes les choses nécessaires à la vie. Pendant ce temps, les habitans de la ville de Ptolémaïs, ou Acre, rachetèrent le prince de Césarée au prix de mille byzantins; et le roi le renvoya sans lui faire aucun mal.

Le roi, couvert de gloire, se retira alors à Joppé, laissant à Herpin, prince illustre, la garde des portes et des murailles de Césarée. Pendant qu'il était encore à Joppé, il reçut, au sujet de l'émir de Babylone, un message par lequel il était informé que les Babyloniens couraient tous aux armes, et étaient résolus à lui livrer bataille dans huit jours. Aussitôt le roi convoqua l'assemblée générale des siens; d'après leurs conseils, il sortit de Joppé et alla prendre position entre Ascalon et Ramla : il demeura trois semaines de suite dans une vaste plaine, ayant avec lui le patriarche et toute son armée, ainsi que toute la maison de son frère le duc Godefroi. Après avoir attendu long-temps l'arrivée des ennemis, voyant que personne ne se présentait malgré tant de jactances, le roi renvoya chacun chez soi, et lui-même visita, en parfaite tranquillité, les villes situées dans les environs, Caïphe, Assur et plusieurs autres.

Peu de temps après, le roi, étant dans la ville de Joppé, fut vivement sollicité et tourmenté par ses chevaliers, au sujet de la solde qu'il leur devait : ils avaient rendu de grands services à son frère Godefroi, prince de Jérusalem, et maintenant ils combattaient pour la cause et l'honneur de Baudouin, avec non moins d'ardeur. Ce dernier se rendit donc à Jérusalem, et demanda au patriarche de lui remettre une portion de l'argent provenant des offrandes des fidèles, afin qu'il pût le distribuer à ses chevaliers, se les rendre ainsi favorables, et les retenir à son service, sans quoi ils ne voulaient plus demeurer dans le pays de Jérusalem, et défendre le Saint des Saints. Le patriarche, après avoir entendu la demande du roi, se fit accorder un délai jusqu'au lendemain, et revint alors le matin, disant qu'il avait deux cents marcs d'argent, et rien de plus, pour être donnés aux frères voués au service de Dieu; en même temps il promit, avec bonté, d'en faire la distribution selon les ordres du roi : ce dernier crut aux paroles du patriarche, et accepta l'argent qui lui était offert; mais Arnoul, chancelier du Saint Sépulcre, et beaucoup d'autres encore, qui connaissaient l'immense produit des offrandes faites au sépulcre du Seigneur, affirmèrent au roi que le patriarche était loin de dire la vérité, et qu'il avait déposé dans plusieurs cachettes des trésors immenses. Cette déclaration d'Arnoul, confirmée par l'opinion du peuple au sujet d'un trésor caché, excita la fureur du roi, et il commença à presser très-vivement le patriarche d'engager et de retenir des chevaliers à sa solde, sur le produit des offrandes des fidèles, afin que ceux-ci pussent résister aux efforts des payens, et défendre les pélerins et toute l'Église, soit contre leurs entreprises secrètes, soit contre leurs attaques à force ouverte.

Le patriarche, lié désormais d'une amitié toute particulière avec le frère Maurice, légat de la sainte église romaine, à tel point qu'ils ne cessaient de faire ensemble de grands festins, et se partageaient selon leur gré, dans leurs appartemens, le produit des offrandes faites au saint sépulcre, dédaigna de répondre aux demandes du roi Baudouin, mettant toute sa confiance et son espoir dans les promesses du cardinal apostolique, déjà séduit par lui à prix d'argent, et se souvenant en outre qu'il lui avait été facile, avec quelques prières et un peu d'or, de séduire aussi et d'apaiser le roi. Cependant Baudouin invita très-souvent le patriarche à prendre quarante chevaliers à sa solde, et à leur donner de l'or et de l'argent, pour les déterminer à continuer de faire la guerre; mais le patriarche persista à se refuser à ses demandes. Un jour le patriarche était, selon son usage, dans sa maison avec le frère Maurice, couché devant une table splendide et couverte de toutes sortes de mets; ils buvaient aussi du vin sans retenue, et passaient leur journée en toute sécurité au milieu de ces festins. On alla apprendre au roi Baudouin qu'ils se livraient ainsi tous les jours à un luxe désordonné, dévorant sans ménagement et sans mesure les offrandes des fidèles, et on l'assura qu'il pouvait facilement ne pas se borner à en entendre parler, et s'en convaincre par ses propres yeux.

Aussitôt, et tandis que les prélats étaient encore couchés auprès de leur riche table, le roi, prenant avec lui quelques-uns de ses grands, alla pousser la porte, et, entrant dans l'appartement, il tança rudement les prélats, et leur adressa ces paroles pleines d'amertume : « Vous êtes dans les festins, et nous
« dans les tribulations, les jours et les nuits, pour
« veiller à la sûreté de nos frères, et repousser les
« périls; vous dépensez dans vos délices les offran-
« des gratuites des fidèles, et vous ignorez nos
« souffrances et notre détresse : mais, comme il y a
« un Dieu vivant, vous ne toucherez plus rien des
« offrandes des fidèles, vous ne remplirez plus vos
« estomacs de tous ces mets délicats, à moins que
« vous ne preniez des chevaliers à votre solde. D'où
« vient que vous prélevez si librement, et avec tant
« d'assurance, les offrandes et les dons présentés par
« les fidèles devant le sépulcre du Seigneur, que vous
« les échangez en mets délicats, et que vous ne vous
« occupez nullement de pourvoir aux besoins des
« fidèles, tandis que nous, qui avons racheté de
« notre sang Jérusalem la Cité sainte, et le sépulcre
« tant desiré, qui supportons sans cesse, pour la dé-
« fense des lieux saints, tant de fatigues et de com-
« bats, vous nous privez entièrement du produit de
« ces offrandes? Loin de moi de souffrir désormais un
« tel crime, et de permettre que vos mains soient en-
« core remplies de ces dons : certes, ou vous boirez

« avec nous dans ce calice, que nous buvons et boi-
« rons encore dans ces temps d'amertume, ou bien
« préparez-vous à ne plus rien recevoir doréna-
« vant des choses qui reviennent à l'Église. » A ces
mots le patriarche lui répondit vivement et avec non
moins de colère : « Tu n'as pas été bien conseillé
« lorsque tu viens nous accuser si témérairement et
« nous interdire les choses qui reviennent à l'Église,
« puisqu'il est de notre droit que ceux qui servent
« l'autel vivent de l'autel. Prétendrais-tu rendre tri-
« butaire et servante cette sainte Église que notre
« Seigneur Jésus, fils de Dieu, a fait passer par son
« sang de la servitude à la liberté, et qu'il a confiée et
« laissée à notre garde? Prends garde à ne plus parler
« ou agir désormais ainsi que tu le dis, car il ne t'ap-
« partient pas de le faire, et avec une telle audace tu
« pourrais encourir les malédictions du Seigneur apos-
« tolique. » Pendant ce temps le frère Maurice écoutait
les deux contendans, et les invitait à la paix et à la
concorde.

Le roi cependant, ne pouvant supporter plus long-
temps cette réponse remplie d'âpreté, parla, dit-on,
au patriarche avec plus de rudesse et d'impatience :
« Prenez garde à ne pas répéter plus souvent, et avec
« tant de facilité, votre objection, que ceux qui ser-
« vent l'autel doivent vivre de l'autel, alors qu'une
« nécessité impérieuse exige que les chevaliers chré-
« tiens soient nourris, plutôt que de voir les Sarra-
« sins venir enlever de vive force et se partager entre
« eux les dons offerts par les fidèles sur le sépulcre,
« sans que ni chevalier ni prêtre ait plus rien à y pren-
« dre. Comme le Seigneur est vivant, non seulement

« je me nourrirai des offrandes des fidèles, et j'en
« ferai la distribution à mes chevaliers, mais encore
« j'enleverai l'or sur le sépulcre et l'autel du Seigneur,
« pour pourvoir à l'entretien des chevaliers et des dé-
« fenseurs du peuple chrétien et du royaume de Jé-
« rusalem. Après cela, et quand il plaira ainsi au Sei-
« gneur Dieu, lorsque l'orgueil et les menaces du
« royaume de Babylone auront cessé, lorsque le pays
« sera en paix, nous rétablirons toutes choses, et ne
« craindrons point de voir cette même église du sé-
« pulcre amasser des trésors, ainsi qu'il est juste, et
« s'exalter par ses richesses, ses pierreries, ou ses au-
« mônes. » A ces mots le patriarche, convaincu enfin
par le roi, homme plein de science et d'éloquence,
et cédant aux conseils du frère Maurice, promit de
prendre à sa solde trente chevaliers. Mais bientôt, fatigué et ennuyé de cette charge, il s'appropria des
sommes pour une valeur inappréciable, et laissa les
chevaliers au dépourvu et sans solde. Le roi, acqué-
rant de jour en jour de nouvelles preuves de son hy-
pocrisie, le pressait toujours plus vivement, et ne cessait de le solliciter au sujet du service des chevaliers ;
mais le patriarche demeurait sourd à toutes ces remontrances, et persistait dans son obstination.

Enfin le patriarche, triste et affligé, se retira à
Joppé, où il passa tranquillement l'automne et l'hiver, avec le consentement du roi. Ensuite, vers le
commencement du mois de mars, et encore dans la
première année du règne de Baudouin, le patriarche
se rendit par mer à Antioche, auprès de Tancrède.
Ses serviteurs ayant été pris et retenus cédèrent aux
menaces et à la crainte d'être battus, et découvrirent

les sommes enfouies sous terre par le patriarche, et qui s'élevaient à vingt mille byzantins d'or : ils déclarèrent qu'il y avait encore beaucoup d'argent enfoui, dont le poids et la quantité étaient inconnus à tout le monde. Le roi retint auprès de lui le frère Maurice ; et, comme il était légat du pontife romain, il lui rendit tous les honneurs possibles, le traita avec une extrême bonté, et prit de lui le plus grand soin.

Au milieu de ces divers événemens, et après que le roi eut distribué les trésors qui lui avaient été découverts entre ses illustres chevaliers, attribuant à chacun d'eux selon ses œuvres, il reçut de fâcheuses nouvelles de Babylone, d'où l'émir Afdal, le premier après le roi de ce pays, était parti en grande pompe et avec toutes ses forces, pour venir bientôt faire la guerre aux Chrétiens. En recevant ce cruel message, le roi eut peine à y croire, et ne demeura pas pourtant en sécurité : il partit de Jérusalem au mois de septembre, le jour solennel de la naissance de Marie, vierge et mère, la première année de son règne, et se rendit à Joppé avec toutes ses troupes, tant de chevaliers que d'hommes de pied. Il laissa dans la ville une portion des siens pour défendre les murailles, et, sortant avec trois cents chevaliers seulement et mille hommes de pied, il marcha à la rencontre des ennemis, pour voir s'ils venaient en effet lui porter la guerre. Le lendemain matin, il s'arrêta dans la plaine de Ramla, et vit bientôt les armées innombrables des Babyloniens inondant le territoire et les environs d'Ascalon, au nombre de deux cent mille hommes environ, tant cavaliers que fantassins. A cette vue, le roi, et tous ceux qui étaient avec lui, furent frappés d'étonnement, et même de terreur.

Le roi cependant jugeant bien de l'impossibilité d'échapper à ce péril, et de fuir devant des ennemis si rapprochés, forma son armée en cinq corps, tant de chevaliers que d'hommes de pied. Dans le premier corps se trouvait Beluold, chevalier très-noble, qui dès le commencement du combat périt au milieu des Gentils avec tous les siens, à l'exception d'un seul chevalier, qui, après avoir eu une main coupée, n'échappa à la mort qu'avec beaucoup de peine. Guillaume Charpentier, chevalier terrible, qui conduisait le second corps, s'élança ensuite au milieu des ennemis, pour porter secours à ses compagnons en péril; mais il succomba lui-même, ainsi que tous ceux qui le suivaient, sous les forces irrésistibles des Turcs. Guillaume et Archambaud furent les seuls qui s'échappèrent vivans. Hugues de Tibériade, jeune et brave guerrier, placé à la tête du troisième corps se porta sur son cheval rapide dans les rangs ennemis, et combattit long-temps et avec beaucoup de vigueur; mais, enfin harrassé de fatigue et vaincu, il eut peine à se sauver du milieu de la mêlée, laissant tous ceux de sa suite dispersés ou morts. Le roi et les deux corps qui étaient demeurés avec lui éprouvèrent un violent sentiment de crainte en voyant la destruction de ceux qui les avaient devancés; et ce n'est pas étonnant, puisqu'eux-mêmes se croyaient au moment de subir le même sort. Alors deux pontifes catholiques, Gérard et Baudouin, dont le premier portait en avant la croix du Seigneur, qui devait servir à la confusion et à l'aveuglement des Sarrassins, en même temps qu'à la délivrance des Chrétiens, adressèrent une remontrance au roi, en toute

douceur : « Nous craignons, lui dirent-ils, seigneur
« roi, que la victoire ne nous soit refusée aujourd'hui,
« à cause de la discorde qui s'est élevée entre toi et le
« seigneur patriarche. C'est pourquoi nous t'invitons
« à te réconcilier avec lui, et à rétablir ainsi la paix du
« Seigneur Dieu, afin que nous soyons arrachés au
« péril qui nous menace. » Le roi leur répondit : « Vous
« avez bien fait de m'avertir ; » et, en disant ces mots, il
sauta à bas de son cheval, et tombant la face en terre
devant la sainte croix, il adora le Seigneur du ciel,
et parla en ces termes aux pontifes : « Pères et frères
« très-chéris en Christ, pasteurs et docteurs très-ha-
« biles, le jugement de la mort est tout près de nous :
« des ennemis innombrables nous pressent avec leurs
« arcs, leurs lances et leurs glaives flamboyans ; je ne
« pourrais aujourd'hui les enfoncer et les vaincre, ni
« pour l'empire des Romains, ni pour le royaume de
« France et d'Angleterre, si la grâce de notre Sei-
« gneur Jésus-Christ n'est avec moi. Qu'ainsi donc le
« Seigneur Dieu m'aide à échapper de leurs mains,
« comme il est vrai que je ferai la paix avec ce pa-
« triarche, lorsqu'il se sera justifié canoniquement,
« devant le seigneur apostolique et toute l'Église, de
« la perfidie dont il est accusé. »

Après avoir confirmé ces paroles par un serment,
le roi fit devant ces mêmes évêques la confession de ses
péchés ; puis, ayant reçu la communion du corps et
du sang du Seigneur, il laissa dix chevaliers auprès
de Gérard, l'évêque qui portait le bois de la sainte
croix. Lui-même montant alors sur un cheval que
les Sarrasins appellent en leur langue *gazela*, parce
qu'il est plus rapide à la course que les autres che-

vaux, il envoya en avant le quatrième corps, qu'il avait formé des chevaliers de Jérusalem, hommes accoutumés à la guerre et des plus vigoureux, afin qu'ils allassent avec impétuosité frapper et abattre les ennemis. Ce quatrième corps s'élançant avec ardeur d'après les ordres du roi, assaillit ceux qui lui étaient opposés; mais bientôt ne pouvant résister à la supériorité du nombre, les chevaliers chrétiens commencèrent à reculer en fuyant. Le roi, dès qu'il les vit plier, se porta à leur secours, et s'avançant en un instant avec son cinquième corps, il engagea un rude combat contre les ennemis, et revenant sans cesse à la charge il en fit un terrible carnage.

Tandis que Baudouin s'élançait ainsi dans les rangs des Sarrasins, et jonchait la terre de leurs cadavres, un émir très-renommé se lança avec une grande fureur sur l'évêque qui portait la croix, pour faire tomber sa tête; mais prévenu par la vengeance divine, il fut frappé d'une mort subite, et expira sur la place. Un autre émir qui attaquait impétueusement le roi des Chrétiens lui-même, eut son cheval tué par le roi d'un coup de lance dans la tête; le même coup lui perça la poitrine et le cœur, et tous deux, cheval et cavalier, périrent ainsi de la main du roi très-chrétien. Après la mort de ces deux émirs illustres, chefs de l'armée des Babyloniens, tombés, le premier sous les coups de la vengeance divine, le second sous la lance de Baudouin, le roi et tous les siens retrouvant de nouvelles forces, s'élancèrent au plus épais des bataillons Sarrasins, soutenus par la puissance de notre Seigneur Jésus-Christ et de la sainte croix, et en firent un massacre terrible jusqu'à ce qu'enfin, vers le soir, les combattans fatigués des deux côtés, renoncèrent au combat; mais le roi et le petit nombre de fidèles qui lui restaient se maintinrent sur le champ de bataille, et passèrent la nuit dans le camp des Sarrasins. Ceux-ci réduits au désespoir allèrent camper sur le sommet de la montagne. Ici l'on peut voir avec évidence comment la puissance de la sainte croix prévaut non seulement contre les traits des ennemis invisibles, mais encore contre les armes des ennemis visibles. Les Gentils combattant dans leur orgueil et leur force, remportèrent d'abord la victoire contre le premier, le second, le troisième et le quatrième corps; mais toute la puissance de ces infidèles se trouva faible, et fut humiliée et foulée aux pieds par ce cinquième corps, dans les rangs duquel le bois de la sainte et vénérable croix était porté en avant du roi et de ses compagnons; et leurs princes les plus terribles, qui ne rendaient gloire ni à Dieu ni à sa sainte croix, et s'élançaient au contraire sur elle dans leur ardeur insensée, furent prévenus et tombèrent frappés d'une mort subite.

A la suite de cette victoire, qui fut remportée dans le mois de septembre, le soir même de la naissance de la bienheureuse Marie, mère de Dieu, et le lendemain dès le lever du soleil, quelques Français qui avaient survécu à la bataille, allèrent de nouveau tout armés se réunir à leur roi, présumant qu'il faudrait encore combattre les Gentils. Mais on n'en vit plus aucun dans toute l'étendue de la plaine. Alors le roi se remit en marche avec quarante chevaliers seulement, et deux cents hommes de pied, qui n'avaient échappé qu'avec peine aux périls de la veille, lorsque tout à

coup ils virent paraître dans cette même plaine vingt mille Sarrasins, qui étaient allés assiéger Joppé, n'avaient point assisté à la bataille de la veille, et s'étaient portés sur la ville d'après les ordres de l'émir Afdal, pour livrer plusieurs assauts. Comme il n'y avait aucun moyen de les éviter, le roi fit aussitôt ses dispositions, et s'adressant avec fermeté et à haute voix à tous les siens, il chercha à les encourager :
« Voici, dit-il, ils viennent à nous avec toutes
« leurs armes; et nous fatigués des combats, nous
« sortons à peine des mains de nos ennemis, que
« nous avons vaincus par la seule protection de
« Dieu. Nos grands et tous nos chevaliers sont tom-
« bés, il ne reste que nous; et que ferions-nous en
« un si petit nombre contre tant de milliers d'hom-
« mes qui n'ont point encore combattu? Nous som-
« mes en petit nombre et accablés de fatigues ; nous
« n'avons aucun moyen, aucun lieu de retraite pour
« leur échapper ; je ne sais donc ce que j'ai à pres-
« crire, si ce n'est que nous tenions ferme pour com-
« battre ces hommes dénués de foi, au nom du Sei-
« gneur Jésus, et par la puissance de la sainte croix.
« Dieu a le pouvoir de nous délivrer des mains
« de ceux-ci, comme il nous a délivrés des mains
« d'un plus grand nombre, et d'hommes plus forts.
« Si nous sommes destinés à la mort et à la destruc-
« tion, ayons la confiance et l'espoir qu'en livrant
« nos corps en ce monde pour le nom de Jésus,
« et pour les lieux saints de Jérusalem, nous pourrons
« dans l'avenir conserver nos ames pour la vie éternelle,
« avec ceux de nos frères qui sont tombés dans le
« combat d'hier, immolés pour l'amour du Christ. »

Après cette exhortation, les chevaliers et les hommes de pied, fortifiés par l'espoir de la vie éternelle, attendirent les bandes ennemies qu'ils voyaient arriver de loin, et se couvrant de leurs armes, ayant toujours devant les yeux le bois du Seigneur, ils engagèrent bientôt un rude combat. Aveuglés et affaiblis, frappés de terreur par ce bois vénérable qui leur était opposé comme un bouclier, les Sarrasins ne soutinrent pas long-temps la bataille. En voyant l'intrépidité audacieuse des Chrétiens, et les traces récentes de la défaite de leurs compagnons, les uns se sauvèrent vers Ascalon, les autres vers les montagnes de Jérusalem; tous vaincus et dispersés prirent la fuite; le roi les poursuivit avec fureur et en fit un nouveau carnage. Dès qu'il fut de retour il rallia le petit nombre de ses chevaliers, et se rendit à Joppé avec de nouvelles dépouilles, en or, en argent, en chevaux, mulets, et en toutes sortes de richesses. Là, s'étant dépouillé de sa cuirasse de fer et de ses vêtemens de pourpre, il sembla que toutes les choses qu'il portait sur lui se fussent baignés dans le sang des ennemis. Le roi passa cette nuit dans la joie et l'allégresse, et au milieu d'une grande abondance de vivres. Les citoyens se portèrent en hâte dans la plaine d'Ascalon, où ils enlevèrent des tentes, de l'or et de l'argent, et beaucoup de précieuses dépouilles sur les cadavres même des Gentils : le roi et ses quelques chevaliers n'avaient pu les transporter d'abord, et les habitans de Joppé les rapportèrent dans la ville avec le secours des ânes et des chameaux. Le lendemain au point du jour, le roi remonta vers Jérusalem, et lorsqu'il y fut arrivé, il adjugea à l'hôpital et aux pauvres du Christ la dîme de toutes les dépouilles et du butin pris sur l'ennemi.

Cette même année, peu de temps avant ces batailles, et dans le courant du mois d'août, Wicker l'Allemand avait été pris d'une fièvre violente et était mort dans la ville de Joppé, où il fut aussi enseveli, armé du même glaive avec lequel, sur le pont d'Antioche, il avait pourfendu un turc à travers sa cuirasse et ses vêtemens : ce guerrier eût rendu de grands services au roi dans ces deux journées, si la mort ne l'eût prévenu. Il y avait dans le pays de Joppé un lion d'une taille et d'un aspect horribles, qui dévorait très-souvent dans les montagnes voisines des hommes et des bœufs. Un jour ce lion voulut attaquer un cheval qui paissait dans la prairie : Wicker, chevalier illustre, prit son bouclier et marcha contre lui. Le lion, aux pieds légers et habile à sauter vint se présenter face à face; le chevalier le frappa de son glaive bien affilé, lui fendit la tête d'un coup vigoureux, et laissa l'animal cruel autant qu'intrépide mort au milieu de la plaine.

- FIN DU TOME PREMIER.

# TABLE DES MATIÈRES

CONTENUES

## DANS CE VOLUME.

---

Notice sur Albert d'Aix. . . . . . . . . . Pag. j

### LIVRE Ier. . . . . . . . 1

Voyage de Pierre l'Ermite à Jérusalem ; son retour en Europe. — Mouvement des Croisades. — Expédition de Gautier *sans avoir*. — Expédition de Pierre l'Ermite. — Querelles des Croisés avec les Bulgares. — Arrivée de Pierre l'Ermite dans l'Asie Mineure. — Défaite et massacre des Croisés par Soliman. — Expédition de Gottschalk. — Ses succès en Hongrie.

### LIVRE II. . . . . . . . 46

Croisade de Godefroi de Bouillon. — Arrivée des Croisés devant Constantinople. — Leurs relations avec l'empereur Grec. — Leur passage dans l'Asie Mineure. — Siége de Nicée. — Prise de Nicée. — L'armée des Croisés continue sa route et se divise en deux corps. — Ils sont attaqués par Soliman. — Leur victoire.

### LIVRE III. . . . . . . . 103

Marche des Croisés. — Aventure périlleuse de Godefroi. — Querelles de Tancrède et de Baudouin. — Occupation d'Edesse ou Roha par Baudouin. — Il devient comte de cette ville. — Arrivée des Croisés devant Antioche. — Siége d'Antioche. — Expédition et fin malheureuse de Suénon, prince de Danemarck. — Vicissitudes du siége d'Antioche.

## LIVRE IV. . . . . . . . . Pag. 192

Message des Turcs assiégés dans Antioche au sultan du Khorazan. — Débats dans le conseil du sultan. — Envoi d'une armée au secours d'Antioche. — Intelligences de Boémond dans Antioche. — La ville est livrée aux Croisés. — Ils sont assiégés à leur tour par Corbahan (Kerbogha). — Famine dans Antioche. — Fuite de plusieurs chefs Croisés. — Bataille d'Antioche.

## LIVRE V. . . . . . . . . . 266

Peste parmi les Croisés. — Expéditions aux environs d'Antioche. — Conquêtes de Baudouin, comte d'Edesse. — Murmures du peuple contre les chefs Croisés, qui ne marchent pas vers Jérusalem. — Marche des Croisés vers Jérusalem. — Leur arrivée.

## LIVRE VI. . . . . . . . . . 320

Siége de Jérusalem. — Souffrances des Croisés. — Prise de la ville et massacre des infidèles. — Godefroi est élu roi. — Visions qui avaient annoncé son élévation avant la Croisade. — Bataille contre les Égyptiens. — Plusieurs chefs Croisés partent pour l'Europe. — Leur arrivée devant Laodicée assiégée par Boémond. — Boémond lève le siége.

## LIVRE VII. . . . . . . . . . 358

Godefroi assiége la ville d'Assur. — Expéditions dans la Judée. — Maladie et mort de Godefroi. — Dissensions des Croisés. — Baudouin, comte d'Edesse, succède à Godefroi. — Son voyage d'Edesse à Jérusalem. — Siége d'Ascalon. — Expéditions de Baudouin. — Ses querelles avec Tancrède. — Avec le patriarche de Jérusalem. — Bataille de Ramla.

FIN DE LA TABLE.

www.ingramcontent.com/pod-product-compliance
Lightning Source LLC
Chambersburg PA
CBHW070201240426
43671CB00007B/510